GESTALTEN DES MITTELALTERS UND DER RENAISSANCE

Herausgegeben von

PETER HERDE

VOLKER LEPPIN

WILHELM VON OCKHAM

VOLKER LEPPIN

WILHELM VON OCKHAM

GELEHRTER, STREITER, BETTELMÖNCH

Wissenschaftliche Buchgesellschaft

Redaktion: Marit Borcherding

Gedruckt auf säurefreiem und alterungsbeständigem Papier
Printed in Germany

Besuchen Sie uns im Internet: www.wbg-darmstadt.de

ISBN 3-534-14752-9

Inhalt

Vorwort des Reihenherausgebers

Es war von Anfang an geplant, in dieser Reihe neben Persönlichkeiten des politischen auch solche des geistigen Lebens des Mittelalters und der Renaissance zu behandeln. Standen auch bislang Herrschergestalten im Vordergrund, so sind mit Abaelard und Bernhard von Clairvaux bereits zwei der bedeutendsten geistigen Gestalten des 12. Jahrhunderts vertreten. Dazu gesellt sich mit dem vorliegenden Band einer der großen Philosophen und Theologen des 14. Jahrhunderts, der – ebenso wie Bernhard von Clairvaux – Einfluss auf die europäische Politik seiner Zeit ausübte und als Berater Kaiser Ludwigs des Bayern zusammen mit Marsilius von Padua von 1330 an fast zwei Jahrzehnte lang das damals noch unbedeutende München, wo er einen großen Teil seiner Werke verfasste, zu einem Zentrum der Wissenschaft machte, indem er mit seinen Mitbrüdern und mit Marsilius in den Worten von Karl Bosl die „geistliche Hofakademie Kaiser Ludwigs des Bayern im alten Franziskanerkloster" repräsentierte. Das Werk Wilhelms von Ockham gehört zu den durch moderne kritische Ausgaben und zahllose Untersuchungen vor allem deutscher, englischer, französischer und italienischer Gelehrter am besten erforschten Werken eines mittelalterlichen Philosophen und Theologen. Dennoch war eine konzise Gesamtdarstellung seines Lebens und Werkes, die vor allem auch in das politische Umfeld eingebettet ist, den heutigen Forschungsstand wiedergibt und weiterführt, angebracht. Der Verfasser des vorliegenden Werkes ist als Theologe und Kirchenhistoriker durch seine Monographie über das Theologieverständnis Ockhams und durch zahlreiche Einzeluntersuchungen dafür besonders qualifiziert. Ihm sei vielmals dafür gedankt, dass er das Buch zügig geschrieben und abgeschlossen hat.

Alzenau, im Februar 2003 Peter Herde

Einleitung

„Ockham could move with ease from logic to metaphysics to theology to political theory to epistemology. We who are expert in only one of the fields which Ockham mastered find that we need each other's help in order to understand our own special discipline correctly."[1] Dem Problem, das David C. Steinmetz benennt, wird sich niemand entziehen können, der heute eine Gesamtdarstellung Wilhelms von Ockham versucht. Jede solche Darstellung wird notwendig perspektivisch sein, wird bei allem Bemühen um eine Aufnahme des breit geführten interdisziplinären Gesprächs über Ockham aus der Sicht eines bestimmten Faches geschrieben sein.

Die bisherigen Gesamtdarstellungen stammen überwiegend von Philosophen und Historikern und akzentuieren entsprechend stärker den Philosophen Ockham[2] oder den Berater und Akteur in den historischen Prozessen[3]. Mit dem vorliegenden Band wendet sich nun ein Theologe der Gestalt Ockhams zu – immerhin gewissermaßen über die Zeiten hinweg ein Berufskollege Wilhelms von Ockham, denn auch wenn dieser zahlreiche philosophische und kirchenpolitische Werke verfasst hat, war er doch, wenn man ihn überhaupt einer akademischen Berufsgruppe zuordnen kann, in erster Linie Theologe, Theologe aus dem Orden des heiligen Franziskus.

Er war dies in der Zeit vor der Spaltung der Kirche Westeuropas in verschiedene Konfessionskirchen im 14. Jahrhundert und ist somit Teil der gemeinsamen mittelalterlichen Geschichte dieser Kirchen – „gehört" weder den evangelischen Kirchen noch der römisch-katholischen.[4]

Gleichwohl ist er zum Opfer konfessioneller Auseinandersetzungen geworden, nicht nur von den Protestanten angegriffen, die seit Luthers „Disputatio contra scholasticam", die im Jahre 1517 seinen Ablassthesen präludierte, in Ockham und vor allem seinem Schüler Gabriel Biel einen wohlfei-

[1] Steinmetz, Luther in Context 46.

[2] So etwa Beckmann, Ockham.

[3] So etwa Miethke, Sozialphilosophie – bis heute die grundlegende Studie zu Wilhelm von Ockham.

[4] In diesem Sinne liegt mit Leppin/Müller, Theologie und Ethik, ein bewusst von einer katholischen Theologin und einem evangelischen Theologen konzipierter Quellenband zu seinem theologischen Œuvre vor.

len Gegner als Repräsentanten „der“ verderbten Scholastik besaßen. Von katholischer Seite war er wegen seiner Papstkritik verdächtig, und noch ein um die Ökumene hoch verdienter katholischer Gelehrter wie Erwin Iserloh hat 1956 in aller Schärfe erklärt: „Ockhams Denken hat sich in abstrakten Deduktionen so weit vom Sein, d. h. in der Theologie aber von der Offenbarung entfernt, daß es schließlich mehr um den im Denken angenommenen möglichen Fall als um die auf dem von Gott faktisch beschrittenen Heilsweg beruhende und deshalb allein verbindliche Wahrheit geht.“[5]

Auch im katholischen Lager gab es hierzu Gegenstimmen[6], die von evangelischer Seite positiv aufgenommen wurden[7]. So wird der heutige Stand der theologischen Forschung wohl durchaus zutreffend charakterisiert, wenn das vorliegende Buch davon ausgeht, dass Ockham durchaus bei der Sache geblieben ist, und zwar bei der Sache der Theologie. Selbst wo er zum Philosophen zu mutieren scheint, bleibt er Theologe – erst recht, wenn er als Berater des Kaisers Kritik an der Kirche seiner Zeit übt. Dies ist der rote Faden seines Werkes und Lebens.

Freilich, schon die Reihenfolge dieser Begriffe „Werk“ und „Leben“ deutet das eigentliche Problem einer Gesamtdarstellung an. Was man bei Ockham erfassen kann, ist aufgrund der spärlichen Quellenlage nur begrenzt das, was eine Biografie ausmacht. „Sein Werk ist seine Biografie“, so meinte man resümieren zu können[8] – und gewiss nicht zu Unrecht. So sehen denn auch die meisten Versuche einer Gesamtdarstellung aus[9]: Das Leben verschwindet, wird allenfalls in kurzen Stichworten umrissen – dann folgt eine um so ausführlichere Rekonstruktion seines Denkens, mal aus eher gegenwärtigen Interessen – so bei Marilyn McCord Adams, die Ockham geradezu wie einen gegenwärtigen Partner des logischen Diskurses behandelt, mal unter eher historischer Perspektive wie bei Léon Baudry und anderen. Meist gerinnt die Gesamtdarstellung dann zu einer systematischen Rekonstruktion seines Denkens. So wird Ockham tatsächlich zu seinem Werk und ist es vielfach geworden.

Wenn nun ein neuer Versuch einer Gesamtdarstellung gemacht wird, kann nicht erhofft werden, dass mit einem Mal mehr über das Leben Ockhams in Erfahrung gebracht worden wäre, als es die grundlegenden Forschungen insbesondere von Jürgen Miethke und in jüngerer Zeit von den

[5] Iserloh, Gnade 279.

[6] Insbesondere Boehner, Articles.

[7] Junghans, Neuere Forschung – im Wesentlichen eine systematisierende Zusammenfassung der Arbeiten Boehners.

[8] Vossenkuhl, Risiko 98.

[9] Genannt seien insbesondere die Werke von Adams, Baudry, Beckmann, Ghisalberti und Leff.

franziskanischen Editoren des Ockham'schen Werkes um Gedeon Gál hervorgebracht haben. Neue Quellenfunde sind nicht zu präsentieren, allenfalls an manchen Stellen – bei der Datierung der Quodlibeta oder bei der Reaktion des Papstes Johannes XXII. auf Ockham – neue Kombinationen bekannten Materials.

Was aber grundlegend neu versucht wird, ist eine Darstellung Ockhams, die sein Leben nicht zur Folie der hiervon weitgehend gelösten Darstellung seines Werkes nimmt, sondern die die Darstellung des Werkes in dieses Leben integriert: Von dem unklaren Geburtsjahr bis zum einigermaßen sicheren Todestag bildet das Leben Ockhams das Raster, in das sein Wirken eingeordnet und vor dessen Hintergrund es gedeutet wird. Mit einem modisch gewordenen Begriff könnte man von Kontextualisierung sprechen: Ockhams Denken wird von seinen Lebens- und Konfliktkontexten her erschlossen.[10]

Diese Konflikte stehen dem Betrachter des 21. Jahrhunderts nicht mehr mit der Selbstverständlichkeit zur Verfügung wie dem Zeitgenossen des 14. Jahrhunderts. Die Annäherung an Ockham muss und wird daher immer wieder auf Umwegen geschehen, gelegentlich sind lange Anläufe nötig, um seine Stellung in seiner Zeit zu profilieren. Nur wenn man diese langen Wege – etwa von der Entdeckung des Aristoteles über die konsequente Aristotelesdeutung in den Siebzigerjahren des 13. Jahrhunderts – nachzeichnet, wird man angemessen nachvollziehen können, worin die Leistung von Ockhams kritischem Aristotelismus besteht.

Damit vollzieht die vorliegende Arbeit auch bei allem unverhohlenen theologischen Interesse an Ockham das übliche nüchterne Geschäft des Historikers: zu relativieren. Der Ehrenname Ockhams, *Venerabilis Inceptor*, Ehrwürdiger Beginner, ist nicht nur in seiner Entstehung durchaus banal (s. u. S. 119), sondern hat auch hiervon unabhängig nicht das Gewicht, das ihm Deuter beimaßen, die den englischen Franziskaner zum Beginner einer neuen Zeit machen wollten – sei es, in negativer Sicht, durch Zersetzung des Vorherigen, sei es, in positiver Würdigung, durch Entdeckung neuer, moderner Einsichten. Das eine wie das andere ist letztlich Reflex auf eine kontextlose Sicht Ockhams, die diesem seinen Ort im 14. Jahrhundert nicht lassen will, sondern ihn hieraus löst, sei es durch eine rein systematisch-immanente Lektüre, sei es durch eine unmittelbare Konfrontation mit näheren Größen der Geistesgeschichte – Thomas von Aquin oder Martin Luther – oder mit ferneren Gedankensträngen – Aristoteles oder der Gegenwart.

[10] Methodisch lehne ich mich dabei an Steinmetz, Luther in Context, an, dessen Ansatz leider nicht zu einer Gesamtdarstellung ausgereift ist, aber in der vorliegenden Aufsatzsammlung die eingeschlagene Richtung zur Genüge deutlich macht.

Wichtiger als diese Gestalten waren ihm seine weniger bekannten Zeitgenossen oder unmittelbaren Vorgänger: ein Petrus Aureoli oder ein Robert von Cowton, ein Adam von Wodeham oder ein Johannes Lutterell. In diesen Kontext passt Wilhelm aus Ockham in erster Linie, in die großen Bögen der Geistesgeschichte bestenfalls in zweiter. Und zu solchen Berührungen mit Zeitgenossen gehören dann auch die erstaunlichen Mängel der Wahrnehmung, die Alternativen, denen er sich nicht gestellt hat. Als bedeutendste ist die Alternative der Mystik in Gestalt Meister Eckharts zu nennen. Auch ihm hätte er begegnen können, ist er vielleicht sogar begegnet – und doch wird hier gerade die gegenseitige Fehlwahrnehmung zum biografischen Problem.

Noch weniger als bei anderen „Gestalten des Mittelalters und der Renaissance" wird man also am Ende von Ockham ein vollständiges, lebenspralles Bild besitzen können. Zwar blitzt unter der Frage nach seiner Biografie vielleicht manches in den Texten auf, das unter anderen, systematischer orientierten Blickwinkeln nicht wahrgenommen werden kann. Aber mehr als Konturen dieses Lebens wird der vorliegende Band nicht versprechen können: eine Annäherung an eine Gestalt von ihren Rändern her – von der Vorgeschichte in der scholastischen Theologie, von den Partnern und Gegnern her. In der Zeitgenossenschaft konturiert Ockham sich vorwiegend als Denker, als Intellektueller in seiner Zeit.

I. Anfänge

1. Die Herkunft

Das kleine Dorf liegt nicht weit von London: Ockham.

Hier, in der Grafschaft Surrey, südwestlich der englischen Metropole[1], dürfte der Mann geboren worden sein, durch den der Name des Dorfes zu einem philosophischen Programm wurde: Wilhelm von Ockham. Ein Glasfenster in der Dorfkirche sucht die Erinnerung an den größten Sohn des Ortes aufrechtzuerhalten. Doch so bunt und plastisch es ist, vermittelt es dennoch keinen realen Eindruck von seinem Äußeren, von seiner Physiognomie. Nur eine kleine Zeichnung auf einem Manuskript ist noch zu seinen Lebzeiten entstanden. Sie zeigt ein schmales Gesicht, bartlos, jugendlich. Doch schon eine solche Beschreibung macht deutlich, dass hier mehr der Typus im Blick ist, der Ordensbruder und Asket. Dem Menschen Wilhelm, geboren in dem Dorf Ockham, können wir uns kaum nähern.

Auch was von seiner Hand erhalten ist, bietet kaum einmal einen Einblick in seine Persönlichkeit, und wenn, dann oft nur sehr versteckt. Ein einziger echter Brief ist überliefert, geschrieben 1334 zur Verteidigung gegen die Vorwürfe, die zu seiner Exkommunikation geführt hatten. Eine harte, kirchenjuristische Anfechtung: Das ist nicht die Gelegenheit zu allzu persönlichen Stellungnahmen, zumal wenn nicht ein Einzelner der Adressat ist, sondern die Gemeinschaft der Brüder des Franziskanerordens, die sich seinerzeit in Assisi versammelt hatten. Ein persönliches Dokument? Auch. Aber vor allem eine Verteidigungsschrift, streckenweise ein Pamphlet.

Was sonst erhalten ist, sind Vorlesungen, Traktate, Streitschriften, Gutachten. Gelehrte Texte, die etwas von seinem Denken erfahren lassen. Seine Persönlichkeit aber verschwindet dahinter. Und wie bei den meisten Gestalten des Mittelalters gilt für ihn auch: Selbst das äußere Gerüst seiner Lebensdaten ist nur schwer zu rekonstruieren. Das Geburtsjahr dürfte um 1285 gelegen haben.

So kann man es aus der ersten Notiz erschließen, in der uns sein Name begegnet: Am 27. Februar 1306 wurde ein „Willelmus de Ocham, O.F.M.“

[1] Zur Identifikation dieses Dorfes – unter drei möglichen Trägern des Namens „Ockham“ – als des Geburtsortes Wilhelms von Ockham s. Miethke, Sozialphilosophie 1 f.

in der St.-Salvator-Kirche in Southwark zum Subdiakon geweiht.[2] Southwark lag in einem politisch London unterstehenden Gebiet, das zur Diözese Winchester gehörte; und zu dieser Diözese gehörte auch eben jenes Dorf Ockham, aus dem Wilhelm stammen dürfte.[3] Handelt es sich bei diesem neuen Subdiakon also wirklich um eben den Wilhelm von Ockham, der später Lehrer in Oxford war, der vom Papst verhört und vom Kaiser als Berater an seinen Hof geholt wurde? Alles scheint zu passen: die Lokalisierung in der Diözese Winchester, dazu der Name „Ocham" – dies ist eine der üblichen Schreibweisen für „Ockham", wie sie später auch in Manuskripten seiner Werke immer wieder begegnen, die Fassung „Ockham" ist eine späte Normalisierung. Das Jahr 1306 wäre zumindest mit dem, was man an späteren Daten rekonstruieren kann, in Einklang zu bringen. Die geographische Nähe zu London wohl auch.

Es scheint so zu sein: Hier begegnet er uns zum ersten Mal. Wenn dem so ist, lässt sich daraus ein gewisser Anhaltspunkt für das Geburtsjahr ableiten. Nach den nur wenig später in den Clementinen erlassenen kanonischen Vorschriften musste man bei der Weihe zum Subdiakon mindestens 18 Jahre alt sein.[4] Und auch wenn die entsprechenden Bestimmungen schwankend sind, liegt man sicherlich richtig mit der Schätzung, dass Ockham wohl kaum nach 1286 geboren sein dürfte, wahrscheinlich ein paar Jahre früher, weswegen man in der Regel von einem Geburtsjahr zwischen 1280 und 1285 ausgeht.

Seine Herkunft aus dem kleinen Dorf wie auch das Fehlen jeglichen Hinweises auf adelige Abstammung sprechen dafür, dass Wilhelm Sohn einer bäuerlichen Familie war. Mehr über seinen sozialen Hintergrund zu behaupten, hieße, eine Spekulation auf die andere zu häufen. Wäre er der einzige überlebende Sohn gewesen, wäre er schwerlich in einen Orden gegangen, also wird man, wie ohnehin in dieser Zeit, von einigen Geschwistern auszugehen haben. Doch Eltern und Geschwister spielen in seiner späteren Realität keine Rolle mehr. Ob er sie noch einmal besucht hat, nachdem er sich dem Franziskanerorden angeschlossen hatte? Die Wege waren beschwerlich, die Verpflichtungen im Orden groß. Jedenfalls hat er nach seinem vierzigsten Lebensjahr keinen Fuß mehr nach England setzen können, weil ihn erst der Prozess vor der päpstlichen Kurie, dann die Verpflichtungen am Kaiserhof auf dem Kontinent hielten. Und aus dieser Zeit liegt keine Korrespondenz vor – vermutlich konnten die nächsten Verwandten gar nicht schreiben. Aber auch keine Äußerung des Bedauerns über die Trennung: Wilhelm ist früh in andere soziale Zusammen-

[2] OT I 35*.
[3] Courtenay, Schools 194.
[4] Friedberg II 1140.

hänge gekommen, die die Familie vielleicht nicht vergessen, aber doch zurücktreten ließen.

Von dem England seiner Zeit dürfte er nicht viel mitbekommen haben. Der Kontext des Dorfes bestimmte seinen Horizont. Also hat er von den Kriegen mit Schottland wohl wenig gehört, die einer der Anlässe für den noch zu seinen Lebzeiten – wahrscheinlich 1337 – ausbrechenden Hundertjährigen Krieg zwischen England und Frankreich waren. Und auch eine andere für die Geschichte Englands bedeutsame Entwicklung dürfte in seinem dörflichen Kontext keine Rolle gespielt haben: der Wandel von einer traditionalen Rechtskultur zu einer schriftlichen, der sich unter König Eduard I. (1272–1307), unter dessen Regentschaft Wilhelm in Ockham geboren wurde, vollzog.[5] Diese Art der Rechtsetzung stärkte zugleich eine Institution, die sich als entfernte Folge der Magna Charta von 1215 entwickelt hatte: das englische Parlament. Zunehmend wurden in diese Versammlung nicht nur die Großen des Reiches, sondern auch niedere Adelige und Abgesandte der Städte einbezogen – eine Entwicklung, die übrigens gerade von Bettelorden wie den Franziskanern entschieden gefördert wurde. Aber so reizvoll diese Verbindung mit Ockhams späterer Zugehörigkeit zu den Franziskanern war: Auch hiervon dürfte er in dem kleinen Ockham nichts mitbekommen haben.

2. Ein minderer Bruder

Irgendwie aber muss der Ruf der Franziskaner nach Ockham gedrungen sein: Ob ein Geistlicher den jungen Wilhelm „entdeckt" hat?[6] Ob einfach die Eltern den Sohn an einen Orden gaben und dann eben an einen, bei dem die Mitgliedschaft vergleichsweise billig war, weil man, anders als oft bei den Benediktinern, keine Stiftung erstatten musste?

Ockham hat seinen Eintritt in den Franziskanerorden stets als seinen eigenen Entschluss gedeutet: „Der Regel des seligen Franz habe ich mich unterworfen", schreibt er Jahrzehnte später.[7] Aber da hat er sich schon längst in einem Maße mit diesem Orden identifiziert, das auch in der Rückschau Ordenseintritt und Profess zu einem eigenen Akt machen musste. Gleichwohl wird man, auch wenn man historisch gezwungen ist, andere Motive zu untersuchen und zu nennen, zunächst einmal davon ausgehen dürfen, dass in der Tat das franziskanische Ideal, das Leben

[5] Siehe hierzu Maurer, Geschichte 37–40.

[6] Zur vermutlichen Ausbildung beim Ortsgeistlichen s. Courtenay, Academic Worlds 18.

[7] R. Scholz, Streitschriften II, 453f.

in Einfachheit und Armut, wie es ein Jahrhundert zuvor Franz von Assisi vorgelebt hatte[8], das war, was den jungen Wilhelm in den Orden zog.

Nur bekommt man diese grundlegende religiöse Motivation biografisch mangels unmittelbarer Zeugnisse nicht recht zu fassen. Streng genommen ist es nicht einmal sicher, ob am Anfang wirklich ein freier Entschluss stand oder nicht vielmehr das Drängen der Familie, die den Sohn womöglich schlicht versorgt sehen wollte. Angesichts unserer geringen Kenntnis über die Gründe, die Wilhelm zu dem lebensentscheidenden Schritt in den Orden führten, sprießen die psychologisierenden Spekulationen. Spätere Deuter hätten es gerne gesehen, dass es seine Sehnsucht nach den Büchern war, die ihn in den gelehrten Franziskanerorden trieb[9], aber das ist wohl kaum mehr als eine Rückprojektion, zumal wenn der Eintritt, wie man ebenfalls im 16. Jahrhundert berichtete, schon jung erfolgte[10] – was man wiederum nicht genau weiß. Sicher ist allein, dass er zum Zeitpunkt seiner Weihe zum Subdiakon, 1306, bereits Franziskaner war: Das Kürzel „O.F.M." weist ihn als Mitglied des *ordo fratrum minorum*, des Ordens der Minderbrüder, also der Franziskaner, aus.

Anzunehmen ist eher, dass die Ordensmitgliedschaft in jedem Falle eine Lösung aus den bisherigen sozialen Bindungen, in gewisser Weise einen sozialen Aufstieg verhieß: Ein junger, begabter Mensch vom Lande besaß zunächst weder soziale noch räumliche Mobilität, wenn er nicht durch den Weg in einen Orden die Standesschranken unterlief. So gesehen war dann sicher auch die im Franziskanerorden gebotene Bildung äußerst attraktiv. Doch wird man in Rechnung stellen müssen, dass noch wichtiger als die Mobilität zweifellos die elementare soziale Sicherung war. Der Orden gab einen sozialen Rahmen vor, innerhalb dessen der Einzelne aufgefangen und versorgt war.

So unsicher die Gründe sind, so sicher kann man sich doch über die primären Folgen sein: Das Milieu, dem Wilhelm nun begegnete, war jedenfalls ein charakteristisch anderes als das bisherige dörfliche, wie allein schon die Tatsache anzeigt, dass er in London geweiht wurde und hier wohl auch Konventsmitglied war. Statt des Landlebens mit seiner täglichen Arbeit, statt der feudalen Herrschaft war nun die Gemeinschaft der Brüder bestimmend. Die spätere, bis zu ihrem erzwungenen Abbruch überaus viel versprechende akademische Karriere spricht dafür, dass Ockham zu denen gehörte, die bereits im Alter von sieben Jahren oder wenig

[8] Zu ihm grundlegend: Feld, Franziskus.

[9] J. Leland, Commentarii de scriptoribus ecclesiasticis, Oxford 1529, p. 323 (zit. bei J. Hofer, AFH 6 [1913] 212).

[10] Ebd.

mehr begannen, die Lateinschule zu besuchen[11], was nur dann erklärbar wäre, wenn er schon jung mit den Franziskanern konfrontiert wurde. Für diese Annahme spricht auch, dass er später behauptet, schon als ganz kleiner Junge, als *puerulus*, etwas über die hoch komplexe logische Theorie der Supposition gehört zu haben.[12] Es ist kaum vorstellbar, wie er in Ockham, einem kleinen Dorf, solchen Unterricht genossen haben sollte. Schulen fanden sich in den Städten – für die Stadtkinder – oder bei den Orden.[13] So ist die wahrscheinlichste Möglichkeit, dass Ockham schon zum Erlernen der ersten Bildungselemente von zu Hause fortgeschickt wurde und dann schwerlich an eine öffentliche Schule, sondern doch wohl an die Schule eines Ordens. Und wiederum ist es zwar keineswegs gesichert, aber doch die nach dem üblichen Gang der Entwicklung wahrscheinlichste Möglichkeit, dass es die Franziskaner waren, bei denen er die ersten Berührungen mit der Bildung erfahren hat. Gerade vor seinem einfachen bäuerlichen Hintergrund ist es gut möglich, dass seine Eltern ihn als Oblaten an ein Kloster übergeben haben. Vollmitglied dürfte er zu diesem Zeitpunkt noch nicht gewesen sein, auch wenn die Statuten, die festlegen, dass man erst nach Vollendung des vierzehnten Lebensjahres Ordensmitglied werden dürfe, erst etwas später, 1316, erlassen wurden[14] und somit für seinen Fall noch nicht als verbindlich anzusehen sind.

Ockhams Hinweis auf den durchaus nicht kindgerechten und ebenso wenig praxisorientierten Lerninhalt ist natürlich durchaus ernst zu nehmen. Schon die Elementarschule des mittelalterlichen England, die ein Siebenjähriger besuchen konnte, war von vornherein an einem Bildungsverständnis ausgerichtet, das weit entfernt von den praktischen Erfordernissen eines Kindes aus bäuerlichem, selbst auch aus städtisch-handwerklichem oder kaufmännischem Milieu war. Die erste Aufgabe der Schule war das Beibringen des Alphabets und dann sofort das Unterrichten der lateinischen Sprache.[15] Für Ockham könnte dies auch die Konfrontation mit einer weiteren Fremdsprache mit sich gebracht haben. Wenn er tatsächlich Angehöriger der Unterschicht war, so dürfte die Sprache seines Elternhauses Englisch gewesen sein, aber die Sprache, deren man sich zur

11 S. Courtenay, Schools 92.

12 OP I 67,33. Auch die Erwähnung bei William Woodford, Ockham sei als *puer* in den Franziskanerorden eingetreten, unterstreicht die Vermutung, dass Ockham, noch ehe er vierzehn Jahre alt war, in den Orden eintrat (vgl. Courtenay, Schools 194).

13 Ebd. 19f.

14 OT I 34*.

15 Siehe zu englischen Elementar- und Sekundarschulen: Courtenay, Schools 15–20.

Vermittlung des Lateinischen in den Schulen bediente, war noch bis in die Vierzigerjahre des 14. Jahrhunderts gemeinhin das Französische.[16]

Das Erlernen des Lateinischen zielte dabei zunächst vor allem auf die korrekte Aussprache, die man anhand der Psalmen und anderer wichtiger Gebetstexte lernen konnte – für einen späteren einfachen Kleriker reichte dies für den korrekten liturgischen Vollzug. Für diejenigen, die weitere akademische Grade anstrebten, war es jedenfalls eine wichtige Voraussetzung für das weitere Studium. Erst mit acht oder neun Jahren wurden die Kinder dann mit der lateinischen Grammatik konfrontiert, die sie natürlich aktiv ebenso wie passiv beherrschen mussten. Während Englisch die Sprache der Unterschichten war, Französisch die Sprache der Oberschichten, der Verwaltung und der geschäftlichen Beziehungen, war das Lateinische die Sprache für die Kirche, deren man sich schriftlich wie mündlich bediente. Es dürfte in diesem Zusammenhang gewesen sein, dass der *puerulus* Wilhelm aus Ockham mit Grundlagen der Suppositionslogik konfrontiert wurde, auch wenn diese gewiss nicht in größerem Maßstab das Curriculum einer Lateinschule bestimmte.

Spätestens mit Aufnahme des Noviziates jedenfalls, also mit vierzehn Jahren, dürfte Ockham dann regelmäßig am klösterlichen Leben teilgenommen haben. Das bedeutete vor allem eine Strukturierung des Tages durch das Gebet. Zwischen den Hauptgebetszeiten Laudes am Morgen und der Vesper am Abend spannte sich der Bogen über Terz, Sext und Non. Hinzu kamen ganz früh am Morgen die Prim und spät abends die Komplet: Sieben Mal am Tag wurde der Mönch mit dem wichtigsten Gebetbuch der Christenheit konfrontiert, dem Psalter; Lesungen und Gesänge gestalteten die Gebetsstunden aus. Wer die späteren, bis zur Kälte rationalen Schriften eines Wilhelm von Ockham liest, muss sich immer wieder vor Augen halten, dass dies der selbstverständliche spirituelle Hintergrund ist, vor dem er lebte, dachte und arbeitete.

Nicht nur diese Gebetsformen, die die Franziskaner mit den anderen monastischen Gemeinschaften des Mittelalters verbanden, dürften ihn geprägt haben, sondern auch die besonderen Züge franziskanischer Frömmigkeit: die intensive Christusliebe und die ihr entsprechende Haltung frommer Demut. Bei allen Streitigkeiten, die sich um die Frage der Armut im Orden entwickelt haben und die im Laufe von Ockhams Leben noch zu einem gewichtigen Thema wachsen sollten, war und blieb der Franziskanerorden doch der Orden der Armut. Einfache Häuser und Kirchen prägten das Äußere, das Leben wurde so schlicht wie möglich gestaltet.

So schlicht und einfach wie möglich – das ließ viele Möglichkeiten offen, und die Polemik von außen und auch von innen hat den Franziska-

[16] Ebd. 16; Orme, Schools 71–77.

nern immer wieder vorgeworfen, es mit der Armut nicht wirklich ernst zu meinen. Gleichwohl wird man, auch wenn vielleicht nicht jede strikte Forderung aus dem Testament des Franz von Assisi befolgt wurde, doch davon ausgehen dürfen, dass das Leben, das Ockham kennen lernte, von großer Schlichtheit geprägt war. Für ihn mag dies rein äußerlich kein großer Schritt gewesen sein, kam er doch aus einem bäuerlichen Milieu und damit ebenfalls aus äußerlich armen Verhältnissen. Und doch ist der Schritt nicht unerheblich: Es war der Wechsel von der aufgenötigten, sozial bedingten zur freiwilligen Armut, von einem Untertanenverhältnis zur Christusnachfolge. Die Vorzeichen der Existenz und der Tätigkeit Ockhams änderten sich mit seinem Eintritt in den Orden. Mag es eigener Wille gewesen sein, fremde Anregung oder gar fremder Druck: Die Bezeichnung der Ordensleute als *religiosi* drückt aus, was hier auch existenziell mit Ockham geschah. Aus einer funktionalen Stellung innerhalb der mittelalterlichen Erwerbsgesellschaft kam er in eine hervorgehobene Sonderstellung, die sich durch ihre Tätigkeit an der Gesellschaft und für die Gesellschaft in der Nachfolge Christi und im Angesicht Gottes auszeichnete.

Dabei stand für die Franziskaner nicht mehr wie für die älteren Orden das fürbittende Gebet im Vordergrund, sondern die Tätigkeit an den Menschen, die in ihrem Umfeld lebten und die ihnen anvertraut waren. Dies war einer der wichtigsten Gründe dafür, dass die Franziskaner ein städtischer Orden geworden waren. Die Einsamkeit etwa eines Zisterzienserklosters, die Ausdruck der strengen Askese war, hätte den funktionalen Ansprüchen eines den Menschen zugewandten Franziskanerklosters nicht genügt. Der Weg sollte nicht von der Welt und den Menschen fortführen, sondern zu den Menschen hin.

Neben den Aufgaben, die im Kloster anfielen, war daher die wichtigste Aufgabe die Seelsorge. Gerade weil der Bettelorden nicht mehr die Aufgabe hatte, sich seinen eigenen Lebenserwerb zu sichern, sondern unter völliger Armut auch verstanden wurde, dass man keiner produzierenden Tätigkeit nachging, bestanden Zeit und Freiheit, sich den Menschen zuzuwenden. Die Franziskaner waren herausragende Beichtväter und Seelsorger, vor allem auch Prediger. Prinzipiell stand allen Franziskanern, wenn der Ortsbischof es zuließ, das Recht auf Predigt zu, nicht nur, wie sonst, Klerikern. Dass Ockham gepredigt hätte, ist nicht belegt. Reizvoll wäre es, einmal eine Predigt von ihm zu lesen, die einen Zugang zu einer Dimension seines Lebens böte, die uns aufgrund der Überlieferungslage fast völlig verschlossen ist. Den Glauben nicht nur zu durchdenken, sondern auch zu verkündigen – welche Aufgabe für einen Mann, der sich später in dem Versuch, die Möglichkeiten Gottes bis ins Letzte auszuloten, sogar zu dem Gedanken steigerte, Gott könne dem Menschen gebieten, ihn zu hassen.

3. Eintritt in die Klerikerlaufbahn

Das Datum des Jahres 1306 zeigt: Wilhelm von Ockham war für die Klerikerlaufbahn bestimmt. Als Subdiakon beschritt er die erste Stufe einer Leiter, die ihn bis zum Priesteramt qualifizieren sollte. Von einer Priesterweihe ist später nicht die Rede. Allerdings wäre sie vorauszusetzen, wenn ein anderer Hinweis auf geistliche Betätigung wirklich auf Ockham zu beziehen sein sollte: Ein Register des Bischofs Dalderby von Lincoln erwähnt, dass am 19. Juni 1318 einem Franziskaner Wilhelm von Ockham gestattet wurde, die Beichte abzunehmen.[17] Das passt jedenfalls gut. Die Franziskanerstatuten von 1316, die also jetzt mit Sicherheit schon in Geltung waren, bestimmten, dass niemand als Beichtiger außerhalb des Ordens zugelassen werden sollte, ehe er nicht das dreißigste Lebensjahr vollendet hatte[18] – dieses Alter hätte Ockham eben erreicht. Und die Datierung seiner Oxforder Sentenzenvorlesung ergibt, dass er im Jahre 1318 in Oxford gewesen sein muss, wo in der Tat der Bischof von Lincoln für ihn zuständig gewesen sein dürfte.

Allerdings wird in einer Londoner Handschrift eben dieser Wilhelm von Ockham unter diejenigen Brüder gerechnet, die zwischen dem 12. April und dem 8. September 1328 gestorben sind.[19] Das scheint zunächst gegen eine Identität mit dem Theologen und Philosophen zu sprechen, der erst im Jahre 1347 starb[20], muss ihr aber nicht zwingend widersprechen. Als „Ableben" mag ein übereifriger Schreiber auch Ockhams Flucht aus dem päpstlichen Avignon und seine Exkommunikation verbucht haben, die just in den genannten Zeitraum fällt; möglich ist es auch, dass diese Flucht Gerüchte über einen etwaigen Tod Ockhams nach sich gezogen hatte, die allzu rasch für wahr gehalten wurden. Freilich sind beide Varianten hochgradig spekulativ, so dass die Möglichkeit nicht von der Hand zu weisen ist, dass es sich schlicht um einen anderen Wilhelm aus demselben oder einem anderen Ort namens Ockham handelt – und damit hätte man für die Frage seiner klerikalen Weihen nichts gewonnen.

Auch unabhängig von solchen Weihen, die nicht auszuschließen sind, ist aber die Tatsache der Weihe zum Subdiakon schon für sich genommen von Bedeutung, macht sie doch den Wechsel in ein anderes soziales Bezugssystem, den der Eintritt in den Franziskanerorden bedeutete, auch zu

[17] Emden, Register 1384.

[18] OT I 35* Anm. 4.

[19] Little, Collectanea I 149.

[20] Vgl. zur folgenden Interpretation C. K. Brampton, Chronological Gleanings from Martival Episcopal Register, Salisbury II, and Ms. London, British Museum, Cotton Charter XXXX,40, in: AFH 58 [1965] 369–393, hier: 380–393.

einem rechtlich gesicherten Akt: Als Kleriker ist Ockham Angehöriger eines anderen *genus*, eines anderen Geschlechts als die Laien[21] und verfügt damit auch über einen besonderen rechtlichen Schutz vor weltlichem Zugriff.

Später wird er die einseitige Herrschaft der Kleriker in der Kirche immer wieder scharf kritisieren, er wird den Laien das Recht auf Mitsprache in Glaubensdingen zusprechen, ja erwägen, dass allein noch die Laien im Besitz der christlichen Wahrheit seien – aber er ist und bleibt selbst Kleriker. Für seine eigene Biografie dürfte dabei zu diesem Zeitpunkt bereits die Bedeutung der klerikalen Zugehörigkeit vor allem darin bestanden haben, dass den Klerikern der Weg in die Universitätslaufbahn offen stand. Die spätere Gleichsetzung von „Laien" im rechtlich-religiösen Sinne und Ungebildeten hat ihren Grund darin, dass bis ins 14. Jahrhundert universitäre Bildung allein den Klerikern zukam. Die Weihe könnte also schon im Blick auf die angestrebte akademische Laufbahn erfolgt sein, die Ockham wohl wenig später einschlug.

21 Friedberg, I 678 (*Decretum* p. 2 causa 12 q.1 c.7).

II. Akademischer Aufstieg

1. Die Universität Oxford

Ockham kam auf Geheiß seines Provinzials[1] an die älteste und bedeutendste Universität Englands: Oxford.[2] Ein genaues Gründungsjahr für diese Universität lässt sich nicht festmachen, jedenfalls reicht sie im Alter an die ehrwürdige Pariser Universität heran oder übertrifft diese womöglich. Wie diese war sie im Laufe des 12. Jahrhunderts auf Grundlage vorhandener Bildungseinrichtungen entstanden. Dabei zeichnete Oxford allerdings gegenüber Paris eine Besonderheit aus, die der Universitätsleitung ein hohes Maß an Freiheit gab: Während der eigentliche Universitätsherr, der Bischof, in Paris in unmittelbarer Nähe der Universität residierte und – wie Eingriffe in Lehrstreitigkeiten zeigen – entsprechend wachsam das Geschehen an der Universität verfolgen konnte, war für Oxford der Bischof von Lincoln zuständig, der zu weit von seiner Universität entfernt war, um tatsächlich wirksam in deren Alltag intervenieren zu können. Faktischer Lenker der Universität war spätestens seit dem Jahre 1216 ein Kanzler, der, formal an Stelle des Bischofs agierend, eine gewisse Selbstständigkeit zu erringen vermochte.

Diese besondere Konstellation trug dazu bei, dass die Oxforder Gelehrten sich früher als ihre Pariser Kollegen einer sehr freien Aristoteleslektüre widmen konnten. Das galt für Dominikaner ebenso wie für die Franziskaner, die seit 1224 in die Universität einbezogen waren. War dieser Orden in Paris noch sehr verhalten in der Aufnahme des Aristoteles, wie sich etwa an dem vorsichtigen Umgang mit ihm bei Alexander von Hales (ca. 1185–1245)[3], dem ersten großen franziskanischen Lehrer in Paris zeigt, so hatte Oxford in Robert Grosseteste (ca. 1168–1253)[4], dem späteren Bischof von Lincoln (1235), schon früh einen franziskanischen Theologen, der sich der Aufnahme des Aristotelismus weit öffnete. Seit etwa 1200 lehrte er in Oxford die *artes*, ab 1229 die Theologie. Sosehr er in seiner Geistigkeit gerade auch als Lehrer der *artes* Augustin verhaftet blieb, so bemerkenswert ist es doch, dass von seiner Hand Kommentare zu den bei-

[1] Courtenay, Academic Worlds 20.
[2] Siehe hierzu und zum Folgenden Cowdrey, Oxford; Catto, History.
[3] Zu ihm s. nach wie vor Gössmann, Metaphysik und Heilsgeschichte.
[4] Zu ihm s. McEvoy, Grosseteste; Southern, Grosseteste.

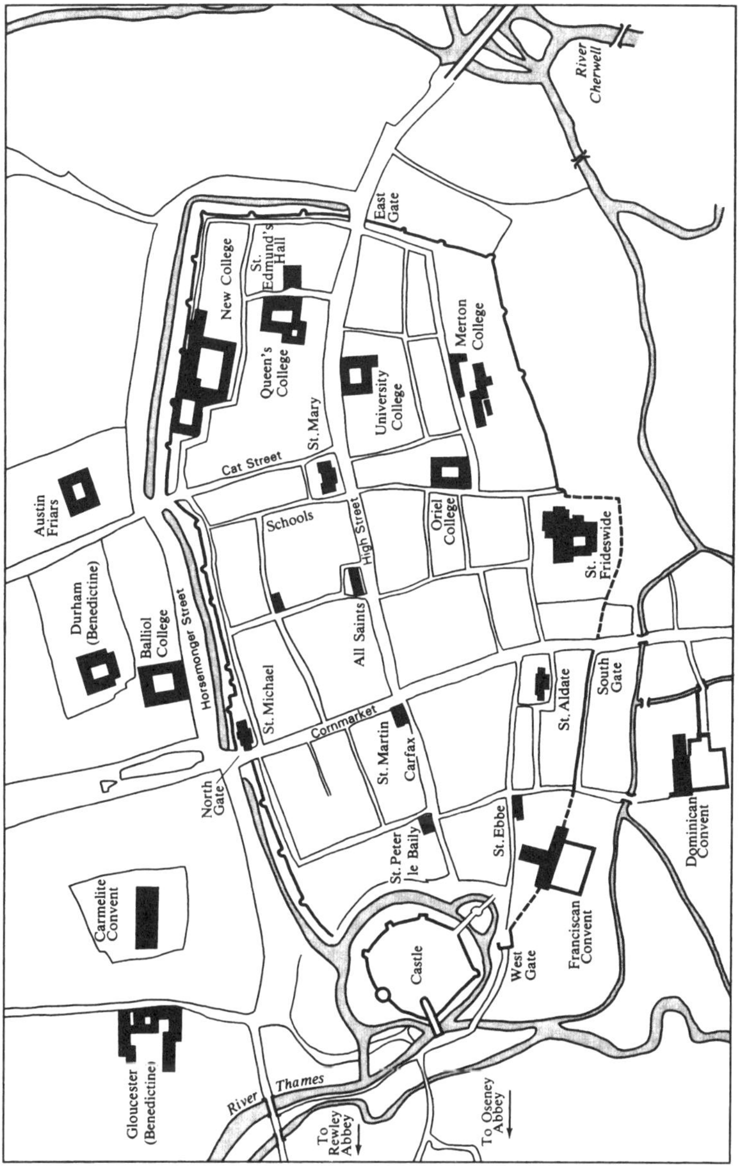

Abb. 1: Oxford im 14. Jahrhundert:
Ockham lehrte im Konvent der Franziskaner (Franciscan Convent).
Aus: Die Gegenwart Ockhams, hrsg. von Wilhelm Vossenkuhl und Rolf Schönberger, Weinheim 1990, S. 332.

den Analytiken des Aristoteles erhalten sind, also zu den Büchern, die die Wissenschaftslehre des Stagiriten entfalten, und ebenso auch zur Physik, seinem naturphilosophischen Hauptwerk. Diese Beschäftigung mit Aristoteles fand gerade in der Zeit statt, als seine Hauptaufgabe die Lehre der Theologie war, wurde von ihm also keineswegs – wie es in dem mit Verboten überschütteten Paris der Fall war – als Spannung zur theologischen Aufgabe empfunden, sondern als deren Stütze. Jene Harmonie von Philosophie und Theologie – grundsätzlicher formuliert: von Vernunft und Offenbarung –, um die der Dominikaner Thomas von Aquin (ca. 1224–1274)[5] in Paris mühsam kämpfen musste, war bei den Oxforder Franziskanern lange Zeit nahezu ungefährdet. Es waren erst die Rückwirkungen vom Kontinent, die dann auch in England die Frage nach einem angemessenen Verhältnis zwischen beiden akut werden ließ.

Das Oxford des 14. Jahrhunderts hatte noch nicht jene gediegene College-Atmosphäre, wie sie die heutigen bedeutenden alten Universitäten Englands kennzeichnet. Zwar lässt sich die Geschichte einiger Colleges bis ins 13. Jahrhundert verfolgen[6]: 1249 wurde University gegründet, in den Sechzigerjahren Balliol und etwa zeitgleich auch das Merton College, das im 14. Jahrhundert eine bedeutende Rolle als Pflanzstätte moderner naturwissenschaftlicher Einsichten gewinnen sollte. Doch waren dies nicht wie heute Orte, an denen die meisten Studenten Unterkunft erhalten hätten, denn sie waren nur für Graduierte geöffnet. Der Großteil der Weltgeistlichen, die in Oxford studieren wollten, fand Unterkunft in einer *aula* oder auch in privaten Quartieren. Die allermeisten der 1000 bis 1500 Studenten[7] aber lebten in einem der großen Ordenshäuser. Nicht alle lagen innerhalb der Stadtmauern. So befand sich der Konvent der Dominikaner ebenso wie der der Franziskaner südlich der Stadt.

Hier, in den Ordenshäusern, fanden dann auch die Vorlesungen statt. Nur ganz selten, zu besonders feierlichen Gelegenheiten, zog man in die Stadt, in die franziskanische Kirche St. Mary. Die Studenten in den Vorlesungen der Franziskaner kamen größtenteils ebenfalls aus dem Konvent, so dass der Lehrbetrieb bis zu einem gewissen Grade nach innen, auf den eigenen Orden orientiert war. Doch gerade die Vielzahl der Oxforder Studenten, die keinem festen College oder Konvent zugeordnet war, führte dazu, dass stets auch Neugierige von außen kamen. Denen ging es nicht immer darum, einen besonders interessanten Lehrer zu hören. Vielmehr stieß mancher auch schlicht deswegen zu den Bettelorden, weil hier aka-

[5] Die Literatur zu Thomas ist nahezu unüberschaubar. Einen guten Einblick auf aktuellem Stand gibt Pesch, Thomas (mit reichlich Literaturangaben!).

[6] Hierzu Cowdrey, Oxford 568.

[7] Courtenay, Schools 28.

demische Lehre besonders günstig zu haben war. Anders als die Weltgeistlichen nahmen sie, der Armut verpflichtet, kein Hörergeld und waren somit relativ erschwinglich. Es muss sich also im Hörsaal eine bunt gemischte Gruppe eingefunden haben, die den Worten des Lehrers lauschte.

Die intellektuelle Atmosphäre scheint dabei äußerst lebendig gewesen zu sein. Die Studenten diskutierten untereinander und bezogen in dieses Gespräch auch ihre Lehrer ein. Neben anderen Beispielen[8] zeigt dies auch eine Szene aus Ockhams späterem eigenen Lehrbetrieb, freilich wohl schon aus der Londoner Zeit und nicht mehr aus Oxford. Einer seiner Schüler, Adam von Wodeham (ca. 1295–1358)[9], der später selbst in London, Oxford und Norwich die Sentenzen las, setzte sich, selbst schon ein angesehener akademischer Lehrer, ausführlich mit Aussagen Walters von Chatton (1285–1344) auseinander, einem Franziskanertheologen, der gleichzeitig mit Ockham und in Wodehams Studientagen am Londoner Studium unterrichtete (s. u. S. 88). Es geht um eine Stelle, an der Chatton – seinerseits gegen Ockham gerichtet – einen Pariser Lehrartikel interpretiert hatte, der die in der Tat für christliche Ohren höchst anstößige Behauptung verbot, die Seele des Erlösers Jesus Christus sei nicht edler als die seines Verräters Judas. Für den vorliegenden Zusammenhang ist weniger der Inhalt dieser sehr speziellen, in gewisser Weise – durch die Behandlung eines grundsätzlichen Problems anhand eines scheinbar abgelegenen Falles – „typisch scholastischen" Diskussion von Bedeutung als die Tatsache, wie Wodeham gewissermaßen die Diskussion seiner eigenen Studienzeit wieder aufleben ließ, indem er anmerkte: „Zum vierzehnten antwortet Ockham, dass jener [also Chatton] den Artikel [mit der genannten Verurteilung] schlecht verstanden hat."[10] Und hier nun hat Wodeham am Rande seines Manuskriptes notiert: „manu sua in margine reportationis mee" („eigenhändig am Rand meiner Mitschrift").[11] Diese Bemerkung ist wohl so zu verstehen, dass der seinerzeitige Student Adam von Wodeham seine Mitschrift der Vorlesung von Walter von Chatton Ockham vorgelegt hat – und dieser, schriftlich, die Ausführungen des Kollegen kommentiert hat.

Schlaglichtartig macht diese Szene eines deutlich: Der akademische Lehrer, sei es nun in London oder in Oxford, war keine unhinterfragbare Autorität, sondern er musste schon deswegen, weil den Studenten die Diskrepanz zwischen verschiedenen Vorlesungen und ihren Thesen überdeut-

[8] S. Courtenay, Schools 29 Anm. 37.

[9] Zu ihm s. Courtenay, Wodeham.

[10] „Ad 14um respondet Ockham quod ille male intellexit articulum" (zit. nach OT I 29f.* Anm. 2).

[11] Zit. nach OT I 29f.* Anm. 2.

lich war, permanent mit entsprechenden Infragestellungen rechnen. Die Autoritätswissenschaft, die scholastische Philosophie und Theologie einmal gewesen war, war zwar nicht ganz aufgegeben. Selbstverständlich zitierte man immer wieder die großen Kirchenväter, ja Grundlage der Sentenzenvorlesung war eben, wie der Name schon sagt, eine Sammlung von Sentenzen der Großen der Vergangenheit. Aber diese Autoritäten waren offenkundig deutbar und an dem Deutungsgeschäft nahmen die Studenten, mindestens fragend, teil.

Sie wandten dabei nur an, was sie in den akademischen Veranstaltungen lernen konnten: Schon für die mittelalterliche Universität gilt, dass die Vorlesung nur die eine Form der akademischen Lehre war. Daneben hatte eine mindestens ebenso große Bedeutung die Disputation[12], in der eine Frage unter verschiedenen Gesichtspunkten behandelt wurde. Man löste sich von dem vorgegebenen Stoff eines Buches, einer Autorität, um Probleme in freierem, stärker sachlichem Gespräch zu behandeln. Dabei wurde dann nicht nur, wie in der Vorlesung, die Abwägung der Argumente durch einen Professor allein durchgeführt, sondern man trat einander im realen Streitgespräch gegenüber: Ein *opponens* attackierte eine vorgegebene These, und ein *respondens* antwortete wiederum darauf, ehe ein Baccalaureus oder Magister, also ein schon Graduierter, die gestellte Frage abschließend beantwortete. Dieses Verfahren der Disputation hatte sich schon früh an den Universitäten etabliert und bedeutete eine beeindruckende Denkschulung. Eine Frage wurde stets so gestellt und behandelt, dass ihre Beantwortung auf zwei grundlegende Alternativen hinauslief. Zugleich bot die jeweilige Argumentation genügend Möglichkeiten, den internen Differenzierungen bei der Beantwortung Raum zu geben. Es ist kaum erstaunlich, dass dieses in der akademischen Lehre vorgeführte Verfahren die Studenten dazu anregte, beim wissenschaftlichen Diskurs mitzudenken, zumal sie selbst als *opponens* und später, in höheren Semestern als *respondens* auch ausdrücklich institutionell daran beteiligt waren und so schon früh ihre Fähigkeit zu selbstständigem Denken unter Beweis zu stellen hatten.

William J. Courtenay vergleicht den kritischen Umgang der Studenten mit Lernstoff und Lehrern mit dem ritterlichen Turnierwesen[13] – das mag vielleicht allzu gewagt sein, gibt aber die Atmosphäre doch insofern richtig wieder, als die intellektuellen Debatten zweifellos nur selten den ganz grundsätzlichen Charakter hatten, den sie später noch im Leben Ockhams annehmen sollten: den Streit um christliche Wahrheit im Widerspruch zur Häresie. Meist ging es um diffizile Denkübungen, an denen man den eige-

[12] Siehe zum Ganzen Bazan, quaestio; Schulthess/Imbach, Philosophie 147–158.
[13] Courtenay, Schools 30.

nen Verstand schärfen konnte, um einen in der Debatte letztlich spielerischen Umgang mit der Wahrheit und den Möglichkeiten ihrer Bestimmung.

Im Unterschied zu diesen eigenständiges Denken animierenden Veranstaltungsformen bedeutete Vorlesung allerdings im Großen und Ganzen tatsächlich das, was der Name sagt: ein Diktat. Gut dokumentierte mittelalterliche oder frühneuzeitliche Vorlesungen wie die Martin Luthers, von denen man die Mitschriften mehrerer Studenten hat, zeigen trotz aller Divergenzen im Einzelnen eine so bemerkenswerte Nähe[14], dass deutlich wird, dass in der Tat Wort für Wort langsam vorgetragen und mitgeschrieben wurde. Mitgeschrieben wurde allerdings in möglichst hohem Tempo: Mittelalterliche Vorlesungsmitschriften strotzen von einer Fülle von Abkürzungen, die auf den eiligen Betrieb im Hörsaal zurückgehen.

Auch wenn *universitas* im Mittellateinischen nicht mit den humboldtschen Assoziationen einer umfassenden Repräsentation des Wissenskanons aufgefüllt war, sondern zunächst nicht mehr bedeutete als die rechtlich verfasste Korporation von Magistern und Studenten, so gehörte doch zu einer mittelalterlichen Volluniversität der Aufbau in vier Fakultäten, die den Kosmos des Wissens bildeten. Grundlage war die *artes*-Fakultät. Hier musste – von Ausnahmeregelungen für Theologiestudenten aus den Bettelorden abgesehen – jeder Student seine ersten akademischen Kenntnisse sammeln, ehe er auf eine der höheren Fakultäten – Jurisprudenz, Medizin oder Theologie – wechseln konnte.

Der Fächerkanon der *artes*-Fakultät hatte sich mittlerweile längst von dem alten Rahmen der *septem artes* gelöst, wie er in der Spätantike entwickelt worden war. Das Trivium, die sprachlichen Disziplinen – Grammatik, Logik und Dialektik –, wurde in seinen Grundlagen ohnehin schon lange an den Lateinschulen gelehrt, und auch die einfache Einteilung der mathematischen Disziplinen im Quadrivium – Arithmetik, Geometrie, Astronomie und Musik – entsprach längst nicht mehr dem ausdifferenzierten Stand des Wissens. Diese Facheinteilung war im Grunde schon mit der Kenntnis des vollen Aristoteles, die um 1200 über Spanien und Sizilien nach Europa gelangt war, zu eng geworden.

Das Curriculum an den *artes* orientierte sich daher in Oxford wie in Paris nicht mehr an den einzelnen Fächern, sondern an den Schriften des Aristoteles, die kommentierend vorgelesen wurden. Vor allem aber war der klassische Kanon der *septem artes* längst durch die „drei Philosophien" ergänzt und nahezu in den Schatten gestellt worden: Naturphilosophie, Moralphilosophie und Metaphysik[15], und auch innerhalb der *septem*

[14] Siehe hierzu Schmidt-Lauber, Römerbrief.

[15] Zu den Studieninhalten in Oxford s. Weisheipl, Curriculum 168–176.

artes war jedenfalls in Oxford eine deutliche Gewichtung zugunsten der Logik erkennbar.[16] Auch wenn Ockham seine *artes*-Ausbildung vermutlich nicht in Oxford genossen hat, sondern von dem traditionellen Privileg der Mendikanten (so der lateinische Begriff für Bettelorden) Gebrauch gemacht haben dürfte, die philosophische Grundlagenausbildung in einem der eigenen Ordenshäuser zu absolvieren[17], ist es für das intellektuelle Milieu, in dem er sich nun bewegte, bedeutsam, wie dieser Studiengang – er dauerte etwa neun Jahre – aufgebaut war.[18]

Neben Aristoteles wurden Werke von Boethius und anderen gelesen. Im Zentrum standen dabei aber die Werke des Stagiriten und hier wiederum die logischen Schriften. Dabei unterschied man zwischen der *logica vetus*, der alten Logik, und der *logica nova*, der neuen Logik. Damit war präzise der Weg der zunehmenden Aristoteleskenntnis beschrieben. Die alte Logik umfasste jene Schriften, die bereits im 12. Jahrhundert bekannt gewesen waren. Bestimmend hierfür war die Isagoge des Porphyrios. Dabei handelt es sich um eine Einleitung in die Kategorienschrift des Aristoteles, die der spätantike Neuplatoniker Porphyrios (ca. 233–ca. 305) verfasst hatte und die in gewisser Weise das Universalienproblem präformierte, das später Generationen von Gelehrten beschäftigen sollte. Dazu kam die Kategorienschrift des Aristoteles selbst („Praedicamenta“) und sein Buch über die Interpretation („Perihermeneias“), von Boethius „De divisione“ und dessen Topik sowie der „Liber sex principiorum“, den man seit Albert dem Großen fälschlich Gilbert Porretanus (ca. 1080–1154) zuschrieb.[19] Die neue Logik umfasste die Topik des Aristoteles, seine beiden Analytiken sowie die „Sophistici elenchi“. Die Bedeutung dieser neuen Logik lag neben der Verfeinerung der Argumentationsform vor allem in den beiden Analytiken, die die komplette Wissenschaftslehre des Aristoteles vor Augen stellten und damit zu einem Werk wurden, das die Grundlagen jeder universitären Disziplin überhaupt betreffen musste; da Ockham von den anderen höheren Fakultäten jedoch kaum etwas mitbekommen haben dürfte, können die medizinische und die beiden juristischen Fakultäten – man konnte in Oxford sowohl Römisches Recht als auch Kirchenrecht studieren – hier übergangen werden.

Wenn ein Student nach absolviertem *artes*-Studium die Theologische Fakultät besuchte, so dürfte er über die genannten logischen Schriften hinaus auch die naturphilosophischen Schriften des Aristoteles – insbesonde-

[16] Ebd. 169; vgl. ders., Developments.

[17] Auf dieses Gewohnheitsrecht verwiesen 1312 die Dominkaner (Friars Preachers 256).

[18] Siehe zum Folgenden Courtenay, Schools 30–36.

[19] Siehe hierzu Schulthess/Imbach, Philosophie 121.

re die Physik und „De anima“ – gekannt haben, zudem die als moralische Schriften zusammengefassten Bücher über die Politik und die Ethik sowie die Metaphysik: Man wurde also mit dem vollen Programm aristotelischer Philosophie konfrontiert, ehe man das erste Mal als Jurist mit Gesetzestexten oder als Theologe mit dogmatischen Inhalten konfrontiert wurde. Das musste für das gesamte weitere Denken des Studenten prägend sein, und eben hierin lag dann auch eines der größten Probleme für die Stellung der Theologie an der Universität. Nolens volens hatte die Theologie sich zunächst einmal an einem Wissenschaftsbegriff messen zu lassen, der wenn nicht unchristlich, so doch zumindest eindeutig vorchristlich war. Die lange Denkschulung durch die aristotelischen Schriften musste Folgen für die Denkstrukturen haben, mit denen dann der biblische Text bearbeitet wurde, auch wenn die Voraussetzung für ein Studium an einer höheren Fakultät nicht zwingend ein volles *artes*-Studium war. Die acht Jahre, die die Theologische Fakultät voraussetzte[20], dürften für eine gründliche Prägung der Gedanken bei weitem ausreichend gewesen sein. Übrigens besagt diese Voraussetzung natürlich auch etwas über das Alter der Studenten, die ein Theologieprofessor beziehungsweise ein Baccalaureus, der die Sentenzen las, vor sich hatte. Rechnet man mit einem Beginn der Studien der *artes* im Alter von etwa vierzehn Jahren, so dürfte der Anfänger an der Theologischen Fakultät etwa zweiundzwanzig Jahre alt gewesen sein – wenig jünger als seine Lehrer: Ockham hat seine Sentenzenvorlesung mit etwas dreißig Jahren begonnen.

Das Alltagsleben, dem sich ein solcher Student aussetzte und das mithin auch die Studienjahre Ockhams prägte, war durch die akademischen Zeiten rhythmisiert, und zwar im Blick auf das ganze Jahr wie auf den Tagesablauf. Das Studienjahr unterteilte sich in Trimester. Statuten aus dem Jahr 1333, also etwas nach Ockhams Oxforder Zeit, schrieben vor, dass das erste Trimester vom 10. Oktober bis 17. Dezember dauern solle, das zweite vom 14. Januar bis zum Palmsonntag und das dritte vom zweiten Mittwoch nach Ostern bis Ende Juni oder Anfang Juli.[21] Neben den Ferien rund um die großen kirchlichen Feiertage Weihnachten und Ostern fällt die lange Zeit auf, die die Universität im Sommer pausierte. Ihre Einführung – in älteren Regelungen, die noch vier Jahreseinteilungen vorsahen[22], war sie nicht vorgesehen – ging auf die soziale Situation der Oxforder Studenten zurück. Da der Großteil von ihnen wie ja auch Ockham aus ländlichen Familien kam, hatte man hier diese lange Sommerpause eingeführt, die in der Regel von Anfang Juli bis Anfang Oktober dauerte.[23] Das gab den

[20] Courtenay, Schools 35.
[21] Statuta LXXXf.
[22] Statuta LXXX.
[23] Courtenay, Schools 10–13.

Studenten die Gelegenheit, bei der sommerlichen Ernte zu Hause zu helfen – ein Faktum, das über die bloße Tatsache hinaus, dass man sich in diesen Monaten Oxford wohl wie heutige kleine Universitätsstädte in Mitteleuropa einigermaßen verwaist vorstellen muss, bedeutsam ist, zeigt es doch, dass für diese Studenten der Wechsel in die akademische Laufbahn bei weitem nicht in dem Maße wie für Ockham der Wechsel in den Orden die Lösung von den weltlichen Bindungen mit sich gebracht hatte. Mehr als ein Viertel des Jahres kehrten sie in ihre alten Bindungen, Abhängigkeiten und Arbeiten zurück. Das galt natürlich nicht für Ockham selbst, der ja auch außerhalb der akademischen Zeiten an seinen Orden gebunden war, aber es gibt wiederum einen Hinweis auf die Hörerschaft, mit der er es nun in Oxford zu tun hatte. Ihr Leben war von dem seinen stärker unterschieden, als es ein oberflächlicher Blick auf den klerikalen Charakter der mittelalterlichen Universität vermuten ließe. Während er als Franziskaner zu einer neuen quasi-familiären Gemeinschaft, eben dem Orden der minderen Brüder, gekommen war und alle Bindungen zu seiner alten Familie zwar nicht gekappt, aber doch stark reduziert gewesen sein dürften, blieben die jungen Leute, mit denen er es zu tun hatte, als Kinder vom Lande erkennbar und lebten als solche.

Dieser Fortfall der Sommermonate war auch deswegen besonders empfindlich, weil es sich hier um die Zeit handelte, in der die lange Helligkeit besonders viel Zeit für akademische Tätigkeit gegeben hätte. Dies ist ganz wörtlich zu nehmen, da sich die Universität des frühen 14. Jahrhunderts von unserer heutigen durch eine Besonderheit unterscheidet, die in der Betrachtung der mittelalterlichen Universität viel zu selten berücksichtigt wird[24]: Die Uhren, nach denen der Alltag eingeteilt wurde, waren Sonnenuhren – mechanische Uhren werden in den Oxforder Universitätsstatuten erst im frühen 15. Jahrhundert vorausgesetzt, vermutlich waren sie ab dem zweiten Viertel des 14. Jahrhunderts für die Universität in faktischen Gebrauch gekommen[25], also zu einer Zeit, zu der Ockham schon nicht mehr in Oxford war. Man lebte also an den Universitäten ebenso wenig wie im gesamten gesellschaftlichen Umfeld nach einer mechanisch-mathematisch errechneten Zeit regelmäßig gleich langer Stunden, sondern nach einem Zeitrhythmus, der die helle Zeit des Tages in zwölf gleichmäßige Einheiten einteilte, die dann entsprechend im Winter bedeutend kürzer waren als im Sommer. Eine Vorlesungsstunde Anfang Juni dürfte in Oxford etwa doppelt so lang gewesen sein wie eine Anfang Dezember! Das hatte natürlich auch Folgen für die Disposition des Stoffes. Der Anfang einer Vorlesung fiel, wenn sie auf das ganze akademische Jahr

[24] Siehe hierzu ebd. 3–10.

[25] Ebd. 8f.

konzipiert war, wie es bei den theologischen Sentenzenvorlesungen der Fall war, in den Spätherbst und Winter und damit eben in die Zeit von Oktober bis Dezember, in der besonders wenig Zeit zur Verfügung stand. Der Baccalaureus oder Magister hatte hier die Möglichkeit, den Stoff zu straffen oder eben die Vorlesung von vornherein in Abhängigkeit von den wechselnden Zeiten zu konzipieren. Der Vorlesungsbetrieb und die aus ihm hervorgegangene Literatur sind daher auch unter der Perspektive zu betrachten, dass nicht in jedem Teil der Vorlesung dieselbe Zeit zur Stoffbehandlung zur Verfügung stand. Manche gelehrte Interpretation der Disposition mittelalterlichen Texte wird sich daher wohl auch daraufhin befragen lassen müssen, ob sie nicht letztlich in rein äußerlich bedingte Zufälligkeiten allzu viele Geheimnisse hineinliest.

Doch nicht nur für den akademischen Vorlesungsbetrieb hatten die wechselnden Tageslängen Folgen. Sie beeinflussten zwar die offizielle Zeit des Tages, aber nur begrenzt die faktischen Schlafenszeiten. Das bedeutete für die Studenten auch, dass sich die Anteile von fremdbestimmtem und eigenständigem Studium oder Freizeit zwischen Sommer und Winter ganz erheblich verschoben. Im Winter dürfte zwischen Sonnenuntergang und Schlafenszeit noch einige Gelegenheit zum Eigenstudium – oder eben zum Gespräch in den in Oxford ja durchaus auch vorhandenen Gasthäusern – gewesen sein, während im Sommer der größte Teil der Wachenszeit von Vorlesungen und Disputationen eingenommen wurde.

Das beschriebene *artes*-Curriculum hat Ockham in Oxford wohl nicht besucht. Wie alle Franziskaner und Dominikaner war er von der Pflicht befreit, vor dem Besuch der Theologischen Fakultät die *artes* in Oxford zu studieren. So konnte der Orden selbst die Hand über die philosophische Ausbildung seiner Zöglinge halten. Das Niveau der Ausbildung dürfte dabei kaum schlechter als an der Universität gewesen sein. Allein die Tatsache, dass Ockham selbst wahrscheinlich in den frühen Zwanzigerjahren Lehrer der Philosophie am Ordensstudium in London war, zeigt das Niveau, das diese Lehranstalten mittlerweile erreicht hatten. Und seine dortige Tätigkeit zeigt unter anderem, dass der Stundenplan zumindest auch die großen Aristoteles-Vorlesungen vorsah.

Eben hier in London dürfte er selbst als Studienanfänger die acht erforderlichen Jahre des *artes*-Studiums verbracht haben, ehe er zum Studium der Theologie nach Oxford kam. Ockham kam damit an einen Konvent von ansehnlicher Größe – für das Jahr 1317 sind 84 Mitglieder bezeugt.[26] Diese wohnten in einem Klostergebäude außerhalb der Stadt mit den üblichen Elementen: Kreuzgang, Dormitorium, Kapelle und Refektorium. Dieses Gebäude war offenbar als notwendige Erweiterung für das Leben

[26] Ebd. 68.

der Brüder entstanden, während das alte Gebäude innerhalb der Stadtmauern, aber in unmittelbarer Nähe zu dem neuen Konvent nun ganz dem Studienbetrieb überlassen worden war. Hier fand man die Hörsäle, vermutlich ein *scriptorium* und auch die Bibliothek.[27] Diese dürfte reichhaltig gewesen sein, da man vermuten kann, dass Robert Grosseteste einen großen Teil seiner Bibliothek dem Konvent von Oxford vermacht hatte.[28]

Dass Ockham von London nach Oxford, also an eine englische Universität, ging, war durchaus nicht so selbstverständlich, wie es auf den ersten Anblick scheinen mag. Es entsprach vielmehr einem sich gerade erst etablierenden Trend. Bislang hatten die Franziskaner ihren Nachwuchs zum Theologiestudium üblicherweise nach Paris geschickt[29]; dieser Austausch spiegelte die alten kulturellen Verbindungen zwischen der normannischen Oberschicht und dem Festland, aber auch die enge Verbindung, die England mit großen Teilen Frankreichs im Angevinischen Reich Heinrichs II. (1154–1189) eingegangen war, wider. Freilich war diese Sitte offenbar um einiges hartnäckiger als die politischen Verbindungen, auf die sie zurückging.

Die langjährige Pariser Dominanz im universitären Milieu, insbesondere im Bereich der *artes* und der Theologie, hatte manifeste Folgen gezeitigt. In Oxford hatte man im Grunde an von Paris bestimmten Debatten, etwa um das Erbe des Thomas von Aquin oder an dem im folgenden Kapitel noch ausführlicher zu behandelnden Streit um den konsequenten Aristotelismus, teilgenommen und allenfalls einen eigenen Ton in die Debatte gebracht, diesen aber nicht deutlich und wirkungsvoll artikuliert.[30] Ab dem zweiten Jahrzehnt des 14. Jahrhunderts aber – Ockham gehört selbst zu den Denkern, mit denen dieser Wechsel verbunden wird – änderten sich Qualität und vor allem Originalität der theologischen Lehre in Oxford. Und dies hängt mit der zwar beschreibbaren, im Einzelnen aber schwer erklärlichen Entscheidung der Franziskaner zusammen, ihren besten Nachwuchs nicht mehr auf den Kontinent zu schicken, sondern hauptsächlich nach Oxford. Hier findet sich nun mit einem Mal eine ganze Reihe von Nachwuchstheologen, die mit bemerkenswerten Aussagen auf sich aufmerksam machen und gewissermaßen eine neue theologische Generation bilden.[31] Neben Ockham sind Johannes von Reading (ca. 1285–1346), Walter von Chatton und Johannes von Rodington († 1348) zu nennen, in der nachfolgenden Generation Robert Holcot (ca. 1290–1349),

[27] Ebd. 68.
[28] So ebd. 68f.
[29] Ebd. 68.
[30] Ebd. 150.
[31] Siehe ebd. 153.

Adam von Wodeham und Thomas Bradwardine (ca. 1290–1349), der sich mit einer Schärfe gegen den *Pelagianismus* – d. h. die Lehre, nach der es keine Erbsünde gebe und der zufolge der Mensch aus eigener Kraft imstande sei, das Heil zu erlangen – seiner zeitgenössischen Theologen wandte, die dem späteren Reformator Martin Luther in mancher Hinsicht präludierte.

Zu dieser Lösung von Paris mag beigetragen haben, dass man sich im Vorfeld des Hundertjährigen Krieges zwischen Frankreich und England befand. Da mag schon in der Mentalität der Menschen manches vorweggenommen worden sein – jedenfalls ist das intellektuelle Milieu nicht der einzige Bereich, in dem sich solche Befreiung aus der kulturellen Pariser Hegemonie beobachten lässt. William J. Courtenay hat jedenfalls auf ähnliche Entwicklungen in der Architektur hingewiesen.[32] Gleichwohl steht eine befriedigende Erklärung für das Gesamtphänomen noch aus. Für die Theologie wird man aber vielleicht auch in Anschlag bringen dürfen, dass die intellektuellen Diskurse in Oxford, bis hin zu Wilhelm von Ockham, von einem Mann bestimmt wurden, der zwar Magister der Pariser Universität war, der aber seinerseits von der Insel stammte und immerhin dreizehn Jahre – von 1288 bis 1301 – in Oxford studiert[33] und hier auch seine Sentenzenvorlesung gehalten hatte: Johannes Duns Scotus (1265/6–1308), dessen Beiname auf seine schottische Herkunft verweist. Die Nähe Ockhams zu Duns Scotus und die Intensität der Auseinandersetzung haben früher zu der Vermutung geführt, Ockham habe bei Duns Scotus studiert, sei also als dessen direkter Schüler anzusehen. Das ist zweifellos nicht der Fall, aber das Denken des Duns Scotus hat – gerade durch den Austausch zwischen Paris und Oxford – so viele Franziskanertheologen in Oxford geprägt, dass auch Ockhams eigenes Denken sich – in Anknüpfung wie Korrektur – über weite Strecken als eine Auseinandersetzung mit diesem „Doctor Subtilis“ gestalten musste.

2. Das Pariser Erbe: die Lehrverurteilung von 1277

Das Denken des Duns Scotus selbst ist allerdings nur aufgrund einer sehr spezifischen Pariser Situation erklärbar, deren grundsätzliche Folgen für das Verhältnis von Theologie und Philosophie auch für das Oxforder Klima zur entscheidenden Rahmenbedingung wurden: „Häufige, von Glaubenseifer eingegebene Berichte bedeutender und vertrauenswürdiger

[32] Ebd. 155.

[33] Brampton, Scotus. Die Annahme einer Pariser Studienzeit des Duns Scotus ist nach Kluxen, Scotus 388, nicht mehr zu halten.

Personen haben uns zur Kenntnis gebracht, dass einige Lehrer der freien Künste zu Paris die Grenzen ihrer eigenen Fakultät überschreiten und es wagen, die offensichtlichen und verabscheuungswürdigen Irrlehren oder vielmehr Eitelkeiten und falschen Hirngespinste, die in der Rolle beziehungsweise den Blättern enthalten sind, die diesem Schreiben beigefügt sind, als an der Universität behandlungswürdiges Problem abzuhandeln und zu disputieren."[34]

So heißt es in dem Prolog eines denkwürdigen Dokumentes. Unter dem Datum des 7. März 1277 ließ Etienne Tempier, Bischof von Paris, 219 Thesen verurteilen, von denen es hieß, sie seien an der *artes*-Fakultät der Pariser Universität gelehrt worden. Grenzüberschreitung war der Vorwurf, und später in dem Prolog hieß es noch: „Sie sagen …, diese Irrlehren seien wahr im Sinne der Philosophie, aber nicht im Sinne des christlichen Glaubens, als gebe es zwei gegensätzliche Wahrheiten."[35] Die Einheit des Wissens und mit ihr die Einheit der mittelalterlichen Universität also schienen dem Pariser Bischof gefährdet.

Es war nicht das erste Mal, dass die aristotelische Philosophie von einem Lehrverbot betroffen war – man kann sogar sagen, dass Aristoteles, seit man seine Ethik und seine Metaphysik für das christliche Europa wiederentdeckt hatte, unter permanenter kritischer Beobachtung stand. Durch die Konfrontation mit seinen materialen philosophischen Schriften war man zu einem merkwürdigen Autoritätenkonflikt gekommen. Eben der Philosoph, dem man in logischen Dingen zu folgen gewohnt war, hatte ein philosophisches System entworfen, das offenkundig von Christus keine Kenntnis besaß, ja möglicherweise mit dem christlichen Glauben überhaupt nicht vereinbar war. Diese Alternative ist es, die den Umgang mit Aristoteles in der Folgezeit markierte: entweder Akzeptanz als zwar heidnische, aber in Vernunftdingen doch geduldete Autorität oder Verwerfung als heidnischer Irrlehrer.

Das große Verdienst des Albertus Magnus ist es, den Durchbruch für ein solides Aristotelesstudium an den Hochschulen gebracht zu haben.[36] Doch war dieser Erfolg nicht von Dauer, ja er war vielleicht gerade deswegen

[34] „Magnarum et gravium personarum crebra zeloque fidei accensa insinuavit relati, quod nonnulli Parisius studentes in artibus proprie facultatis limites excedentes quosdam manifestos et execrabiles errores, immo potius vanitates et insanias falsas in rotulo seu cedulis, praesentibus hiis annexo seu annexis contentos quasi dubitabiles in scolis tractare et disputare praesumunt" (Original und Übersetzung zitiert nach Aufklärung im Mittelalter? Die Verurteilung von 1277. Das Dokument des Bischofs von Paris übersetzt und erklärt von Kurt Flasch, Mainz 1989 [excl 69], 92. 89).

[35] „Dicunt enim ea esse vera secundum philosophiam, sed non secundum fidem catholicam, quasi sint due contrarie veritates" (Aufklärung im Mittelalter? 93. 89).

[36] Siehe hierzu Sturlese, Deutsche Philosophie 324–388.

möglich, weil Albertus Magnus auf eine systematische Lösung des Mit- oder Gegeneinanders von Aristoteles und christlicher Lehre verzichtet hatte: In seiner Kölner Lehrtätigkeit von 1248 bis 1254 hatte er sich ganz auf den Aristoteles beschränkt und auf im engeren Sinne theologische Vorlesungen verzichtet. Den systematischen Entwurf, der beides verband, bot erst sein Schüler Thomas von Aquin – doch erkaufte er die Harmonie von weltlich-heidnischer Vernunft und christlicher Wahrheit auch dadurch, dass er Aristoteles so umdeutete, dass er seinem theologischen System eingepasst wurde.

Dieser Weg war für einen Theologen gangbar. Ganz anders musste sich das Problem für Wissenschaftler stellen, die die *artes*-Fakultät nicht als Durchgangsstation in die Welt hinein oder zu einem Studiengang an einer der höheren Fakultäten verstanden, sondern die sich die Lehre der *artes* zur Lebensaufgabe machten. Ihnen lag es weit weniger nahe als Thomas, die philosophischen Texte zu verfremden, sondern ihre Aufgabe an der *artes*-Fakultät bestand gerade darin, den Aristoteles so präzise wie möglich aufzuarbeiten. Es ist dieser Hintergrund, der in den Sechziger- und Siebzigerjahren des 13. Jahrhunderts für Aufsehen an der Pariser Universität sorgte. Die herausragenden Gestalten dieser philosophischen Richtung, die nicht mehr darstellte als einen vorurteilsfreien, konsequenten Aristotelismus, waren Boethius von Dacien († vor 1284) und Siger von Brabant (ca. 1240–ca. 1284). Ihr Bemühen um präzise Aristoteleslektüre musste unweigerlich auch zu den Punkten vorstoßen, an denen sich Aristoteles mit dem christlichen Weltbild nicht mehr ohne weiteres vereinbaren ließ. Das Modell seiner Kosmologie mit einer unendlichen Bewegung von Schalen war schwerlich mit den christlichen Schöpfungsvorstellungen nach Gen 1 oder gar Gen 2 zu verbinden, die weniger von einem unbewegten Beweger als von einem höchst aktiv in die Weltgeschehnisse hineinregierenden Gott sprachen und die auch keine Ewigkeit der Welt voraussetzten, sondern ihren Anfang in der Zeit: Für das Vakuum vor der Schöpfung (Gen 1,2 Vulgata: „*terra autem erat inanis et vacua*"; hebr.: Tohuwabohu) war im aristotelischen Denken kein Platz. Und auch im Blick auf die Erkenntnislehre Aristoteles' musste sich zumindest an den Unklarheiten, die der Stagirite hinterlassen hatte, Streit entzünden: Konsequent weitergedacht, musste seine Vorstellung von einer einheitlichen Vernunft zu einer Gefährdung der individuellen Seele des Menschen und damit seiner individuellen Verantwortlichkeit führen. In einer nicht ganz klaren Aussage hatte Aristoteles in seiner Schrift „De generatione animalium" die Göttlichkeit des νους, der Vernunft[37], behauptet: „Es ist klar, dass diejenigen

[37] Im Folgenden wird der neuzeitlichen Verwendung des Begriffspaares „Vernunft" und „Verstand" gefolgt.

Prinzipien, deren Tätigkeit körperlich ist, unmöglich ohne einen Körper bestehen können ... Übrig bleibt also, dass nur der νους von außen eintritt und er allein göttlich ist. Denn mit seiner Tätigkeit ist keine körperliche Tätigkeit verbunden" (736 b 22). Hieraus hatte schon der arabische Aristotelesausleger Averroes (Ibn Rushd; 1126–1198) die Konsequenz gezogen, dass der νους, wenn er denn göttlich sei, einer für alle Menschen sei, dass die Menschen also an dieser Vernunftseele lediglich partizipierten, sie selbst aber überindividuell sei. Zu ähnlichen Ergebnissen kamen nun auch die konsequenten Aristoteliker in Paris, weswegen ihnen auch bald das Etikett des „Averroismus" angeheftet wurde, das noch bis in das vergangene Jahrhundert an ihnen klebte. Das Problem für die Zeitgenossen war, dass mit einer solchen Annahme einer überindividuellen Seele in der Tat, insofern auch die ethische Entscheidung des Menschen zumindest aus dem Zusammenwirken von Vernunft und Wille resultierte, das Personzentrum des Menschen entindividualisiert würde und sich damit auch die Frage individuellen Lohns und individueller Strafe neu stellen würde.

Bei der Entfaltung solcher Thesen agierten die konsequenten Aristoteliker freilich äußerst zurückhaltend. Gerade die brisantesten Thesen stellten sie nur als Auslegung des Aristoteles vor, nicht aber als ihre eigene Lehre, so dass sie sich jederzeit darauf zurückziehen konnten, lediglich fremde Auffassungen referiert zu haben. Gelegentlich gingen sie sogar so weit, die aristotelische These und die christliche Gegenthese schroff nebeneinander zu stellen – bei oberflächlicher Lektüre konnte man so tatsächlich zu der Vermutung kommen, hier werde ein doppeltes Spiel mit der Wahrheit getrieben, werde die Entscheidung für die christliche Wahrheit bewusst vermieden.

Dass dies nicht die Intention der konsequenten Aristoteliker war, hat die moderne Forschung zur Genüge herausgearbeitet – doch für ihre geistesgeschichtliche Stellung war gerade entscheidend, dass sie durch ihre Lehren, seien sie auch noch so zurückhaltend formuliert, die Konsequenzen des Aristoteles derart deutlich vor Augen gestellt haben, dass noch einmal die Frage nach der Legitimität der Philosophie ganz neu zu stellen war. Aristoteles war für das mittelalterliche Denken nicht ein Philosoph neben vielen, sondern der Philosoph schlechthin, und wenn eine konsequente Aristoteleslektüre zu Ergebnissen kam, die dem Christentum widersprachen, stellte dies ganz generell die Leistungen der menschlichen Vernunft im Angesicht der göttlichen Offenbarung in Frage.

So kam es bald zu einer doppelten Form von Kritik an den konsequenten Aristotelikern: Während der Franziskaner Bonaventura, der in seiner auch mystisch geprägten Geistigkeit ohnehin nicht zu den Freunden des Aristoteles gehörte, das Auftreten der radikalen Aristoteliker nutzte, um in mehreren Predigten 1266/7 allgemein die Grenzen der Vernunft aufzuzeigen, sah Thomas in den harten Konfrontationen zwischen Aristoteles und christlicher Überzeugung, die die konsequenten Aristoteliker aufwiesen, auch sein eigenes Projekt der Harmonisierung von Aristoteles und Christentum gefährdet. Er versuchte, ganz im Gegensatz zu Bonaventura, aufzuzeigen, dass die konsequenten Aristoteliker gerade nicht repräsentativ für die Vernunft insgesamt waren, sondern eine individuelle und falsche Form der Aristoteleslektüre vortrugen. So ging er gleichermaßen philologisch und philosophisch gegen sie vor: Es war Thomas, der Wilhelm von Moerbeke (ca. 1215–ca. 1286) zu einer neuen Aristoteles-Übersetzung veranlasste, weil er es für nötig erachtete, Aristoteles möglichst präzise in lateinischer Sprache zugänglich zu machen. Aber er nahm eben auch die inhaltliche Auseinandersetzung mit Siger und seinen Gefährten auf. 1270 verfasste er eine eigene Schrift, „De unitate intellectus", die der Auseinandersetzung mit der aristotelischen Erkenntnis- und Seelenlehre gewidmet war. Eben darin findet sich auch die infame Einordnung der Pariser Aristoteliker als „Averroistae". Sie sollten mit dem islamischen Gelehrten auf eine Stufe gestellt werden – deutlicher konnte Thomas nicht machen, dass er in ihnen nicht „die" Philosophie, sondern nur eine philosophische Richtung repräsentiert sah, gegen die aus der Warte der christlichen Philosophie zu kämpfen war. Übrigens hat Siger diesen Kampf durchaus aufgenommen: Im Zuge seiner Schriften zeigt sich, wie flexibel er auf die Kritik des Thomas reagierte und seine Seelenlehre immer stärker in christlichem Sinne überarbeitete.

Damit konnte er aber nicht verhindern, dass die Polemik in Predigten und Traktaten auch die Kirchenbehörde auf den Plan rief. Schon am 10. Dezember 1270 kam es zu einer ersten Verurteilung durch Tempier[38], und dies war nur der Auftakt für weiteres Vorgehen des Bischofs gegen die Philosophen. Am 23. November 1276 wurde Siger vom Inquisitor Simon du Val für den 18. Januar 1277 zu einer Gerichtsverhandlung vorgeladen[39], vermutlich entzog er sich wie auch Boethius durch Flucht.

Der entscheidende Schlag erfolgte aber am 7. März 1277: Tempier verurteilte 219 Thesen, welche die von der Gruppe um Siger ausgehenden Gefahren skizzierten, in deren Schriften aber nicht durchweg nachweisbar sind.[40] Das Dokument wirkt recht ungeordnet, obwohl es von einer gelehrten Kommission vorbereitet wurde, zu deren bedeutendsten Köpfen der Pariser Theologieprofessor Heinrich von Gent (ca. 1217–1293) gehörte. Die Leitlinien der Verurteilung lassen sich trotz der etwas chaotischen

[38] Chartularium I 432; vgl. Steenberghen, Légende tenace 183; Wippel, Condemnations 179.

[39] Zimmermann, Dante 207; Gauthier, Notes II 26.

[40] Siehe hierzu im Einzelnen Hissette, Enquête.

Gliederung leicht erkennen: Neben der Abwehr einer Einheitsseele spielt vor allem die Kosmologie eine Rolle. Es geht dabei nicht nur um den Schöpfungsakt und das Verbot der ihm widerstreitenden Annahme einer Ewigkeit der Welt, sondern vor allem darum, dass das aristotelische Schalenmodell der Freiheit Gottes und des Menschen keinen ausreichenden Raum ließ: Immer wieder werden Sätze betont, die in irgendeiner Weise die Notwendigkeit des Geschehens in der Welt auszudrücken scheinen und damit den radikalsten Widerspruch zur biblischen Überzeugung von einem frei handelnden Gott darstellen.

Diese Lehrverurteilung, so unbefriedigend sie denkerisch sein mag, ist doch ein entscheidendes Dokument der mittelalterlichen Geistesgeschichte, das die Voraussetzung für alle nun folgenden Entwicklungen des Denkens darstellt. Mit der Lehrverurteilung von 1277 war gewissermaßen ex negativo ein Modell markiert, das philosophisch denkbar, aber aus Gründen des christlichen Glaubens abzulehnen war. Dies gab für die zukünftigen Generationen von Denkern – und das hieß für all jene Engländer, die in Oxford im Schatten des Duns Scotus Theologie zu treiben lernten – die Regeln für den rechten Umgang mit Aristoteles vor. Entweder musste man weiter wie Thomas fortfahren, Aristoteles zurechtzubiegen – obwohl die verurteilten Thesen stets an die immanenten Möglichkeiten des aristotelischen Systems erinnerten –, oder man musste vonseiten der Theologie Modelle entwerfen, die den Status der Philosophie begrenzten und reduzierten, ohne doch gleich wie Bonaventura die Philosophie und Vernunft insgesamt zu diskriminieren. Diesen letzteren Weg ging vor allem Duns Scotus, und ihm folgend dann Wilhelm von Ockham. Ihm war das Dokument von Paris, auch wenn er es nicht sehr oft zitierte, durchaus bekannt – doch stand er schon längst nicht mehr in direktem Gegenüber hierzu, sondern hatte die neuen Denkwege von anderen, eben Duns Scotus, aber auch Heinrich von Gent, vermittelt bekommen.

3. Der prägende Denker: Duns Scotus

Im Werk des Duns Scotus lässt sich die tief greifende Wirkung der Pariser Lehrverurteilung nachvollziehen.[41] Duns gehörte zu denen, die aus dieser Verurteilung die radikale Konsequenz zogen, dass das Projekt der Harmonisierung von Christentum und heidnischer Philosophie vollends gescheitert war. Entsprechend scharf fiel seine Kritik an einem unkontrollierten Aristotelismus aus. Dabei verwarf er Philosophie keineswegs

[41] Zu den Lehren des Duns Scotus s. nach wie vor unübertroffen: Gilson, Duns Scotus.

grundsätzlich. An einem Punkt, der Lehre von den Universalien, wurde er sogar außerordentlich produktiv: Die in der Philosophiegeschichte umstrittene Frage, welcher ontologische Status unseren Allgemeinbegriffen – vor allem den Art- und Gattungsbegriffen – zukomme, ob es sich hierbei um rein innermentale Größen, bloße Benennungen von eigentlich nicht real Vorhandenem handle, wie es der Nominalismus behauptete, oder ob es, nach der Position des Realismus, auch außerhalb unserer Seele und unseres Erkenntnisvermögens diese Allgemeinheit als eigene reale Entität gebe, versuchte Duns durch einen Mittelweg zu klären: mithilfe der Lehre von der *distinctio formalis*. Anhand dieses Modells wollte er ausdrücken, dass das Allgemeine sich insofern vom Einzelnen unterscheide, als es dessen formgebendes Prinzip sei. Das Allgemeine existiert also in keiner Weise, wie es der strenge Realismus forderte, für sich, etwa als eine „Menschheit an sich", sondern es existiert nur in Gestalt von vielen Einzelentitäten. Zugleich aber geht es im Einzelnen nicht auf, sondern ist eben – und dies real – in den vielen Einzelnen zugleich und doch immer ein und dasselbe. In diesem Denkmodell äußerte sich ein neues, positiveres Verhältnis zum Einzelnen, ja zur Individualität an sich. Der Aristotelismus lehrte – zumindest in der Lesart des Universalienrealismus – eigentlich, dass stets die Form das Allgemeine sei, die Materie hingegen das Individuationsprinzip. Wiederum am Beispiel verdeutlicht: Es gibt die allgemeine Menschheitsform, und immer dann, wenn diese sich mit Materie verbindet, entsteht ein einzelner Mensch. Duns Scotus wollte aber nicht die Individualität als Prinzip der Materie stehen lassen, sondern versuchte durch seine *distinctio formalis* klar zu machen, dass Individualität zum realen Sein generell dazugehört: Sie ist nicht Folge dessen, dass zu einem für sich bestehenden Allgemeinen etwas anderes, eben die Materie, hinzutritt, sondern alles Sein ist individuell, indem und insofern es existiert. Duns Scotus versuchte dies sogar durch eine eigene Wortschöpfung auszudrücken. Er sprach von der *haecceitas*, der „Dieshaftigkeit": Etwas, das „dies" oder „jenes" ist, ist eben ein einzelnes.

Trotz solcher philosophischer Produktivität aber sieht Duns Scotus seine Hauptaufgabe darin, der Philosophie ihre Begrenztheit aufzuzeigen. Die natürliche Vernunft, so argumentiert er, kann nicht das letzte Ziel des menschlichen Lebens und Handelns sein, da dieses selbst ein übernatürliches ist, nämlich die ewige Seligkeit. Von hier aus bestimmt Duns sein gesamtes Verständnis von Theologie. Theologie ist nicht eine theoretische, sondern eine praktische Wissenschaft, das heißt, sie ist Wissenschaft vom Handeln des Menschen und von seinem Ziel.

Dann aber ist eigentlicher Gegenstand der Theologie Gott, denn zum einen besteht die Seligkeit im Genießen Gottes, in der *fruitio Dei*, und zum anderen sind alle theologischen Wahrheiten in Gottes Erkenntnis enthalten und aufgehoben und die menschliche theologische Erkenntnis verdankt sich der Offenbarung Gottes.

Der Tatsache, dass diese Offenbarung angemessen allein durch den Glauben, nicht aber durch die natürliche Vernunft auf- und anzunehmen ist, entspricht es dann, dass Duns gegenüber Thomas von Aquin auch in Gott nicht der Vernunft den Vorrang einräumt, sondern dem Willen. Diese Gottesauffassung wurde gerne als Voluntarismus kritisiert, doch geht es bei dem Gott des Duns Scotus nicht um einen willkürlich handelnden Gott, denn Gottes Wille entspricht seinem Wesen und entspringt also letztlich der Gutheit Gottes.

Näher kommt man einem Verständnis des Doctor Subtilis, wenn man die Stoßrichtung bedenkt, in die seine Überlegungen gehen. Letztlich handelt es sich hier um eine Wahrung des biblischen Gottesbildes angesichts einer Situation, in der die konsequenten Aristoteliker in Paris ein Gottes- und Weltbild entworfen hatten, das alles nach Notwendigkeit ablaufen ließ. Dem setzt Duns eine Theologie der freien Souveränität Gottes entgegen.

Diese konzentriert sich darin, dass bei Duns auch zum ersten Mal die schon seit einiger Zeit gängige Unterscheidung von absoluter und gebundener Macht – *potentia absoluta* bzw. *ordinata* – in Gott systematisches Gewicht erhält, was später bei Ockham eine ganz zentrale Rolle spielen sollte. Nach Duns handelt Gott einerseits im Allgemeinen regulär. Andererseits aber kann Gott sich jederzeit auch von den allgemein gültigen Gesetzen lösen, denn als oberster Gesetzgeber ist ihm das Gesetz so unterworfen, dass er es jederzeit, auch momenthaft umstürzen kann. Wichtigster Anwendungsfall hierfür ist die Rechtfertigungslehre, die bei Duns im strengen Sinne als Akzeptationslehre zu verstehen ist: Gott unterliegt bei der Rechtfertigung des Menschen keinen notwendigen Zwängen, sondern die Rechtfertigung eines Menschen geschieht aufgrund der freien Annahme des Menschen durch Gott. Trotz dieser Betonung der Souveränität Gottes ist die Heilssicherheit der Menschen freilich nicht gefährdet. Diese beruht darauf, dass Gott selbst sich an eine bestimmte Heilsordnung gebunden hat.[42]

Man wird diese in Paris entwickelten Lehren zwar nicht eins zu eins am Franziskanerstudium in Oxford voraussetzen dürfen, aber ihre Wirkung war ungeheuer – schon allein weil nun endlich auch die Franziskaner einen großen Gelehrten unter ihren Ahnen hatten, der an Gewicht und Wirkung dem dominikanischen Theologen Thomas von Aquin gleichkam. Der Franziskanerkonvent in Oxford verfügte über seine sämtlichen Werke, einige sogar im handschriftlichen Original und mit den entspre-

[42] TRE 9, 227 f.

chenden eigenhändigen Notizen des Duns.[43] Dabei war seine Wirkung in der Theologie noch um einiges höher als in der Philosophie: Die *distinctio formalis*, die in der Gefahr stand, eine komplexe Frage zwar ihrerseits höchst komplex, aber letztlich doch nur in Gestalt eines Verbalkompromisses zu beantworten, blieb zwar nicht ohne Anhänger, hatte aber doch eine weit geringere Wirkung als insbesondere die Unterscheidung der *potentia absoluta* und *ordinata*. Nach einer zunächst zögerlichen und sehr kritischen Rezeption des Duns Scotus in Oxford gewann ab 1316 – also kurz bevor Ockham selbst mit seiner Sentenzenvorlesung begann – mit der Berufung Wilhelms von Alnwick der Scotismus bei den Oxforder Franziskanern massiven Einfluss.[44] Dieser hatte in Paris bei Duns gehört und wohl sogar als dessen Sekretär agiert – diese Funktion legt es nahe, dass er es war, der die Autographe des Duns Scotus nach Oxford brachte. Möglicherweise unter seinem Einfluss hatte auch Johannes von Reading in seiner Oxforder Sentenzenvorlesung seine scotistische Theologie entwickelt.[45] Jedenfalls war das Umfeld Ockhams durch solche Persönlichkeiten ganz entschieden von Scotus geprägt, und es ist seinen eigenen ersten Werken anzumerken, dass er sich zwar keineswegs in geistiger Abhängigkeit von dem großen Schotten befand, aber diesen zu einem seiner ersten, wenn nicht zu dem ersten Gesprächspartner machte. Von ihm hat er Problemstellungen übernommen, vor allem die Konfrontation mit dem konsequenten Aristotelismus, und zum Teil auch Problemlösungen, vor allem in der *potentia*-Lehre, während er in der Universalienlehre eigene Wege ging.

4. Ockhams Studiengang

Wie die meisten anderen Lebensdaten Ockhams sind auch die über seine Studienzeit nur indirekt zu erschließen. Seine Sentenzenvorlesung kann man mit einiger Sicherheit auf die Zeit nicht vor 1317 datieren, da Ockham die Sentenzenvorlesung des Pariser Theologen Petrus Aureoli (ca. 1280–1322) voraussetzt, die er frühestens in dieser Zeit in Händen gehabt haben kann.[46] Nimmt man dieses Jahr als einigermaßen gesichert, so kann man die Studienjahre aufgrund der allgemeinen Universitätsstatuten berechnen.

Seine *artes*-Studien dürfte Ockham, wie ausgeführt, noch in London absolviert haben. Da er seine Sentenzenvorlesung frühestens nach neun Jah-

[43] Courtenay, Schools 185.
[44] Ebd. 188.
[45] Ebd.
[46] Siehe Miethke, Sozialphilosophie 20f.

ren Theologiestudium halten durfte, muss er von hier 1308 fortgegangen sein, wenn er nicht von der auch anerkannten Möglichkeit Gebrauch gemacht haben sollte, die ersten Jahre des Theologiestudiums in London zu absolvieren. Ein knappes Jahrzehnt in London hätte dann zum Zeitpunkt des Studienbeginns in Oxford hinter ihm gelegen, und man kann so etwas wie eine hypothetische Biografie zusammenstellen, in der zumindest die verschiedenen vermuteten Daten gut zueinander passen, was zwar keinen Erweis ihrer Wahrheit darstellt, aber doch zeigt, dass sie stimmig sind. Aufgrund des gesicherten Datums der Subdiakonenweihe lässt sich ein Geburtsjahr kurz vor 1286 annehmen. Dann hätte Ockham tatsächlich mit vierzehn Jahren, im Jahr 1300 das Franziskanerstudium in London beginnen können, wo er sich möglicherweise schon seit sieben Jahren, also seit 1293 als Schüler befand. Die für ein Theologiestudium in Oxford vorgeschriebenen acht Jahre *artes*-Studium hätte er dann 1308 hinter sich gebracht gehabt – eben in dem Jahr, in dem tatsächlich auch aus anderen Gründen mit seinem Wechsel nach Oxford zu rechnen ist.

Die ersten Jahre seines Theologiestudiums waren vom Hören von Vorlesungen über die Sentenzen des Petrus Lombardus und über die Bibel geprägt. Mindestens drei Jahre musste der Theologiestudent biblische Vorlesungen hören, ehe er zum Bakkalaureat zugelassen werden konnte.[47] Für Ockham waren es vermutlich noch einige Jahre mehr: Da die zuvor zu hörende Sentenzenvorlesung ein Jahr in Anspruch nahm, er aber ohne den Magisterabschluss an den *artes* insgesamt sechs Jahre an der Theologischen Fakultät zu studieren hatte, ehe er Baccalaureus werden konnte[48], blieb genug Zeit für derartige biblische Vorlesungen. Viele Jahre des Studiums verflossen also mit Studieninhalten, in denen nicht gerade die neuesten theologischen Diskussionen stattfanden: Während die Sentenzenkommentare gewissermaßen die Systematische Theologie ihrer Zeit darstellten, also den akademischen Ort, an dem ein Ausgleich zwischen Philosophie und Theologie gesucht, an dem die Dogmatik durchdacht und auf ihre intellektuelle Haltbarkeit hin überprüft wurde, boten die biblischen Vorlesungen weithin den tradierten Stoff.

Nach Ablauf der vorgeschriebenen sechs Jahre wurde der Theologiestudent dann von seinem Magister dem Rektor der Universität und den beiden Prokuratoren, den Vertretern der beiden Nationen (der „Northener" und „Southener"), präsentiert.[49] Überstand er die hiermit verbundene Prüfung seines bisherigen Studienverlaufs, so wurde er als *opponens* zu

[47] Statuta 50.

[48] Statuta 48.

[49] Siehe Miethke, Sozialphilosophie 7f. hierzu und zu den weiteren Ausführungen zum Studienverlauf.

theologischen Disputationen zugelassen, also als derjenige, der einer vorgetragenen These zu widersprechen hatte. Damit wurde er aus der theoretisch ganz passiv angelegten Rolle des Vorlesungshörers in die aktivere des an Disputationen Beteiligten versetzt. Hierauf folgte ein Jahr als *respondens*: Aus der bloßen Argumentation gegen bestimmte Positionen musste er nun weiter schreiten zu der Rolle des positiv für eine These Argumentierenden, freilich noch ohne dass er selbst die Aufgabe erhalten hätte, eine Frage zu beantworten. Dies blieb dem Magister überlassen.

Der Student hatte also neun Jahre an der Theologischen Fakultät verbracht, ehe er zum Baccalaureus wurde. Das bedeutete, dass er nun die Funktion erhielt, eine Sentenzenvorlesung zu halten: Das mittelalterliche Lehrsystem sah vor, dass Studenten Studenten unterrichteten. Das Baccalaureat bedeutete zwar eine vorläufige Form der Graduierung, aber noch keine Beendigung des Studentenstatus. Der Baccalaureus bereitete sich weiterhin auf seine theologische Promotion vor, musste hierzu aber eine eigenständige Vorlesung halten. Immerhin hatte er nun als Franziskaner siebzehn Jahre Studium hinter sich gebracht, und Ockham dürfte zu dem Zeitpunkt, als man ihm die Sentenzenvorlesung übertrug, einunddreißig Jahre oder wenig älter gewesen sein.

5. Die Sentenzenvorlesung in Oxford

Die Sentenzenvorlesungen des späten Mittelalters sind nicht nur die erste Vorlesung des angehenden Theologen, sie sind oft auch das originellste und grundlegende Werk. Zum ersten Mal darf hier jemand nach Jahren des Studiums eigenständig agieren, darf Fragen zur Entscheidung führen. Die Grundlage für diese Vorlesung, die ihr auch den Namen gab, war die Sentenzensammlung des Petrus Lombardus (1095–1160). Das Buch des Pariser Kathedralschullehrers und späteren Bischofs von Paris war ein typisches Produkt der geistigen Welt des 12. Jahrhunderts und steht als solches neben zwei anderen Standardwerken aus dieser Zeit, die das Denken bis weit in das späte Mittelalter hinein geprägt haben: dem „Decretum Gratiani", dem kirchenjuristischen Handbuch des Bologneser Juristen Gratian und, etwas älter, der „Glossa ordinaria", dem durchgehenden Bibelkommentar aus der Schule des Anselm von Laon (1050–1117).

Petrus Lombardus hatte aus den Sentenzen der Väter ein Buch zusammengestellt, das durch seinen klaren Aufbau für den schulischen Gebrauch bestens geeignet war. Seine Sentenzensammlung war in vier Bücher eingeteilt, die gewissermaßen den Weg von Gott zu den Menschen und wieder zurück zu Gott nachzeichneten. Das erste behandelte die Trinität, das zweite die Schöpfung, das dritte Menschwerdung Christi und Erlösung und das vierte die „Zeichen“, wie der Lombarde es in Anlehnung an Augustin umschrieb, das hieß: die Sakramente. Die einzelnen Bücher wiederum waren in Distinktionen eingeteilt – damit war das Hauptgeschäft des Werkes bezeichnet: die saubere Unterscheidung der Begriffe. Der Lombarde selbst beschränkte sich auf wenige Hinweise, meist Erklärungen, was in dem jeweiligen Buch oder der jeweiligen Distinktion, die in der Regel wiederum in mehrere Kapitel unterteilt war, behandelt werden musste, und auf das Sammeln einschlägiger Zitate.

Dabei darf man die Bedeutung solchen Sammelns freilich nicht unterschätzen: Die selbstständige und vollständige Lektüre einer alten theologischen Schrift dürfte im Mittelalter eher die Ausnahme gewesen sein. Was man von den Vätern wusste, hatte man aus den einschlägigen Sammlungen. Das bedeutete auch: Man wusste es in eben der steinbruchartigen Weise, in der die Kirchenväterzitate in die jeweilige Sammlung aufgenommen worden waren. Auch bei Ockham selbst lässt sich nachvollziehen, dass etwa von Werken zur Bibelauslegung vorscholastischer Autoren lediglich vier Zitate aus seinem Sentenzenkommentar weder in der „Glossa ordinaria“ noch in der Sentenzensammlung des Petrus Lombardus nachweisbar sind[50]: Was er von den Alten wusste, wusste er fast ausschließlich aus zweiter Hand. An einen Gelehrten, der Augustin, Gregor den Großen oder Hieronymus von der ersten bis zur letzten Seite gelesen hätte, braucht man bei ihm nicht zu denken – seine Lektürezeit scheint viel eher für die modernen Autoren gebraucht worden zu sein.

Doch ging die Bedeutung der Sentenzensammlung über eine solche Funktion als Zitatenschatz weit hinaus – hierfür konnten ja unter Umständen auch die üblicherweise verwendeten Florilegien von Zitaten herhalten. Der umfassende, bei aller methodischen Modernität theologisch weitgehend konservative Charakter des Werkes und seine Bindung an die Stadt Paris, die bald zum Zentrum theologischer Gelehrsamkeit werden sollte, bescherten den Sentenzen einen rasanten Erfolg, der noch durch eine Zufälligkeit verstärkt wurde: Das vierte Laterankonzil (1215) verurteilte den kalabresischen Abt Joachim von Fiore (ca. 1135–1202) wegen Ansichten, die nicht mit seiner abenteuerlichen Geschichtstheologie zusammenhingen (s. u. S. 157), sondern mit seiner Trinitätslehre: Joachim hatte sich gegen eine Stelle aus der fünften Distinktion des ersten Buches der Sentenzensammlung des Lombardus, also gegen einen Satz aus der Trinitätslehre gewandt, indem er dem Lombarden vorwarf, zu lehren, in Gott gebe es neben den drei Personen eine ihnen gemeinsame Wesenheit als eine dritte Entität, so dass man nach Joachim eigentlich, wollte man

[50] Siehe Leppin, Wahrheit 214 Anm. 252.

Petrus Lombardus folgen, eher von einer Quaternität, einer Vierfaltigkeit, als von einer Trinität zu sprechen hätte. Der Konzilspapst Innozenz III. (1198–1216) erklärte ausdrücklich gegen Joachim von Fiore:

> „Wir aber glauben und bekennen unter Billigung des heiligen Konzils mit Petrus Lombardus, dass es eine bestimmte höchste Entität ist, freilich unverstehbar und unaussprechlich, die wahrhaft Vater, Sohn und Heiliger Geist ist, drei Personen zugleich, und jede von ihnen als Abdruck aufeinander bezogen. Und daher gibt es in Gott nur eine Trinität und keine Quaternität."[51]

Eine herausragende Nobilitierung für ein akademisches Lehrbuch! Der Papst selbst und sein Konzil zitierten es und machten sich seine Position zu Eigen – und dies just in der Zeit, als sich in Europa die verschiedenen Schulen zu Universitäten zusammenschlossen, allen voran in Paris. Damit war der Weg für die Sentenzensammlung des Lombarden geebnet, das erfolgreichste Lehrbuch zu werden, das es in der Geschichte der Theologie je gegeben hat.

Jeder angehende Doktor der Theologie musste fortan vor seiner Promotion eine Vorlesung über die Sentenzen des Lombarden gehalten haben, jeder Student musste sie hören. Entsprechend umfangreich ist die Sammlung der heute – meist handschriftlich – noch erhaltenen Kommentare. Einer der letzten, nur in wenigen, abgekürzten Bemerkungen erhalten, stammt von Martin Luther, der 1509/10 in Erfurt über die Sentenzen zu lesen hatte.[52] Damit endete dann auch bald die Wirkungsgeschichte der Sentenzensammlung, die aber seit ihrer Entstehung immerhin ein gutes Vierteljahrtausend umfasste.

Gerade die Dauer dieser Wirkungsgeschichte führte freilich auch dazu, dass sich die Gestalt der Vorlesungen weiter änderte. Das zeigt sich in besonderer Weise an dem Prolog, der immer umfangreicher wurde. Die universitären Anforderungen brachten auch ein geschärftes Bewusstsein für Fragen nach dem Status der Theologie als Wissenschaft an der Universität mit sich. Hierfür hatte der Lombarde noch kaum Raum erübrigt: Er begnügte sich im ersten Kapitel der ersten Distinktion mit einigen wenigen, auf den Bahnen des Augustin erfolgenden Ausführungen dazu, dass alle theologische Lehre von Sachen und von Zeichen handele[53], um dann

[51] „Nos autem, sacro approbante Concilio, credimus et confitemur cum Petro Lombardo, quod una quaedam summa res est, incomprehensibilis quidem et ineffabilis, quae veraciter est Pater, et Filius, et Spiritus Sanctus, tres simul personae, ac sigillatim quaelibet earundem: et ideo in Deo solummodo Trinitas est, non quaternitas" (DS 804).

[52] WA 9,29–94; vgl. hierzu Brecht, Luther I 98–101.

[53] Lombardus, Sentenzen I 55.

gleich zu den Sachen selbst, zum Verhältnis des Menschen zu Gott zu gelangen. Die erkenntnis- und wissenschaftstheoretische Problematik, die die präzise Aristotelesrezeption der folgenden Jahrzehnte und Jahrhunderte mit sich brachte, war dem Gelehrten in der Mitte des 12. Jahrhunderts noch fremd.

Doch brachten die Sentenzenkommentare nicht nur eine zunehmende Ausweitung dieser Einleitungsfragen mit sich. Auch sonst gewannen sie eine immer größere Eigenständigkeit gegenüber dem von ihnen behandelten Text. Während den philosophischen und auch den biblischen Kommentaren in der Regel tatsächlich der Kommentar- und Vorlesungscharakter anzumerken ist, insofern hier dicht am vorgegebenen autoritativen Text gearbeitet, dieser vorausgesetzt, wohl oft auch vorgelesen und dann erläutert wird, gibt die Sentenzensammlung durch ihre Distinktioneneinteilung die Möglichkeit, die jeweiligen Themen in Frageform zu behandeln und dann, zwar in Anlehnung an den vorgegebenen Text und unter Gebrauch der darin bereitgestellten Zitate, letztlich aber doch in freier, traktatartiger Weise zu dozieren.

Zu Ockhams Zeiten war dieser freie Umgang mit den Sentenzen schon längst üblich. Er entsprach auch der Stellung der Vorlesung im Ausbildungsgang der Studenten. Wenn sie denn hier erstmals die Möglichkeit hatten, sich eigenständig zu äußern und hierfür gerade auch durch das sachorientierte Verfahren der Disputation vorbereitet waren, so lag es nahe, dass sie die in den Disputationen erlernten Techniken auch in ihrer ersten Vorlesung anwandten und den Stoff in breiter Abwägung der Argumente vortrugen.

Zu der Freiheit gehörte auch ein weiteres Abweichen von den Vorgaben des Lombarden, das in Paris bestens dokumentiert ist, aber auch für Oxford vorausgesetzt wird. Man änderte die Reihenfolge der Bücher, las also nicht von I bis IV, sondern zog das vierte Buch vor: Es kam unmittelbar nach dem ersten Buch zu stehen, Buch II und III folgten dann. Der Hintergrund für diese Änderung bestand wohl in einer Mischung aus theologischen und pragmatischen Erwägungen. Theologisch sah man die Trinitätslehre, das Spezifikum des christlichen Gottesverständnisses, und den Heilsweg als die entscheidenden Inhalte an, über die in jedem Falle ausführlich gehandelt werden musste. Damit dies aber geschehen konnte, hatte man auf einen pragmatischen Gesichtspunkt Rücksicht zu nehmen, den nämlich, dass es einem mittelalterlichen akademischen Lehrer kaum anders erging als den meisten heutigen: Die jedenfalls in Oxford in der Regel auf ein Jahr konzipierte Sentenzenvorlesung[54] wurde zu Beginn großzügig angegangen, man ließ sich Zeit zur Entfaltung der jeweiligen

[54] Courtenay, Schools 69.

Positionen – gerade auch in den erwähnten ausufernden Prologen. Und je weiter man dann im Stoff fortschritt, desto gedrängter wurde die Zeit – offenbar trotz der im Sommer ja wegen des längeren Tages zur Verfügung stehenden zusätzlichen Stunden. Nicht jeder musste es so weit treiben wie Ockhams Zeitgenosse Robert Holcot, der zum dritten Buch lediglich eine Frage stellte – und in dieser den Leser auf seine Ausführungen zum vierten Buch verwies.[55] Ins Gedränge dürften die meisten Autoren gekommen sein. Auch Ockhams Vorlesung zum dritten Buch enthielt nur noch zehn Fragen – allein der Prolog zum Ersten Buch hatte deren zwölf umfasst! Und Ockham ließ sich im ersten Buch auch Zeit für lange Exkurse – der berühmteste ist der zur Universalienfrage (s. u. S. 63–72).

Allerdings hat der schier unverhältnismäßige Umfang des ersten Buches im Falle Ockhams noch einen anderen Grund: Während die Bücher zwei bis vier lediglich als *reportatio* vorliegen, als Abschriften der Mitschriften, die Ockhams Studenten während der Vorlesung angelegt haben, liegt die Behandlung des ersten Buches in Gestalt einer *ordinatio* vor. So bezeichnet man im mittelalterlichen Schulwesen eine umfassende Behandlung, die der Autor, in diesem Falle also Ockham, selbst vorgenommen und zum Abschluss gebracht hat – gewissermaßen die „Fassung letzter Hand". Noch einmal wird hier die grundlegende Bedeutung erkennbar, die Ockham wie auch andere gerade dem ersten Buch zumaßen. Aller Wahrscheinlichkeit nach hat er diese *ordinatio* bereits schriftlich abgefasst, ehe er überhaupt an den mündlichen Vortrag der Vorlesung ging[56] – das könnte auch erklären, warum es zu diesem ersten Buch gar keine erhaltene Abschrift einer Vorlesungsmitschrift gibt. Wegen der bereits vorliegenden *ordinatio* erübrigte sich die Vervielfältigung der in ihrem Wert natürlich geringer zu veranschlagenden Mitschriften. Ockham wäre dann also außerordentlich gut gerüstet an seine Vorlesung gegangen: Die grundlegenden Probleme waren sachlich bereits geklärt, ehe er seine Sentenzenvorlesung hielt. Dies alles muss in den Jahren 1317 bis 1319 erfolgt sein.

Etwas später allerdings erfolgte noch ein weiterer Schritt, der möglicherweise auch etwas über Ockhams Verhältnis zu seinen Schülern aussagt: Die textkritische Untersuchung des Sentenzenkommentars hat zu Tage gefordert, dass die *ordinatio* in zwei verschiedenen Redaktionen vorliegt.[57] Eine maßgebliche Textgruppe weist an mehreren Stellen Einschübe auf, die wiederum bei einer beachtlichen Gruppe anderer Textzeugen

[55] Ebd. 8 Anm. 10.

[56] Miethke, Sozialphilosophie 25; anders noch aufgrund von Überlegungen zur jeweils vorausgesetzten Suppositionstheorie Leppin, Wahrheit 27–30.

[57] Siehe hierzu die Ausführungen von Boehner, Articles 96–127.

nicht nachweisbar sind. Diese redaktionellen Zusätze wiederum stehen in einem engen inhaltlichen Zusammenhang und lassen sich somit aus einem gemeinsamen Interesse erklären: Immer wieder geht es um Formulierungen, die auf die Universalienlehre abheben, und zwar auf eine Änderung, die sich auch in anderen Werken im Denken Ockhams abzeichnet. Waren für ihn Universalien zunächst noch reine *ficta*, vom menschlichen Verstand hervorgebrachte Konstrukte, so hat er später stets von *intellectiones* gesprochen, von Gedankenvorgängen, die ihren Sitz im Erkenntnissubjekt selbst haben. Diese Verschiebung, die der zunehmenden Betonung der durch Universalien ausgedrückten zuverlässigen Welterkenntnis diente (s. hierzu unten S. 70f.), prägt nun auch die unterschiedlichen Textfassungen: Während die kürzere Fassung noch – wie übrigens auch die *reportatio* der Bücher II bis IV – fast durchweg von der reinen *fictum*-Theorie ausgeht, korrigiert die erweiternde Redaktion diese Ansicht vorsichtig, indem sie immer wieder hinzufügt, diese oder jene Aussage sei eben nach dieser *fictum*-Theorie zu verstehen, könne aber im Rahmen einer *intellectio*-Theorie reformuliert werden – die ganze *ordinatio* wurde gewissermaßen auf den neuesten Stand Ockham'scher Theorie gebracht.

Wann dies erfolgt ist, ist ebenso unsicher wie durch wen. In der Forschung nimmt man in der Regel an, Ockham selbst habe hier noch einmal Hand an seine eigene Arbeit gelegt, wohl unter dem Eindruck, den die bis zur Häresieanklage reichende Kritik an seinen Theorien auf ihn gemacht hatte. Doch scheint dies nicht ganz sicher. Das Handexemplar der *ordinatio* jedenfalls, das Ockham bei späterer Gelegenheit benutzt hat, weist noch keine Spuren dieser redaktionellen Bearbeitung auf.[58] Umgekehrt hat Ockham darin Streichungen und Zusätze vorgenommen, die ihrerseits nicht in die Handschriftenüberlieferung eingegangen sind. Das heißt, die erweiternde Redaktion, die den Großteil der Handschriften auszeichnet, geht jedenfalls nicht auf Ockhams eigenes Handexemplar zurück. Das macht es wahrscheinlich, dass Ockham die vergleichsweise mechanische Arbeit der jeweils sachangemessenen Ergänzungen Schülern überlassen hat. Am ehesten kommt hierfür Adam von Wodeham in Frage, dessen enges Verhältnis zu Ockham ja schon oben thematisiert wurde und der möglicherweise sogar die Funktion eines Sekretärs für Ockham übernommen hat.[59] Leider muss auch dies Vermutung bleiben. Es würde allerdings einen interessanten Einblick in das Verhältnis zwischen Ockham und seinen Schülern geben, wenn man eine solche Bearbeitung durch Wodeham definitiv festmachen könnte, zumal Ockham Wodeham später – im Zusammenhang der „Summa Logicae", der

[58] Siehe zu diesen Überlegungen insgesamt Leppin, Wahrheit 17–26.
[59] Courtenay, Wodeham 162.

Summe der Logik – auch noch einmal zuschreibt, ihn direkt zu dieser Arbeit angeregt zu haben.

Unabhängig von dieser Frage aber bietet der Sentenzenkommentar einen einzigartigen Einblick in das theologische Denken Ockhams und seine Verbindungen zur Philosophie.

III. Das Programm des Sentenzenkommentars – eine Apologie der Theologie

Nach der Darstellung von Ockhams Studienverlauf, der ihn vor allem als Theologen erkennen lässt, muss es erstaunen, dass die moderne Rezeption ihn mehr und mehr zu einem Philosophen gemacht hat: Während die Theologiegeschichten meist nur Dürftiges zu seinem Namen zu sagen haben, wird er in Philosophiegeschichten immer noch mit Respekt erwähnt, ja im Zuge der sprachanalytischen Philosophie des 20. Jahrhunderts hat sich insbesondere im angelsächsischen Raum eine intensive Beschäftigung mit dem „Venerabilis Inceptor" entwickelt, die immer wieder und vor allem seinen Beitrag zur Philosophie würdigt. Gerade wenn man einerseits der unzweifelhaft großen philosophischen Bedeutung Ockhams gerecht werden will, andrerseits aber seiner durch und durch theologischen Existenz, wird man sich der Rekonstruktion seines Systems von der Grenze zwischen Philosophie und Theologie aus zu nähern haben. Dort, wo Ockham in kritischer Auseinandersetzung mit der Philosophie den wissenschaftstheoretischen Ort der Theologie bestimmt, wird seine Geistigkeit gerade so erkennbar, wie es der wissenschaftlichen Zuordnung von Philosophie und Theologie entspricht. Beides war zwar in Fakultäten getrennt, aber nicht in sauber abgrenzbare Sparten, nach denen man mal Philosoph und mal Theologe gewesen wäre. Die Theologie bleibt eine eminent philosophische Aufgabe, und die Philosophie bleibt jederzeit auf die Theologie bezogen. Dass dem so war, führte immer wieder zu Konflikten; einer von ihnen – der Streit um den konsequenten Aristotelismus in Paris – ist oben schon beschrieben worden. Doch gab es noch einen viel näher liegenden Streit, der Ockhams akademisches Wirken unmittelbar geprägt und beeinflusst haben dürfte.

1. Die Streitigkeiten zwischen der Universität Oxford und den Bettelorden

Die moderne geistesgeschichtliche Forschung hat zunehmend herausgearbeitet, dass geistige Prozesse nicht rein immanent als Entwicklung eines Gedankens aus dem anderen Gedanken verstehbar und erklärbar sind, sondern dass auch in diesem geistigen Bereich zahlreiche andere Faktoren mitwirken. Selbst die scholastischen Denksysteme, die rein der Theorie verpflichtet scheinen, sind nur wirklich verstehbar, wenn man das intellektuelle Milieu einbezieht, in dem die Autoren sich bewegten und auf das sie mit ihren denkerischen Modellen in irgendeiner Weise auch reagierten.[1] Theoretische Probleme der Erkenntnis waren immer auch praktische Probleme der Institution, die für die Produktion der Erkenntnis zuständig war: der Universität.

Die Universität Oxford aber, an der Ockham studierte und lehrte und an der er im Sentenzenkommentar seinen ersten großen theoretischen Wurf an die akademische Öffentlichkeit brachte, war eben zu dieser Zeit alles andere als ein Elfenbeinturm. Gerade während des zweiten Jahrzehnts des 14. Jahrhunderts tobte hier ein Streit zwischen den Dominikanern und der Gesamtuniversität um verschiedene Regelungen in den Universitätsstatuten.

Der Streit hatte schon in den ersten Jahren des Jahrhunderts begonnen. Anlass war wohl ein Statut der Universität aus dem Jahre 1303, das regelte, zwei Fakultäten könnten gemeinsam mit den emeritierten Magistern Beschlüsse fassen, die auch für die anderen Fakultäten bindend waren.[2] Dieser formale Beschluss bedeutete im Ergebnis, dass die Theologische Fakultät jederzeit hätte überstimmt werden können. Die anderen Fakultäten hätten also – etwa durch einen Beschluss über verbindliche Studienordnungen – die Kompetenz erhalten, über Inhalte der Theologie zu bestimmen. Das konnte der gesamten Theologischen Fakultät nicht recht sein – wie sich bald zeigen sollte, waren aber die in ihr traditionell stark vertretenen Bettelorden hiervon besonders betroffen. Die erwähnte Bestimmung wurde nämlich bald schon dazu genutzt, deren Sonderstatus an der Universität zu beenden. Dieser bestand darin, dass ihre Studenten nicht verpflichtet waren, vor dem Theologiestudium ein Studium an der universitären *artes*-Fakultät als Magister abgeschlossen zu haben, sondern diese Ausbildung – wie es ja auch Ockham getan hatte – an einem ihrer Ordenshäuser absolvieren konnten (s. o. S. 20). Ohne formale Festlegung hatte man dieses Gewohnheitsrecht zugestanden, weil den Dominikanern der Abschluss an der philosophischen Fakultät einer Universität untersagt war.[3] Aus der Sicht der Universität bedeutete es, dass man formal niedere Abschlüsse anderer Ausbildungsstätten als mit ihren eigenen Abschlüssen der philosophischen Fakultät gleichwertig anerkennen musste – für eine

[1] Charakteristisch für diese Forschungsrichtung: LeGoff, Intellektuelle; Libera, Penser.

[2] Friars Preachers 218; zur Datierung s. ebd. 226.

[3] Ebd. 217; vgl. das sehr frühe Verbot, sich mit weltlichen Wissenschaften zu befassen (s. Berg, Armut 36; Felder, Geschichte 406 f.).

selbstbewusste Universität wie Oxford, die sich rühmen konnte, eine der ältesten und bedeutendsten Universitäten Europas zu sein, ein Affront, dem sie sich nicht so leicht zu beugen bereit war.

Es war nun dieser heikle Punkt, an dem die Streitigkeiten vehement aufloderten. Was alles geschehen ist, weiß man vornehmlich aus einer Appellation, die die Dominikaner 1311 an den Papst sandten[4] – wenn die oben vorgetragenen Überlegungen stimmen, war Ockham zu diesem Zeitpunkt gerade seit wenigen Jahren in Oxford.

Offenbar fanden die Dominikaner keinerlei lokale Rückendeckung und suchten damit Schutz beim obersten Privilegiengeber der Universität. Der Appell sowie eine wenig später nachgesetzte Ergänzung zeigen, welche Folgen die Stärkung der anderen Fakultäten gegenüber der Theologischen hatte. Die Dominikaner richteten sich nämlich dagegen, dass die Universität Oxford mit einem Mal wieder auf ein Statut zurückgriff, das zwar seit 1252 offiziell bestand, aber offenbar in den vergangenen Jahrzehnten in Vergessenheit geraten und durch die gewohnheitsrechtlichen Zugeständnisse in den Hintergrund gedrängt worden war. Hiernach war die Zulassung zur Lehre an der Theologischen Fakultät nur demjenigen erlaubt, der das Magistrat an der *artes*-Fakultät erworben hatte. Hatte er dies nicht, so bedurfte er der Zustimmung aller ordentlichen Professoren (*magister regens*) der gesamten Universität. Faktisch war damit für solche Theologen, die nicht über einen *Magister artium* verfügten – und das hieße in diesem Zusammenhang: wohl auch für Wilhelm von Ockham –, ein Vetorecht durch alle anderen Professoren installiert, und davon machten diese, wie die Beschwerde der Dominikaner zeigt, auch Gebrauch, und zwar gerade gegenüber Dominikanern. Durch die bloß gewohnheitsrechtliche Absicherung ihrer Position in einer recht ungesicherten Position erwiderten diese, als ihnen vorgehalten wurde, sie vergingen sich gegen ein Statut, das schon lange Gültigkeit besitze, dies sei zwar richtig, aber früher habe es nie Probleme mit der erwähnten Sondergenehmigung gegeben, nun aber sei schon einige Jahre (die Erwiderung stammt von 1312) diese Sondergenehmigung immer wieder verweigert worden.[5]

In dieselbe Richtung verwies eine andere Vorschrift, die besagte, dass niemand zur Bibelvorlesung zugelassen werden sollte, wenn er nicht zuvor die Sentenzenvorlesung gehalten habe. Die Dominikaner hielten dem entgegen, dies verdrehe die normale Abfolge der Lehre.[6] Modern gesprochen, wurde die dogmatische Spekulation der biblischen Grundlegung vorgeordnet. Im konkreten Ausbildungskontext der Universität des

[4] Friars Preachers 217.

[5] Ebd. 256.

[6] „pervertit ordinem doctrine“ (ebd. 218).

14. Jahrhunderts aber bedeutete es, dass nicht nur in der individuellen Ausbildung – bei der Voraussetzung des *Magister artium* –, sondern auch innerhalb der theologischen Lehrabfolge der Philosophie der Vorrang zugeordnet wurde: Während die biblische Vorlesung mit relativ geringem theoretischem Aufwand zu halten war und in der Regel nicht viel mehr als eine Paraphrase des Bibeltextes in Kombination mit der „Glossa ordinaria", dem Handbuch der Bibelauslegung, bedeutete, waren die Probleme, die ein Sentenzenkommentar stellte, ohne solide philosophische Ausbildung kaum zu bewältigen. Wohl kaum zu Unrecht witterten die Dominikaner also wiederum eine Spitze gegen ihren eigenen Nachwuchs – aus der Perspektive der Universität gesprochen, muss man freilich hinzufügen: Ihr ging es um eine Sicherung des intellektuellen Niveaus, das an der mittelalterlichen Universität traditionell zunächst und vor allem durch die *artes*-Fakultät garantiert wurde.

Der Verdacht, dass hier nicht allgemein an grundsätzliche Überlegungen gedacht war, sondern gezielt gegen die Dominikaner, aber zum Teil auch die anderen Bettelorden vorgegangen wurde, scheint durch einige weitere Ärgernisse im Umfeld nahe zu liegen. Als Schikane wurde von den Dominikanern empfunden, dass die Examenspredigten und -disputationen (*Vesperiae*)[7] von den Konventen in die zentral gelegene Kirche St. Mary[8] verlegt wurden – eine Regelung, die ausdrücklich ebenso die Franziskaner betraf[9]. Auch hier ging es der Universität wohl weniger um die von den Bettelorden gesehene Schikane als um die Repräsentanz als Gesamtkörper. Angesichts der Verbreitung der Universität über die gesamte Stadt Oxford konnte durch diese Zentralisierung der öffentlichen Teile des Examens die Universität als geschlossenes Corpus erscheinen. Schwerer wogen denn wohl auch andere Maßnahmen, über die spätere Stellungnahmen der Dominikaner ausführlich Bericht geben: Richard von Honteleye wurde nicht zur Sentenzenvorlesung zugelassen und Roger von Baketona nicht zum theologischen Magistrat, obwohl beide nach Versicherung der Dominikaner bereits sämtliche erforderlichen Schritte hierfür erfüllt hatten[10] – übrigens eine auffällige Parallele zu dem, was wenig später Ockham widerfuhr. Und in einem Fall, bei Hugo von Sutton, wurde durch entsprechende Akte deutlich gemacht, dass man einen Magister, der seine Vorlesungen im Ordenshaus abhielt, nicht zu den Universitätsmagistern zählte. Er wurde nicht mehr in die Versammlungen der Magister ge-

[7] Ebd. 217; 225.

[8] Diesen Ort nennt die Universität in ihrer Verteidigung gegen die Vorwürfe (s. Friars Preachers 223).

[9] Ebd. 225.

[10] Ebd. 219.

rufen, und auch der Universitätspedell wurde ihm nicht mehr zur Verfügung gestellt.[11] Wiederum ging es auch hier aus der Sicht der Universitätsmagister darum, die Einheitlichkeit der Universität zu sichern und fremde Einflüsse vonseiten der Bettelorden auszuschließen.

Einen etwas anderen Hintergrund hatte wohl auch ein weiterer Vorgang, über den sich die Dominikaner ereiferten: Die Universitätsmagister hielten die Bevölkerung davon ab, die Gottesdienste der Dominikaner zu besuchen oder bei ihnen zu beichten, und hinderten die Studenten daran, zu Vorlesungen der Mendikanten zu gehen[12] – eine Maßnahme, die wohl vor allem bedeutete, dass die auf das Hörergeld angewiesenen Magister sich vor der unliebsamen Konkurrenz sicherten, die aufgrund ihres Mendikantenstatus auf Hörergeld verzichten konnte.[13] Deutlich darüber hinaus ging freilich, was sonst noch berichtet wird: Die universitären Magister hetzten das Volk gegen die Mendikanten auf, so dies denen ihr (erbettelter) Unterhalt abhanden ging und viele Studenten wegen der üblen Nachrede den Konvent verließen.[14]

Was als Streit zwischen den Dominikanern und der Universität um die plötzliche neue Anwendung alter Universitätsstatuten begonnen hatte, griff also am Ende tief in das Leben aller Mendikanten ein, das hieß auch in das Leben eben jenes Franziskanerordens und -konventes in Oxford, dem zu dieser Zeit der junge Wilhelm aus dem Dorfe Ockham angehörte. Wie wenig man im Oxford dieser Zeit an den Ereignissen vorbeisehen konnte, macht die Tatsache deutlich, dass die Auseinandersetzungen nicht allein juristisch und in Gestalt von Appellationen geführt wurden, sondern es auch zu Handgreiflichkeiten kam. Einmal sollen sogar Studenten der Universität in den Dominikanerkonvent eingedrungen sein und die Bettelmönche verprügelt haben.[15] Diese waren freilich nicht nur wehrlose Opfer, sondern auch die Universität beschwerte sich über Handgreiflichkeiten der Dominikaner gegen Studenten.[16] Der Streit, der erst 1320 durch Unterwerfung der Dominikaner beigelegt wurde, eskalierte also in einer Weise, dass er in der kleinen Stadt Oxford niemandem verborgen bleiben konnte, schon gar nicht einem Franziskaner wie Wilhelm von Ockham, der genau in diesen Jahren der Streitigkeiten seine Vorlesungen über Theologie hielt. Sein Orden war ja von einer großen Zahl der Bestimmungen mitbetroffen, nicht nur von der Verlegung der Examenspredigten, sondern

[11] Siehe ebd.
[12] Ebd. 220.
[13] Siehe LeGoff, Intellektuelle 106.
[14] Friars Preachers 220.
[15] Formularies 32.
[16] Ebd. 50.

auch von der Hetze gegen die Bettelei der Mendikanten, die die Magister übten. Nicht zufällig haben die Franziskaner auch ihre Kirche für die öffentliche Verlautbarung des Protestes der Dominikaner zur Verfügung gestellt.[17] All dies konnte an Ockham nicht ungehört und ungesehen vorbeigehen – auch nicht jene Gewaltszenen: Die Dominikanerkirche, in die die Studenten eindrangen, um die Predigerbrüder zu verprügeln, befand sich in Steinwurfweite vom Franziskanerkonvent. Zwar gibt es keine explizite Stellungnahme von Ockham hierzu, aber anzunehmen, dass er es nicht mitbekommen hätte, wäre absurd. Umso aufmerksamer wird man bei seinem Entwurf eines neuen Theologieverständnisses darauf zu horchen haben, ob nicht eventuell unterschwellig auch eine Stellungnahme zu den universitätspolitischen Streitigkeiten seiner Zeit darin verborgen liegt.

2. Ockhams Lösungsvorschlag

a) Der kritisierte Aristoteles: Theologie als Wissenschaft jenseits der Ansprüche der Philosophie

Für Ockham war wie für Duns Scotus die Auseinandersetzung mit dem konsequenten Aristotelismus von entscheidender Bedeutung. Die Fundierung der Theologie gegenüber den hier formulierten Ansprüchen hat sich dabei in eigenartiger Weise mit dem Kampf um die Bettelordenstheologie in Oxford verknüpft.

Die Angst Tempiers und seiner Theologenkommission vor dem konsequenten Aristotelismus lässt sich gerade an solchen Thesen ermessen, die direkt auf die Theologie zu sprechen kommen. Dass die Reden der Theologen in Fabeln begründet seien, heißt es in These 152, dass das theologische Wissen keinen Erkenntnisgewinn bringe, in der folgenden.[18] Solche direkten Angriffe – die gewiss von niemandem formuliert, sondern den Philosophen in den Mund gelegt worden sind[19] – waren für die Folgezeit freilich weniger bedeutsam als die erkenntnistheoretischen Überlegungen der Aristoteliker.

Dabei waren zwei Gesichtspunkte entscheidend, die bei Ockham in Verknüpfung begegnen: Zum einen die Frage der Evidenz – hier war klar, dass der Glaube nicht über Evidenz verfügte, und es musste geklärt werden, welchen Gewissheitsgrad er seinerseits besitzen konnte. Der andere Gesichtspunkt war die Frage, wie sich der Anspruch, durch den Glauben

[17] Friars Preachers 242 f.
[18] K. Flasch, Aufklärung 217.
[19] Hissette, Enquête 275.

Zugang zur Wahrheit zu haben, mit der aristotelischen Lehre von den fünf Vernunfttugenden, die die Wahrheit gewährleisteten, vertragen sollte.

Das erste Problem ergab sich unmittelbar aus der 37. These der Lehrverurteilung: „Nichts darf man glauben, das nicht evident ist oder nicht aus Evidentem entwickelt werden kann."[20] Diese These – auch sie ist in den Schriften der konsequenten Aristoteliker nicht nachzuweisen[21] – formuliert eine Weltsicht, die dem Glauben jeden eigenen Zugang zur Wahrheit verweigerte: Nicht eine doppelte Wahrheit wird hier behauptet, sondern eine einheitliche Wahrheit, die ausschließlich durch die Vernunft herausgefunden werden kann. Der Glaube würde so gleichsam von der wissenschaftlichen Erkenntnis geschluckt werden. Was als Erkenntnisbereich übriggeblieben wäre, war nur der Bereich der Evidenz und der innerhalb des Evidenten gezogenen Schlüsse: Prinzipien und Schlüsse. Ganz ähnlich tritt diese Vorstellung übrigens auch in der These 151[22] entgegen, die erklärt, Gewissheit sei nur über Schlüsse aus selbstevidenten Prinzipien erreichbar.

Eben dieser angebliche Anspruch von philosophischer Seite stellte die Theologen vor eine große Herausforderung: Man konnte schwerlich bestreiten, dass Evidenz ein entscheidendes Merkmal des aristotelischen Wissenschaftsverständnisses war. Gerade angesichts dessen aber musste man begründen, dass es aus erkenntnistheoretischen Gründen gleichwohl notwendig war, etwas zu glauben, was über den Bereich der Evidenz hinausging.

Entsprechend rangen die folgenden Generationen von Theologen um den Evidenzbegriff und das Verhältnis des Glaubens zur Evidenz.[23] Gerade hier zeigt sich die merkwürdige indirekte Wirkung der Lehrverurteilung. Während noch bei Thomas von Aquin die Evidenz als Merkmal wissenschaftlicher Erkenntnis eine ganz geringe Rolle gespielt hatte, stand für die Theologen von nun an unausweichlich fest, dass wissenschaftliche Erkenntnis als Merkmal Evidenz besaß – und der Glaube eben durch den Mangel an Evidenz gekennzeichnet war.

Heinrich von Gent, der zu der Theologenkommission Tempiers gehört hatte, wies den Weg in diese Richtung. Er bestritt der Theologie zwar die Evidenz als schärfste Form wissenschaftlicher Gewissheit, aber nicht Gewissheit überhaupt: Aus der augustinischen Tradition nimmt er den Begriff der *adhaesio*, des Anhangens, auf und spricht nun der Theologie eine „Ge-

[20] Flasch, Aufklärung 134. Die Herkunft dieser These ist nach Hissette, Enquête 21, nicht nachweisbar.

[21] Ebd.

[22] Flasch, Aufklärung 216.

[23] Ausführlich dargestellt Leppin, Lehrverurteilung.

wissheit des Anhangens, die auf klare und evidente Kenntnis nicht angewiesen ist“, zu.[24] Mit dieser Begründung gelang es Heinrich, den Sonderbezirk des Glaubens gegenüber der verurteilten These 37 erkenntnistheoretisch zu verankern.

Damit waren die Probleme, die sich für eine angemessene erkenntnistheoretische Einordnung des Glaubens stellten, freilich bei weitem nicht gelöst. Die konsequenten Aristoteliker hatten die Aufmerksamkeit noch auf einen anderen Themenkomplex der aristotelischen Lehre gelenkt, der gleichfalls Probleme für den erkenntnistheoretischen Status des Glaubens mit sich bringen musste: die Tugendlehre der Nikomachischen Ethik. Aristoteles erwähnt in deren sechstem Buch die fünf Vernunfttugenden, die als *habitus veridici* gelten, als „Eigenschaften, welche Wahrheit gewährleisten“: Prinzipienhabitus, Wissen, Weisheit, Klugheit und Kunstfertigkeit. Eben diese fünf Tugenden hielten die konsequenten Aristoteliker angeblich für ausreichend zur Erlangung des ewigen Heils.[25]

Diese aus Sicht der christlichen Theologie schnell in anderem Sinne zu beantwortende ethische Frage lässt sich nun freilich nicht von der Frage lösen, wie es philosophisch zu verstehen ist, dass der christliche Glaube nach biblischer Auffassung einen Bezug zur Wahrheit hat. Entsprechend rege wurde in jener Theologengeneration, die im Schatten der Pariser Lehrverurteilung wirkte, über das Verhältnis des Glaubens zu den Vernunfttugenden diskutiert:

Duns Scotus hat sich an mehreren Stellen um eine Lösung bemüht.[26] Dabei ist seine Annäherung des Glaubens an die Vernunfttugenden von einer grundsätzlichen anthropologischen Zweistufigkeit gebrochen: Für ihn gehören die aristotelischen Vernunfttugenden alle gemeinsam zu den natürlich erworbenen Tugenden, und hierzu kann er auch den erworbenen Glauben, die *fides acquisita* rechnen, d.h. die kognitive Wahrnehmung der Glaubensinhalte, die er dann als Wissen vom Offenbarten unter die fünf aristotelischen Vernunfttugenden rechnet. Etwas grundsätzlich anderes ist der Glaube in seinem heilsrelevanten, bloß Kognitives überschreitenden Aspekt, die *fides infusa*: der eingegossene Glaube. Dieser unterscheidet sich als übernatürliche Tugend grundsätzlich von den natürlichen Ver-

[24] Heinrich, op. cit., f. 49^{r}N. Der Verweis auf die *certitudo adhaesionis* durch die Pariser Zensoren in ihrer Kritik an These 151 (s. Flasch, Aufklärung 216f.) dürfte auch bereits auf Heinrich zurückgehen.

[25] Es ist verengend, wenn Hissette, Enquête 263, die *virtutes intellectuales* hier lediglich als Weisheit und Philosophie versteht: Gemäß Thomas' Kommentar zu Eth. Nic. VI, 3 (Thomas, Opera IV 194 [In Eth VI,3,2]) war dieser Begriff im technischen Gebrauch für *intellectus*, *sapientia*, *scientia*, *ars* und *prudentia*.

[26] Zur Begründung s. Leppin, Wahrheit 181ff.

nunfttugenden und hat die Vernunft zwar als seinen psychischen Träger, aber nicht als Grundlage seines Seins.

Ist so bei Duns Scotus der Glaube einerseits unter das aristotelische Schema subsumiert, andererseits qualitativ von den darin aufgeführten Eigenschaften unterschieden, ging Petrus Aureoli, der sich in vielem auf Duns bezog, einen einfacheren Weg[27], indem er die grundlegende Differenz zwischen übernatürlichen und natürlichen Tugenden, die Duns systemkonstitutiv gemacht hatte, zwar nicht bestritt, aber denkerisch übersprang. Er ergänzte das aristotelische Schema, indem er schlicht erklärte, der Glaube gehöre zu jenen Vernunfttugenden, die Wahrheit gewährleisten, unterscheide sich von ihnen allein dadurch, dass er sich auf kontingente, nicht notwendige Objekte beziehe.[28] Hier zeigte sich im Umgang mit Aristoteles schon eine größere Freiheit als bei Duns: Aureoli übernahm dessen Schema nicht starr, sondern gestaltete es von innen her um, indem er das Kriterium der Gewährleistung von Wahrheit anwandte, um das vorgegebene Schema nötigenfalls zu ergänzen.

Hieran konnte Ockham anknüpfen, aber mit einem bezeichnenden Unterschied, der die beiden hier erwähnten Diskussionsstränge verknüpfte: Im Gegensatz zu Aureoli sah er als entscheidenden Unterschied des Glaubens zu den anderen Vernunfttugenden nicht den Objektbereich, sondern die Erkenntnisqualität, eben die Frage der Evidenz. Er leistete damit ein Doppeltes, indem er die seit der Lehrverurteilung von 1277 aufgebrochenen Diskussionen zum Verhältnis Glaube – Wissen zusammenführte: die Evidenzdiskussion einerseits, die Diskussion über das Verhältnis zu den Vernunfttugenden andererseits. Und er leistete diese Zusammenführung durch eine konsequent subjektorientierte, im eigentlichen Sinne erkenntnistheoretische Fragestellung.

Ockham ergänzte also ebenso wie Aureoli das Schema des Aristoteles: Zu den fünf Eigenschaften tritt der Glaube – und zwar der in der Taufe als theologische Tugend eingegossene – hinzu, dem es zwar an Evidenz mangelt[29], der aber durch das Anhangen, das auch Heinrich von Gent hier als charakteristisches Merkmal aufgeführt hatte, Gewissheit erzeugt – nach Ockham sogar eine höhere Gewissheit als die Evidenz.[30] Er erklärte in diesem Zusammenhang sogar, warum der Heide Aristoteles den Glauben in seinem Schema der Wahrheit gewährleistenden Eigenschaften noch nicht vorgesehen hatte: Für Aristoteles war der Glaube grundsätzlich in der Gefahr, sich zu irren – als gläubiger Christ aber wusste Ockham, dass

[27] Nachweise und gründlichere Darlegung bei Leppin, Wahrheit 183f.

[28] Aureoli, Scriptum I 156 (q.1 Nr. 83).

[29] OT I 206,2–5.

[30] OT I 198,12–16.

der christliche Glaube nicht irren kann[31] – und entsprechend zu jenen Vernunfttugenden gehören muss. Diese Ergänzung des aristotelischen Schemas um eine nicht-evidente Eigenschaft hatte nun freilich auch philosophische Folgen, vor allem die, dass hier das philosophische anthropologische Schema um eine Eigenschaft ergänzt wurde, die nicht wie die anderen aufgeführten Eigenschaften grundsätzlich mit jeder Vernunft verbunden ist, sondern die – eben durch die Eingießung in der Taufe – nur einigen Menschen zuteil wird. Mit aristotelischer Begrifflichkeit und in Ergänzung des aristotelischen Denkschemas sprengte Ockham letztlich dieses selbst: Er bot ein philosophisches Verstehensmuster dafür, dass es etwas gab – die Glaubenssätze –, das seinerseits nicht allgemein verbindlich, und das bedeutete nicht philosophisch erklärbar war. Philosophie belehrt sich hier über ihre eigenen Grenzen – freilich, wie man hinzufügen muss nicht aus sich heraus, sondern durch den externen Hinweis auf die Wahrheit des christlichen Glaubens. Eben darin lag auch der Unterschied zu allen Modellen der Harmonisierung von Vernunft und Glaube, für die auch für Ockham immer wieder der Name des Thomas von Aquin stand: Ockham behauptete gar nicht, dass der Philosoph selbst als konform mit der christlichen Lehre zu verstehen sei. Er markiert genau den Punkt, an dem er Kritik an dem unzureichenden Schema des Aristoteles übte: die Fixierung auf evidente Eigenschaften. Aber er lehnte das Schema nicht im Grundsatz ab, sondern führte es aufgrund seiner Kritik weiter.

Das eigentliche Ziel dieser Überlegungen, die er im Prolog seines Sentenzenkommentars vorträgt, ist nun aber nicht so sehr die philosophische Bestimmung des psychischen Ortes des Glaubens, sondern es geht Ockham um die Frage, ob die Theologie im strengen Sinne als Wissenschaft zu verstehen sei. Diese Frage ist rasch beantwortet: Nein, im strengen Sinne ist sie gewiss keine Wissenschaft für Ockham[32], denn strenge Wissenschaft wäre – als das Wissen der aristotelischen Vernunfttugenden – evident[33]. Eben dies kann die Theologie für Ockham nicht sein, denn ihre entscheidende Wahrheitsfunktion liegt nicht im Wissen, sondern im Glauben.[34]

Man würde aber Ockham weit unterschätzen, wenn man in solchen Überlegungen den Ansatzpunkt für einen Irrationalismus sähe, der alle wissenschaftlichen Standards für die Theologie aufgäbe: Ausführlich legt Ockham dar, welche Fähigkeiten der Theologiestudent im Theologiestudium zu erlernen pflegt. Da ist zum einen eine Vermehrung seines erworbenen Glaubens, d.h., er lernt schlicht mehr über den Inhalt der christ-

[31] OT I 200,19–25.
[32] OT I 205,7.
[33] OT I 87,20–88,2.
[34] Zur Begründung im Einzelnen s. Leppin, Wahrheit 191–203.

lichen Lehre. Darüber hinaus aber erwirbt er auch unzweifelhaft wissenschaftliche Habitus, und zwar sowohl solche, die er auch in anderen Wissenschaften erwerben könnte, als auch solche, die er nur in der Theologie erwerben kann.[35] Der Theologe verfügt also durchaus aufgrund seines Studiums über wissenschaftliche Erkenntnisse – über den Gottesbeweis zum Beispiel wird noch zu reden sein –, und Ockham wäre völlig missverstanden, wenn man seine Unterscheidung der Theologie von den anderen Wissenschaften anhand des Evidenzkriteriums als durchgehenden Mangel der Theologie auslegen wollte. Der entscheidende Unterschied zu den Wissenschaften im strengen Sinne ist lediglich der, dass der letzte Grund für alle Sätze der Theologie – für solche, die evident sein können, ebenso wie für solche, die nicht evident sein können – der eingegossene Glaube ist. Und die ganze Bemühung Ockhams um die Einordnung dieses Glaubens in das Schema der Vernunfttugenden sollte zeigen, dass die Funktion der Theologie, aufgrund deren sie letztlich einem Satz zustimmt oder einen Satz ablehnt, in der Tat eine Wahrheitsfunktion im Sinne des christlich zu kritisierenden und zu korrigierenden Aristoteles war.

Es sind aber nicht nur die einzelnen wissenschaftlichen Sätze, die der Theologie das Recht zusichern, wenigstens in einem weiten Sinne als Wissenschaft angesprochen zu werden. Die Frage, was denn den Theologen vor einfachen, unstudierten Christen auszeichne – deren Repräsentantin ist bei Ockham immer wieder die *vetula*, das alte Frauchen –, beantwortete Ockham zunächst noch recht vorsichtig: Der Theologe wisse vieles, was die einfachen Christen und Christinnen nicht wüssten.[36] Er vermied also eine qualitative Bestimmung des Vorsprungs der Theologen. Gleichwohl legt sich eine solche nahe. Denn was die Theologie bietet ist neben den vielen Einzelsätzen eine logische Durchdringung des Wissensbestandes. Diesen Rationalitätsstandard, der alle Wissenschaften miteinander verbindet, wollte Ockham auch in der Theologie nicht missen.

Angewandt auf die Überlegungen zur Evidenz, gilt geradezu, dass es in der Theologie zwar nicht in allen Sätzen die unmittelbare Evidenz von Prinzipien gibt wie in anderen Wissenschaften, aber Ockham erhob für die Theologie sehr wohl den Anspruch einer mittelbaren Evidenz[37]: Hat man erst einmal die Prinzipien, auf denen die Theologie gründet, so wird man hieraus logische Schlüsse zu ziehen haben, deren Qualität auch nach den Regeln der Logik bemessen werden kann. Der Theologe benutzt also kein

[35] OT I 196,20–197,22.

[36] OT I 205,8–11.

[37] Siehe den Hinweis darauf, dass es in der Theologie um das gehe, was *evidenter et consequentia formali* aus der Heiligen Schrift folge, in OT I 455,7–10 u.ö.; vgl. Leppin, Wahrheit 237f.

anderes Verfahren als die anderen Wissenschaftler, und dieses Verfahren muss er akademisch erlernt haben.

Er wendet die gemeinsam verbindlichen logischen Verfahren jedoch auf eine andere Art von Sätzen an. Nicht die Prinzipien, die die anderen Wissenschaften aus der Vernunft oder aus der Erfahrung schöpfen, liegen dem wissenschaftlichen Schlussverfahren in der Theologie zugrunde[38], sondern autoritative Sätze, vor allem aus der Heiligen Schrift[39], aber auch Verlautbarungen der Kirche und Aussagen der Heiligen[40] – zwischen diesen verschiedenen Autoritäten sieht Ockham keinerlei grundsätzlichen Widerspruch aufbrechen, sondern letztlich fließen die Wahrheiten von Kirche und Heiligen aus der Heiligen Schrift selbst. Diese geistig aus der Auseinandersetzung mit dem konsequenten Aristotelismus erklärbare Betonung der Prinzipienrolle der Heiligen Schrift gewinnt ihr eigentliches Profil erst aus der Zeitgenossenschaft Ockhams zu den Streitigkeiten um den Status der Theologie an der Universität Oxford: In dem neuen Statut von 1311 war es ja gerade darum gegangen, die Reihenfolge von Sentenzenvorlesung und Bibelvorlesung in dem Sinne festzulegen, dass stets die erste Vorlesung, die ein Nachwuchstheologe zu halten hatte, die Sentenzenvorlesung sei und die Bibelvorlesung dann erst folge.[41] Die Dominikaner hatten dem, wie erwähnt, entgegengehalten, dies pervertiere die Reihenfolge der Lehre – und eben diese polemische Aussage stützte Ockham, der Franziskaner, nun theoretisch. In der Tat machte sein theologisches Modell es geradezu unausweichlich, die Bibel der Sentenzenvorlesung voranzustellen, denn die nicht-pervertierte Reihenfolge einer Wissenschaft, ob im strengen oder im weiten Sinne, musste ja mit den Prinzipien beginnen und konnte die Folgerungen erst danach behandeln. Die Stellung der Bibel als Wissenschaftsprinzip musste also, institutionalisiert gedacht, zu einer Vorordnung der Bibelvorlesung vor die dogmatische führen. Ockham selbst hatte diese institutionelle Folgerung nicht gezogen, ja, der Bezug auf die aktuellen Streitigkeiten an seiner Universität erscheint mit keiner Silbe in seiner Vorlesung. Was er auf dem Katheder trieb, scheint pure Theorie, Bewältigung jener denkerischen Aufgaben, die der konsequente Aristotelismus und seine Verurteilung den nachfolgenden Generationen gestellt hatten. Doch schwer auszudenken, dass seine Hörer nicht mehr gehört hätten als diese bloße Theorie, schwer auszumalen, dass in einem mendikantischen Kontext, in dem der Alltag in der oben beschriebenen Weise von den universitätspolitischen Konflikten in Mitleidenschaft

[38] OT I 83,22–25; 187,21 u.ö.

[39] Siehe die Rede von den *praemissae in Scriptura Sacra* in OT III 358,10f.

[40] Leppin, Wahrheit 204–221.

[41] Friars Preachers 226.

gezogen war, nicht auch mitgeklungen hätte, was Ockham, wenn er es denn nicht ausdrücklich gesagt hatte, doch zu den Inhalten des Streites hätte sagen müssen. Nur wer die scholastische Philosophie und Theologie in jenem Elfenbeinturm ansiedelt, in den Humanismus und Reformation sie zu verbannen suchten, wird Ockhams Aussagen zu theoretischen Konstrukten entkontextualisieren. Liest man sie in ihrem Kontext, so entfalten sie eine Brisanz, die auch verstehbar macht, warum es ihrem Autor später gelingen konnte, in noch viel brisanteren Kontexten deutlich und prononciert Stellung zu beziehen. Als Ockham in seiner zweiten Lebenshälfte von den politischen Umständen gedrängt wurde, sich in kirchenpolitischen Traktaten zu engagieren, war dies zwar ein neues Aufgabenfeld. Theorie aber, die praktische Auswirkungen besaß, hat er seit seinen ersten Jahren entwickelt und entfaltet.

b) Das neue Bild von der Universität: die Rolle der Logik

Der dargelegte unmittelbare Bezug auf den inneren Aufbau des Theologiestudiums ist denn auch nicht die einzige Stelle, an der Ockhams Theorie praktische Folgerungen für das Geschehen an der Universität implizierte.

Dass für Ockham letztlich die Theologie demselben Rationalitätsstandard wie die anderen Wissenschaften unterworfen ist, der Logik, verweist auf eine Betonung der Logik in theologischen Zusammenhängen, die keineswegs selbstverständlich war. Dies ist vielmehr einer der Punkte, an denen das Oxforder theologische Milieu sich nicht allein in Gestalt Wilhelms von Ockham deutlich von der Dominanz des Duns Scotus emanzipierte. Dieser hatte sich zwar, insbesondere in Zusammenhängen der Trinitätslehre, auch mit logischen Fragestellungen und Problemen befasst, aber sein eigentliches Interesse galt doch der klassischen Metaphysik. Diese Art der Fragestellungen änderte sich generell im zweiten Jahrzehnt des 14. Jahrhunderts in Oxford: Neben Ockham traten Gelehrte wie Richard von Campsall († nach 1326) und Heinrich von Harclay (ca. 1270–1317) auf, die je auf ihre Weise das Verhältnis von Logik und Theologie neu zu bestimmen suchten.[42]

Bei Ockham selbst verknüpfte sich in der Zentralstellung der Logik zweierlei: Zum einen ging es ihm um den methodischen Charakter des logischen Denkens, der generell Wissenschaftlichkeit ausmacht und definiert. Neben dieser Akzentuierung auf eine bestimmte wissenschaftliche Verfahrensweise war Ockham aber auch ein Umbau der gesamten Wissenschaftssystematik wichtig: Logik als Wissenschaft von dieser Methode aber

[42] Siehe Courtenay, Schools 189.

rückte hierdurch zugleich – und das ist der eigentliche Effekt von Ockhams kritischem Denken – in eine Stellung ein, die sie zum Gegenüber sämtlicher anderer Wissenschaften machte.

Zu den Merkmalen von Wissenschaftlichkeit gehörte nicht allein die Evidenz, sondern auch der syllogistische Diskurs. Die Definition des Wissens, die Ockham ziemlich weitgehend von Robert von Cowton übernahm[43], der sie seinerseits in Auseinandersetzung mit Duns Scotus entwickelt hatte, lautete in vollem Wortlaut:

> „Wissenschaftliche Erkenntnis ist eine evidente Erkenntnis eines Wahren und Notwendigen, die geeignet ist, durch vermittels syllogistischem Diskurs hierauf angewandte Prämissen verursacht zu werden."[44]

Der syllogistische Diskurs diente demnach vor allem der Vermittlung von Evidenz: Wissenschaftlichkeit entstand durch die Kombination schon zuvor evident erkannter Prämissen im Rahmen des anerkannten syllogistischen Schlussverfahrens, nach dem aus einem Obersatz und einem Untersatz eine Schlussfolgerung zu ziehen war. Das berühmteste Schulbeispiel hierfür lautet:

Sokrates ist ein Mensch
<u>Alle Menschen sind sterblich</u>
Also ist Sokrates sterblich

Als Prämissen können dabei solche Sätze angewandt werden, die ihrerseits evident sind, das heißt die entweder ihrerseits durch ein solches Verfahren aus evidenten Erkenntnissen mit Evidenz abgeleitet wurden, oder die ihrerseits aus sich heraus evident und nicht mehr ableitbar sind. Diese nicht mehr syllogistisch ableitbaren Sätze sind die Prinzipien, die in der Regel dem Verstand unmittelbar einsichtig sind.[45] Wissenschaft bedeutet also, dass bekanntes Wissen erweitert wird, indem man es neu und überraschend kombiniert. Dabei wird die Ausgestaltung des Wissens immer feiner – und umgekehrt ist sie von den Verästelungen aus, die sie im einzelnen Beweis, den ein Wissenschaftler gerade durchführen mag, schon erreicht hat, hinsichtlich der Begründung ihrer Gewissheit auf ihre letzten Grundlagen zurückzuführen: die Prinzipien.

Neues Wissen beruht also nach diesem Verständnis nicht auf neuer empirischer Erkenntnis. Dies hatte Ockham – im Gefolge Roberts von Cowton[46] – durchaus angedacht, wenn er erklärte, es gebe Prinzipien, die aus

[43] Cowton, Sentenzenkommentar 269,11–14.

[44] „scientia est notitia evidens veri necessarii nata causari per praemissas applicatas ad ipsum per discursum syllogisticum" (OT I 87,20–88,2).

[45] OT I 187,21.

[46] S. hierzu und zum Folgenden genauer Leppin, Wahrheit 67–70.

der Erfahrung gewonnen werden[47]. Ockham benannte hierfür sogar eine eigene Methode, die auf der Kombination von Erfahrungen mit einzelnen Exemplaren einer Art oder einer Gattung und dem Gleichförmigkeitsprinzip beruht: Unter der Annahme, dass alle Exemplare einer Art sich gleichförmig verhalten, kann es ausreichen, eine einzige Erfahrung mit einem einzigen Exemplar einer Art zu machen und diese aufgrund des Gleichförmigkeitsprinzips auf alle Exemplare dieser Art zu verallgemeinern. So könnte dann ein allgemeiner Satz über eine Art entstehen, der als Prinzip angewandt werden könne.[48] Dies ist freilich ein Gedanke, der nur am Rande des Ockham'schen Denkens auftritt: Der Pionier der Naturwissenschaft, zu dem man ihn früher stilisiert hat[49], war er nicht, und die große Phase des Oxforder Merton College lag nach seinem erzwungenen Fortgang aus England. In der Regel sind Prinzipien für Ockham *per se nota*, das heißt, sie sind aus sich selbst heraus evident. Es handelt sich um Sätze, die dem menschlichen Verstand unmittelbar einsichtig sind und die folglich keines weiteren Beweises mehr bedürfen; dies gilt insbesondere für zahlreiche Erkenntnisse der Mathematik und der Geometrie, aber nicht nur hier. Auch definitorische Erkenntnisse über das Wesen etwa des Menschen konnten durchaus als selbstevident anerkannt sein. Solche Prinzipien sind dem Menschen im *intellectus* gegeben, den schon Aristoteles in der Nikomachischen Ethik als Prinzipienhabitus und eine der Vernunfttugenden des Menschen bestimmt hatte.[50] Hier schloss Ockham sich einfach an: Die Annahme, dass der Mensch im Grunde schon etwas weiß, ehe er anfängt, wissenschaftlich zu kombinieren, blieb unhinterfragt. Empirie mag zur Ergänzung dieses Wissens beitragen – Grundlage des Wissens schlechthin wird sie nie werden.

Wenn diese Voraussetzungen gegeben sind, liegt umso größeres Gewicht auf der Ausführung und Produktion weiterer Erkenntnis durch das syllogistische Verfahren, dessen Schwierigkeiten dem Mittelalter keineswegs unbekannt waren. Ebenso klassisch wie das positive Beispiel ist das negative Beispiel:

Sokrates ist sterblich
<u>Alle Esel sind sterblich</u>
Also ist Sokrates ein Esel

Solche Anwendungen weisen darauf hin, dass die bloße Kombination von zwei Sätzen, die durch einen gemeinsamen Begriff, den Mittelbegriff, verbunden sind, noch nicht ausreicht, um zu gesichertem Wissen zu gelan-

[47] OT I 98,5f.
[48] OT I 92,1–22.
[49] Siehe hierzu Junghans, Neuere Forschung 27.
[50] Siehe Aristoteles Latinus IV,1–4; 19,10–13 (75 a 28ff.).

gen. Entsprechend war es eine der Hauptaufgaben der mittelalterlichen Logiker, die verschiedenen gültigen und ungültigen Formen des syllogistischen Schlussverfahrens zu bestimmen. Dieser Aufgabe ist Ockham später, in seiner Summe der Logik, nachgekommen.

Für den Moment des Sentenzenkommentars war ein ganz anderer Gesichtspunkt von Bedeutung: Das syllogistische Schlussverfahren war formal genug, um es auch in der Theologie anzuwenden, obwohl die in ihr enthaltenen Sätze nicht selbstevident, sondern als Offenbarungssätze statt durch den Prinzipienhabitus durch den Glauben fundiert waren. Durch den damit gegebenen Mangel an Evidenz geht der Theologie ohne Zweifel ein bedeutender Gesichtspunkt ab, der sie zur Wissenschaft im strengen Sinne hätte machen können. Doch zugleich sicherte Ockham ihr eine Teilhabe an dem methodischen Standard aller Wissenschaften: an der Logik.

Grundsätzlich ist die Logik wie in allen Wissenschaften, so auch in der Theologie anwendbar, das syllogistische Verfahren gilt, von Ausnahmen abgesehen, auch für sie. Sie erreicht zwar nicht selbstevidente Erkenntnis, aber das in ihr angewandte Verfahren ist eines, das geeignet ist, Evidenz zu produzieren und das in gewisser Weise als Methode selbst Evidenz besitzt. Methodisch zumindest gehört die Theologie damit trotz aller Kritik, die spätestens seit den konsequenten Aristotelikern an ihr geübt wird, in das Konzert der universitären Wissenschaften.[51]

Bei der Formalisierung des Wissenschaftsverständnisses, die mit der Orientierung an der Logik gegeben ist, fließt demnach zweierlei zusammen: Zum einen hat Ockham eine virulente philosophische Entwicklung aufgenommen – seit dem späten 13. Jahrhundert gibt es eine intensive Beschäftigung mit Logik, die neue sprachphilosophische Logik, in der bereits der Gedanke auftreten konnte, dass die Logik die eigentliche Zentralwissenschaft sei.[52] Hier führt Ockham also lediglich stringent Anstöße anderer weiter. Zugleich hilft ihm aber gerade diese Formalisierung, Defizit und Leistung der Theologie genauer auf den Punkt zu bringen: Die Sonderstellung der Theologie – einerseits nicht Wissenschaft im Vollsinn und andererseits doch akademische Disziplin mit legitimer Stellung an der Universität – wird präzise beschreibbar, wenn man die defizitären Aspekte lediglich im Grundlagenbereich, bei den Prinzipien sucht, das Verfahren aber als gleichwertig mit dem der anderen Wissenschaften erweist.

Die wissenschaftstheoretischen Überlegungen wurden dabei von Ockham noch zu einem Umbau der mittelalterlichen Wissenschaftssystematik

[51] Dass die Theologie seit ihren Anfängen im Mittelalter bemüht sein musste, ihren Wissenschaftscharakter zu begründen, hat Köpf, Wissenschaftstheorie, herausgearbeitet.

[52] Petrus Hispanus, Tractatus 1,4–6; Sherwood, Logik 222,10f.

weitergeführt. Ohnehin entsprach ja, wie oben (s. o. S. 19) dargelegt, der curriculare Aufbau an der *artes*-Fakultät längst nicht mehr dem einfachen Schema von Quadrivium und Trivium. Längst hatte sich die Logik in den Vordergrund gedrängt.

Gleichwohl war Ockham bei seinen ersten Überlegungen zur Systematik der Wissenschaften, wie sie sich im Sentenzenkommentar finden, noch vergleichsweise traditionell[53]:

Spekulative Wissenschaften	Praktische Wissenschaften	
	befehlend	aufweisend
scientia naturalis	Ethik	Logik
Mathematik		Grammatik
Metaphysik		Rhetorik
Arithmetik		mechanische Künste
Geometrie?		– Medizin
		– Ackerbaukunst
		– Baukunst u. a.
		– Musik?

Doch diese traditionelle, bloß den Stand an der Universität Oxford beschreibende und konservierende Wissenschaftssystematik behielt Ockham nicht bei, eben weil sie seinen wissenschaftstheoretischen Überlegungen nicht mehr entsprach. Die traditionelle Wissenschaftssystematik wurde immer mehr von einer anderen überlagert, in der die Logik als einzige Rationalwissenschaft den Realwissenschaften insgesamt gegenübergestellt wird.[54] Später, schon in seiner Zeit als Lehrer am Londoner Ordensstudium (s. u.), hat Ockham dann auch noch in der Einleitung zu seiner „Expositio Artis Logicae" dieses neue Schema ausdrücklich mit seinem Wissenschaftsbegriff verbunden und erklärt, allein die Logik garantiere die Wissenschaftlichkeit der Wissenschaften.[55]

Damit wird aus der Zentralstellung der Logik im Wissenschaftsverständnis ein Frontalangriff auf den Aufbau der mittelalterlichen Universität mit ihrer Voranstellung des kompletten *artes*-Studiums. Ockham zog radikale Konsequenzen daraus, dass dieses System durch die materiale Aufnahme des aristotelischen Denkens beinahe von innen her gesprengt worden wäre, indem er eben diese materialen Bücher in ihrer Bedeutung für Wissenschaftlichkeit zugunsten der logischen Bücher marginalisierte. Wissenschaftstheoretisch denkbar wurde hier ein Wissenschaftsmodell, das auf das komplizierte Gesamtgefüge der *artes*-Fakultät als Grundlagen-

[53] Zur Ableitung s. Leppin, Wahrheit 101–105.
[54] OT II 103,13–18.
[55] OP II 3,6–9; 6,86 f.

fakultät verzichtete und allein noch ein Logikstudium als unabdingbar für den Zugang zu den höheren Fakultäten erachtete. Diese radikalen Konsequenzen hat Ockham ebenso wie die möglichen Konsequenzen im Zusammenhang von Bibel- und Sentenzenvorlesung nie ausgesprochen, aber der aktuelle Kontext der Auseinandersetzungen zwischen Dominikanern und Universität drängt auch hier den Bezug geradezu auf. Anlass für die Streitigkeiten war ja jenes Statut gewesen, das für Theologen generell den *Magister artium* vorschrieb – nach Ockhams Modell war eben dies nicht mehr nötig, sondern seine Theorie legitimierte das bisherige Vorgehen der Bettelorden, ihren Nachwuchs mit einem reduzierten *artes*-Studium an die Universität und die Theologische Fakultät zu schicken. Denn Logik als das entscheidende Kriterium von Wissenschaftlichkeit wurde zweifellos auch hier gelehrt.

Eine solche Zentralstellung der Logik in der Wissenschaftstheorie war aber überhaupt nur deswegen möglich, weil sich für Ockham verschoben hatte, wie Wahrheit zu fassen sei: Wahrheit wurde traditionell seit Averroes und in der christlichen Scholastik seit Wilhelm von Auxerre (ca. 1140/50–1231) und Philipp dem Kanzler (ca. 1160/85–1236)[56] als die *adaequatio intellectus et rei* verstanden, als die Angleichung des Verstandes an die erkannte Sache. Diese klassische Wahrheitsdefinition stellte das Verhältnis zwischen innermentaler und extramentaler Wirklichkeit in den Mittelpunkt. Dies änderte sich im Verständnis der neu aufgekommenen Logikbewegung völlig. Für sie war Ausgangspunkt jeden Wahrheitsverständnisses der Satz, die Proposition.

Entsprechendes ist auch bereits für den Ockham der Oxforder Zeit vorauszusetzen, auch wenn die klassische Definition erst etwas später, in der Summe der Logik zu finden ist: „Wahrheit ist eine wahre Proposition und Falschheit ist eine falsche Proposition.“[57] Diese satzhafte Fassung der Wahrheit hängt unmittelbar mit der Zentralstellung der Logik in der Wissenschaftstheorie zusammen: Wenn Wahrheit nicht anders zu fassen ist denn als wahrer Satz, so kann auch entscheidendes Instrument zur Erkenntnis von Wahrheit nur dasjenige sein, das auf den Zusammenhang von Sätzen angewandt wird, eben die Logik. Alle Erkenntnis von Wahrheit wird mit einem solchen Verständnis letztlich zu einem innermentalen Geschehen, in dem Sätze auf Sätze bezogen werden. Von hier aus gewinnt der Ansatz Ockhams eine ungeheure Modernität: Das Wahre und Wissbare wird auf das dem Verstand unmittelbar Zugängliche zurückgeführt, ohne Rückgriff auf extramentale Voraussetzungen.

Allerdings wird man die Absetzung Ockhams vom traditionellen *ad-*

[56] Boehner, Articles 179f.

[57] „veritas est propositio vera et falsitas est propositio falsa“ (OP I 131,245).

aequatio-Konzept nicht überpointieren dürfen. Unverkennbar ist zwar der Wille zu einem neuen Verständnis da, aber es handelt sich hier lediglich um eine Akzentverlagerung, denn die Wahrheit eines wahren Satzes kann wiederum nicht anders definiert werden als über den Bezug auf die außermentale Realität. Hierzu dient die *Suppositionstheorie*, die Ockham wiederum von den neuen Logikern übernommen hat: Insbesondere Wilhelm von Sherwood (ca. 1200/10–ca. 1266/72) und Petrus Hispanus (ca. 1226–1277) hatten in ihren Logikkommentaren die Theorie von der Supposition als Erklärung des Zusammenhanges zwischen sprachlichem Zeichen und extramentaler Realität entwickelt. Mit dieser Theorie des Supponierens, also des „Stehens für etwas" wurde es ermöglicht, bei der Analyse eines Satzes genau die jeweilige semantische Funktion der einzelnen Satzteile, das heißt der Begriffe, insofern sie in einem Satz grammatikalisch anderen Begriffen zugeordnet werden, zu bestimmen, also die Frage zu klären, ob sie für ein Einzelding in der extramentalen Realität, für eine bloße Lautfolge oder für einen Allgemeinbegriff stünden.

Ockham hat seine eigene Lehre zu dieser Frage erst später ausgestaltet, in der „Summa Logicae", die er in seiner Londoner Zeit ausgearbeitet haben dürfte. Da hatte er sich bereits mit dem „Tractatus de Suppositionibus", den 1302 Walter Burleigh (ca. 1275–1344/5), Lehrer am Merton College und späterer Bischof von Durham, verfasst hatte, auseinander gesetzt und schloss sich diesem weitgehend an.[58] Im Sentenzenkommentar verwies er bei Detailfragen noch schlicht auf die Kollegen vom anderen Fach: „Das betrifft die Logiker."[59] Dennoch arbeitete er schon als Theologe mit einer Suppositionstheorie, musste dies auch tun: Wenn denn die Theologie gerade durch die Partizipation an den Denkregeln der Logik einen mit den anderen Wissenschaften vergleichbaren Rationalitätsstandard erreichen sollte, war es unabdingbar, in theologischen Fragen immer wieder auch die Frage der Supposition anzusprechen. Indem sie der Klärung des Gebrauchs der Begriffe diente, bereitete sie ja überhaupt erst die Grundlagen, um mit einer Sache logisch, das heißt sprachlich und denkerisch korrekt umzugehen.

Will man Ockhams Suppositionslehre, wie er sie vor Abfassung seiner Summe der Logik als akademischer theologischer Lehrer in Oxford gebrauchte und mehr voraussetzte als erläuterte, rekonstruieren, so ist man auf ein paar wenige Andeutungen in der *reportatio* verwiesen. Am deutlichsten wird er im zweiten Buch in *quaestio* 10, in der danach gefragt wird, ob die Zeit eine Realität außerhalb der menschlichen Seele besitze. Ockham erklärt, um seinen eigenen Sprachgebrauch zu verdeutlichen:

[58] Siehe Brown, Treatise 23f.

[59] „ista ... pertinent ad logicos" (OT II 147,22f).

„Hier muss man festhalten, dass ein konkreter Begriff, sofern es sich um Akzidenzien handelt, in vier Arten von Supposition stehen kann: personal, einfach, material oder signifikativ. Anhand des Beispiels 'weiß' heißt dies: Auf die erste Weise steht [supponiert] es für ein Subjekt, auf die zweite Weise für einen Begriff, auf die dritte Weise für einen Laut, auf die vierte Weise für das, was es bedeutet. Bei den Begriffen für Substanzen allerdings sind personale und signifikative Supposition identisch, weil bei ihnen das, was sie bedeuten, dasselbe ist, was auch supponiert wird. Beispiel vom Menschen."[60]

Ockham verkomplizierte die ganze Sache nicht unerheblich dadurch, dass er die Definition der Supposition noch durch die Unterscheidung von Substanz und Akzidens differenzierte. Dennoch ist die Grundunterscheidung erkennbar: Während sich einfache und materiale Supposition auf gedankliche Akte (einfach) oder sprachliche Äußerungen (material) beziehen, also auf eine Realität, die dem mentalen Bereich zuzuordnen ist, betreffen die beiden anderen Suppositionsarten die extramentale Realität: Jeder sprachliche Ausdruck kann sich in irgendeiner Weise auf eine Substanz beziehen. Nimmt man Ockhams Beispiel „weiß", das er wohl in seiner Vorlesung ausgeführt hatte, das aber der Student, der die *reportatio* mitgeschrieben hatte, der Kürze halber nur angedeutet hat, so ist in dem Satz „Sokrates ist weiß" deutlich, dass auch das Prädikat „weiß" in gewisser Weise für Sokrates steht, sich mindestens auf diesen bezieht. Insofern supponiert es – personal – für das Subjekt: eben Sokrates in seiner gesamten wesentlichen Eigenschaft, seiner Substanz. Andererseits wird aber nur auf eine spezifische, veränderliche Eigenschaft des Sokrates abgehoben – eben dies meint ja „Akzidens". Insofern nun aber „weiß" sich spezifisch auf die weiße Farbe der Haut des Sokrates bezieht, bezieht es sich präzise auf seinen Bedeutungsgehalt, eben die weiße Farbe. Und damit wird es signifikativ verwendet.

Die Suppositionslehre also ermöglicht es, sehr differenziert die Verwendung eines Begriffes in einem Satz zu bestimmen und so Missverständnisse zu vermeiden. Gerade wegen der hierdurch erreichbaren Präzision der eigenen Sprache kann Ockham nun auch mit ihrer Hilfe definieren, worauf die Wahrheit einer Proposition beruht: Eine Proposition ist genau dann wahr, wenn Subjekt und Prädikat für dasselbe supponieren.[61] Und

[60] „Et est hic notandum quod in accidentalibus terminus concretus potest habere quadruplicem suppositionem, scilicet personalem, simplicem, materialem, significativam. Exemplum de albo: primo modo supponit pro subiecto, secundo modo pro conceptu, tertio modo pro voce, quarto modo pro suo significativo. Sed in terminus substantialibus suppositio personalis et significativa sunt eadem, quia idem est in illis significatum quod etiam suppositum. Exemplum de homine" (OT V 227,8–15).

[61] OT IV 255,4f.

damit wird dann doch wieder die Frage nach der Angleichung zwischen Vernunft und Sache, wie sie die traditionelle Wahrheitsdefinition gefordert hatte, eingeholt: Auch wenn Wahrheit an sich un-ontologisch definiert wird, löst sie sich doch nicht in reine Satzhaftigkeit auf, sondern bleibt an eine außerhalb der Worte befindliche Realität rückgebunden – zumindest dann, wenn die Begriffe also in personaler oder signifikativer Supposition stehen. Was Ockham also gegenüber der traditionellen Wahrheitsdefinition änderte, ist die Annahme, Wahrheit müsse generell etwas mit *res*, mit realen Entitäten zu tun haben. Nach seinem Verständnis von Sprache und Vernunft wäre dies gar nicht möglich gewesen, denn eine solche Wahrheitsdefinition hätte es unmöglich gemacht, über die Wahrheit des Satzes „'Mensch' hat sechs Buchstaben" zu entscheiden. Er hat aber nicht einfach das Wahrheitsverständnis um den Realitätscharakter reduziert, sondern umgekehrt, vermittelt durch den Gedanken der Satzwahrheit, das Wahrheitsverständnis so erweitert, dass darin sowohl die Wahrheit von Sätzen über die extramentale Realität als auch von Sätzen über Bewusstseinsinhalte oder lautliche Sprache ausgedrückt werden kann.

Und für den Theologen konnte dies noch mehr leisten: Wenn Wahrheit so allgemein formuliert wurde, wie dies bei Ockham aufgrund seines propositionalen Wahrheitsverständnisses der Fall war, so konnte damit auch der problematische Gegenstand der Theologie erfasst werden, also jener Art von Wissenschaft, die ihren Gegenstand nicht in direkter Erkenntnis und auch nicht in einem direkten einfachen Begriff zur Verfügung hatte. Wiederum gilt, dass die Formalisierung, die Ockham in seinem sprachanalytischen Zugriff auf die Wirklichkeitserkenntnis betrieb, der Theologie keineswegs Schaden brachte, sondern ihr nützte. Was sich auf der einen Seite als eine Ent-Ontologisierung ausnimmt, ist auf der anderen Seite eine Theorie zur Sicherung theologischer Erkenntnis im Rahmen der Wissenschaften.

Mit den Fragen der Evidenz, des syllogistischen Schlussverfahrens und der Suppositionstheorie ist das wissenschaftliche Gerüst, mit dem Ockham zu arbeiten pflegte, einigermaßen fest umrissen. Und doch wäre eine Skizzierung der Methode von Ockhams Denken wohl unzureichend, wenn nicht wenigstens noch auf eine der berühmtesten Denkregeln Ockhams eingegangen würde: das so genannte Rasiermesser.[62] Es wird spätestens seit Leibniz[63] in der Formulierung „Entia non sunt multiplicanda sine necessitate" („Das, was ist, darf ohne Not nicht vervielfacht werden") in der philosophischen Literatur immer wieder als Diktum Ockhams zitiert.

[62] Zum Folgenden s. grundlegend Beckmann, Maxime; ders., Ockham 42–47.
[63] Belege s. Beckmann, Ockham 193 Anm. 10.

Diese Formulierung stammt so nicht von Ockham, auch wenn manche seiner Formulierungen ihr sehr nahe kommen.[64]

Allerdings ist Ockhams Denken eher in einer Wendung erfasst wie: „Eine Mehrheit darf man nicht ohne Not annehmen“[65] oder ähnlichem. Gemeint ist damit nicht eine Reduktion des Existierenden, sondern Ockham denkt wie stets umgekehrt: von der Sprache aus. Das Ökonomieprinzip – so der sachlich angemessenere Ausdruck für das „Rasiermesser“ – ist in gewisser Weise die Kehrseite zur skizzierten Ent-Ontologisierung allen Wissens bei Ockham, insofern es der vorschnellen Ontologisierung durch sprachliche Möglichkeiten wehren soll. Instruktiv hierfür sind die Beispiele, die Ockham in seinen späteren Ausführungen in der Summe der Logik wählt. Hiernach ist ein klassischer Satz, der durch das Ökonomieprinzip betrachtet werden muss: „Etwas, was geeignet ist, ist wegen seiner Geeignetheit geeignet.“[66] Wie die anderen Beispiele im Kontext zeigen, ist das Anstößige an diesem Satz die Annahme, es sei nötig, die Eigenschaftsaussage „geeignet“ noch durch ein Abstraktum der „Geeignetheit“ zu erklären. Dies würde in der Tat die Annahmen über die Vielzahl in der Wirklichkeit in unangemessener Weise vermehren. Nicht jedem sag- und denkbaren Wort also muss eine Realität entsprechen, sondern die Realität ist einfacher erklärbar, als es der Fall wäre, wenn man jedes menschliche Wort in sie hineinprojizierte.

3. Die Theologie an den Grenzen der Philosophie: die Gotteslehre und das Universalienproblem

Philosophie und Theologie greifen in diesen Überlegungen Ockhams – die alle im Sentenzenkommentar mindestens angelegt, häufig auch eigens ausgeführt sind – harmonisch ineinander: Was philosophisch „modern“ ist, kommt Ockhams eigener, apologetisch orientierter Theologie zugute. Ob hier der Theologe zum Philosophen mutiert oder der Philosoph sich die theologische Materie kongenial aneignet, ist schwer zu entscheiden. Sicher ist nur, dass zwischen Theologie und Philosophie kein ernstlicher Zwiespalt entsteht, dass Ockham keineswegs, wie es in späteren theologischen Lehrbüchern gelegentlich heißt, Glaube und Wissen scharf auseinander treten ließ, sondern dass die Philosophie, ohne Magd

[64] Siehe etwa OP I 169,179f.: „Nec oportet multiplicare res in talibus locutionibus“ – der Protest von Beckmann, Ockham 42, gegen die gängige Formulierung ist mithin etwas überzogen.

[65] „pluralitas non est ponenda sine necessitate“ (OT I 74, 2f. u.ö.).

[66] „aptum est aptum aptitudine“ (OP I 169,183f.).

der Theologie zu werden, doch die Theorien bietet und liefert, die der Theologie das Feld freigeben.

Diese Verschränkung von theologischen und philosophischen Problemen ist erst den Denkern der Neuzeit unverständlich geworden. So wie die reformatorische Theologie sich von einem überstarken Gebrauch der Philosophie absetzte und damit zu einer schroffen Unterscheidung beider Erkenntnisbereiche beitrug, hat die katholische Theologie spätestens seit dem 19. Jahrhundert in der Neuscholastik eine disziplinäre Aufteilung des Denkens angestrebt und verwirklicht, die dem Ineinandergleiten der Problemhorizonte, das noch das mittelalterliche Denken geprägt hatte, nicht gerecht werden konnte. Und umgekehrt hat auch die Philosophie im Bewusstsein der Emanzipation von der Theologie den Graben zu ihrer Nachbarin eher vertieft als überbrückt.

Wie eng hingegen bei Ockham noch beides beieinander liegt, zeigt ein Themenbereich, der ihn in alle philosophischen Lehrbücher hineingebracht hat und der doch erstmals im Zusammenhang einer theologischen Fragestellung, nämlich der Frage nach der Rede von Gott entworfen wurde: die Lehre von den Allgemeinbegriffen, den Universalien, worunter vornehmlich die Begriffe für Arten und Gattungen zu verstehen sind. Das Problem der Universalienlehre besagt in aller Kürze: Wie kann es sein, dass ein einziger Begriff – etwa die Artbezeichnung „Mensch“ – mehrere reale Entitäten bezeichnet? Und die Antworten, die klassischerweise nach Nominalismus und Realismus ausdifferenziert werden, lauten grob gesagt: Die in dem Begriff ausgedrückte Einheit liegt in der extramentalen Realität, das heißt, alle Einzeldinge, die mit einem Begriff zusammengefasst werden, partizipieren letztlich an einem einheitlichen Sein – in dem Beispiel: an der Menschheit oder Menschennatur. Dies wäre die „realistische“ Position. Oder, nominalistisch gedacht, die Einheit ist nicht, wie in diesem Falle, primär, den Einzelexistenzen voraufgehend, sondern sekundär: Sie entsteht durch eine nachträgliche Zusammenfassung unter einen Begriff, einen Namen, dessen Realität allein im Verstand ist. Das damit verbundene Problem ist bis heute aktuell, insofern es die Frage aufwirft, wie real die Gruppenbildungen eigentlich sind, die wir mit dem Verstand nachzeichnen oder der Natur vorgeben: Gibt es wirklich die „Art“, die Spezies (*species*) Mensch – oder handelt es sich hier um eine willkürliche Grenzziehung, die auch ganz anders verlaufen könnte, um einen „Speziesismus“, wie ihn der Philosoph Peter Singer diagnostiziert hat, der hieraus radikale Forderungen zum Schutz von Tieren einerseits und zur Entrechtung unheilbar kranker, nicht vernunftbegabter Säuglinge andererseits zog.[67]

Diese Dimension besaß die Frage innermittelalterlich natürlich noch

[67] Peter Singer, Praktische Ethik, Stuttgart 1984, 70–100.

nicht. Und doch war sie nicht ohne Brisanz. Wer zu der Meinung neigte, dass die Begriffe nur sekundär alles Existierende in Gruppen zusammenfassten, dass also die Realität letztlich nur aus Einzelentitäten bestehe, musste sich – wie etwa Roscelin von Compiègne (ca. 1050–1120/25)[68] – die Frage gefallen lassen, ob denn dann überhaupt eine Trinität vorstellbar sei, ob es dann nicht einzig möglich und angemessen sei, von drei Göttern zu sprechen, da doch jedes Einzelding für sich existierte. Oder er musste die Frage klären, wie denn die in Jesus von Nazareth mit der göttlichen Natur verbundene Menschennatur zur Erlösung der Menschen beitragen könne. Wenn jeder Mensch für sich existierte, so wäre seinerzeit auch nur der Zimmermannssohn Jesus von Nazareth erlöst worden, eine Erlösung der Menschheit durch den Gott, der eben nur *ein* Mensch geworden wäre, wäre denkerisch gar nicht möglich.[69]

Wenn man daher nicht von Fragestellungen der Neuzeit, sondern von solchen des Mittelalters aus auf die Texte zugeht, ist es nicht verwunderlich, dass Ockham seine vor allem philosophisch wahrgenommene Universalienlehre im Rahmen seiner theologischen Vorlesung, eben der Sentenzenvorlesung in Oxford, erstmals entfaltete; später freilich hat er sie auch in seiner Summe der Logik weiter ausgebaut. Das Problem, das Ockham zur Behandlung der „philosophischen" Universalienfrage führte, war die Frage, wie man von Gott reden könne, die vierte Frage in der zweiten Distinktion des ersten Buches des Sentenzenkommentars: „Gibt es irgendetwas, was Gott und Geschöpf gemeinsam ist und univok und unter Bezug auf das Wesen von beiden ausgesagt werden kann?"[70] Diese Formulierung nahm Bezug auf die ältere Lehre von Äquivokation und Univokation, von bloß gleichlautender oder wirklich Gleiches bedeutender Rede. Das Problem hatte sich immer wieder im Blick auf Gott gestellt: Ist es möglich, Begriffe, die wir gemeinhin von den Geschöpfen gebrauchen, in eben demselben Sinne auf Gott anzuwenden? Bedeutet es wirklich dasselbe, zu sagen, Gott sei gut – oder ein menschlicher Vater sei gut? Dann läge eine Univokation vor. Oder bedeutet nicht beides trotz desselben Wortklanges ganz Unterschiedliches, so wie die „Bank" einmal eine Sitzgelegenheit im Park meinen kann und ein andermal ein Institut zur Aufbewahrung unseres Geldes? Das wäre eine Äquivokation. Und wenn dem so wäre, dann wäre eine vernünftige, zutreffende Rede von Gott nicht mehr möglich. Wenn aber umgekehrt unsere Rede von Gott univok erfolgte, bestünde womöglich die Gefahr, Gott zu verkleinern, zu vermenschlichen.

[68] Zu ihm s. Mews, Nominalism.

[69] Zu dieser Fragestellung s. McGrath, Homo.

[70] „an Deo et creaturae sit aliquid commune univocum praedicabile essentialiter de utroque" (OT II 99,10f.).

Thomas von Aquin hatte dieses Problem durch die Lehre von der analogen Redeweise gelöst, nach der es uns dadurch, dass wir an dem Sein teilhaben, das Gott letztlich selbst ist, möglich ist, zwar nicht univok von Gott zu sprechen, aber doch auch nicht ganz auf äquivoke Redeweise zurückgeworfen zu sein, da zwischen unseren Begriffen und den auf Gott angewandten Begriffen ein im Einzelnen genauer zu bestimmender innerer Zusammenhang besteht – etwa vergleichbar dem analogen Gebrauch des Begriffs „gesund“, der in dem Satz „Dieses Kraut ist gesund“ zwar etwas anderes bedeutet als in dem Satz „Der Patient ist wieder gesund“, aber gleichwohl in beiden Sätzen in semantisch stimmiger, zueinander passender Weise gebraucht wird.[71]

Wilhelm von Ockham war diese Lösung offenbar zu unklar. Analoge Redeweise als eigene Kategorie wies er als zu unscharf ab, subsumierte sie unter andere sprachanalytische Begriffe.[72] Für die Rede von Gott blieb damit nur die Frage nach Äquivokation und Univokation. Um sich dieser Frage zu nähern, musste Ockham den Umweg über die Universalienlehre gehen: Um überhaupt zu wissen, ob wir unsere Begriffe univok oder äquivok verwenden, müssen wir zunächst wissen, in welchem Verhältnis diese Begriffe überhaupt zur Realität stehen. Es ist dieses Thema, das nun in überraschender Gründlichkeit die folgenden Seiten des Sentenzenkommentars füllt. Die Frage nach Univozität und Äquivokation wird in der eigentlich auf sie ausgerichteten Frage gar nicht wirklich beantwortet, sondern Ockham mäandert die folgenden Fragekomplexe durch das Universalienproblem hindurch, ehe er in der neunten Frage – in der heutigen großformatigen Druckausgabe fast zweihundert Seiten später – neu ansetzt: „Ich frage, ob irgend etwas Allgemeines für Gott und Geschöpf univok sei.“[73] Schon dieser lange Umweg zeigt, wie sich das Problem gewissermaßen unter der Hand verselbstständigte. Gerade dies erlaubt es hier, dem jungen Theologen Wilhelm aus Ockham über die Schulter zu blicken. Der Duktus des Textes lässt erahnen, dass Ockham sich während der Vorbereitung auf seine erste große Vorlesung an einen Punkt gekommen sah, an dem er aus philosophischen Gründen weiter würde ausholen müssen, als er zunächst wohl beabsichtigt hatte. Die Gliederung bricht geradezu aus den Fugen – und die eigentliche Frage nach Äquivokation und Univokation wird fast verdrängt durch die gewichtigere Frage nach dem Status der Universalien. Sie hat dieses Gewicht, weil Ockham den Eindruck gewinnt, hier an eine Stelle gelangt zu sein, an der er von der Überzeu-

[71] Zusammenfassend zu Thomas: Track, Analogie 634–636.

[72] OT II 329,8–20; VI 338,10–340,16.

[73] „… quaero utrum aliquod universale sit univocum Deo et creaturae“ (OT II 292,9f.).

gung aller anderen, von der *opinio communis*, abweicht. In einer Zeit, in der Originalität nicht als wissenschaftliches Kriterium eingeführt oder anerkannt war, war diese Behauptung und Feststellung ungeheuerlich: Ockham, ein Einzelner, noch am Anfang seiner akademischen Karriere, ein Theologe, aller Wahrscheinlichkeit nach als Absolvent lediglich eines Ordensstudiums ohne bedeutende philosophische Ausbildung, kam zu einer neuen Einsicht, wandte sich gegen den Rest der akademischen Gelehrsamkeit.

Nimmt man all dies zusammen – den Bruch aus der Gliederung des Textes, das Ausweichen von der eigentlichen Frage zu einer anderen, schließlich die Einsicht, von der *opinio communis* abzuweichen –, so wird deutlich: In der intellektuellen Biografie Ockhams befinden wir uns hier – unabhängig von dem philosophischen oder theologischen Sachgehalt, den man heute seinen Aussagen zumessen mag – an einer entscheidenden Wende. Zum ersten Mal artikulierte Ockham sich nicht in dem Bewusstsein, vorgängige Schultraditionen – die eines Duns Scotus, die der modernen Logiker – nur behutsam weiterzuführen, zum ersten Mal diskutierte er nicht nur Einzelpositionen, sondern er exponierte sich als Einzelner gegen alle anderen.

Sowenig „Ego-Dokumente“ ein Licht auf diesen Vorgang fallen lassen, ist er mit Durchbruchserlebnissen, wie sie topisch in der Theologiegeschichte immer wieder – bis hin zu Luther – geschildert werden, vergleichbar. Ja, der Vorgang ist vielleicht viel mehr als die Berichte Augustins oder Luthers als Durchbruch und Wende ernst zu nehmen[74], weil Ockham hier gerade nicht biografisch-autobiografisch stilisiert und dazu aufgrund des literarischen Genres, das allein Zeugnis hierfür bildet, auch gar nicht in der Lage ist. Ohnehin bewegt sich der Inhalt auf einer anderen Ebene als bei den großen Zeugnissen christlicher Frömmigkeit. Was hier stattfindet, ist keine Bekehrung zum wahren Christentum, zur biblischen Reinheit oder dergleichen, es ist ebenso wenig eine philosophische Bekehrung. Aber es ist der Weg zur Autonomie des Denkens im Gegenüber zu allen maßgeblichen Autoritäten.

Zentral ist für diesen Zusammenhang die siebte Frage: „Ist das, was allgemein und insgemein univok ist, irgendetwas hinsichtlich seiner Realität real außerhalb der Seele?“[75] Und die allgemeine Meinung hierzu lautet nach Ockham:

[74] Zur kritischen Auseinandersetzung mit diesen Traditionen s. Leppin, Omnem vitam 8–13.

[75] „utrum illud quod est universale et commune univocum sit quomodocumque realiter a parte rei extra animam“ (OT II 225, 4f.).

„In der abschließenden Beantwortung dieser Frage stimmen alle, die ich eingesehen habe, überein, insofern sie sagen, dass die Natur, die auf irgendeine Weise allgemein ist – wenigstens der Möglichkeit nach und unvollständig –, real im Einzelding ist.“[76]

Dem setzt der junge Gelehrte eine klare Position entgegen: „Daher sage ich zu der Frage, dass keine Entität außerhalb der Seele ... allgemein ist.“[77] Und er setzt noch nach:

„Die Unmöglichkeit, dass irgendeine Entität außerhalb der Seele auf irgendeine Weise allgemein sei ..., ist ebenso groß wie die Unmöglichkeit, dass ein Mensch durch irgendeine Erwägung oder durch irgendein Sein ein Esel sei.“[78]

Die Pointe sitzt – und ist doch bis heute oft nur halb wahrgenommen worden: Die aus Handbüchern nicht herauszubekommende Identifikation von Ockham als „Nominalist“ – die beileibe nicht mehr immer jenen negativen Beigeschmack haben muss wie in älteren katholischen Darstellungen – stützt sich allein auf die eine Seite dieser Aussage: dass Universalien eben keine Realität außerhalb des menschlichen Verstandes haben. Sie übersieht dabei nicht nur, dass der Terminus *nomen* bei Ockham sehr differenziert gebraucht wird, indem er zwischen den willkürlich eingesetzten Benennungen und den weit weniger willkürlichen Begriffen des Verstandes unterscheidet[79], so dass, insofern es Ockham bei seiner Universalienlehre stets um letztere, die *conceptus*, geht, am präzisesten von Konzeptualismus zu reden wäre.

Wichtiger ist, dass Ockhams Sprachtheorie jedenfalls nicht so zu verstehen ist, als entbehrten die Allgemeinbegriffe jeglicher Grundlage in der Realität, als seien sie rein denkerische Konstrukte. So viel ist zwar deutlich: Ockham weigert sich, mit der *opinio communis* anzuerkennen, dass das Allgemeine irgendwie naturhaft in den Einzeldingen sei, er bestreitet sogar die äußerst subtile Form der Universalienlehre, die Duns Scotus vorgetragen hatte, indem er das Zugleich von Identität und Nichtidentität zwischen Allgemeinem und Einzelnem durch die *distinctio formalis* hatte erklären wollen. Danach sollte die allgemeine Natur zwar nicht ein von

[76] „In conclusione istius quaestiones omnes quos vidi concordant, dicentes quod natura, quae est aliquo modo universalis, saltem in potentia et incomplete, est realiter in individuo“ (OT II 225,17ff.).

[77] „Ideo aliter dico ad quaestionem quod nulla res extra animam ... est universalis“ (OT II 248,23–249,1).

[78] „tanta est impossibilitas quod aliqua res extra animam sit quocumque modo universalis ... quanta impossibilitas est quod homo per quamcumque considerationem vel secundum quodcumque esse sit asinus“ (OT II 249,2–6).

[79] OP I 11–14.

den Einzelentitäten getrenntes Ding für sich, eine einzelne *res*, sein, aber doch auch nicht identisch mit den individuellen Entitäten, sondern von diesen in einer – nicht präzise bestimmten – formalen Weise abgehoben, wobei sich die späteren Auseinandersetzungen eben an der Frage entzündeten, ob diese Abhebung rein denkerisch oder real zu verstehen sei.

Aber bei allem Eifer der Neuheit setzt Ockham doch ganz selbstverständlich – und von seinen modernen Interpreten nur selten bemerkt – eine höchst traditionelle Annahme voraus, die deutlich macht, dass Allgemeinbegriffe, auch wenn sie nicht für sich außerhalb des Verstandes existieren, doch die extramentale Realität angemessen erfassen, dass ihnen also in der Wirklichkeit etwas entspricht – nur eben nicht ein Einzelding, sondern eine der Welt eigene Ordnungsstruktur. Die Pointe, die wenig beachtete andere Hälfte des oben zitierten Satzes zeigt, dass er sich dessen durchaus bewusst ist: Unmöglich ist ja auch, „dass ein Mensch durch irgendeine Erwägung oder durch irgendein Sein ein Esel sei". Eben dieses Beispiel sollte das Gewicht deutlich machen, mit dem er die extramentale Existenz von Universalien bestreitet. Was er dabei aber als Beispiel verwendet, ist eines, das mit Allgemeinbegriffen hantiert und aus ihnen ontologische Ableitungen vornimmt: Es ist eben nicht möglich, dass etwas, was unter den einen Allgemeinbegriff fällt – „Mensch" – durch irgendwelche Umstände plötzlich unter einen anderen Allgemeinbegriff fiele: Die Grenzen zwischen den Arten sind fest – trotz Ockhams betont als neu eingeführter Universalienlehre.

Diese Aussage verdankt sich nicht nur der möglichen Vorliebe für eine billige Pointe. Auch sonst erscheinen entsprechende Aussagen bei Ockham: In der 44. Distinktion des ersten Sentenzenbuches lotet er unter der Fragestellung, ob Gott eine bessere Welt als die jetzt existierende machen könne, wie oft auch an anderen Stellen die Möglichkeiten Gottes aus und kommt zu dem Ergebnis, Gott könne einen solchen Menschen erschaffen, für den Sündigen einen Selbstwiderspruch darstellte – also offenkundig einen anderen Menschen als den jetzt real existierenden. Und eben daran hält Ockham nun auch im Blick auf die Verwendung von Allgemeinbegriffen fest. Hier würde es sich real um eine andere Art Mensch handeln als die gegenwärtig existierende.[80] Wenn aber nicht einmal Gott einfach die jetzt vorhandene Art „Mensch" ändern, sondern ihr nur eine andere Art „Mensch" an die Seite stellen kann, bedeutet dies: Selbst Gott bleibt in seinem schöpferischen Handeln an die Artenordnung gebunden, die Arten als der klassische Fall der Verwendung von Allgemeinbegriffen haben also mitnichten eine bloß sprachlich-begriffliche Festigkeit, sondern auch eine ontologische. Wenig zuvor, in der zweiten Frage der 43. Distinktion, er-

[80] OT IV 652,22–653,2.

scheint denn auch das schon bekannte Beispiel von Mensch und Esel, wenn Ockham erklärt: „Der Mensch ist aus sich heraus ein Nicht-Esel.“[81] Dieser Satz dient als Beispiel für solche Eigenschaften, die so mit ihren Subjekten zusammenhängen, dass sie zwar im Blick darauf, ob sie aktuell und real existieren, von Gott abhängen, nicht aber im Blick darauf, ob sie überhaupt mit dem Subjekt zusammengehören, dem man sie zuordnet. Es gibt demnach ein gewisses Set von Eigenschaften, das dem Menschen, wenn es ihn denn überhaupt gibt, zukommt, eben weil er Mensch ist, ohne das mithin kein Mensch Mensch sein könnte. Dazu gehört die Fähigkeit zu sündigen. Und dazu gehört die Eigenschaft, kein Esel zu sein. Den Zusammenhang dieser Eigenschaft mit dem Wesen, das als „Mensch“ bezeichnet wird, kann Gott nicht ändern. Das bedeutet: Gott kann zwar je neue Arten schaffen, aber er kann nicht ändern, welche Eigenschaften eine solche Art jeweils ausmachen. Die Arten-Ordnung als System von Unterscheidungen und Gleichheiten insgesamt ist hinsichtlich ihrer Beschaffenheit selbst Gottes Zugriff entzogen – und damit natürlich erst recht dem Zugriff des denkenden Verstandes.[82] Für das begriffliche System, das wir zur Beschreibung der Welt verwenden, bedeutet dies aber: Es ist alles andere als willkürlich und damit unsicher, wie es die gängige Chiffre von Ockhams Nominalismus voraussetzt. Es beschreibt die Welt vielmehr zutreffend und genau.

Man mag in solchen Äußerungen Relikte eines eigentlich schon überwundenen Denkens sehen – aber selbst wenn sie nur das wären, zeigen sie doch, dass Ockhams Neuerungsanspruch gerade nicht in einer simplen Wiederbelebung des Nominalismus eines Roscelin lag, sondern schlicht in der sprachlichen Reformulierung bislang ontologisch ausgerichteter Aussagen. Das entspricht seinem Wissenschaftsverständnis und seinem Ökonomieprinzip – es bedeutet aber nicht den Abschied von jeglicher Ontologie.

Wie wenig dies der Fall ist – und wie wenig Ockham damit als Vorläufer für entsprechende philosophische Konzeptionen in Anspruch genommen werden kann – zeigt die Tatsache, dass er für den unabänderbaren Charakter der durch die Allgemeinbegriffe beschriebenen Gruppenbildungen innerhalb der Schöpfung auch eine ontologische Grundlage benannt hat.[83] Sie liegt, simpel genug, in der Ähnlichkeit der Substanzen untereinander.[84] Dieser scheinbar einfache Gedankengang ist in seinem Gewicht wiederum

[81] „homo ex se est non-asinus“ (OT IV 649,18–650,6).

[82] Weitere Belege hierzu, auch aus späteren Texten Ockhams: Leppin, Wahrheit 51–58; ders., Ockham's Concept.

[83] Dies bestreitet z.B. Vossenkuhl, Ockham 122.

[84] OT II 211,15–20; 272,13–17; 310,24f.; III 217,20–22; vgl. Schulthess, Sein 238f.

nur dann verstehbar, wenn man ihn mit radikalisierenden Deutungen Ockhams konfrontiert, nach denen die Bildung von Allgemeinbegriffen dem autonomen Verstand des Menschen zu verdanken ist. Zwar ist der Verstand an diesem Prozess nicht unbeteiligt – aber er vollzieht doch nur nach, was er in der extramentalen Realität vorfindet. Anders ausgedrückt: Der Verstand findet eben nicht nur lauter verstreute, ungeordnete Einzeldinge vor, die er nachträglich ordnet, sondern er trifft auf eine Ordnung in der Welt, die er produktiv nachvollzieht. Denn die Ähnlichkeit der Substanzen ist nach Ockham ausdrücklich dem Erkennen vorgegeben[85], ja, Ockham kann sie gar als ein reales Verhältnis, eine *relatio realis* bezeichnen.[86] Dann aber ist die Ordnungsstruktur der Dinge insgesamt als Realität dem Denken und Sprechen vorgegeben.

Mit diesem Modell löst Ockham einerseits das logische Problem des Universalienrealismus, wie etwas zugleich eines sein und doch in vielen real existieren solle, bestreitet aber andererseits in keiner Weise jegliche ontisch-reale Grundlage der Universalbegriffe, vielmehr versteht er das Ordnungsnetz der Universalien als Nachvollzug essentieller Ordnungsstrukturen[87] in der Realität, die real sind, ohne deswegen eine eigenständige extramentale Realität besitzen zu müssen.

Was hat dieser lange Exkurs für die Theologie geleistet? Es ist auf diese Weise nach Ockham möglich, über Gott zu reden – obwohl der Mensch, solange er als irdischer Mensch im Pilgerstand lebt, keine unmittelbare Erkenntnis von Gott hat.[88] Das, was der Mensch von Gott weiß – und Ockham bezweifelt nicht, dass der Mensch, auch der nichtgläubige Mensch Kenntnisse von Gott hat –, weiß er im Medium von etwas anderem als Gott selbst[89], nämlich im Begriff[90].

Das damit für die Rede von Gott gegebene Problem aber wird in Ockhams konzeptualistischem Ansatz geringer, als es in einem streng realistischen Ansatz gewesen wäre. Da generell auch unsere Allgemeinbegriffe nicht mehr sind als eben Begriffe, denen zwar Reales zugrunde liegt, aber nicht je eine Realität, unterscheidet sich die Erkenntnis Gottes, wenn sie nur im Begriff erfolgen kann, nur graduell von anderen Formen der Erkenntnis, die ihrerseits nicht minder auf das rein Begriffliche angewiesen sind. Die Frage, die sich dann stellt, ist letztlich nicht mehr die nach einem grundsätzlich anderen Charakter der Gotteserkenntnis gegenüber allen

[85] OT IV 385,12–15; 400,4–8.
[86] OT V 9,8–13; vgl. II 205,20f.; IV 385,3–6.
[87] Zum essenziellen Charakter der Ähnlichkeit s. Leppin, Wahrheit 53–57.
[88] OT II 389,5–13; 403,5–16.
[89] OT II 404,24f.; vgl. OT I 269,2f.
[90] OT I 112,4–18; 267,3; 458,24–459,3; IX 538,49f.

anderen Erkenntnissen, sondern die Frage, wie eine korrekte Supposition auch für das durch den Gottesbegriff gemeinte Wesen zustande kommen kann. Und die Brücke, die nun diese Gotteserkenntnis mit anderen Erkenntnissen verbindet, ist das, was das Ergebnis seines langen Exkurses zu den Universalien gewesen war: dass nämlich der Begriff *ens*, Seiendes, univok für Gott und die Kreaturen anwendbar ist.[91] Allerdings betont Ockham in diesem Zusammenhang, dass er einen weiten Univozitätsbegriff gebrauche, der keine reale Identität und auch keine perfekte Ähnlichkeit zwischen Gott und Kreatur impliziere.[92] Er bleibt bei einer streng begrifflichen Fassung der Univozität. Über diese ohnehin schon vorsichtige Formulierung aus der *quaestio nona* der zweiten Distinktion des ersten Sentenzenbuches geht er im dritten Buch in der zehnten Frage noch hinaus, wenn er hinsichtlich des univoken Gebrauchs von Begriffen nicht nur vollkommene Ähnlichkeit, sondern jegliche Ähnlichkeit zwischen Kreatur und Gott bestreitet.[93]

Und auch der Begriff, den der Mensch dann für Gott verwenden kann, hat seine Besonderheiten. Da Gott selbst nicht erkannt wird, kann man für ihn keinen einfachen Eigenbegriff haben[94], also einen präzisen Begriff, der nur Gott und nichts als Gott bezeichnet – als solcher ist auch das bloße Wort „Gott“ oder „Deus“ nicht zu verstehen. Die Erkenntnis Gottes erfolgt vielmehr zunächst nur in univoken Allgemeinbegriffen.[95] Und wenn nun viele Allgemeinbegriffe denselben Gegenstand benennen, ergeben sie alle zusammen einen diesem Gegenstand eigenen Begriff.[96] Allein auf diese Weise gibt es für Gott einen uns möglichen Eigenbegriff[97], der entsprechend als zusammengesetzter Begriff, als *conceptus compositus*, anzusprechen ist[98]. Er erfasst das göttliche Wesen nicht unmittelbar, sondern umschreibt es.[99]

Diese konzeptuelle Gotteserkenntnis ist so defizitär, dass Ockham sie mit der Erkenntnis einer Farbe durch einen Blinden vergleichen kann[100] – und doch verbindet sie nicht nur die allgemein-menschlichen Möglichkeiten der Rede von Gott mit anderen Erkenntnisformen, sondern sie bildet auch die Grundlage für die Möglichkeit von Metaphysik.

[91] OT II 312,15f.; 317,8–14.
[92] OT II 316,17–317,6; 335,23–336,2.
[93] OT VI 337,12–17; 338,2ff.
[94] OT II 314,12–315,2.
[95] OT II 315,3–11; 403,17ff.
[96] OT II 403,19–24.
[97] OT I 203,9–15; II 403,24–404,24.
[98] OT I 267,5ff.; II 402,22; 404,15f.
[99] OT II 33,6f.
[100] OT II 314,12–315,2.

4. Theologisch-philosophische Testfälle

a) Der Beweis Gottes

Lange Zeit galt Ockham als ein Theologe, der auf jeglichen Gottesbeweis verzichtet, ja seine Möglichkeit insgesamt bestritten habe. Wäre dem so, wäre mit Ockham in der Tat eine fundamentale Wende der scholastischen Theologie erreicht, die ihren ersten Höhepunkt gerade in dem Gottesbeweis im Proslogion Anselms von Canterbury (ca. 1033/4–1109)[101] erklommen hatte. Dessen Tradition hatte insbesondere Thomas von Aquin durch seine Darlegung eines fünffachen Beweises für die Existenz Gottes fortgeführt und aristotelisch reformuliert. Während allerdings Anselm in einem genialen, bis heute philosophisch nicht ohne weiteres zu den Akten gelegten Gedankenfortschritt vom reinen Denken durch Übersteigerung dieses Denkens zur extramentalen Existenz gelangt war, hatte Thomas die Gottesbeweise weitgehend formalisiert und in aristotelischem Sinne standardisiert. Grundlage der meisten Gottesbeweise bei Thomas war der Gedanke eines ausgeschlossenen *regressus in infinitum*, also der Unmöglichkeit, eine Kette von Zusammenhängen bis ins Unendliche anfangslos zurückzuverfolgen. Er baute damit auf dem paradigmatischen Beweis des Aristoteles für die Existenz Gottes als des unbewegten Bewegers auf. Kennzeichnend geht Thomas hier wie auch in anderen Gottesbeweisen von einer simplen Erfahrungstatsache aus: „Es ist eine sichere, durch das Zeugnis der Sinne zuverlässig verbürgte Tatsache, dass sich etwas in der Welt bewegt."[102] Bewegung aber braucht, so argumentiert Thomas weiter, einen Anstoß von außen, denn es bedeutet, dass etwas aus der bloßen Möglichkeit (sich zu bewegen) in die Wirklichkeit (dass es sich bewegt) überführt wird und sich etwas bloß Mögliches nicht aus sich heraus realisieren kann. Und eben hier hat Thomas nun den Ansatzpunkt für den erwähnten *regressus in infinitum*. Es ist die Kette der von außen Anstoß gebenden Größen, die er zurückverfolgt und in deren Verlauf er dann irgendwann zu dem Punkt kommt, an dem er feststellen muss, man könne nicht ins Unendliche so fortfahren, sondern man müsse ein Etwas, ein Wesen annehmen, das seinerseits nicht bewegt wird und dennoch anderes bewegt: den unbewegten Beweger, Zentralbegriff der aristotelischen Metaphysik.

Ockham hat die Schwäche dieser Argumentation präzise erkannt, freilich an einem anderen der fünf Wege durchgeführt: dem im Prinzip paral-

[101] Zu ihm nach wie vor: Southern, Anselm.

[102] „Certum est enim, et sensu constat, aliqua moveri in hoc mundo"; Thomas-Ausgabe I, 4 (Summa Theologiae I q. 2 a. 3).

lel verlaufenden Beweis vermittels der Wirkursache, der nichts anderes besagt, als dass jedes Ding von etwas anderem verursacht wird, dass diese Verursachungskette aber nicht ins Unendliche fortgehen könne, weswegen die erste Ursache selbst nicht verursacht sein könne – und hierbei handle es sich um Gott. Seine Position hierzu hat Ockham wiederum mit einem erstaunlichen Selbstbewusstsein formuliert: In der 10. *quaestio* der zweiten Distinktion des ersten Sentenzenbuches, also in unmittelbarem Anschluss an die Behandlung der Universalienfrage, erkennt er gönnerhaft an, dass dieser Beweis Gottes vermittels der Wirkursache „ausreichend" sei und im Übrigen die „Auffassung sozusagen aller Philosophen" darstelle[103] – um wenig später dagegenzuhalten:

„Es ist schwierig, wenn nicht unmöglich, gegen die Philosophen zu beweisen, dass eine Kette von Ursachen derselben Art, deren eine ohne die andere existieren kann, nicht bis ins Unendliche fortgesetzt werden könne. Sie haben ja auch angenommen, dass es bis ins Unendliche vor [jedem] Menschen, der sich fortpflanzte, einen [anderen] Menschen gegeben habe, der sich ebenfalls fortgepflanzt habe. Nicht weniger schwer ist es, mit dem Gedanken der Hervorbringung zu beweisen, dass ein Mensch von einem anderen [Menschen] nicht in der Art einer Totalursache hervorgebracht werden könne. Wenn nun diese zwei Überlegungen richtig sein sollten, wäre es schwer, zu beweisen, dass diese Kette ins Unendliche nur dann Bestand haben könnte, wenn es eines gebe, das immer bliebe und von dem diese gesamte Unendlichkeit abhinge."[104]

Das Problem also, das Ockham benennt, ist die schlichte Tatsache, dass eine Ursache, nachdem sie etwas anderes oder jemand anderen verursacht hat, auch wieder vergehen kann. Das Beispiel der Menschheitsgeschichte ist hier schlagend – und der Beweis für Gottes fortdauernde Existenz mithin so nicht zu führen.

Daher wählt Ockham nun einen anderen Weg: den der Erhaltungsursache. Der Denkvorgang als solcher bleibt ganz ihm Rahmen der thomasischen Beweise, nur dass eben die inhaltliche Bestimmung etwas verschoben ist. Es geht nun nicht mehr um das Hervorbringen eines anderen, sondern der Weg zurück blickt darauf, dass alles, was existiert, in irgendeiner Weise von etwas oder jemandem anderen erhalten werden muss – wieder

[103] OT II 354,17f.

[104] „difficile vel impossibile est probare contra philosophos quod non sit processus in infinitum in causis eiusdem rationis quarum una potest esse sine alia, sicut posuerunt hominem generantem ante hominem generatum in infinitum; et difficile est probare per productionem quod unus homo non possit produci ab alio sicut a causa totali. Et si ista duo essent vera, difficile esset probare quod iste processus in infinitum non esset possibilis nisi esset unum semper manens a quo tota ista infinitas dependeret" (OT II 355,3–11; Übersetzung nach Leppin/Müller, Theologie und Ethik 75ff.).

geht der Weg weiter und wird wegen des Ausschlusses eines Fortganges ins Unendliche schließlich auf Gott gegründet.[105] Vielleicht lässt sich an diesem Beweis noch stärker als bei allen thomasischen Beweisen die von vornherein auf das Ziel ausgerichtete Konstruktion erkennen, da die Erhaltungsursächlichkeit weit weniger selbstverständlich in das philosophische Denken integriert ist, als dies bei der Wirkursache der Fall ist.

Schwerer aber wiegt, dass Ockham, indem er diesen Gottesbeweis als haltbar vertritt, auch merkliche Inkonsistenzen in Kauf nimmt. Denn was dieser Beweis nicht klärt, ist die erkenntnistheoretisch doch unvermeidliche Frage, wie denn nun der Mensch, der über nicht mehr verfügt als über eine zusammengesetzt-begriffliche Erkenntnis Gottes, durch einen solchen Beweis zu einer wirklichen, evidenten Erkenntnis von Gottes Existenz gelangen sollte. Nach Ockhams Evidenzlehre kann dies eigentlich nicht der Fall sein, da eine solche Evidenz die unmittelbare Erkenntnis der im Beweis verwendeten Satzteile voraussetzen würde. Eben diese Erkenntnis aber kann für Gott nicht auf dem Wege über die Kreaturen erlangt werden. Und so hat Ockham denn auch an einer anderen Stelle seines Sentenzenkommentars ausdrücklich erklärt, dass ein Beweis Gottes nur demjenigen möglich sei, der Gott abstraktiv oder intuitiv – also auf irgendeine Weise unmittelbar – erkenne.[106] Wenn dem so ist, bleibt die Anstrengung vermittels der Erhaltungsursächlichkeit eine interessante intellektuelle Fingerübung – doch ein Beweis im strengen Sinne kann sie innerhalb des Ockham'schen Denkens nicht sein.

An solchen Inkonsistenzen aber kann man vielleicht mehr über einen Denker erfahren als an systematisch geglätteten Überlegungen, die das Individuum hinter dem Apparat methodisch ausgefeilter Logik verschwinden lassen. Gerade die Inkonsistenz ist ja eine Einbruchstelle für individuelle Akzentsetzungen, Verschiebungen, warum nicht: Fehler. Wichtig sind sie wegen der in ihnen zu Worte kommenden Individualität.

Es liegt nahe, als ersten individuell-biografischen Hintergrund für diese Inkonsistenz den Zeitpunkt in Anschlag zu bringen, zu dem Ockham diese Überlegungen angestellt hat: Wir sind immer noch im ersten Buch der Sentenzen. Ockham hat sich eben erst zu einer ungeahnten Autonomie durchgerungen, er hat seine eigene, neue Universalienlehre vorgestellt – und dies in dem Bewusstsein getan, dass er hier anders denkt als alle anderen. Und wieder kommt er an eine Stelle, an der er, hochfahrend, erklären kann, dass beinahe alle Philosophen eine Auffassung hegen, die er selbst für – philosophisch – widerlegbar hält und die er durch bessere, präzisere Überlegungen überwinden kann. Er spielt in gewisser Weise das Spiel der

[105] OT II 354,16–356,4.
[106] OT II 441,8–10.

anderen mit: An einer anderen Stelle fügt er hinter die Bemerkung, man argumentiere von den Geschöpfen zu Gott, hinzu: „nach ihrer Redeweise“[107], und zeigt ihnen, dass er es, spielerisch, besser kann als sie selbst. Dass er sich in diesem Spiel außerhalb des eigenen Denkrahmens bewegt, macht dann nichts mehr aus, ist es doch nur ein lustvolles Spiel mit den Denkmöglichkeiten der anderen.

Ockham ist für einen Akademiker seiner Zeit jung, Anfang dreißig, er hat gelernt, sich gegen Autoritäten zu wenden, bewegt sich ohnehin in einem Umfeld, in dem man als Franziskaner mancherlei Bedrohungen und Bedrängungen erfährt und so vielleicht umso mehr Gefallen daran gewinnen kann, seine eigene intellektuelle Überlegenheit auszuspielen. Und auch wenn sich der Gottesbeweis in der *ordinatio* befindet, darf man ja nicht vergessen: Grundlage dieser ausgearbeiteten Fassung ist eine Vorlesung, die nicht mehr wollte als eine Erklärung der Sentenzensammlung des Petrus Lombardus. Ockham liefert keine feingliedrige Systematik, er schreibt keine Summe und auch keine moderne systematische Theologie, sondern eben einen fortlaufenden Kommentar, in dem vielleicht zu der einen Frage dieses, zur anderen aber jenes gesagt werden kann. Mag also sein, dass wir es hier lediglich mit der Frechheit oder dem Wagemut eines eben durch sein „Bekehrungserlebnis“ mutig gewordenen jungen Mannes zu tun haben.

Freilich spricht manches dafür, dass Ockham später den unbefriedigenden Charakter seiner Argumentation gesehen hat, denn später, als er in Avignon Muße hatte, sich in seinen „Quodlibeta“ Problemen zu stellen, die sich ihm von außen oder innen aufgedrängt hatten, kam er wieder auf die Frage des Gottesbeweises zurück, und zwar an erster Stelle. Die erste Frage des ersten „Quodlibets“[108] hatte dasselbe Thema wie I Sent d. 2 q. 10: die Frage, ob Gott einer sei. Und hier wie dort ging Ockham den Umweg über die Frage, ob die Existenz Gottes beweisbar sei. In der „Quodlibet“-Frage verwies er den Leser auch ausdrücklich auf seine früheren Ausführungen: „Ziehe die Antwort darauf im ersten Buch, in der zweiten Distinktion, in der Frage von der Einheit Gottes zu Rate.“[109] Dennoch ist die Antwort, die er nun findet, eine andere als seinerzeit im Sentenzenkommentar:

„Man muss gleichwohl wissen, dass man beweisen kann, dass Gott existiert, wenn man ‘Gott’ auf die zweite zuvor genannte Weise versteht [nämlich als etwas, demgegenüber es nichts Besseres und Vollkommeneres gibt]. Denn sonst läge ein

[107] OT I 203,1f.

[108] OT IX 1–11.

[109] „Quaere responsionem huius in primo, distinctione secunda, quaestione de unitate Dei“ (OT IX 11,226–228).

Voranschreiten bis ins Unendliche vor, wenn es unter den Seienden nichts gäbe, dem gegenüber es nichts Vorangehendes oder Vollkommeneres gäbe."[110]

Dies ist eine Rückkehr zu den verflachten Formen des Anselm'schen Gottesbeweises, wie sie sich in der mittelalterlichen Literatur etabliert hatten. Diese missverstehende Verflachung begegnet schon bei Anselms Gegner Gaunilo († 1083)[111]: Das ursprüngliche Anselm'sche Argument, dessen Leistungskraft gerade an der Formulierung „über das hinaus nichts gedacht werden kann" hing, an dem Einsatz bei einem rein denkerischen Phänomen, wurde ontologisiert – und ausgerechnet Ockham hat bei dieser Ontologisierung mitgemacht.

Doch er bleibt nicht zufrieden: Im 2. „Quodlibet" kommt er noch einmal auf die Frage des Gottesbeweises zurück, fragt, ob der natürliche Verstand beweisen könne, dass Gott die Ursache aller Dinge sei[112] – und verneint dies höchst differenziert: Dass es eine erste Wirkursache gibt, ist nach ihm nicht zu bestreiten – nur die Tatsache, dass dies nur eine sei, wie es für die Gleichsetzung mit dem einen Gott nötig wäre, verneint er ausdrücklich.[113] Das Thema also, es bleibt – auf Jahre hinaus.

Zumindest das mit der Frage nach dem Gottesbeweis gestellte Problem war für Ockham ein echtes, und er hielt es mit der Antwort, die er im Sentenzenkommentar gegeben hatte, nicht für gelöst. In der Tat war diese Antwort im Rahmen seines Systems unzureichend, ebenso wie die Antworten, die er später gegeben hat. Der Ort für einen Gottesbeweis, darin haben die späteren Deuter und vor allem Kritiker Ockhams durchaus Recht, existiert in seinem System nicht.

Umso bezeichnender, dass er sich wiederholt hierum bemüht hat, dass er immer wieder Anläufe, eigenständig oder, wie in Quodl. I q. 1, in Abhängigkeit von den Vorgängern, macht, einen Gottesbeweis zu entwerfen. Das zeigt zumindest eines: Wenn man denn Ockham als einen Zertrümmerer jeglicher Metaphysik, jeglicher philosophischer Gotteslehre betrachten will, und die Tatsache, dass ein Metaphysikkommentar von seiner Hand nicht vorliegt, gibt diesem Bild ja Nahrung, so kann dies vielleicht die Wirkungen seines Denkens beschreiben – seine subjektive Intention ist damit gerade nicht getroffen. Bis an die Grenze der gerade noch aushaltbaren Selbstwidersprüchlichkeit hat er sich bemüht, einen Weg zu einem Gottesbeweis zu finden. Er hat ihn konstruiert, systematisch eingeholt hat er ihn nicht.

[110] „Sciendum tamen quod potest demonstrari Deum esse, accipiendo 'Deum' secundo modo prius dicto, quia aliter esset processus in infinitum nisi esset aliquid in entibus quo non est aliquid prius nec perfectius" (OT IX 3,54–57).

[111] Siehe hierzu Flasch, Einführung 50–61.

[112] OT IX 107,3f.

[113] OT IX 111,99–103.

Zurück zu dem Ockham des Sentenzenkommentars. Die Freude über die Neuentdeckung, gegen beinahe alle Philosophen, sie war letztlich die Freude eines Mannes, der Altbekanntes nicht widerlegt, sondern nur auf eine neue Weise bewiesen hatte. So wie die Universalienlehre nichts anderes ist als eine Reformulierung klassischer Positionen, erscheint auch am Horizont der philosophischen Gotteslehre eine letztlich affirmative, traditionelle Position, die mit dem Gestus des Neuen über die eigenen denkerischen Probleme hinwegspielte. Der Ockham des Sentenzenkommentars ist weit weniger ein Neuerer, als seine späteren Deuter – und er selbst – es wahrhaben wollten.

b) Logik und Trinität

Den schwierigsten Testfall für das Verhältnis von Theologie und Philosophie stellte zweifellos die Trinitätslehre dar. Dass diese ein logisches Problem enthält, ist nicht allein ihren außerchristlichen Kritikern aufgefallen, sondern wurde auch innerhalb der selbstverständlich christlichen mittelalterlichen Theologie gesehen. Bereits Duns Scotus hatte sich bemüht, das Problem aufzufangen[114], das sich für einen logisch denkenden Theologen stellte, wenn er etwa folgenden Fehlschluss ansah, der scheinbar die reine und akzeptierte Form eines Syllogismus aufwies:

Dieser Gott ist der Vater
<u>Der Sohn ist dieser Gott</u>
Der Sohn ist der Vater

Der Schluss war offenkundiger Unsinn, musste es auch sein, weil eben die Trinität als Dreiheit in einer Einheit eine Art von Sein voraussetzte, das mit dem Satz vom ausgeschlossenen Dritten, dem Zentralsatz der Logik, kaum zu erfassen war.

Aufgrund seiner logischen Schulung musste Ockham auch die Frage, die der Lombarde in der vierten Distinktion des Ersten Buches stellte, ob man zugeben müsse, dass Gott sich selbst hervorgebracht habe[115], mit logisch geschärftem Verstand lesen. Das dahinter stehende theologische Problem war, dass Jesus Christus in der christlichen Theologie zugleich als Gott und als vom Vater gezeugt gedacht wird. Wie sehr Ockham dieses theologische Problem als logisches reformulierte, zeigt sich schon an einer geringfügigen sprachlichen Umformulierung der Frage des Lombarden. Ockham fragte nämlich nun in der ersten *quaestio* zu derselben Distinktion, „ob Gott Gott hervorgebracht hat"[116]. Die Auflösung der Präposition machte

[114] Duns, Opera (Vaticana) II 362,19–363,13 Nr. 413–415.

[115] „utrum concedendum sit quod Deus se genuerit" (Lombardus, Sentenzen I 77,21).

[116] „an Deus genuit Deum" (OT III 3,4f.).

die logische Problematik noch deutlicher und Ockham hat diese Frage genutzt, um seine Suppositionstheorie zu erläutern und dann zu dem Schluss zu kommen, dass bei klarer suppositionstheoretischer Analyse der Satz „Gott hat Gott hervorgebracht" durchaus zuzugestehen sei.[117] Nur: Er muss logisch ebenso zugestehen, dass der Satz „Gott hat nicht Gott hervorgebracht" gleichfalls logisch zutreffend ist, wenn in ihm das Subjekt nicht für den Vater, sondern für den Sohn supponiert – diesen Satz will er in einer merkwürdigen Wendung des Argumentationsstils gleichwohl „wegen der Häretiker" als falsch angesehen wissen.[118]

Damit zeigt sich das heillose Dilemma, in dem der Logiker verstrickt war, wenn er sich der Trinitätslehre zuwandte. Logisch streng konnte Ockham gar nicht umhin, einzusehen, dass aufgrund der Verfasstheit der Trinität von dem sprachlich selben Subjekt Unterschiedliches verifiziert wurde. Und er war hierfür sogar bereit, aus seinem sonstigen denkerischen Rahmen herauszufallen: Während er grundsätzlich die *distinctio formalis* des Duns Scotus, mit der dieser das Universalienproblem erklärt hatte, ablehnte, war er bereit, für das göttliche Wesen eben eine solche *distinctio formalis* anzuerkennen.[119] An diesem einen Punkt also griffen seine eigenen, so stolz vorgetragenen Überlegungen zur Universalienlehre nicht.

Damit ist eine entscheidende Grenzziehung für das Verhältnis von Theologie und Philosophie oder wenigstens von Theologie und Logik markiert: Das Wesen Gottes ist so einzigartig, dass es gewissermaßen im Verhältnis zu allen anderen Entitäten vor-logisch strukturiert ist. Während das gesamte Handeln Gottes und damit auch die gesamte Schöpfung mindestens dem Gesetz vom ausgeschlossenen Widerspruch unterworfen ist, weil selbst Gott nichts Widersprüchliches tun kann[120], greift dieser Satz vom ausgeschlossenen Widerspruch für die Rede von Gottes Sein selbst nicht.

Diese Einsicht ist nun fundamental für Ockhams Ontologie und Logik überhaupt: Wenn es ein vor-logisch strukturiertes Sein – eben Gott – gibt, heißt dies in unvermeidlicher Konsequenz, dass Ockham Logik zu keinem Zeitpunkt als etwas anderes betrachtet hat denn als eine Denkregel, dass also seine stete Betonung der Logik in allen Denkzusammenhängen rein denkerisch-methodischen Charakter hat und gerade nicht die Logizität allen Seins behaupten will, sondern allenfalls die Logizität allen geschöpflichen Seins: Die logischen Denkregeln gelten als Seinsregeln nur für die Welt der Geschöpfe, aber nicht für das Sein an sich. Das Sein an sich ist

[117] OT III 13,15–19.
[118] OT III 14,8–15.
[119] OT I 131,23 f.; II 374,16–22.
[120] So explizit OT IX 586,24 ff., aber auch in den früheren Schriften stets vorausgesetzt.

mithin, kenntlich an Gott selbst, größer und weiter als das dem denkenden Verstand zugängliche. Wenn also Ockham später gelegentlich als Rationalist verschrien wurde, so trifft dies zwar sicher seine Argumentationsweise, die oft von geradezu eisiger Kälte geprägt scheint – sie trifft aber nicht, und so war der Vorwurf doch in der Regel gemeint, sein Weltbild. Ockham weiß, und er weiß dies als frommer Franziskaner, dass es eine Realität gibt, die höher ist als die menschliche Vernunft.

Diese Einsicht freilich hat er später eher zurückgedrängt, als er sich der Frage nach der Un-Logik der Trinitätslehre im Rahmen seiner in London entstandenen Summe der Logik zuwandte. Hier nämlich versuchte er das Problem im Rahmen einer allgemeinen Fehlschlusslehre zu entschärfen. Entsprechend seinen theoretischen Grundannahmen geht Ockham das Problem suppositionstheoretisch an. Im Zusammenhang seiner Fehlschlusslehre unterstellt er nun folgenden beiden Fehlschlüssen, dass sie aufgrund desselben Fehlers irrten[121]:

Sokrates ist ein Mensch	Dieses Wesen ist der Vater
Plato ist ein Mensch	Dieses Wesen ist der Sohn
Plato ist Sokrates	Der Sohn ist der Vater

Dass beides einen Fehlschluss darstellt, ist offenkundig, und Ockham meint auch erklären zu können, worin der gemeinsame Fehler liegt. Beide, so erklärt er, benutzen als Mittelbegriff einen Begriff, der für mehrere Entitäten steht und eben deswegen nicht als Mittelbegriff taugen kann, der Einzelentitäten verbinden soll. Für den Begriff „Mensch“ ist es nun unmittelbar einsichtig, dass die mit dem „ist“ ausgedrückte Identität zwischen Plato und Mensch nicht eine solche ist, die es erlauben würde, alle Aussagen, die mit Hilfe des Begriffs „Mensch“ getroffen werden, auch auf Plato zu übertragen und damit die Gleichsetzung mit Sokrates herzuleiten.

Dieser Fehlschluss ist nun aber so offenkundig, dass sich gerade darin das Problem von Ockhams Argumentation zeigt. Denn man kann das eben allgemein ausgeführte auch mit Hilfe der suppositionstheoretischen Logik ohne weiteres erklären: „Mensch“ supponiert in beiden Fällen personal. Das heißt aber: Im Obersatz supponiert es präzise für Sokrates, nicht für etwas mehreren Menschen Gemeinsames, im Untersatz aber präzise für Plato und wiederum nicht für etwas mehreren Menschen Gemeinsames.[122] Dann aber macht schon allein diese suppositionstheoretische Analyse klar, dass „Mensch“ in beiden Sätzen schlicht für Verschiedenes steht und eben aus diesem Grunde nicht übertragbar ist.

Der auf Gott und die innertrinitarischen Differenzierungen bezogene

[121] OP I 819,40f.; 821,94f.

[122] Siehe OT II 21,4–21.

zweite Syllogismus hingegen lässt sich nicht in dieser Weise auf ein sprachlogisches Problem zurückführen, sondern das Problem liegt in der Realität selbst: „Wesen" wird nicht deswegen falsch verwendet, weil es einmal eines und ein andermal mehreres bedeutete, sondern weil das Bezeichnete nach der christlichen Trinitätslehre *zugleich* eines und mehreres *ist*. Damit aber beruht der Fehler der trinitarischen Fehlschlüsse eben gerade nicht allein auf suppositionslogischen Fehlern, und Ockhams Versuch, die trinitarischen Fehlschlüsse in eine allgemeine Fehlschlusslehre einzubetten, bleibt ebenso inkonsistent wie sein Versuch eines Gottesbeweises. Die Folgen dieser Inkonsistenz hätte Ockham sogar selbst aufgrund seiner frühen Ausführungen offen legen können: Den Fehler des trinitarischen Fehlschlusses erkennt man im Gegensatz zu dem des Sokrates-Plato-Fehlschlusses allein durch die Offenbarung.[123] Wenn aber die widersprüchlichen Grundlagen, die einen scheinbaren Fehlschluss provozieren und diesen lösbar machen, allein aufgrund der Offenbarung, das heißt allein dort, wo der Glaube oder eine der Autoritäten, auf die dieser verweist, dazu zwingt[124], erkennbar sind und nicht mehr aufgrund der allgemeinen Syllogismuslehre, dann heißt dies in letzter Konsequenz, dass die Verfügungsgewalt über die Anwendbarkeit der logischen Syllogistik bei außerlogischen Instanzen liegt, zu deren Auslegung die Logik zwar dienen, denen sie aber nicht kritisch gegenübertreten kann. Das aber kann schwerlich im Sinne eines Denkers sein, der die Logik hochhalten will.

c) Die Eucharistie: das permanente Wunder?

Im Rahmen des vierten Buches seines Sentenzenkommentars musste Ockham auch auf eine Zentralfrage des christlichen Glaubenslebens zu sprechen kommen: die Sakramente des neuen Bundes, insbesondere Taufe und Eucharistie. Es ist bemerkenswert, wie Ockham sich bemüht, die Transsubstantiationslehre als etwas zu erklären, was zumindest denkbar ist. Das IV. Lateranum hatte in seiner ersten Konstitution erklärt, dass Leib und Blut Christi „im Sakrament des Altars unter den Gestalten von Brot und Wein wahrhaft enthalten" seien, „wenn durch göttliche Macht das Brot in den Leib und der Wein in das Blut wesenhaft verwandelt sind".[125] Die Definition dieser Wandlung mit dem Verbum *transsubstantia-*

[123] OT II 364,11–22.

[124] OT I 455,7–10; 461,9–15; II 17,13–18,1.

[125] „corpus et sanguis in sacramento altaris sub speciebus panis et vini veraciter continentur, transsubstantiatis pane in corpus, et vino in sanguinem potestate divina" (DS 802).

re hatte als Spätfolge der Auseinandersetzungen um Berengar von Tours (ca. 1000–1088) im 11. Jahrhundert eine Erklärung des eucharistischen Mysteriums mit aristotelischer Begrifflichkeit dogmatisiert und damit die Rahmenbedingungen für alle weiteren Diskussionen um das Verständnis der Eucharistie bis zur Reformation geschaffen.

Ockham rang um diese Deutung der Eucharistie, auf deren Unmöglichkeit innerhalb des aristotelischen Substanz-Akzidens-Schemas bereits Berengar hingewiesen hatte, da eine substantielle Wandlung von Brot und Wein in Leib und Blut Christi bei bleibenden Akzidenzien – vor allem Geschmack und Aussehen – der aristotelischen Annahme widersprach, dass Akzidenzien stets nur als anhangend an – dann aber bleibenden – Substanzen denkbar waren, nicht aber gewissermaßen als freischwebend über einer verschwindenden und dann wieder ersetzten Substanz.[126]

Ockham bemühte sich nun angesichts dieser denkerisch problematischen Ausgangslage zunächst und vor allem um den Nachweis, dass die Vorstellung, Christi Leib befinde sich substantiell unter der Gestalt des Brotes, nicht widersprüchlich sei.

Vordringlich musste er hierzu schlicht die scheinbare Widersinnigkeit erklären, wie es möglich war, dass der ausgedehnte Leib substantiell in etwas lokal präsent war, das offenkundig viel kleiner war als seine natürliche Ausdehnung. Um dies plausibel zu machen, benötigte Ockham eine eigene Definition dessen, was Quantität ist.[127] Diese Definition liegt ganz auf der Linie seiner Universalienlehre: Quantität ist nichts für sich Reales, sondern bezeichnet lediglich die räumliche Ausdehnung einer Substanz, ihre gleichmäßige Verteilung in einem umschreibbaren Raum.[128] Auf dieser Grundlage ist es dann nicht widersprüchlich, sich den Leib Christi unter der Gestalt Brot vorzustellen.[129] Wenn Quantität lediglich eine Ausdehnung der Substanz bedeutet, so ändert sich diese Substanz als solche nicht und wird um nichts Reales reduziert, wenn sie nicht einfach im Raum für sich existiert, sondern durch eine andere Gestalt – eben das Brot – fest umschrieben wird, wie man sich dies in der Eucharistie vorstellen muss.

So wie Ockham hier die Denkmöglichkeiten auslotet, tut er es auch im Zusammenhang der verschiedenen Erklärungsmodelle für die Realpräsenz, die sich kurz als Transsubstantiation im strengen Sinne – restlose

[126] Zum Berengar-Streit s. die sehr gelungene Darstellung von Schulthess/Imbach, Philosophie 91–96.

[127] Vgl. hierzu ausführlich und trotz der durchweg abwertenden Haltung gegenüber Ockhams Denken nach wie vor gültig Iserloh, Gnade 186–202.

[128] OT VII 71,6–73,7.

[129] OT VII 78,8–15.

Wandlung der einen Substanz in die andere –, Konsubstantiation – Nebeneinander der Substanzen des Brotes und des Leibes Christi unter den Akzidenzien des Brotes – und Annihilation – Vernichtung der Substanz des Brotes und wunderhafte Ersetzung durch die Substanz des Leibes Christi – beschreiben lassen. Der Lombarde hatte diese verschiedenen Positionen noch unbelastet von der kirchlichen Lehrentscheidung im Jahre 1215 vortragen können[130], und Ockham ging sie nun in einer langen Abhandlung durch, die in der steilen Aussage gipfelte:

„Die erste Auffassung [d.i. die Konsubstantiation] könnte man vertreten, weil sie der Vernunft nicht widerspricht, und auch keinem Zeugnis der Bibel, und weil sie unter allen Weisen am vernünftigsten und einfachsten zu vertreten ist; denn aus ihr folgen weniger unplausible Annahmen als aus irgendeiner anderen Auffassung. Dies leuchtet ein, denn unter allen unplausiblen Annahmen, die als mit diesem Sakrament verbunden festgestellt werden, ist die schwerwiegendste, dass es ein Akzidens ohne ein Subjekt gibt [was im Falle der Transsubstantiationslehre angenommen werden müsste]. Wenn man aber von der ersten Auffassung ausgeht, braucht man dies nicht anzunehmen, also etc.

... Nun bestimmt aber die Festlegung der Kirche das Gegenteil, wie aus dem Corpus Iuris Canonici X 1.1.1 *Über die Höchste Trinität und den katholischen Glauben* und X 3.41.6 *Über die Messfeier* hervorgeht. Ebenso vertreten alle Kirchenlehrer gemeinschaftlich das Gegenteil. Deshalb vertrete ich die Ansicht, dass auf dem Altar nicht die Substanz des Brotes zurückbleibt, sondern jene äußerliche Erscheinung, und dass der Leib Christi zusammen mit dieser existiert."[131]

Der Widerspruch war in der Tat empfindlich. Eben die Position, die die größten Unwahrscheinlichkeiten mit sich brachte, die Transsubstantiationslehre, wollte Ockham aufgrund der kirchlichen Lehrentscheidung annehmen. Bemerkenswert ist, wie Ockham hier die Valenz seiner Aussagen differenziert. Anders als bei Thomas, der Denknotwendigkeiten oder doch mindestens denkerische Vorteile der Transsubstantiationslehre herauszuarbeiten suchte, ist bei Ockham das entscheidende Argument das Um-

[130] Lombardus, Sentenzen II 296–299 (IV d. 1 c. 2).

[131] „Primus modus posset teneri, quia non repugnat rationi, nec alicui auctoritati Bibliae, et est rationabilior et facilior ad tenendum inter omnes modos, quia pauciora inconvenientia sequuntur ex eo quam ex aliquo alio modo. Quod patet, quia inter omnia inconvenientia quae ponuntur sequi ex isto sacramento, maius est quod accidens sit sine subiecto. Sed ponendo primum modum non oportet illud ponere, igitur etc. ... Quia tamen determinatio Ecclesiae est in contrarium, sicut patet Extra, De Summa Trinitate et fide catholica et De celebratione missarum, et communiter omnes doctores tenent oppositum, ideo t e n e o quod non remanet ibi substantia panis sed illa species, et quod illi coexsistit corpus Christi" (OT VII 138,2–139,6; 139,18–140,2; Übers. nach Leppin/Müller, Theologie und Ethik 183. 185).

gekehrte: Die Transsubstantiation ist nicht denknotwendig, ja, sie ist nicht einmal wahrscheinlich. Aber sie ist möglich und das, weil sie nicht widersprüchlich ist.

Damit ist der eigentliche, nur gelegentlich explizit werdende Denkhorizont von Ockhams Eucharistielehre angesprochen: Das Widerspruchsprinzip als äußerste Kontrollinstanz zur Feststellung dessen, was möglich ist, weist zugleich auf die Grenze von Gottes Handeln. Gott kann tun, was keinen Widerspruch in sich schließt. Und eben davon macht er hier Gebrauch. Auch wenn das Geschehen in der Eucharistie nicht dem normalen Verlauf der Dinge entspricht, kann Gott es möglich machen – und so permanent die normalerweise gültigen Kausalitäten dieser seiner Schöpfung durchbrechen.

Auf ganz andere Weise als im Zusammenhang der Trinitätslehre kommt Ockham hier mit seinen theologischen Reflexionen an die Grenzen der Philosophie. Das, was er hier beschreibt, ist keineswegs vor-logisch. Es hält vielmehr jeden logisch strengen Test auf Widersprüchlichkeit aus – aber es ist zugleich nicht das philosophisch Adäquateste. Die Harmonie zwischen theologischen und philosophischen Aussagen, die Thomas noch gelehrt und geglaubt hatte, ist hier völlig durchbrochen. Die theologisch zu erklärenden Phänomene werden einem Test auf ihre Vernünftigkeit nur negativ unterzogen. Würden sie dem Prinzip vom ausgeschlossenen Widerspruch widersprechen, so müsste auch der Theologe sie fallen lassen. Aber solange sie dies nicht tun, darf er sie auch dann lehren, wenn sie lediglich, wie es im Zusammenhang der Transsubstantiationslehre heißt, durch die kirchliche Lehrfestlegung gewiss sind.[132] Die Theologie ist also zwar, wegen ihrer grundsätzlichen Angewiesenheit auf logisches Denken, aufgefordert, ja genötigt, ihr Denken rational zu überprüfen – aber nicht, es rational zu konstruieren. Hier setzt Ockham scharfe Grenzen für den Zugriff der Philosophie und der Rationalität auf ein religiöses und theologisches Wirklichkeitsverständnis.

d) Vorherwissen und Prädestination als philosophisches Problem

Vor fast noch größere Probleme sah Ockham sich in der Lehre von Vorherwissen und Vorherbestimmung, Prädestination, gestellt. Wenn Gott Allwissenheit zuzusprechen ist, so ergibt sich ein besonderes philosophisches Problem[133]: Kontingente Wahrheiten sind nicht aufgrund ihrer eigenen inneren Bestimmung wahr, sondern sie könnten, das macht eben definito-

[132] OT VII 139,19f.
[133] Siehe hierzu OT IV 584,3–19.

risch ihre Kontingenz aus, auch nicht wahr sein. So ist die Aussage „Petrus ist ein Fischer" erst in dem Moment tatsächlich wahr, in dem Petrus diesen Beruf ergreift – er hätte aber auch einen anderen Beruf ergreifen können, und die Aussage wäre mithin nicht wahr. Wegen dieses Andersseinkönnens aber ist es, so Ockham im Anschluss an Aristoteles, philosophisch nicht möglich, dass eine solche kontingente Aussage zu einem Zeitpunkt evident gewusst wird, in dem das durch sie beschriebene kontingente Faktum noch nicht eingetreten ist. Man braucht neben den zu aller Zeit zur Verfügung stehenden Kenntnissen über das Wesen von Dingen noch Informationen über tatsächliche Ereignisse in der extramentalen Realität, die ihrerseits an Raum und Zeit gebunden sind und daher nicht zu aller Zeit zur Verfügung stehen.

Dieser philosophischen Einsicht aber steht das biblische Bekenntnis zur Allwissenheit und die dogmatische Lehre vom Vorherwissen aller Dinge durch Gott entgegen. Ganz ähnlich wie in der Abendmahlsfrage entscheidet Ockham sich auch in diesem Falle für die biblische und kirchliche Autorität – und wird noch etwas unsicherer als im Zusammenhang der Eucharistielehre:

> „Man muss unzweifelhaft davon ausgehen, dass Gott mit Gewissheit und Evidenz alles weiß, was künftig kontingent eintrifft. Dies aber mit Evidenz zu erklären und die Weise, auf die Gott alles, was künftig kontingent eintrifft, auszudrücken, ist in diesem [irdischen] Stand für jede Vernunft unmöglich."[134]

Wieder bekennt Ockham sich keineswegs zu einem widervernünftigen Glauben, aber doch zu einem, der nicht vernünftig aufschlüsselbar ist. Die Glaubensinhalte entziehen sich hier nicht nur, wie in der Eucharistielehre, der rationalen Konstruierbarkeit, sondern sogar der rationalen Re-Konstruierbarkeit: Sie sind nicht nur nicht aus der Vernunft abzuleiten, sondern mit ihren Mitteln auch nicht nachzuvollziehen.

Die Problematik gewinnt eine weitere Dimension in einem Fragenkomplex, der mit dem Vorherwissen Gottes eng zusammenhängt, nämlich in der Prädestinationslehre. Der „Vorhergewusste", der *praescitus*, ist hier der zur Verdammnis Bestimmte – eine feine begriffliche Differenzierung, die deutlich machen soll, dass Gottes Prädestination nur Gutes im Sinne hat, dass die Prädestination also nicht als doppelte, zum Heil wie zum Unheil zu verstehen ist, sondern als eine einfache, nur zum Heil führende, deren Kehrseite freilich dann die Verdammnis für die nicht Vorherbestimmten ist.

[134] „... indubitanter est tenendum quod Deus certitudonaliter et evidenter scit omnia futura contingentia. Sed hoc evidenter declarare et modum quo scit omnia futura cintengentia exprimere est impossibile omni intellectui pro statu isto" (OT IV 583,21–584,2).

Da nun auch der Weg eines Menschen in Verdammnis oder Heil der Sache nach kontingent ist, insofern der zum Heil gelangende Mensch ja seinem Wesen nach auch verdammt sein könnte und umgekehrt[135], wird hier die allgemeine Lehre vom Vorherwissen Gottes im Blick auf zukünftiges Kontingentes konkret. Und Ockham geht nun die Beantwortung der Frage, ob es möglich sei, dass ein Prädestinierter verdammt und ein Verdammter erlöst werde – sie findet sich in der vierzigsten Distinktion des ersten Sentenzenbuches –, in doppelter Weise an: der Sache nach und unter Gesichtspunkten der Logik. Der Sache nach besteht kein Zweifel, dass Prädestination zum Heil und Vorherwissen zum Unheil auch anders erfolgen könnten: Hierfür spricht die Freiheit Gottes, zu verwerfen und zu erwählen, ebenso wie die Freiheit des Menschen, ein Verdienst zu erbringen oder eben nicht.[136]

Logisch analysiert aber ist die Sache bedeutend komplizierter.[137] Denn der Satz: „Es ist möglich, dass ein Prädestinierter verdammt wird", hieße ja mit einer kleinen grammatikalischen Umstellung: „Möglich ist: Ein Prädestinierter ist ein Verdammter." In diesem Sinne ist die Aussage offenkundig unsinnig. Sinnvoll aber wird sie, wenn man sie logisch aufteilt, im *sensus divisionis* analysiert. Dann wird deutlich, dass die Aussage „Ein Prädestinierter kann verdammt werden", suppositionslogisch gesprochen, über den, für den das Subjekt supponiert, also einen Prädestinierten – etwa Petrus – eine Möglichkeitsaussage trifft: Für Petrus ist es prinzipiell möglich, dass er verdammt würde. Da er aber von Gott in einem unwandelbaren Ratschluss[138] prädestiniert ist, wird er nie verdammt werden. Das heißt: Das Prädikat „verdammt" kann niemals tatsächlich für Petrus supponieren oder supponiert haben. In diesem aufgeteilten Sinne dann kann man die Aussage „Petrus kann verdammt werden" logisch korrekt treffen.

Auch dieses schon im Sentenzenkommentar angesprochene Problem hat Ockham übrigens nicht losgelassen. In seiner Londoner Zeit, als er sich mit philosophischen Fragen beschäftigte, ist er unter philosophischen Gesichtspunkten erneut hierauf zurückgekommen und hat noch einmal einen eigenen Traktat über die Prädestination verfasst. Wie in allen anderen Grenzfällen von Theologie und Philosophie, so zeigt sich also auch hier, dass Ockham gerade diese Fragen weiter verfolgte, auch wenn er sich zeitweilig ganz auf die Philosophie konzentrierte.

[135] OT IV 593,17–20.
[136] OT IV 593,16–594,8.
[137] OT IV 595,6–596,9.
[138] OT IV 594,9–595,5.

IV. Ein neuer akademischer Kontext: Lehrtätigkeit in London

1. Ockhams Londoner Aufenthalt

Seinen Sentenzenkommentar vollendete Ockham in Oxford. Vermutlich hat er dort auch noch Vorlesungen über die Bibel gehalten[1] – ganz, wie es die Statuten vorschrieben und in umgekehrter Reihenfolge gegenüber dem, was die Dominikaner und mit ihnen die Franziskaner forderten. Aber er ist wohl nicht in Oxford geblieben. Die Gründe hierfür sind vielfältig. Es mag dazu beigetragen haben, dass er dort in Konflikte mit dem ehemaligen Universitätskanzler Lutterell geraten war – allerdings weiß man von diesen Auseinandersetzungen Genaueres erst später (s. V), und es ist keineswegs sicher, dass sie die Ursache für seinen Fortgang aus Oxford waren. Eine einfache Erklärung könnte lauten, dass Ockham, der sich als kluger Kopf hervorgetan hatte, nun in den Dienst des Ordens genommen werden sollte.

Wie aus Ockhams eigener Biografie hervorgeht, hatte der Orden die philosophische Ausbildung seines Nachwuchses nicht den großen Universitäten allein überlassen, sondern zu guten Teilen in ordenseigenen Häusern selbst in die Hand genommen. Hierfür brauchte man wissenschaftlichen Nachwuchs, zumal solchen, der sich durch philosophische Begabung hervorgetan hatte, wie es bei Ockham zweifelsohne der Fall war.

Was auch die Gründe gewesen sein mögen – brisantere oder eher harmlosere: Es scheint der heutigen Forschung nach langer Unsicherheit einigermaßen wahrscheinlich[2], dass Ockham einige Jahre – etwa ab 1320/1 – am Ordensstudium in London verbracht hat. Allerdings wäre es nicht ratsam, dies als gesichert anzusehen. Angesichts der marginalen Bezeugung von Ockhams Biografie ist auch diese Annahme eines Londoner Aufenthaltes nur mit sehr unsicheren Hypothesen zu stützen.

Letztlich geht die Annahme eines Londoner Aufenthaltes auf die kleine Besonderheit zurück, dass Ockham in seiner Summe der Logik, die er kurz vor seinem Fortgang nach Avignon im Jahre 1324 abgefasst haben muss, sowie in einem im selben zeitlichen Zusammenhang abgefassten

[1] OP I 56⁺.

[2] Siehe allerdings kritisch hierzu Courtenay, London Studium, der sich aber doch zu einem „probably“ verstehen kann (ders., Academic Worlds 23).

philosophischen Kommentar gelegentlich Beispiele mit der Stadt London konstruiert[3] – mehr kann die Beweislast für einen Londoner Aufenthalt nicht tragen. Und dies ist natürlich denkbar wenig, da der Metropolencharakter Londons es auch einem Gelehrten außerhalb dieser Stadt erlaubt haben mag, sie hin und wieder in Beispielsätzen zu verwenden – so wie als Personen immer wieder standardisierte Namen der Antike, Sokrates (in der Regel in der Form: Sortes), Plato, Choriscus, erscheinen.

Dass sich die These von einem Londoner Aufenthalt Ockhams gleichwohl durchgesetzt hat, liegt entsprechend nicht nur an diesen vergleichsweise vagen Anhaltspunkten, sondern auch daran, dass man mit einer solchen Annahme eines Londoner Aufenthaltes allerlei zu erklären vermag, was sonst unplausibel bliebe. Als wichtigster Faktor ist zu nennen, dass man die überaus engen textlichen Berührungen mit dem Sentenzenkommentar seines Franziskanerkollegen Walter von Chatton sehr gut begründen kann, wenn man als beider Entstehungsort London annimmt. Man kann auch die Berührungen zwischen Ockham, Chatton und Adam von Wodeham erklären – wenn sie alle drei in London waren. All dies also ist möglich, und es erscheint die derzeit beste, sinnvollste Annahme, dass Ockham die letzten Jahre vor seinem Gang zum Prozess nach Avignon – es sollten seine letzten Jahre in England überhaupt sein – in London verbrachte.

Damit aber ändert sich das intellektuelle Milieu für seine Schriften ganz erheblich. Er verlässt das akademische und offenkundig streitbare Klima der traditionsreichen Universitätsstadt Oxford. Er verlässt die Universität im Sinne einer Arbeitsgemeinschaft von Wissenschaftlern, von Ordens- und Weltklerikern, von Philosophen, Theologen, Juristen und Medizinern. Das Milieu wird also in intellektueller Hinsicht unverkennbar enger, Ockham zieht sich in eine Art kulturelles Subsystem zurück.

William J. Courtenay hat dafür plädiert, diesen Aspekt nicht überzubetonen. Im Blick auf die intellektuell lebendige und von dichter Nähe der Ausbildungsplätze geprägte Situation im London des frühen 14. Jahrhunderts hat er geradezu von einem eigenen Quartier Latin in London gesprochen.[4] Die eigentliche Grundlage des Londoner Bildungslebens bildeten die Lateinschulen am Westende der Stadt. Doch gab es auch höhere Ausbildungsstätten. Ihr Zentrum war die bischöfliche Schule von St. Paul's und hier war um 1300 ein Bemühen um Professionalisierung zu verspüren. Seit 1281 änderte man das Verfahren, nachdem man bislang einfach Chorherren mit den schulischen Aufgaben betraut hatte, und holte einschlägig bekannte Kräfte von auswärts, um das Niveau der Ausbildung zu steigern.

[3] Siehe OP I 50*.

[4] Courtenay, Schools 92. S. zum Folgenden insgesamt ebd. 91–106.

Der Franziskanerkonvent, an dem Ockham wohl zur Lehre bestimmt wurde, lag nicht fern von St. Paul's, nur wenige Meter nordwestlich. Ebenfalls nicht weit entfernt lagen die Konvente der Dominikaner und der Karmeliter, die gleichfalls mit Studienhäusern ausgestattet waren. Diese Studienhäuser hatten einen großen Einzugsbereich, mindestens für ganz Südengland, bei den Karmelitern handelte es sich sogar um ein Studienhaus für den gesamten Orden, während das Oxforder Studium auf die Provinz England beschränkt blieb.

Der Franziskanerkonvent war wohl vor allem für die Londoner Kustodie bestimmt, der auch Wilhelm von Ockham angehörte, doch zeigt die einigermaßen gesicherte Anwesenheit von Walter von Chatton, dass man auch Gelehrte aus anderen Teilen Englands anzog. Und da Ockham selbst trotz seiner vergleichsweise jungen Jahre zweifellos schon intellektuell auf sich aufmerksam gemacht hatte, kann man auch seine Berufung nach London, wie sehr sie auch durch andere Faktoren mit veranlasst gewesen sein mag, im Rahmen einer intellektuellen Aufwertung dieser Ausbildungsstätte verstehen. Angesichts der Schwierigkeiten, die sich Lehrern aus den Mendikantenorden andernorts in den Weg stellten, konnte es ja auch gerade eine kluge Strategie sein, die eigenen Ordenshäuser aufzuwerten und sich wieder stärker auf die internen Aufgaben des Ordens zu beziehen.

Möglicherweise war aufgrund der beschriebenen Situation die Anzahl der Studenten aus mendikantischem Milieu in London sogar höher als in Oxford[5], doch war die Stadt natürlich insgesamt bei weitem nicht in dem Maße von Studenten frequentiert, wie dies in Oxford der Fall war. Für nicht ordensangehörige Studenten stand lediglich die Bischofsschule zur Verfügung, so dass man insgesamt mit nur etwa vierhundert Studenten im London dieser Zeit rechnet – einem Viertel der Vergleichszahlen für Oxford.[6]

Trotz der berechtigten Einwände dürfte also, soweit es die Biografie Ockhams betrifft, die Rede von einer Verengung des geistigen Milieus beim Wechsel von Oxford nach London Bestand haben. Der Rahmen einer großen, auch von Weltklerikern bestimmten Universität fiel fort, die Bettelorden waren unter sich. Und sie konnten sich auch weitestgehend in Bildungsdingen selbst verwalten – ohne jene ärgerlichen, lästigen Streitigkeiten, wie man sie aus Oxford kannte. Zwar hatte Ockham auch dort größtenteils Franziskaner ausgebildet, aber eben nicht nur: Die Universität des Mittelalters ist geprägt von vielen Menschen, die nur einmal wenige Semester die Auseinandersetzung mit intellektuellen Problemen auf sich nahmen und dann die Universität wieder verließen. In London hat

[5] Ebd. 99.

[6] Ebd.

Ockham Studenten vor sich, die sich für ein Leben nach den Regeln des heiligen Franz entschieden haben und hierfür intellektuell gerüstet werden sollen – nicht mehr und nicht weniger.

Alles, was Ockham in London tun kann und wird, ist also viel stärker noch als in Oxford in einen von franziskanischer Frömmigkeit und Theologie gesetzten Rahmen eingebunden. Und, ganz im Unterschied zu dem, was er im Rahmen der Streitigkeiten zwischen Bettelorden und Universität in Oxford erlebt hatte, war die Dominanz der Theologie unhinterfragt: Hatte sich an großen Universitäten wie Paris oder Oxford die *artes*-Fakultät auch deswegen verselbstständigen können, weil sie gleichermaßen für Theologie wie Jurisprudenz und Medizin propädeutische Funktion ausübte, so war im Rahmen eines Ordensstudiums ihre für die Theologie dienende Funktion unangefochten, gab es doch hier nur die *artes*-Studien und eben die Theologie.

Neben dieser Horizontverengung bedeutete London allerdings in anderer Hinsicht natürlich auch eine Horizonterweiterung. Ockham kam nun – womöglich zum zweiten Male nach seiner philosophischen Ausbildungszeit – in das wirtschaftliche Zentrum Englands, geprägt von einem aktiven, aufstrebenden Bürgertum und einer steten Zunahme der Einwohnerzahl: Kurz vor der Pestepidemie 1349, also wenige Jahre nach dem Londoner Aufenthalt Ockhams nimmt man hier etwa 40000 Einwohner an.[7] Damit gehört London zu den größten Städten der damals bekannten Welt. In einer Mischung aus tradierten Rechten und den Ansprüchen von emporkommenden Handwerkern und vor allem Kaufleuten gewinnt die Stadt eine Eigenverwaltung, die ihr der glücklose Johann Ohneland sogar im 13. Artikel der Magna Charta eigens zugestanden hatte. Das Prosperieren dieser Stadt gibt ihr ein neues Antlitz: London ist Englands Tor zur Welt. Der Hafen ermöglicht weltweite Kontakte und führt zur Ansiedlung von Händlern aus fremden Ländern. Schon seit eineinhalb Jahrhunderten haben Kölner Gilden ihre eigene Niederlassung in London, Gascogner sind vor Ort, Spanier und Flamen.

So gewinnt die neue Existenz Ockhams eine eigenartige Spannung zwischen Rückzug in ein verengtes Ordensmilieu und Wahrnehmung einer geöffneten, weiteren Welt. Freilich: Es ist in seinem Werk mehr von dem ersten Aspekt zu spüren, weniger von den weltoffenen Einflüssen, die er in London hätte aufnehmen können. Ockham verschwindet weiter hinter seinen Büchern, hat nun allerdings in sachlicher Hinsicht neue Aufgaben.

[7] Lexikon des Mittelalters V 2105.

2. Die neue Lehrtätigkeit: der Apologet der Theologie als Lehrer der Philosophie

Ockham, dessen Sentenzenkommentar ein fulminantes Plädoyer für die Eigenständigkeit der Theologie gegenüber dem philosophischen Zugriff bedeutete, hatte in London keine primär theologischen Aufgaben. Alles, was von ihm aus dieser Zeit überliefert ist, sind philosophische Vorlesungen – wenn man nicht, wie manche es tun, seine theologischen Quodlibeta in London verorten will (s. hierzu unten S. 139–144). Der Theologe wurde wieder Philosoph, sogar Lehrer der Philosophie. Das entsprach offenbar auch der Zielsetzung des Ordens: Walter von Chatton las hier wohl seinen Sentenzenkommentar, besetzte also bereits das theologische Feld. Ein zweiter Theologe neben ihm wäre da nicht nötig gewesen, um die bescheidenen Ansprüche eines Ordensstudiums zu pflegen.

Warum aber wurde der fast fertige Theologe noch einmal zum Philosophen? Auch dies dürfte im Konzept des Franziskanerordens – und letztlich auch im Sinne Ockhams – durchaus angestrebt und sinnvoll gewesen sein, war es doch im Interesse einer guten Ausbildung des Nachwuchses, ihn mit der Philosophie in reflektierter Weise zu konfrontieren. Zu den Konflikten zwischen den Bettelorden und der Universität Oxford hatte ja gerade die Frage der Stellung der Philosophie geführt. Vonseiten der Bettelorden fürchtete man hier eine weltliche Vereinnahmung, wenn nicht sogar Verderbung des eigenen Nachwuchses: In Paris hatte man 1277 ja gesehen, wohin die Verselbstständigung der Philosophie durch professionelle Lehrer an einer *artes*-Fakultät führen konnte. Wenn nun ein Theologe die Dinge in die Hand nahm, noch dazu einer, der aus theologischen Erwägungen heraus in der Universalienlehre zu einer eigenständigen philosophischen Position gelangt war, schien gesichert, dass der Nachwuchs eben nicht mit einer verweltlichten, verselbstständigten Philosophie konfrontiert wurde, sondern allein mit einer solchen, die theologisch verträglich war.

Man wird auch annehmen können, dass diese Tätigkeit für Ockham eine durchaus willkommene Gelegenheit bot, die eigenen philosophischen Überlegungen noch einmal zu vertiefen und zu präzisieren. Gerade seine stete Rückkehr zu denjenigen Problemen, die die Grenze zwischen Theologie und Philosophie tangierten, zeigt, dass hier für ihn Klärungsbedarf bestand. Doch wird man seine Tätigkeit auch nicht mit innerlichen Motiven überfrachten dürfen: Die Londoner Zeit ist keineswegs eine frei gewählte, sondern eine von außen vorgegebene, ja verordnete. Im ärgsten Fall ist sie durch Angriffe in Oxford verursacht, im harmloseren Fall durch eine Anordnung der Ordensoberen – die hätte dann einen Theologen getroffen, der sich gerade anschickte, seine Promotion zu vollziehen und hieran nun durch andere Tätigkeiten gehindert wurde. Der Theologe Ockham wurde also vielleicht mit innerer Überzeugung, aber nicht aus eigenem Antrieb zum Lehrer der Philosophie.

Dass er diese Aufgabe mit allem Ernst anging, steht außer Zweifel. Wie über ein halbes Jahrhundert vor ihm Albertus Magnus in Köln[8], so hat nun offenbar auch Ockham sich anheischig gemacht, den gesamten Aristoteles zu kommentieren. Zunächst wandte er sich den logischen Schriften des Aristoteles zu. Nacheinander hat er die „Isagoge des Porphyrios“[9], dann die Kategorienschrift[10], „Perihermeneias“[11] und die „Elenchi“[12] kommentiert. Dann ging er im *Corpus Aristotelicum* weiter: Es folgte – neben der Summe der Logik das ausführlichste Werk dieser Schaffensphase – ein Kommentar zur Physik[13]; Kommentare zur Metaphysik, zur Nikomachischen Ethik und zu *De anima* kündigte er an[14].

Die Vorlesungstätigkeit, die Ockham aufnahm, gab ihm Gelegenheit zu echter Grundlagenarbeit: Hatte er schon bislang die besondere Stellung der Logik hervorgehoben, so konnte er nun in seinen Vorlesungen die Logik selbst zum Thema machen. Auffällig bleibt dabei eine doppelte Beschränkung: Ausdrücklich wird Logik in ihrer Kompetenz auf die evidenten Wissenschaften beschränkt.[15] Und ebenso ausdrücklich wird das kommentierende Geschäft als ein solches verstanden, das im Dienst des zu interpretierenden Philosophen steht. Die gängige Redeweise von Aristoteles als „dem“ Philosophen gewinnt Kontur, wenn erklärt wird: „Die Wirkursache der Logik, wie sie gemeinhin im Gebrauch ist, wird Aristoteles genannt.“[16] Und auch in der Durchführung der Vorlesung tritt Ockham ganz hinter seinen Text zurück. Anders als im Sentenzenkommentar wird der Kommentar nicht so sehr als Folie zur freien Entfaltung eigener The-

[8] Sturlese, Deutsche Philosophie 324–388.

[9] OP II 8–131; zu den Datierungen vgl. die jeweiligen Vorworte der Herausgeber.

[10] OP II 133–339.

[11] OP II 341–504.

[12] OP III.

[13] OP IV–V. Bemerkenswert für die Londoner Situation ist, dass Ockham hierfür offenbar nicht die Übersetzung Wilhelms von Moerbeke zur Verfügung hatte, sondern lediglich die ältere des Jacobus Veneticus (Richter, Expositor 71). Da die Moerbeke-Übersetzung in Oxford als Standardtext galt (ebd.: Weisheipl, Curriculum 174), ist dies eine weitere Stütze für die Annahme, dass Ockham seine philosophischen Schriften nicht in Oxford verfasst hat.

[14] Miethke, Sozialphilosophie 36f.

[15] OP II 6,86ff.; vgl. auch die ausdrückliche Erwähnung der *scientiae demonstrativae* ebd. 7,123f., die wohl so zu verstehen ist, dass die Theologie nicht mitgemeint ist.

[16] „causa efficiens logicae usitatae vocatur Aristoteles“ (OP II 5,74f.).

sen benutzt, sondern der den Studenten offenbar vorliegende Text des Philosophen – beziehungsweise, da ja auch Porphyrios mit einbezogen wird: der Philosophen – wird gedeutet. Immer wieder formulierte Ockham: „Hier sagt er ...“, „Hier beweist er ...“ oder ähnlich. Auch wenn er mit seiner eigenen Meinung nicht hinter dem Berg hielt – und gleich zu Beginn des Isagoge-Kommentars auf seine Grundüberzeugung zurückkam: „Außerhalb der Seele existiert kein Allgemeines in den vereinzelten Substanzen“[17] –, war der Ton doch merklich verhaltener als in den angeführten Passagen des Sentenzenkommentars, gerade in den dort zu findenden selbstbewussten philosophischen Ausführungen.

Es liegt nahe, hier einen doppelten Verstehensprozess anzunehmen: Indem der junge Gelehrte seinen Studenten die grundlegenden Bücher der Philosophie vorstellt, eignet er sie sich selbst an. Er liest sie durch die Brille seiner mittlerweile gewonnenen philosophischen Grundüberzeugungen, baut diese aus und verdichtet sie. Die Bücher bieten ihm die Möglichkeit dazu. Die Isagoge dient der Entfaltung der Universalienlehre. Kapitel für Kapitel werden die fünf Universalien behandelt: Gattung, Art, Differenz, Eigenheit und Akzidens. Der Kommentar zu den Kategorien ermöglicht die Erweiterung der Fragestellung auf eben diese Kategorien – also auf die Weisen, in denen in Propositionen Prädikationen getroffen werden, wie also in einer Aussage Subjekt und Prädikat einander zugeordnet werden. Wieder geht es um Begriffe – wie etwa Substanz, Quantität, Relation oder Qualität –, denen in der philosophischen Tradition immer wieder eigenständiges Sein zugesprochen wird, die aber nun von Ockham rein sprachlogisch gedeutet werden. Auch hier muss er Überlegungen, die er etwa im Blick auf die Quantität im Zusammenhang der Eucharistielehre schon begonnen hat, entfalten, ausbauen und auf ähnliche Begriffe übertragen. In „Perihermeneias“ kann er sich den sprachlichen Ausdrucksformen zuwenden, in „Elenchi“ schließlich den syllogistischen Schlussformen.

Situation und literarisches Genre dieser Texte bringen es mit sich, dass ihre Leistung eher im quantitativen Ausbau des schon zuvor Gedachten und Angedachten besteht als in einer kreativen Produktion neuen Wissens. Es ist eine ruhige, stille Arbeit, die man hier verfolgen kann, freilich auch eine, die sich ihrer Abgründigkeit stets bewusst bleibt.

Nur gelegentlich blitzt es auf:

> „Und so [als etwas, was nicht Eines und zugleich Mehreres ist] ist keine reale Entität allgemein; ja nach der Intention des Philosophen ist nichts so allgemein,

[17] „nullum universale est extra animam exsistens realiter in substantiis individuis“ (OP II 11,29f.).

weil nach dem Philosophen nichts Eines und Mehreres ist, obgleich das auf eine bestimmte Weise nach den Theologen zugestanden werden könnte."[18]

Da begegnet die Problematik der Oxforder Zeit wieder, und gelegentliche ähnliche Bemerkungen bestätigen, dass der Zwiespalt zwischen Philosophie und Theologie Ockham keine Ruhe lässt. Umso merkwürdiger der distanzierende Hinweis auf „die" Theologen. Man fühlt sich an die Debatten im Paris der Siebzigerjahre des 13. Jahrhunderts erinnert, in denen die Befürchtung aufgetreten war, es könne jemand davon ausgehen, dass es zwei Wahrheiten gebe: eine philosophische und eine theologische. Ockham kennt diese Debatten und weiß sich zu schützen: Die Wahrheit ist klar aufseiten der Theologie.[19] Die Spannung entsteht durch eine präzise Aristoteles-Lektüre, die notgedrungen zu Ergebnissen kommt, die mit der Theologie nicht konform gehen.

Und eben zu einer solchen Lektüre hat Ockham nun in London – endlich – die Freiheit. Darin dürfte die eigentliche Bedeutung der Londoner Zeit für Ockhams geistige Entwicklung liegen: Er kann sich frei und unvoreingenommen dem philosophischen Geschäft widmen, muss zwar an entsprechenden Stellen die Grenzziehung zur Theologie verdeutlichen, muss sich aber eben durch diese nicht bestimmen lassen, sondern kann darauf verweisen, dass er seine Arbeit an den philosophischen Texten lediglich als interpretierende versteht.

Dieses Verfahren trägt ihm Angriffe ein, aber er bleibt auf der schon von Anfang an abzusehenden Verteidigungslinie:

„Auch soll mir niemand – außer einem Neider – zur Last fallen, wenn ich das, was mir wahrscheinlich scheint, ohne Neid vortrage, weil ich nur das Bemühen nach Forschung im Sinn habe, nicht mit streitsüchtiger Hartnäckigkeit noch zu jemandes Schaden vorgehen will zur Erklärung dessen, was durch die Mühen des Aristoteles erforscht worden ist und ohne unbedachte Behauptung."[20]

Die Verteidigungsstrategie ist bekannt, heißt es doch schon bei den konsequenten Aristotelikern: Nicht Behauptung, sondern bloßes Referat ist beabsichtigt. Und doch zeigt die defensive Haltung, wie missverständlich eine solche Verteidigungsstrategie, ein solches Vorgehen überhaupt sein

[18] „Et sic nulla res est universalis; nihil est sic universale secundum intentionem Philosophi, quia nihil est unum et plura secundum Philosophum, quamvis aliquo modo possit concedi secundum theologos" (OP II 400,59–62).

[19] OP II 422,14f.

[20] „Nec quisquam nisi individuus mihi debet esse molestus, si ea quae probabilia mihi videntur, sine invidia communicem, quia animo solummodo investigandi, non pertinacia contendendi nec in alicuius iniuriam, ad explanationem eorum quae Aristotelis sunt exquisita laboribus, sine temeraria assertione procedam" (OP IV 3,13–17).

konnte. Das Referat des Aristoteles, es war brisant genug. Und in der Tat bleibt der Blickwinkel Ockhams in seinen Ausführungen so dominant, dass die Behauptung, es werde bloß interpretiert, jedem Außenstehenden problematisch erscheinen muss. Bei aller Zurücknahme des eigenen behauptenden Gestus ist eben doch der Duktus der Interpretation, insbesondere im Zusammenhang der Universalienlehre so unverkennbar individuell, dass die Texte als echte Ockham-Texte verstehbar bleiben.

Ockham hat sich dabei auch neue Themen erschließen müssen: Das Buch über die Physik führte ihn in die Auseinandersetzungen der Vorsokratiker, in die Lehre von Ursache und Bewegung.[21] Ockham hat sich in diesen Feldern sicher, aber nicht wirklich souverän bewegt, bleibt eng am Text. Offenbar war ihm die Materie zu fremd – gehörte sie doch auch zu jenen Teilen der Philosophie, deren Notwendigkeit für die Theologie er gerade bestritten hatte. Freilich war ihm dies kein Grund zur Resignation: Der Physikkommentar war nicht nur der umfangreichste Kommentar seiner Londoner Zeit geworden, sondern Ockham ergänzte ihn noch durch weitere Parerga. Wohl noch in London hat er Quästionen zur Physik vorgelegt, die es ihm aufgrund ihrer freieren Gestalt ermöglichten, sich einen eigenen Zugang zur Naturphilosophie zu verschaffen.[22] Es ist bezeichnend, wie diese Quästionen einsetzen: Zunächst geht es ihm wieder um den Begriff und seine Existenzform[23], dann um das Verhältnis der Bewegung zu sonst existierenden realen Entitäten. Eine Rekonstruktion der Naturphilosophie also hätte, dies wird hieran deutlich, auf dem Umweg über die suppositionstheoretische Logik erfolgen müssen, hätte also nicht mehr einfach dem aristotelischen Text mit seinen jahrhundertealten Fragestellungen folgen dürfen, sondern musste neu angegangen werden. Gerade an der Realwissenschaft hätte sich zu bewähren, wie eine allein durch die einzige Rationalwissenschaft, die Logik, bestimmte Philosophie überhaupt über eine extramentale Wirklichkeit reden könnte. Wiederum hat Ockham sich einem solchen Thema, das er nicht auf Anhieb bewältigen konnte, in stets neuen Anläufen gewidmet: Zwei weitere Werke, die „Brevis Summa“ und die „Summula“ befassen sich mit Fragen der Physik – das letztere möglicherweise erst in den Dreißiger- oder Vierzigerjahren des

[21] OP IV 15–209; 411–590.

[22] Die Zweifel von Leibold, Authentizität, an der Authentizität dieser Quästionen basieren lediglich auf der Ähnlichkeit zu anderen Ockham-Schriften, die zur Deutung des ganzen Werkes als „Kompilation“ führen. Diese Interpretation dürfte allerdings zu weit gehen, da ja durchaus nicht auszuschließen – und aufgrund der Quodlibeta im Gegenteil sogar positiv anzunehmen – ist, dass Ockham im literarischen Genre der freien Disputationen auf Material anderer Schriften, insbesondere von Vorlesungen zurückgriff.

[23] OP VI 397–412 (q. 1–7).

14. Jahrhunderts, als Ockham längst nicht mehr im akademischen Kontext wirkte, sondern politischer Berater Ludwigs des Bayern in München war.

3. Der Höhepunkt der Londoner Phase: die Summe der Logik

Zur eigentlichen Aufgabe der Londoner Zeit wurde ihm die Naturphilosophie nicht. Sein Interesse richtete sich grundlegend auf Fragen der Logik – und diesen wollte er nun nicht nur in Gestalt der Vorlesungen, nicht nur referierend anhand der Schriften des Aristoteles nachgehen, sondern auch in einem eigenen Entwurf. Während die Kommentierungen zu Aristoteles zwar eine beachtliche Leistung sind, eine Erschließung von Neuland durch einen Theologen, der auf die Philosophie geworfen war, stellt die Summe der Logik, die gleichsam nebenher in dieser Londoner Zeit entstand, einen großartigen Wurf dar, in dem alle Fragen der Logik, wie sie sich in einem suppositionstheoretischen Kontext stellen konnten, systematisch anhand der Fragen nicht des Aristoteles, sondern eines Philosophen im frühen 14. Jahrhundert behandelt werden.

Hier also kommt nun der Philosoph Ockham – und das war weitgehend der Logiker Ockham – zur Sprache. Hier entfaltet er seine eigene Überzeugung. In ganz anderer Weise als im Sentenzenkommentar gelangt man hier zum Zentrum von Ockhams Denken, denn schon der Sentenzenkommentar war ja von der Überzeugung getragen, dass das zentrale Mittel zum Herausfinden von Wahrheit die Logik sei – in der Theologie wie in den anderen Wissenschaften. Ja, das implizite akademische Konzept Ockhams hatte vorgesehen, das philosophische Grundstudium auf ein Studium der Logik zu reduzieren, das der Schärfung des eigenen Verstandes dienen sollte. Die Aristoteles-Vorlesungen, die er hielt und zu halten hatte, zeigen, dass er selbst dieses Programm in London keineswegs verwirklichen konnte. Die Logik-Vorlesungen mögen zwar am Anfang gestanden haben, aber hinzu trat die Physikvorlesung, und ihr hat Ockham sich nicht entzogen, im Gegenteil.

Sein Schreibpult wurde ihm zu dem Ort, an dem er seine Wissenschaftskonzeption voll entfalten konnte. Zum ersten Mal haben wir ein Werk Ockhams vor uns, das ganz zur Lektüre bestimmt war und nicht für den Vorlesungsbetrieb. Schon allein dadurch ist die Niederschrift der Summe ein biografisch entscheidender Schritt: Der Autor, der im Sentenzenkommentar das Selbstbewusstsein entwickelt hatte, allen Philosophen zu widersprechen, ist sich nun seiner Bedeutung bewusst, die auf den engen Rahmen des Londoner Franziskanerstudiums nicht begrenzt bleiben kann und darf. Längst befanden sich Vorlesungsmitschriften seines Sentenzenkommentars im Umlauf. Ockham war kein Unbekannter mehr, seine Wirkungsstätte aber blieb das enge, kleine Ordensstudium. Von hier aus also machte er sich auf, ein Lehrbuch zu schreiben, das seine Gedanken über London hinaustragen sollte: Er, der Theologe, noch ohne Abschluss, der zur Philosophie nur notgedrungen gekommen war, er schrieb nun ein philosophisches Lehrbuch.

Dabei ist die intendierte Adressatenschaft nur schwer zu bestimmen. Ein solches Lehrbuch konnte, selbst wenn es vielfach verbreitet wurde, nur in einer Minimalauflage von wenigen Stücken, bestenfalls wenigen dutzend, verbreitet werden, zumal wenn es einen Umfang wie die Summe der Logik aufwies, die in der heutigen Druckausgabe annähernd 850 Seiten umfasst – ein Monumentalwerk für eine akademische Gesellschaft, die auf handschriftliche Verbreitung angewiesen war, noch dazu, wenn die professionellen Standards, die an einer Universität wie Paris die rasche Verbreitung durch fleißige Abschreiber ermöglichen konnten, in London schwerlich gegeben gewesen sein dürften. Dennoch ist kaum davon auszugehen, dass Ockham nur für sich selbst schrieb: Das Interesse an seinem Denken, zumal an seiner Universalienlehre war groß genug. Immerhin ist es ihm auch gelungen, seine *ordinatio* für das erste Sentenzenbuch abzufassen, und sie wurde offenkundig kopiert – sonst hätte in seinem Prozess in Avignon kein Exemplar vorliegen können. Da Manuskripte im Mittelalter im Allgemeinen auf Anfrage vervielfältigt wurden und nicht, wie später bei der Buchproduktion, für einen anonymen Markt auf Halde produziert wurden, ist der Vorgang der Niederschrift der Summe der Logik vielleicht am ehesten so zu verstehen, dass man dort, wo der Ruf Ockhams schon hingedrungen war, eine grundlegende Darstellung seiner Philosophie erhalten wollte.

Seiner Philosophie, nicht seiner Theologie. Wiederum diese Merkwürdigkeit: Der Apologet der Theologie ist nun nicht nur faktisch durch den Beruf, dem er eben nachzugehen hat, zum Philosophen geworden, sondern es scheint, dass auch seine Wirkung nach außen zunächst – wie im Grunde bis heute fast durchgehend – die eines Philosophen ist, nicht die eines Theologen. In der Tat ist das, was er theologisch zu sagen hat, oft unanstößig bis hin zur Banalität. Interessant wird sein theologisches Denken, abgesehen von der Lehre von der Allmacht Gottes, eigentlich nur dort, wo es die Grenzbereiche zwischen Theologie und Philosophie tangiert. Die materiale Dogmatik hingegen bleibt den traditionellen Mustern verhaftet, ist unoriginell.

Ob tatsächlich eine Anforderung von außen zur Niederschrift geführt hat oder diese in Hoffnung auf etwaiges Interesse aus eigenem Antrieb erfolgte, lässt sich nicht sagen. Für die Annahme, dass Ockham einer Aufforderung nachkam, spricht vordergründig die Tatsache, dass der ganzen Summe ein Prolog vorangestellt ist, den nicht Ockham selbst verfasste, sondern sein Schüler Adam von Wodeham.[24] Dem folgt dann ein Brief Ockhams, der mit den Worten beginnt:

„Lange hast du, Bruder und liebster Freund, dich schon bemüht, mich durch deine Briefe dazu zu bringen, dass ich irgendwelche Regeln der logischen Wissenschaft in einen Traktat fasste und deiner Liebe überließe."[25]

Ein erbetenes Werk also? Vielleicht handelt es sich auch um bloße literarische Stilisierung, einen Topos, der das Werk besser unter Studenten einführen soll. Ein Indiz für Ockhams rasch gewachsene Bedeutung als Philosoph bleibt es.

Der Aufbau des Gesamtwerkes ist ungeheuer klar. Es steigert sich von dem ersten Teil, der den Satzteilen gewidmet ist, über den zweiten Teil, der die Propositionen behandelt, zum dritten Teil, der sich mit den verschiedenen Schlussarten einschließlich der Fehlschlüsse befasst. Der Leser wird also von den Anfängen der Einzelerkenntnis bis hin zu immer komplexeren Figuren der Wissenserweiterung geführt.

Ockham wertet dabei die philosophischen Vorlesungen, die er etwa zeitgleich hält, gründlich aus, kann aber nun im Durchgang durch die eigene Summe der Logik einen Entwurf der Logik bieten, der es ermöglicht, jeder Aussage und jedem Teil einer Aussage seinen erkenntnistheoretischen Status zuzuweisen. Grundlegend für das Verständnis all dessen, was er hier auszuführen hat, ist die Lehre von den Satzteilen, den *termini*. Dabei zeigt sich schon rasch, dass die deutsche Übersetzung „Satzteil" unzureichend ist, weil sie zwar einerseits der Ockham'schen Definition gerecht zu werden scheint, nach der ein „*terminus* nichts anderes als der nächste Teil einer Proposition" ist[26] – aber die Proposition ist eben nicht einfach mit dem Satz zu identifizieren, denn Ockham fügt sogleich eine wichtige Unterscheidung an, für die er sich auf Boethius beruft, die zwischen dem Laut, *vox*, und dem Begriff:

„Das Satzteil 'Begriff' ist eine Bewegung der Seele oder eine Wirkung auf sie, die etwas auf natürliche Weise bezeichnet oder mitbezeichnet und geeignet ist, Teil einer mentalen Proposition zu sein und für eben dasselbe zu supponieren."[27]

[24] OP I 3–5. Hiermit die These zu verbinden, es sei Wodeham gewesen, der der „Summa Logicae" „den letzten Schliff gegeben" habe (Richter, Universalienfrage 116), scheint jedoch übertrieben.

[25] „Dudum me, frater et amice carissime, tuis litteris studebas inducere ut aliquas regulas artis logicae in unum tractatum colligerem ac tuae dilectioni transmitterem" (OP I 5,3ff.).

[26] „terminus aliud non est quam pars propinqua propositionis" (OP I 7,4f.).

[27] „Terminus conceptus est intentio seu passio animae aliquid naturaliter significans vel consignificans, nata esse pars propositionis mentalis, et pro eodem nata supponere" (OP I 5,19–21).

Es gibt also eine Art mentaler Proposition, von der Ockham im unmittelbaren Anschluss auch erklärt, sie könne keineswegs außermental realisiert werden, sondern sei außersprachlich („*nullius … linguae*“).[28] Wenn Ockham also von Satzteilen spricht, ist in der Regel nicht von Wörtern einer Sprache die Rede, sondern von Denkinhalten. Zur Verdeutlichung dieser Besonderheit wird im Folgenden statt von Satzteilen nur noch von Termen geredet, wenn diese begrifflichen *termini* gemeint sind. Noch wichtiger und auffälliger aber ist: Es handelt sich hier um natürliche Zeichen: *naturaliter significans*! Etwas später benutzt er als Bild für diese natürliche Zeichenfunktion das Bild von Rauch und Feuer und erklärt ausdrücklich, dass dies für die Universalien gelte.[29] Hier bestätigt sich also das, was oben zur Universalienlehre gesagt worden war: dass diese durchaus nicht zu einer Verunsicherung der Welterkenntnis beitrug. Die natürliche Zeichenhaftigkeit der Begriffe steht in direktem Konnex zur extramentalen Realität, deren Ordnungsstruktur sie ja, wie oben in ontologischer Hinsicht gezeigt, auch korrekt wiedergibt. Damit sind die ontologischen Selbstverständlichkeiten, die im Sentenzenkommentar noch in einer gewissen Spannung zu dem Neuansatz in der Universalienlehre zu stehen schienen, denkerisch-philosophisch eingeholt. Der Genauigkeit halber muss hier allerdings wiederum hinzugefügt werden, dass natürlich nicht alle mentalen Terme für extramentale Realität stehen. Es gibt auch solche mentale Terme, die ihrerseits für mentale Terme stehen – etwa Begriffe wie „Art“ oder „Gattung“, die ihrerseits ja Universalien bezeichnen, welchen nach Ockhams in der Summe der Logik selbstverständlich aufrechterhaltener Lehre kein anderes Sein als ein innermentales zukommt. Ockham löst dieses Problem, indem er primäre Ausrichtung und sekundäre Ausrichtung, *intentio prima* und *intentio secunda* unterscheidet: Steht ein mentaler Term selbst für einen mentalen Term, so handelt es sich um eine sekundäre Ausrichtung, im anderen Fall hingegen um eine primäre.[30]

Anders als mit diesen mentalen Termen steht es mit den Lauten, die nun wirklich als Satzteile in sprachlich artikulierten Sätzen zu verstehen sind. Sie sind nicht unmittelbar Zeichen für die extramentale Wirklichkeit, sondern für die mentalen Terme[31] und bezeichnen mithin die extramentale Realität erst sekundär und mittelbar auch. Im Unterschied zu den natürlicherweise die Dinge bezeichnenden Termen beruht ihre Zeichenfunktion auf Konvention („*voluntaria institutio*“)[32]. Damit hat Ockham von vorn-

[28] OP I 7,23.
[29] OP I 49,53–56.
[30] OP I 43,44–44,77.
[31] OP I 7,26–8,34.
[32] OP I 8,49.

herein seine Summe der Logik auf ein Fundament gestellt, das streng zwischen rein willkürlichen Konventionen und präziser Begrifflichkeit unterscheidet – und es ist Letztere, an der ihm selbst liegt.

Auf dieser Grundlage nun kann Ockham im Brustton der Überzeugung die im Sentenzenkommentar erstmals vorgetragene Universalienlehre entfalten und deren Zentralsatz, dass das Universale kein reales Sein außerhalb der Seele besitzt, ausführlich begründen.[33] Dabei betont er nun auch, dass Allgemeinbegriffe – als Terme – *intentiones animae* sind, Gedankenvorgänge und nicht *ficta*, also fingierte Vorstellungen (s. o. S. 40).

Auf der Grundlage dieser Klärungen zu Satzteilen und vor allem Termen kann Ockham dann mit Hilfe der Suppositionslehre, die er noch im ersten Teil der Summe der Logik behandelt, den Übergang zum zweiten Teil, der Lehre von den Propositionen, bereiten. Dabei ist wiederum eine Präzisierung gegenüber früheren Überlegungen festzustellen:

> „Man muss wissen, dass die Supposition zuerst in personale, einfache und materiale eingeteilt wird. Personale Supposition liegt vor, ganz allgemein, wenn der Term für sein Bedeutetes steht, ungeachtet dessen, ob dies nun eine extramentale Entität, ein Laut, ein Gedankenvorgang der Seele, ein Schriftzeichen oder irgendetwas anderes Vorstellbares sei. Also: Immer, wenn ein Subjekt oder ein Prädikat eines Satzes für sein Bedeutetes supponiert – bei signifikativem Gebrauch –, handelt es sich um eine personale Supposition. …
>
> Eine einfache Supposition liegt vor, wenn der Term für einen Gedankenvorgang der Seele supponiert, aber nicht signifikativ verwendet wird …
>
> Materiale Supposition liegt vor, wenn der Term nicht signifikativ supponiert, sondern für den Laut oder das Schriftzeichen steht.“[34]

An dieser Definition fällt eine Änderung gegenüber der Definition aus dem Sentenzenkommentar unmittelbar auf: Die signifikative Supposition ist fortgefallen und mit ihr die Unterscheidung der Suppositionsarten nach Substanz und Akzidens. Bei dieser Änderung geht es um mehr als nur um eine Straffung. Vielmehr zeigt sie, dass Ockham in seiner konsequenten Ent-Ontologisierung denkerisch vorangekommen ist. Die Aufnahme des

[33] OP I 50–54.

[34] „Sciendum est autem, quod suppositio primo dividitur in suppositionem personalem, simplicem et materialem. Suppositio personalis, universaliter, est illa, quando terminus supponit pro suo significato, sive illud significatum sit res extra animam, sive sit vox, sive intentio animae, sive sit scriptum, sive quodcumque aliud imaginabile, ita, quod quandcumque subiectum vel praedicatum propositionis supponit pro suo significato ita, quod significative teneter, semper est suppositio personalis. … Suppositio simplex est, quando terminus supponit pro intentione animae, sed non tenetur significative … Suppositio materialis est, quando terminus non supponit significative, sed supponit vel pro voce vel pro scripto“ (OP I 195,4–9; 196,26f. 38–40; Übersetzung nach Imbach, Theorie der Erkenntnis 91ff.).

Substanz-Akzidens-Schemas in die Definition der Suppositionsarten hatte ja noch die Gefahr in sich geborgen, ontologische Vorannahmen zur Definition heranzuziehen, deren Selbstverständlichkeit keineswegs so ausgeprägt sein musste, wie Ockham es seinerzeit noch vorausgesetzt hatte. Nun wird eindeutig nicht mehr unter Rückgriff auf ontologische Vorannahmen, sondern rein begrifflich differenziert. Mit dieser Änderung ist zugleich gerade die Bedeutung zu dem entscheidenden Kriterium geworden, das die verschiedenen Suppositionsarten voneinander unterscheidet.

Auch das Verb *significare*, bedeuten, hat Ockham in der Summe der Logik definiert.[35] „Bedeuten" wird hier – so geht Ockham meist bei Definitionen vor – auf verschiedene Weisen bestimmt, ihnen allen aber gemeinsam ist der semantische Bezug auf das Bedeutete. Grundfigur zum einfachsten Verständnis ist daher nach Ockhams Definition von „bedeuten" der unmittelbar-hinweisende Bezug. Etwas bedeutet etwas, wenn ich auf einen konkreten Gegenstand hinweisen und eine Ist-Aussage treffen kann, etwa: „Dieser ist weiß", und dabei auf Sokrates zeige, dann ist Sokrates gemeint. Abstrakter werden die weiteren Fassungen von „bedeuten". So wird durch nicht-präsentische Aussagen deutlich, dass nicht allein gegenwärtig Gezeigtes gemeint sein kann, sondern alles, was prinzipiell durch das Prädikat bezeichnet werden kann, also im Beispiel alles, was weiß sein kann. In einer dritten Verstehensweise ist unter „bedeuten" dann der Bezug auf das zu verstehen, was man an den jeweiligen Entitäten mit dem Prädikat bezeichnen will – also wiederum im Beispiel die weiße Farbe. Und schließlich gibt es noch eine negative Bedeutungsvariante: Das Prädikat „sehend" etwa verweist auf sein Gegenteil „blind" und bedeutet es damit in gewisser Weise. Es ist dieser semantische Gebrauch der Wörter und Terme, der nun zur Grundlage der genaueren Einteilung der Supposition wird, und insbesondere die dritte Möglichkeit des Bedeutens ermöglicht es, die signifikative Supposition aus der Definition herauszunehmen, da sie nur sinnvoll wäre, wenn „bedeuten" keinen Bezug auf Akzidenzien hätte herstellen können. Nun also kann auch der Bezug auf ein Akzidens signifikativ sein – und mithin die personale Supposition den signifikativen Bezug für Substanzen und Akzidenzien zusammenfassen.

Diese Zusammenfassung aber ermöglicht eine klare, den sprachphilosophischen Überlegungen entsprechende Einteilung der Suppositionsarten: Lediglich in der personalen Supposition steht der Term tatsächlich für das, was er in semantischer Hinsicht bedeutet. Ausdrücklich versichert Ockham, dass dies nicht etwa bedeutet, personale Supposition beziehe sich nur auf extramentale Entitäten: Auch der Satz „Jeder gedankliche Vorgang in der Seele ist in der Seele" gebraucht den Begriff „gedanklicher Vorgang",

[35] OP I 95f.

intentio, in personaler Supposition, denn er steht hier für eben das, was er bedeutet, eben einen gedanklichen Vorgang. Anders hingegen steht es bei dem Satz „Mensch ist eine Art". Wenn man in diesem Sinne von Mensch spricht, handelt es sich offenkundig um einen Allgemeinbegriff, denn selbstverständlich ist nicht der konkrete Mensch, auf den ich zeigen könnte, eine Art, sondern die allgemeine Menschheit. Da aber wiederum Allgemeinbegriffe ausschließlich als rein gedankliche Vorgänge zu verstehen sind, wird „Mensch" hier nicht in seiner eigentlichen Bedeutung gebraucht, sondern er steht ohne signifikativen Gebrauch für einen gedanklichen Vorgang in der Seele – klassischer Fall der einfachen Supposition. Entsprechend würde das Beispiel für die materiale Supposition wiederum lauten: „'Mensch' hat sechs Buchstaben."

Damit hat sich der faktische Gebrauch der Suppositionen gegenüber dem Sentenzenkommentar nur wenig geändert, aber die Einbettung in die Universalienlehre und die allgemeine Lehre von gedanklichen Vorgängen, Lautfolgen und Realität ist präziser geworden. Ockham zeigt sich hier auf der systematischen Höhe seines Denkens. In nur wenigen Jahren ist er – offenkundig unter Einfluss von Walter Burleigh[36] – zu einer Neugestaltung der grundlegenden Begrifflichkeit seiner Logik gekommen, die angesichts der erreichten Klarheit wohl wirklich als abschließend bezeichnet werden kann. Das zeigt auch das gegenüber dem Sentenzenkommentar gewandelte literarische Genre: Aus den dahingeworfenen Bemerkungen ist eine gediegene Abhandlung geworden, aus dem bloß Vorüberlegten etwas wirklich Durchdachtes.

Mit diesen Überlegungen zu den Begriffen hat Ockham, nach etwa einem Drittel, auch das Hauptziel der Summe der Logik erreicht: Die Sprachphilosophie ist in einer Weise formuliert, dass sie seiner Universalienlehre gerecht wird, Logik wird zu einer vollends ohne ontologische Prämissen auskommenden Disziplin. Was er in den folgenden Teilen beschreibt, baut auf diesen Überlegungen auf, wobei das Bemerkenswerteste wiederum der geänderte, gegenüber dem Sentenzenkommentar ruhiger und zugleich sicherer gewordene Ton ist. Statt der Freude über die Neuentdeckung heißt es nun, ebenso scharf wie systematisch umfassend:

„Durch Propositionen wie 'Sokrates ist ein Mensch', 'Sokrates ist ein Lebewesen' wird nicht angezeigt, dass Sokrates Menschlichkeit oder Lebewesenhaftigkeit habe oder dass Menschlichkeit oder Lebewesenhaftigkeit in Sokrates sei oder dass 'Mensch' oder 'Lebewesen' in Sokrates sei, noch dass Mensch oder Lebewesen dem Wesen oder der Washeit des Sokrates zugehörten oder der washeitlichen Vernunft des Sokrates, sondern es wird angezeigt, dass Sokrates wahrhaft ein Mensch oder ein Lebewesen ist. Freilich nicht so, dass Sokrates dieses Prädikat 'Mensch' sei

[36] Siehe Brown, Treatise.

oder dieses Prädikat 'Lebewesen', sondern es wird angezeigt, dass es eine Entität gibt, für die dieses Prädikat 'Mensch' und dieses Prädikat 'Lebewesen' steht oder supponiert, weil jedes dieser Prädikate für Sokrates steht."[37]

Fast kühl werden alle ontologisierenden Deutungen einer Identifikationsaussage abgewiesen und zugunsten einer suppositionstheoretischen Deutung beiseite geschoben.

Blickt man auf die Bedeutung des in der Summe der Logik sich abzeichnenden Gedankengangs für ein Verständnis Ockhams – die folgenden, ausführlichen Darlegungen zur Propositionenlehre und zur Syllogismuslehre können hier aufgrund ihrer geringeren grundsätzlichen Bedeutung übergangen werden –, so wird deutlich, in welchem Maße sich die Sprache in das Zentrum von Ockhams philosophischer Reflexion gerückt hat. Sprache wird zum eigentlichen Medium der Rede über die Welt – aber sie wird nicht zur einzigen Realität. Gerade die Betonung, dass Universalien zwar außerhalb der Seele keine Existenz haben, hier aber durchaus nicht willkürlich auftreten, gibt Ockham die Möglichkeit, die Wege zur Wahrheitserkenntnis zu versprachlichen und zu formalisieren. Sprache, logische Auseinandersetzung ist der einzige sichere Grund, auf dem der Philosoph sich bewegen kann. Über die Sprache aber kann er, beachtet er die jeweils gewählten Suppositionen, durchaus einen Zugang zur extramentalen Realität gewinnen.

Der Ockham, der hier spricht, ist in mancher Hinsicht gegenüber dem Autor des Sentenzenkommentars ein anderer geworden. Auch wenn nicht sicher ist, ob er die Summe der Logik noch in London abgeschlossen hat oder einen Torso mit nach Avignon, auf den Kontinent, genommen hat, wird man doch für die Londoner Zeit sagen können: Die Vorlesungen über Aristoteles haben ihm, gewollt oder nicht gewollt, zu einer Klärung der eigenen Position verholfen. Eben das, was ihn im Sentenzenkommentar zu dem mutigen Ausruf veranlasst hatte, er lehre hier etwas, was so noch niemand vor ihm gelehrt habe, wird nun zur Grundlage der Wissenschaft, der er von Anfang an grundlegende Bedeutung für die Erhebung wissenschaftlicher Wahrheit zugesprochen hat: der Logik.

[37] „... per tales propositiones 'Sortes est homo', 'Sortes est animal' non denotatur quod Sortes habeat humanitatem vel animalitatem, nec denotatur quod humanitas vel animalitas sit in Sorte, nec quod homo vel animal sit in Sorte, nec quod homo vel animal sit de essentia vel de quidditate Sorties vel de intellectu quidditativo Sortis, sed denotatur quod Sortes vere est homo et vere est animal. Non quidem quod Sortes sit hoc praedicatum 'homo' vel hoc praedicatum 'animal', sed denotatur quod est aliqua res pro qua stat vel supponit hoc praedicatum 'homo' et hoc praedicatum 'animal', quia pro Sorte stat utrumque illorum praedicatorum" (OP I 250,22–31).

Es hätten wohl noch die anderen philosophischen Kommentare folgen sollen, vielleicht auch noch theologische Schriften. Zu beidem kam es nicht, denn der Ockham, der nun philosophische Sicherheit gewonnen hatte, wurde in ganz neue Unsicherheiten hineingezerrt.

V. Konfliktlinien

1. Ein gefährlicher Feind: der Kanzler Lutterell

Es wurde schon angedeutet, dass Ockhams Wechsel nach London möglicherweise nicht nur den friedlichen Grund hatte, dass sein Orden sich den jungen Gelehrten als Lehrer an seinem Londoner Studium wünschte. Es ist nicht zu belegen, aber auch nicht auszuschließen, dass Ockham auch deswegen Oxford verließ – und über ein Auskommen in London dankbar war –, weil ihm das Leben an seiner Universität schwer gemacht worden war. Sicheres erfährt man hierüber erst in der Endphase seiner Londoner Zeit, in die die Eskalation eines Streites mit dem ehemaligen Kanzler der Universität Oxford, Johannes Lutterell († 1335), fällt. Pikanterweise kommen wir mit diesen Auseinandersetzungen in die biografisch am besten dokumentierte Phase im Leben Ockhams, da sich aus dem nun beginnenden Streit, der in einen Prozess vor der Kurie in Avignon überging, Dokumente von verschiedenen Händen erhalten haben, die den Sachgehalt wie auch die formale Akribie der Auseinandersetzungen ausgezeichnet dokumentieren.

Die Vermutung, schon Ockhams Fortgang aus Oxford könne etwas mit diesen erst ab 1323 tatsächlich greifbaren Auseinandersetzungen um seine Lehre zu tun haben, kann sich im Wesentlichen darauf stützen, dass schon 1321 Johannes Lutterell vorgeworfen wurde, Schuld an schwersten Streitigkeiten zu tragen. Da zu diesem Zeitpunkt jedoch in den Quellen eine Berührung mit Ockham nicht nachweisbar ist, wäre es allzu weit gehende Spekulation, schon diese Äußerungen auf ihn zu beziehen. Man wird sich damit begnügen, diese Konfliktphase als eine Art Vorspiel zu den späteren unmittelbaren Auseinandersetzungen zwischen Lutterell und Ockham zu begreifen.

Lutterell hatte in einer äußerst schwierigen Phase das Amt des Kanzlers der Universität Oxford angetreten, das er rund fünf Jahre lang innehaben sollte: am 10. Oktober 1317[1], also in der Endphase des Streites zwischen der Universität Oxford und den Dominikanern – in Ockhams Biografie übrigens wohl genau zu der Zeit, als dieser seinen Sentenzenkommentar las. Es ist kaum anzunehmen, dass Lutterell die darin angedeutete subtile mendikantische Opposition gegen seine eigene offizielle Universitätspolitik bemerkt hat.

[1] Miethke, Sozialphilosophie 49 mit Anm. 184.

Als größten Erfolg seiner Amtsführung durfte Lutterell sich wohl zurechnen, dass 1320 der Streit mit den Dominikanern durch deren Unterwerfung unter die Universität beendet wurde.[2] Wirklich zur Ruhe kam die Universität hierdurch jedoch nicht. Im Gegenteil: Es setzte ein neuer Streit ein, dessen Gegenstand für die heutige Rückschau nicht wirklich klar ist. Sicher ist nur, dass in seinem Zentrum Johannes Lutterell stand – und dass zumindest dessen Gegner dazu neigten, dem Streit eine überragende Dimension zuzuschreiben. Wohl schon 1321 wandte sich das Kapitel von Lincoln an den Erzbischof von Canterbury mit der Bitte, Einfluss auf Lutterell zu nehmen, da dieser drohe, ein „*scisma non modicum totique ecclesie Anglicane pericula*", ein nicht geringfügiges Schisma von Gefahr für die ganze englische Kirche, anzuzetteln.[3]

Da der Ausdruck *scisma* nicht zwingend dogmatische Streitigkeiten bezeichnen muss, ergibt sich aus dieser Angabe leider nicht viel. Es können auch wieder einmal Ordensstreitigkeiten gemeint gewesen sein oder schlicht eine Gefährdung der gerade erst wieder an der Universität eingekehrten Ruhe – wenngleich dafür dann der Verweis auf Gefahren für die gesamte Kirche von England recht überzogen scheint; umgekehrt muss man vorsichtig sein, die später in der Philosophiegeschichte erlangte Wirkung Ockhams in seine eigene Lebenszeit zurückzuprojizieren und zu unterstellen, dass hinter diesen allumfassenden Streitigkeiten und Gefahren bereits die wenig später greifbare Auseinandersetzung Lutterells mit seiner Lehre gestanden habe. Realistisch gesprochen, handelte es sich bei Ockham zu diesem Zeitpunkt noch um einen jungen Gelehrten, der sich – noch nicht vierzigjährig – seine ersten akademischen Sporen verdient, daher unzweifelhaft auch auf sich aufmerksam gemacht hatte, der aber weder in der Universität noch im Orden ein angesehenes Amt oder nennenswerten informellen Einfluss besaß. Anders als bei den Streitigkeiten der Dominikaner mit der Universität, in denen Ockham sich zumindest implizit, als Theoretiker, zu den Sachfragen positioniert hatte, wissen wir hier nicht einmal, wie viel er von dem Konflikt mitbekommen hat.

Greifbar ist zunächst, dass Lutterell wohl seine Kompetenzen gegenüber der Universität überstrapaziert hatte. Jedenfalls wurde der Erzbischof auch gebeten, dass er die Universität in ihren Rechten schütze. Wiederum wäre die Annahme verlockend, dass Ockhams Wechsel nach London ein Beleg dafür sein könnte, dass der in seinen Rechten Getroffene eben Wilhelm von Ockham war und dass sich mit ihm die Universität solidarisiert hätte – möglicherweise im Blick auf sein anstehendes Promotionsverfahren, das bald in den Strudel hineingezogen wurde (s. u.). Doch

[2] Friars Preachers 272f.

[3] Salter, Formularies 70 (Nr. 58).

auch solche Vermutungen gewinnen nur dadurch eine Scheinplausibilität, dass man über keinen Oxforder Theologen dieser Zeit so viel weiß und nachgedacht hat wie eben über Ockham. Der Konflikt gewann ein solches Ausmaß, dass im Sommer 1322 die Professoren der Universität den Bischof von Lincoln baten, Johannes Lutterell als Kanzler der Universität abzusetzen. Allein schon dass die *magistri* sich zu diesem Schritt entschlossen, ist ein Indiz für die Heftigkeit des Streites, denn damit gefährdete die Universität ihre eigene Rechtsposition gegenüber dem Bischof in der seit Jahrzehnten umstrittenen Rechtsfrage, ob die Wahl durch die Magister oder die *commissio* durch den Bischof den entscheidenden rechtlichen Akt bei der Einsetzung des Kanzlers in sein Amt darstellte.[4] Der Appell an den Bischof verschob die Gewichte deutlich zugunsten des Bischofs. Dieser gab der Bitte denn auch nach und entließ Lutterell aus dem Amt.

Nur wenige Wochen später war Lutterell offenbar bereits entschlossen, sich in dieser Sache an den Papst zu wenden, denn am 12. August desselben Jahres verbietet ihm König Eduard II. ausdrücklich, seinen Streit aufs Festland zu tragen. Welche Hoffnung Lutterell mit einem solchen Schritt verbinden konnte, ist unklar: Selbst wenn ihm der Papst Recht gegeben hätte, wäre eine Wiedereinsetzung in sein Amt als Kanzler gegen den vereinten Willen von Universität und Bischof faktisch kaum zu vollziehen gewesen. Wiederum stellt sich die Frage, ob Lutterell schon hier auf ein anderes Thema verfallen war, das er dann später tatsächlich an den Papsthof trug: die Lehre des Franziskanerbruders Wilhelm von Ockham, die er für falsch und gefährlich hielt.

Der Verdacht, dass nun schon Ockham im Blick gewesen sein könnte, wird durch einen Blick in dessen gleichzeitige Schriften genährt. In seinen Londoner Werken finden sich jetzt düstere Anspielungen auf einen Neider, der ihm vorwerfe, Aussagen, die er lediglich als Aristoteles-Interpretation vorgetragen habe und die der katholischen Lehre widersprechen, als eigene Lehre vorgetragen zu haben.[5] Und in einer etwas späteren Schrift redet Ockham in Anspielung auf Mt 23,8ff. von einem, der allein „Rabbi“ genannt werden will – und meint damit, soweit es an den inhaltlichen Ausführungen erkennbar ist, offenkundig Johannes Lutterell.[6]

Dieser hatte nämlich zum großen Schlag ausgeholt: Am 20. August 1323 erhielt er die Erlaubnis vom König, für zwei Jahre nach Avignon zu reisen[7] – und er nahm wohl sowohl ein Exemplar von Ockhams Sentenzenkom-

[4] Siehe hierzu Miethke, Sozialphilosophie 54ff.

[5] OP IV 3,13–4,32.

[6] OT X 180,135–138; zur sachlichen Entsprechung bei Lutterell s. Hoffmann, Lutterell 5; 98.

[7] Miethke, Sozialphilosophie 58.

mentar mit als auch eine schon in England fertiggestellte Anklageschrift[8] gegen Wilhelm von Ockham, die diesen der Häresie bezichtigte. Während die universitätspolitischen Streitigkeiten im Dunkeln bleiben müssen, wird nun auf dieser Stufe die inhaltliche Kontroverse, die Lutterell umtrieb, in ihren Konturen erkennbar, denn die Anklageschrift ist erhalten und liegt sogar bereits in einer modernen Edition vor.[9]

Grundlage aller Kritik an Ockham ist bei Lutterell die Erkenntnislehre: Lutterell wendet sich grundsätzlich gegen Ockhams sprachanalytischen Ansatz, der die begriffliche Aussage in den Mittelpunkt der Erkenntnislehre stellt und diese Aussage dann auch lediglich als Bezug eines Begriffes auf einen anderen fassen kann.[10] Hiergegen stellt er eine Theorie, die die Begriffe – nach Lutterells Terminologie die zweiten Intentionen – als Ähnlichkeiten der erkannten Sache und letztlich als Akzidenzien der Sache selbst fasst.[11] Damit vertritt er einen sprachphilosophischen Ansatz, der von vornherein einen unauflösbaren Bezug zwischen begrifflichem Ausdruck und extramentaler Realität voraussetzt – und so die Probleme umgeht, die Ockhams Sprachanalyse sich verschafft: Lutterells Kritik zielt also in die Mitte der Universalienlehre Ockhams.

Und so wie diese Lehre bei Ockham eine Konstruktion war, die dieser aus theologischen Gründen brauchte, so wendet Lutterell seine Kritik durchaus zutreffend auf die Lehre von der Gotteserkenntnis an und wirft Ockham vor, erklärt zu haben, der Mensch könne die Proposition „Das göttliche Wesen ist die Vaterschaft“ nicht bilden (Art. 4).[12] So formuliert, unterstellt er natürlich einen Zweifel an grundlegenden trinitarischen Lehren. Die Stoßrichtung aber bleibt eine philosophische, wie auch andere von Lutterell inkriminierte Sätze zeigen, etwa der, dass ein Oberbegriff nicht wesentlich mit dem darunter Begriffenen zusammenhänge (Art. 42; ähnlich 41).[13] Hinter diesem Angriff gegen eine für falsch gehaltene Philosophie steht aber ein Weltbild, das, gut thomasisch, nicht bereit ist, der Philosophie eine solche Autonomie zuzugestehen, dass sie unabhängig von der Theologie zu freien Ergebnissen kommen kann. Lutterell misst die Philosophie daran, ob mit ihr bestimmte theologische Aussagen aussagbar bleiben oder nicht, und ist nicht bereit, den umgekehrten Weg zu beschreiten, nämlich von einer korrekt erarbeiteten Philosophie aus die Theologie

[8] S. Junghans, Neuere Forschung 33f.

[9] Hoffmann, Lutterell 3–102.

[10] Vgl. ganz entsprechend die Deutung der Kontroverse bei Flasch, Einführung 148–165.

[11] Hoffmann, Lutterell 17–26; vgl. ebd. 156–186.

[12] Ebd. 3,11f.

[13] Ebd. 4,36ff.

anzugehen. In gewisser Weise schreibt Lutterell damit das Vorgehen der Zensoren aus Paris fort, die ebenfalls die Autonomiebestrebungen der Philosophie unterbanden, freilich mit einer etwas subtileren Spitze: Der, den er hier angriff und letztlich auch traf, war eben nicht wie Siger, Boethius und die anderen konsequenten Aristoteliker reiner Philosoph, sondern er war Theologe – noch dazu, aber das dürfte Lutterell vollends verborgen geblieben sein, ein Apologet der Theologie gegen ihre philosophischen Kritiker.

Primär philosophisch war auch ein zweiter grundlegender Einwand, den Lutterell vorbrachte. Ockhams Lehre, dass die Relation keine von den Dingen unterscheidbare Realität besitze, hob nach seiner Ansicht jegliche Ordnung der Dinge überhaupt auf:

„Dies [nämlich Ockhams Auffassung, dass die Relation etwas sei, was zwei absolut unterschiedene Dinge bezeichne] ist gefährlich, weil es alle Relationen von den Kreaturen fortnimmt, alle Abhängigkeiten der Dinge voneinander und alle Verbindungen untereinander und die Ordnung, die ohne Relationen nicht sein können."[14]

Dass dies ein grobes Missverständnis der Auffassung Ockhams ist, geht aus dem oben zu seiner Universalienlehre Gesagten hervor, trifft aber die Auseinandersetzung nicht. Das Problem lag gerade darin, dass in Lutterells Kategoriensystem das Denken Ockhams nicht in der Weise verstehbar war, wie es in der historischen Rekonstruktion für den heutigen Forscher verstehbar ist. Der scharfe, aber sachorientierte Duktus seiner Ausführungen, der bei allem nachweisbaren Missverstehen nichts Denunziatorisches hat, macht überdeutlich, dass hier eine wissenschaftliche Auseinandersetzung stattfand, in der verschiedene ontologische und logische Auffassungen aufeinander prallten: Der klassische Realismus, dem Lutterell folgte, vermochte in der sprachphilosophischen Deutung aller Ordnungsmuster – der in den Allgemeinbegriffen ausgedrückten hierarchischen Ordnung der Dinge und der in der Relation ausgedrückten Zu- und Nebenordnung – lediglich eine Aufhebung der Ordnung an sich zu erkennen.

Es liegt allzu nahe, hier das mittelalterliche *ordo*-Denken mit neuzeitlichem, auflösendem Denken konfrontiert sehen zu wollen. Doch hat Ockham ja, wie oben gezeigt wurde, selbst gerade nicht die Ordnungen aufheben wollen. Was hier vielmehr aufeinander stieß, waren verschiedene Lesarten des Aristoteles, denn Philosophie blieb letztlich im Kern Auslegung des Stagiriten. Während in Ockham die Tradition der neuen

[14] „Istud est pericolosum, quia tollit omnes relationes a creaturis, omnes dependentias et connexiones rerum ad invicem et ordinem, que sine relationibus esse non possunt" (ebd. 98,10ff.).

Sprachlogik ontologische Anwendung fand, schrieb Lutterell die klassischen Deutungsmuster fort, in denen Sprachlogik lediglich sekundär der Ontologie folgte, aber nicht selbst konstruktiv für Ontologie verwendet wurde. Es standen sich also nicht etwa zwei Zeitalter in Ockham und Lutterell einander gegenüber, wohl aber zwei Konzeptionen des Verhältnisses von Logik und Ontologie. Damit aber dann auch zwei unterschiedliche methodische Standards: Ockhams Beharren auf der Logik, das er auch zum Schutze der Theologie entwickelt hatte, wurde von außen als Gefahr für die Philosophie und damit auch für die Theologie gesehen.

Denn, natürlich, in Lutterells Angriffen auf Ockham spielte auch und vor allem die Theologie eine Rolle. Und wenn auch erst im Zusammenhang des dann tatsächlich angestrengten Häresieprozesses die theologischen Fragen gegenüber den philosophischen in den Vordergrund traten, seien doch hier wenigstens die wichtigsten Punkte genannt: Der nächstliegende folgt unmittelbar aus den philosophischen Differenzen in der Relationenlehre. Nach Boethius (ca. 475/80–526) waren es gerade die innergöttlichen Relationen: Zeugung und Gezeugtsein, Hauchung und Gehauchtsein, die die innertrinitarischen Unterscheidungen konstituierten und damit letztlich den einen Gott zu einem dreieinigen machten.[15] Wenn diese Relationen aber nicht real seien, so schloss Lutterell, war letztlich auch die Realität der trinitarischen Unterscheidungen aufgehoben. Damit benannte er eine theologische Kerndifferenz: Folgt man Lutterells Argumentation, so bestritt Ockham ein christliches Zentraldogma.

Auch andere theologische Probleme hat Lutterell angesprochen. Neben der Gotteslehre sind es vor allem die im Zusammenhang mit Avignon noch ausführlicher zu behandelnde Rechtfertigungslehre (s. u. S. 149–156), in der er Ockham Pelagianismus, also ein im Gegensatz zur Alleinwirksamkeit der göttlichen Gnade stehendes, zu starkes Vertrauen auf die menschlichen Fähigkeiten, vorwarf, und die Eucharistielehre, in der er Ockham die oben (S. 81–84) referierten Überlegungen zum Vorwurf machte, nach denen die kirchlich anerkannte Transsubstantiationslehre weniger wahrscheinlich sein sollte als die Konsubstantiationslehre. Lutterell setzte dem entgegen, dass die Transsubstantiationslehre nicht nur Ausdruck der katholischen Wahrheit sei, weil eben die katholische Kirche sie angenommen hatte, sondern sie war nach seiner Überzeugung angenommen worden, weil sie tatsächlich die bestmögliche Erklärung für das Geschehen der Eucharistie darstellte. Damit war Ockham an einem weiteren Zentralpunkt der mittelalterlichen Dogmenbildung ganz empfindlich getroffen; seine abwägende, auf die Autorität verweisende Argumentation wurde als – modern gesprochen – zu dezisionistisch und damit unterhöh-

[15] Ebd. 36,2ff.

lend für das katholische Selbstverständnis einer Harmonie zwischen christlicher Wahrheit und vernünftig Erkennbarem diskreditiert.

Der Komplex von Vorwürfen, den Lutterell damit schnürte, war umfassend. Offenbar gab er seinen Text Ockham schon zur Kenntnis, ehe er nach Avignon abreiste.[16] Die Erlaubnis hierzu hat er am 20. August 1323 erhalten[17], und es ist anzunehmen, dass er diese Reise bald antrat. Da hatte der Streit aber schon größere Kreise gezogen, denn auch die zuständige franziskanische Ordensprovinz war nun einbezogen.

2. Zwischenspiel: Vorladung durch die Franziskaner

Die wenigen Nachrichten aus dem Leben Ockhams haben eine erhebliche Bereicherung erfahren, als 1990 Gerard Etzkorn einen Text aus einer vatikanischen Handschrift edierte, dessen Einleitung lautet:

„Dies sind die Artikel, die auf einem Provinzialkapitel, das im Jahr des Herrn 1323 in Cambridge abgehalten wurde, einige Magister dem Bruder Wilhelm von Ockham vorgelegt haben, die er geschrieben haben soll, und im Blick auf die sie ihn baten, sich hinsichtlich der Beziehung und Relationen zu erklären."[18]

Offenkundig hatten die Auseinandersetzungen um Ockhams Lehre Kreise weit über den universitären Rahmen hinaus gezogen – wiederum stellt sich die Frage, ob sich dies vielleicht mit der Verwendung des Begriffs *scisma* im Zusammenhang der Lutterell-Kontroverse verbinden lässt – und wiederum findet man für eine solche Annahme keinen sicheren historischen Grund.

Mehrere Magister des Franziskanerordens fühlten sich jedenfalls herausgefordert, von ihrem Mitbruder Wilhelm aus Ockham Rechenschaft zu verlangen. Dass sie von den Angriffen Lutterells angestoßen waren, kann schwerlich bezweifelt werden, denn wie bei diesem spielt die Frage der Relationen eine große Rolle. Der erste und der zweite Artikel betrafen exakt dieses von Lutterell angesprochene Problem, fragten nach der extramentalen Realität der Relation.[19] Der Text stellt aber nicht einfach einen

[16] Hierfür spricht ein nahezu wörtliches Zitat in einem der Abendmahlstraktate; s. hierzu Leppin, Wahrheit 258.

[17] Calendar of the Patent Rolls Preserved in the Public Record Office. Edward II. Bd. 4: 1321–1324, London 1924, 336.

[18] „Hi sunt articuli quos aliqui magistri proposuerunt fratri Guilelmo de Hokam in capitulo provinciali Cantebrigie celebrato anno domini mcccxxiii, qui istos scriberet, et petentes quod se exponeret de respectivo et relationibus" (Etzkorn, Provincial Chapter 566).

[19] Ebd. 566f.

Auszug aus Lutterells Angriffen dar: Lediglich für einen weiteren, den vierten Artikel über die Relation zwischen Gott und den Geschöpfen, findet sich eine direkte Parallele bei Lutterell.

Offenkundig hat man es also mit zwei Aktivitäten zu tun, die nicht völlig unabhängig voneinander erfolgten, aber doch einander gegenüber selbstständig waren. Neben die scharfen Angriffe des Universitätskanzlers trat ein deutlich moderateres Vorgehen von Ockhams Orden. Man wollte Erklärungen Ockhams, mehr nicht. Während also Lutterell bereits zum Frontalangiff überging und Ockham gezielt Häresie an mehreren Punkten vorwarf, kann man hier noch beileibe von keinem Lehrzuchtverfahren sprechen, sondern allenfalls von einer Lehrprüfung; gleichwohl bleibt die Doppelung der Ereignisse ein Indiz dafür, dass Ockhams Denken nicht nur von ihm selbst als neu empfunden wurde, sondern auch von anderen. Schon früh spürte man einen neuen Ton, eine neue Denkweise, und das hieß innerhalb der weitgehend traditionsorientierten mittelalterlichen Schulwissenschaft immer auch neue Gefahren.

Über den Hintergrund des Vorgehens der Franziskaner kann wieder nur spekuliert werden. Die Freundlichkeit des Tones lässt annehmen, dass der Orden hier Lutterell im Vorfeld den Wind aus den Segeln nehmen wollte. Indem der Orden selbst den Fall verhandelte, hätte man, so hoffte man wohl, vermeiden können, dass Ockham vor den Papst vorgeladen würde, von dem man sich seinerzeit kein besonders franziskanerfreundliches Vorgehen erhoffen durfte.

Dass man sich dabei auf ein philosophisches Problem im engeren Sinne beschränkte, ist nicht ganz eindeutig zu erklären: Es kann auf der einen Seite sein, dass man zu dem Zeitpunkt, da der Text verfasst wurde, allein von den hierauf bezogenen Angriffen Lutterells wusste. Das würde ein interessantes Licht auf die Entstehung von Lutterells Angriffen werfen. Er hätte sich zunächst auf die Frage der Relationen gestürzt und erst nach und nach das häresiologisch notwendige Umfeld hierfür geschaffen, das er brauchte, um Ockham nicht allein falsche Philosophie, sondern theologisch-dogmatische Häresie im strengen Sinne vorzuwerfen. Aber leider bleibt hier – wie in den meisten Fragen der Biografie Ockhams – ein Rest Unsicherheit, denn die andere Möglichkeit ist auch nicht auszuschließen, dass man im Wissen um mögliche Ausweitungen das Problem so eng wie möglich halten wollte, um im einigermaßen unbelasteten Bereich der Philosophie zu Klärungen zu kommen, die man dann nach außen in dem Sinne vertreten konnte, dass man sich des Falles Ockham angenommen habe.

Ebenso wenig wie über diese Hintergründe weiß man auch über den genauen Zeitpunkt des Provinzialkapitels: Aus den sonstigen Annalen der englischen Franziskaner ist im Jahr 1323 lediglich ein Provinzialkapitel am

15. August in Bristol bekannt[20], also nicht, wie der Text voraussetzt, in Cambridge.

Gleichwohl wird man hier nicht gleich einen Schreibfehler annehmen müssen, da es Gründe für die Annahme gibt, dass im Jahr 1323 tatsächlich noch ein weiteres Provinzialkapitel in England, eben in Cambridge, stattgefunden hat. Diese Annahme ergibt sich aus dem zeitlichen Zusammenhang mit Schriften Ockhams. Ockham war nämlich angesichts dessen, was sich an seiner früheren Universität und in seinem Orden über ihm zusammenbraute, nicht untätig geblieben, sondern er hat auf die Anfragen seines Ordens – und auch auf die Angriffe Lutterells – mit zwei Traktaten reagiert[21]: dem „Tractatus de Quantitate" – über die Quantität – und dem „Tractatus de Corpore Christi" – über den Leib Christi. Dies ist nicht nur insofern signifikant, als die Thematik des zweiten Traktates zeigt, dass Ockham sich zum Zeitpunkt seiner Verteidigung schon bewusst war, dass es um mehr ging als nur um Philosophie; mit dem Leib Christi war die Eucharistiethematik angesprochen, die auch im Leitbegriff des ersten Traktates, Quantität, mit anklang, da Ockham ja eben deren Verständnis schon im Sentenzenkommentar für seine Eucharistielehre eigens neu gefasst hatte.

Die Annahme, dass Ockham mit diesen Traktaten auf die Anfrage seines Ordens reagierte, ergibt sich zum einen aus dem Zusammenhang mit der oben angeführten Bitte, „sich hinsichtlich der Beziehung und Relationen zu erklären" – eben das hierin verwendete Wort *exponere*, erklären, greift Ockham auf, als er seine Bereitschaft ausdrückt, sich zu erklären und der Korrektur rechtgläubiger Katholiken zu unterwerfen.[22] Zudem findet sich in dem „Tractatus de Corpore Christi" ein fast wörtlicher Anklang an die Liste der Franziskaner[23], der es wahrscheinlich macht, dass Ockham bei der Abfassung des Traktates schon die Anfragen der Franziskaner kannte. Umgekehrt spricht aber vieles dafür, dass Ockhams Traktate nicht erst nach dem 15. Juli – dem bekannten Termin für das Kapitel in Bristol – abgefasst sein können. Das macht zum einen das Fehlen des Titels „Sanctus" bei Erwähnungen des Thomas wie auch der Umgang mit

[20] Ebd. 558f.

[21] Zur Begründung dieser Einordnung der Eucharistietraktate s. Leppin, Wahrheit 260ff. Aufgrund der hier ausgeführten Bezüge, die die Abendmahlstraktate zeitlich und inhaltlich klar verorten, besteht kein Grund für die Annahme von Richter, Unterwegs 142, diese Traktate ließen sich nicht „problemlos in das historische Bild Ockhams einordnen".

[22] OT X 90,24f.

[23] Siehe Etzkorn, Chapter 566: „Quod relatio non sit res distincta aliquo modo extra animam a rebus" (vgl. OT X 180,134f.: „quod relatio non est res distincta realiter a suo fundamento").

Thomas – dieser wird von Ockham als respektabler Theologe, aber nicht als Heiliger behandelt – unwahrscheinlich. Beides weist nämlich darauf hin, dass Ockham zum Zeitpunkt der Niederschrift beider Traktate noch nichts von der am 13. Juli 1323 erfolgten Heiligsprechung des Thomas wusste.[24] Dass zudem Lutterell bei Abfassung seiner Anklageschrift bereits Kenntnis von Ockhams Eucharistietraktaten erhalten zu haben scheint[25] und dies vor seiner Abfahrt Ende August erfolgt sein dürfte, macht eine Abfassung der Traktate erst nach einem Kapitel am 15. August noch unwahrscheinlicher. Mithin wird man annehmen müssen, dass das Kapitel, auf das Ockham reagierte, früher, in der ersten Jahreshälfte 1323 stattgefunden hat. Zu diesem Zeitpunkt also wurde Ockham von den Franziskanern der englischen Ordensprovinz um eine Erklärung über seine Rechtgläubigkeit gebeten – und er hat diese, wenn die vorgetragenen Überlegungen stimmen, in seinen beiden Traktaten zu Fragen des Abendmahls, zur Quantität und zum Leib Christi, vorgebracht.

3. Ein Rettungsversuch: die Abendmahlstraktate

Wie sehr die Frage nach der Rechtgläubigkeit nun zu Ockhams Problem und Thema geworden war, zeigt die feierliche Protestation im ersten Kapitel des Traktates über den Leib Christi:

> „Indem ich folglich im Begriff bin, von diesem allerhöchsten Sakrament ein paar kurze Ausführungen abzufassen, bekenne ich, dass ich nichts bejahen werde, welches nicht die Römische Kirche für wahr hält und lehrt."[26]

Inhaltlich bieten die beiden Traktate nicht viel Neues – das sollen sie ja auch nicht. Ockham will die Lehren seines Sentenzenkommentars wiederholen, und eben dies tut er. Nach wie vor steht schroff nebeneinander das Bekenntnis zur Konsubstantiationslehre als der wahrscheinlicheren und der Theologie eher entsprechenden Lehre und die Aussage, dass er sich der Transsubstantiationslehre anschließe.[27] Ockham hat sich also auch unter dem entstandenen Druck nicht verbogen und musste dies ja auch nicht: Seine Strategie war es nun lediglich, noch deutlicher als bisher zu machen, dass er mancherlei philosophische Überlegungen lediglich zur Übung und zur Erforschung der Wahrheit wiedergebe, sich aber grund-

[24] Siehe hierzu Leppin, Wahrheit 258f.

[25] Leppin, Wahrheit 258.

[26] „Proinde de isto altissimo sacramento aliquu brevia conscripturus protestor me nihil asserturum nisi quod Romana tenet et docet Ecclesia" (OT X 90,18ff.).

[27] OT X 101,45–52.

sätzlich der katholischen Wahrheit anschließe.[28] Kirchenrechtlich war dies in der Tat zureichend, um seine Rechtgläubigkeit zu erweisen. Und er hat seine franziskanischen Ordensbrüder wohl überzeugt – Lutterell freilich nicht.

Für Ockhams geistige Entwicklung war gegenüber dieser bloßen Repetition und Explikation von schon zuvor vertretenen Lehren wichtiger, dass sich in diesen Traktaten abzeichnet, wie sich sein Argumentationsstil änderte. Zum ersten Mal verfasste Ockham ein Werk nicht zur Entfaltung akademischer Lehre, sondern dezidiert und bewusst zur Verteidigung einer partikularen und bestrittenen Position. Er schrieb nicht in mehr oder minder amtlicher Funktion beziehungsweise im Dienst der Karriere, sondern er wird erkennbar als profilierter Denker, der sich zu seiner eigenen Verteidigung äußern musste.

Das bedeutet für den Argumentationsstil: Es muss nicht mehr nur formal die faktisch doch im Monolog geführte Auseinandersetzung zwischen verschiedenen Positionen vorangetrieben werden. So war es bei allen bisherigen akademischen Schriften gewesen: Ockham selbst hatte darüber verfügt, welchen Gegner er seinen Studenten vorführen wollte und mit welchen Argumenten. Er hatte aus dem Aquinaten oder aus Duns Scotus die Auswahl getroffen, die er danach widerlegen konnte. Er war dabei stets fair gewesen – aber doch derjenige, der die Dinge in der Hand hatte. Nun musste nicht der selbst aufgebaute und präsentierte Gegner widerlegt werden, sondern das reale Gegenüber überzeugt werden – noch dazu aus der Defensive heraus: Ockham, der bislang im Hörsaal die Gegner vorgeführt hatte, war nun selbst der Vorgeladene.

Damit ändern sich Fragestellungen und Positionen, manchmal nur in der Gewichtung. Zum ersten Mal erscheint nun in einem Werk Ockhams eine Unterscheidung, die für die spätere Argumentation von größter Bedeutung wurde: die von *fides explicita* und *implicita*, explizitem und implizitem Glauben. Der implizite Glaube bedeutet schlicht die grundsätzliche Bejahung dessen, was die katholische Kirche glaubt, der explizite Glaube dagegen die Zustimmung zu den je einzelnen Glaubenswahrheiten.[29] Nur scheinbar entspricht der implizite Glaube dem eingegossenen – Ockham hat damit das für ihn bislang leitende Schema zur Erfassung des Glaubens nicht einfach umbenannt, sondern wirklich umgeformt. Der implizite Glaube ist keineswegs mit dem eingegossenen gleichzusetzen: Ausdrücklich erklärt Ockham, dass man solchen impliziten Glauben auch erwerben könne.[30]

[28] OT X 90,2f.
[29] OT X 91,22–92,39.
[30] Goldast II 448,15–25.

Das Schema meint also anderes als das bisherige, von Ockham nicht verworfene, wohl aber in den Hintergrund gedrängte von Eingießung und Erwerb des Glaubens. Es ist aus einer ganz anderen Perspektive formuliert: Hier geht es nicht wie bei dem alten Schema um die Entstehung des Glaubens – aus Eingießung oder durch Erwerb –, sondern um den inhaltlichen Gehalt und die Ausdehnung des Glaubensbestandes. Es geht schlicht um die Kenntnis der Inhalte des Glaubens. Dahinter steht das Bedürfnis, eine Nachprüfbarkeit zu erreichen. Während Eingießung und Erwerb letztlich nur im Angesicht Gottes zu unterscheiden sind, ist der Grad, in dem Glaube sich expliziert, durchaus von außen feststellbar, und darauf kommt es in dem Zusammenhang, in dem Ockham die Unterscheidung mit seinen Eucharistietraktaten aufgreift, natürlich an. Gleich, ob Lutterells Anfrage oder die der franziskanischen Brüder: Von außen wurde Ockham daraufhin befragt, wie konform seine Lehre mit der der katholischen Kirche war. Angesichts dieser Orientierung an der Überprüfbarkeit von außen kann es auch nicht wundern, dass Ockham diese Begriffsunterscheidung von den Juristen übernommen hat, aus der Sprache des Kirchenrechts.[31]

Damit ist die Verwendung dieser Begrifflichkeit ein Indiz dafür, wie Ockham sich von nun an – und das wird für sein weiteres Leben bestimmend bleiben – neben den philosophischen und theologischen Diskursen auch in die juristischen einarbeitet und einarbeiten muss. Nicht nur an dieser Stelle ist ein Einfluss rechtlicher Kategorien auf Ockhams Denken festzustellen. Dieser zeigt sich auch bei seinem Umgang mit der theologischen Diskussion: Wenn er theologische Lehrer zitiert, so dient dies nicht mehr nur der argumentativen Auseinandersetzung, sondern Ockham unterscheidet nun sehr deutlich den Grad der Autorität, der Theologen jeweils zukommen kann. Er spricht von modernen Theologen im allgemeinen Sinne[32] und *doctores approbati*, kirchlich anerkannten Theologen[33]. Die Theologen im allgemeinen Sinne bleiben für ihn bloße Gesprächspartner: Sofern unter ihnen kein Konsens besteht, darf man jedem einzelnen von ihnen ohne weiteres widersprechen.[34] Sie regen zur Suche nach der Wahrheit an[35], vertreten aber nicht unbedingt verbindliche Lehre.

Anders steht es mit den kirchlich anerkannten Lehrern. Die Vorstellung dieser anerkannten Lehrer entstammt wiederum kirchenrechtlichem Den-

[31] Ockham beruft sich in OT X 91,25–92,34 auf den CIC-Kommentar von Innozenz IV.

[32] OT X 62,207 ff.; 70,118–123; 79,342–348; 105,97 ff.

[33] OT X 69,99–104; 70,118–123.

[34] OT X 62,207 ff.; 70,118–123.

[35] OT X 79,342–348; 105,97 ff.

ken und bezieht sich auf Lehrer, deren Lehre für die Kirche verbindlich ist.[36] Kriterium für eine solche Anerkennung ist die Nennung im *Corpus iuris canonici*, also der verbindlichen Rechtssammlung der mittelalterlichen Kirche.[37] Wie wichtig Ockham dieses Kriterium tatsächlich ist, zeigt sich an der Häufigkeit, mit der er nun Zitate von Kirchenvätern unter Verweis auf das Kirchenrecht anführt.[38] Zweifellos hatte Ockham auch früher seine Kenntnis der Kirchenväter in den seltensten Fällen aus unmittelbarer Lektüre gewonnen und für ihre Zitierung wohl eher auf Sammelwerke wie die Sentenzen des Lombarden, die „Glossa ordinaria" oder eben das „Corpus iuris canonici" zurückgegriffen.[39] Dass er diesen Fundort aber nun ausdrücklich nennt, ist neu, gehört in eine Strategie der Absicherung der eigenen Argumentation, die allerdings zugleich auch sein Argumentieren und Denken insgesamt ändert.

Denn es handelt sich hier um eine Verschiebung der Argumentationsgrundlagen hin zur institutionellen Autorität der Kirche. Diese entscheidet letztlich darüber, wer und welche Lehren katholisch sind, und sie tut dies auf rechtlichem Wege. Das Kirchenbild, das Ockham in diesem Zusammenhang zeichnet, ist in einer Weise zentralistisch, die angesichts seiner späteren Papstkritik überraschen muss, auch wenn seine Entstehung in der aktuellen Situation durchsichtig ist.

Gegenüber seinen franziskanischen Anklägern betont Ockham zunächst einmal, dass die Festlegung kirchlicher Lehre gewiss nicht durch einzelne Theologen erfolge.[40] Das ist ein kaum verhohlener Seitenhieb gegen Johannes Lutterell, den Ockham als vereinzelt und isoliert darzustellen sucht. Aber er geht noch weiter: Ausdrücklich erklärt er, dass der Provinzialbischof lediglich im Einzelfall notorische und manifeste Häresie feststellen[41], aber nicht von sich aus definieren darf, was Häresie sei.

Diese Befugnis hat nach Ockham allein der Papst[42] – im Blick auf die spätere Entwicklung Ockhams ist es freilich nötig, hervorzuheben, dass Ockham hier nicht an den Papst im Unterschied zum Generalkonzil denkt[43]: Der Gedanke, zwischen Papst und Konzil könne es zu Diskrepanzen kommen, ist ihm noch fern. Worauf es ihm ankommt, ist, dass die Uni-

[36] OT X 210,96–211,111.

[37] OT X 94,35; vgl. Iserloh, Gnade 149.

[38] Vgl. z.B. OT X 94f.; 106. Eine Benutzung des CIC als Florilegium ist möglicherweise auch schon früher erfolgt, qualitativ neu aber ist, dass Ockham auf eine solche Aufnahme aus dem Kirchenrecht explizit verweist.

[39] Siehe Leppin, Wahrheit 213ff.

[40] OT X 207,14ff.

[41] OT X 208,42–51.

[42] OT X 209,61–71; 79–82.

[43] OT X 135,10ff.; 182,216–183,219.

versalität einer kirchlichen Entscheidung, wie sie mit dem Begriff „katholisch“ in seinem ursprünglichen Wortsinn „allumfassend“ verlangt wird, nur durch zentrale Instanzen gewährleistet werden kann. Im Blick auf seinen eigenen Fall bedeutet dies implizit, dass Ockham bereit und willens ist, sich gegenüber Lutterells Angriffen nicht nur in England zu verteidigen, sondern auch vor dem Papst. Dieser Situationsbezug entschärft seine Überlegungen freilich keineswegs, im Gegenteil: Wenn Ockham der von Lutterell angestrebten Vorladung vor den Papst zustimmt, so sagt er damit auch, dass er nicht damit rechnet, vonseiten des Papstes etwas zu befürchten zu haben.

Was Ockham hier vorträgt, ist allerdings alles andere als originell oder auch nur in besonderer Weise individuell. Letztlich trägt er damit der durch Innozenz III. (1198–1216) geprägten kirchenrechtlichen Lage[44] und erst recht der darauf fußenden anbrechenden neuen Realität des Papsttums Rechnung. Die Pontifikate von Johannes XXII. (1316–1334) und Benedikt XII. (1334–1342) sind im Blick auf Häresieverurteilungen dadurch gekennzeichnet, dass derartige Vorgänge zunehmend beim Papst konzentriert wurden.[45] Die erste Umsetzung dieses Gedankens in die Praxis hatte sich bereits kurz vor Ockhams Eucharistietraktaten ereignet: im Prozess gegen Johannes de Polliaco († nach 1321) 1318.[46] Möglicherweise hatte Ockham mit seinem Hinweis, man sehe auch, dass es in jüngster Zeit so geschehe, dass definitive Entscheidungen in Rom getroffen würden[47], sogar diesen aktuellen Fall im Auge[48], war sich also der Konvergenz seiner Gedanken mit den neuen Tendenzen päpstlicher Hegemonie bewusst. Entsprechend diesen Überlegungen ist es bemerkenswert, dass nicht mehr in dem Maße wie im Sentenzenkommentar die Heilige Schrift die Grundlagen katholischer Lehre zusammenfasst, sondern dass eher die eigene Katholizität als Übereinstimmung mit dem Glauben der Kirche betont wird.[49] Ockhams Denken wird zugleich juristischer und, theologisch gesprochen, ekklesiologischer: Schon jetzt entdeckt er als neuen wichtigen Bezugspunkt seines Denkens die Kirche, mit deren Zustand er sich in seiner zweiten Lebenshälfte wiederholt wird auseinandersetzen müssen.

44 Siehe *Decretales Gregorii* IX l.3 titulus 42 c.3 (CIC II 644).

45 Courtenay, Freedom 175.

46 Ebd. 176.

47 OT X 209,82f.

48 So die Deutung der Hrsg. a.a.O. Anm. 12.

49 OT X 90,18ff.; aufgenommen in 125,11ff. In die gleiche Richtung weisen die nicht neuen, aber nun vermehrt auftretenden Anspielungen auf IIKor 10,5 (s. OT X 70,132f.; 71,143; 125,14; 213,173).

4. Die unabgeschlossene Promotion

Dass es ausgerechnet Johannes Lutterell war, der Kanzler der Universität Oxford, der gegen Ockham vorging, dürfte auch mit einem anderen Faktum der Biografie Ockhams zusammenhängen: Wilhelm von Ockham, einer der größten Theologen und Philosophen der Geistesgeschichte, hat nie einen formalen Abschluss seines Theologiestudiums jenseits des Baccalaureates erlangt. Er ist vor Erlangung der Promotion gescheitert. Dies wenigstens ist die plausibelste Erklärung seines ehrenden Beinamens „Venerabilis Inceptor“, „Verehrungswürdiger Beginner“. Dieser Beiname hat immer wieder hoch greifende Deutungen im Blick auf den Beginn einer neuen Philosophie oder gar der Moderne erfahren, bedeutet aber zunächst nicht mehr, als dass Ockham in seinem Promotionsverfahren über das Stadium der *inceptio*, des Beginns, nicht hinausgekommen ist, dass er also nie formal promoviert worden ist.[50]

Eine theologische Promotion in Oxford setzte die Sentenzenvorlesung und nach deren Abschluss etwa zwei Jahre mit anderen Lehrverpflichtungen und Beteiligung an Disputationen voraus. All dies hatte Ockham ohne Zweifel schon lange hinter sich, ehe er im Jahre 1324 nach Avignon gehen musste, um sich dem von Lutterell angezettelten Prozess zu stellen. Das formale Promotionsverfahren umfasste dann drei Schritte: die *deposicio*, die *licentia* durch den Kanzler und schließlich die *inceptio*. Erst wenn diese drei Schritte vollzogen waren, konnte ein Theologe sich *magister actu regens*, also ordentlicher Professor nennen.

Die *deposicio* bedeutete einen feierlichen Akt, in dem die Gemeinschaft der *magistri regentes* erklärten, dass sie den Nachwuchstheologen im Blick auf seine wissenschaftliche Leistungsfähigkeit wie auf sein Leben als des Magistergrades würdig erachteten. Die Gemeinschaft machte den Neuen also formal zu einem der Ihren, und zwar mit Einstimmigkeit: Alle *magistri regentes* der Fakultät versammelten sich beim Kanzler und den Prokuratoren, und jeder einzelne Magister schwor, dass er ein wahres Zeugnis, unbeeinflusst von Bitten und Geschenken und dergleichen ablegen werde. Der Promovend wurde von einem der Magister vorgestellt und die anderen Magister legten ihr Zeugnis über seine Würdigkeit ab – und mussten auch den Grund für ihre Kenntnis und Gewissheit angeben.

Der nächste Akt war der der Zulassung zum Abschluss des Verfahrens, die *licentia*, die der Kanzler der Universität zu erteilen hatte. Aufgrund dieser Zulassung konnte der Kandidat dann seine *inceptio* feiern, das heißt eine besonders feierliche öffentliche Disputation durchführen, in der er zeigte, dass er tatsächlich zu magistraler Vertretung seines Faches in der

[50] Zum Folgenden s. Miethke, Sozialphilosophie 9–14; 29–34.

Lage war. Diese *inceptio* musste binnen Jahresfrist nach der Zulassung erfolgen. Am Vorabend dieser feierlichen *inceptio* fanden in der Kirche St. Mary die *vesperiae* statt, gewissermaßen der letzte Akt, in dem der Lizentiat noch nicht als Magister agierte. Auch dies waren öffentliche Disputationen, aber sie fanden noch zwischen dem Mentor des Lizentiaten und dem Kollegium der Magister statt.

Erst am nächsten Tag präsentierte sich der Lizentiat dann in der neuen, angestrebten Rolle des Magisters, nämlich als Vorsitzender einer Disputation. Er hielt einen kurzen Vortrag und bestimmte dann das Thema der Disputationen. Zu antworten hatte der in der Reihenfolge unmittelbar nach ihm Stehende, das heißt der Baccalaureus, der die nächste *inceptio* halten würde. Darauf opponiert der Inzipient, und ihm antwortet wiederum der jüngste der Magister: So wird der Inzipient als Scharnier zwischen Bakkalaren und Magistern erkennbar. Er opponiert nun seinerseits wiederum gegen die Lösung, die der Magister vorgetragen hat, und führt schließlich eine Entscheidung vor. Diese eigene Entscheidung aber mündet in die Wendung: „Hierzu und zu anderem soll die Antwort der Magister Genüge geben.“[51] In eindrücklicher Weise zeigt sich hieran, dass das Entscheidende dieses Vorgangs nicht so sehr die Präsentation des eigenen wissenschaftlichen Vermögens ist, dieses ist ja durch die *deposicio* eigentlich auch schon anerkannt und bezeugt. Was an dieser Stelle gezeigt wird, ist die Einbindung in das Kollegium der Magister: So wie die *deposicio* die Anerkennung durch die gesamte Kollegenschaft deutlich gemacht hat und das Wechselspiel zwischen ältestem Baccalaureus und jüngstem Magister die Stellung des neuen Magisters in der Rangordnung symbolisiert, so drückt er nun selbst aus, dass er sich in die Kollegialität einpassen will. Der ganze Akt gewinnt damit neben dem unzweifelhaft auch gegebenen wissenschaftlichen insbesondere einen symbolischen Charakter, der die korporative Gemeinschaft und interne Solidarität der Universität ausdrücken soll. Dies wird auch durch den Abschluss der *inceptio* noch einmal in aller Deutlichkeit klar: Der Inzipient schwört, die Satzungen, Gewohnheiten und Freiheiten der Universität zu wahren. Mit diesem Eid ist er dann Vollmitglied der Universität und kann als *magister actu regens* tätig sein.

Es besteht kein Zweifel, dass Ockham diesen Weg angestrebt hatte – allein schon die Sentenzenvorlesung belegt dies. Und da diese etwa 1319 beendet gewesen sein dürfte, hatte er hernach auch genug Zeit, das gesamte Promotionsverfahren abzuschließen. Aber keine der Listen der franziskanischen Magister in Oxford führte jemals seinen Namen und kaum ein Zeitgenosse bezeichnet ihn als Magister. Dafür erscheint einmal die auf-

[51] „Ad hec et ad alia sufficiat responsio magistrorum“ (Statuta Antiqua 38, 22f.).

fällige Benennung *„bachalarius formatus Oxoniae“*.[52] Mit dieser Formulierung bezeichnete man in Paris die Bakkalare, die ihre Sentenzenvorlesung beendet hatten und auf das Magisterium warteten.

Man geht heute im Allgemeinen davon aus, dass damit dann auch einigermaßen präzise der Stand von Ockhams akademischer Ausbildung benannt wäre. Ob dabei unter dem *inceptor* der *inceptor* im strengen Sinne zu verstehen ist, also derjenige, der die Zulassung des Kanzlers bereits erhalten hat und dem nur noch die große öffentliche Disputation fehlt, oder ob im allgemeineren Sinne derjenige gemeint ist, der noch auf den Gesamtvorgang der Promotion, also auch die *deposicio*, wartete, kann nicht mit Sicherheit entschieden werden.

Es liegt nahe anzunehmen, dass die Konflikte mit Lutterell auch etwas mit Ockhams Promotionsverfahren zu tun hatten, zumal es auch aus dem vorherigen Streit zwischen Dominikanern und Universität bekannt ist, dass einzelnen Bakkalaren die Promotion zum Magister verweigert wurde. So heißt es in einer der dominikanischen Beschwerden:

> „Ferner haben sie Bruder Roger von Katon, der durch den Kanzler und die vorgenannten Magister einen Tag zur Erlangung der Magisterwürde zugewiesen bekommen hatte, vom Magisteramt zurückgewiesen, und Bruder Richard von Honteleye, der vom Orden zur Sentenzenvorlesung vorgestellt worden war, lassen sie zu einer solchen Vorlesung nicht zu, obwohl sie alles zur Genüge erfüllt haben, was zum Bakkalaureat und zum Magisterium erforderlich ist.“[53]

Es kam also im unmittelbaren zeitlichen Zusammenhang durchaus vor, dass Gelehrte trotz Vollendung ihrer Leistungen nicht zur weiteren Promotion zugelassen wurden – denkbar ist ein solches Vorgehen für Ockham auch.

Allerdings bliebe dann ungeklärt, wieso Ockham nicht sofort promoviert wurde, als Lutterell aus dem Kanzleramt entlassen worden war. Wenn sein Promotionsverfahren tatsächlich in diesem Streit Bedeutung gehabt hätte, wäre hier eine baldige Korrektur zu erwarten gewesen. Möglicherweise lässt sich die unabgeschlossene Promotion auch harmloser erklären: Da am Ende des Promotionsverfahrens ja die ordentliche Professur stand, war die Anzahl der erfolgreichen Abschlüsse von vornherein auf die Anzahl der notwendigen Professuren begrenzt. Eine größere Anzahl

[52] Miethke, Sozialphilosophie 31.

[53] „Item fratrem Rogerium de Katona Bachelarim qui per Cancellarium et Magistros predictos habebat diem assignatam ad magistrandum in theologia a magisterio repulerunt, et fratrem Riccardum de Honteleye expositum per ordinem ad legendum sententias ad lecturam huiusmodi non admittunt licet omnia sufficienter perfecerint que ad bachelariatum et magisterium requiruntur“ (Friars Preachers 219).

von Kandidaten für die Promotion konnte aber daraus entstehen, dass die Orden ihre eigenen Ordenshäuser versorgen mussten. So haben sie sehr viel mehr Kandidaten zum Bakkalaureat zugelassen, als sie tatsächlich bis zum Magistrat führen konnten.[54] Vor diesem Hintergrund könnte sich sogar Ockhams – wahrscheinlicher – Wechsel an das Londoner Ordensstudium recht harmlos erklären lassen: Er wäre nicht etwa vor den Nachstellungen Lutterells geflohen, sondern wäre den von seinem Orden vorgesehenen Gang gegangen, hätte Aufgaben im Ordensstudium übernommen und dabei auch quasi-magistrale Funktionen ausgefüllt, ohne jemals die hohe Würde eines Oxforder Magisters innezuhaben – Lutterell muss nicht an allem schuld sein. Was historisch gewiss ist, ist nur, dass er es war, der Ockham am Papsthof verklagte. So bleiben die Hintergründe für den entscheidenden Schnitt in Ockhams Biografie im Dunkeln: 1324 verließ er sein Heimatland und ging – wie man aufgrund seiner Äußerungen in den Abendmahlstraktaten annehmen muss – durchaus aus freien Stücken nach Avignon. Er wusste, dass hier ein Häresieprozess auf ihn wartete – aber er war offenkundig optimistisch, dass dies ihm nichts anhaben konnte.

Diese Selbsteinschätzung war nicht ganz falsch, denn der Prozess kam nicht zu einem Ende. Und doch war Ockham, nachdem er vier Jahre später Avignon verlassen hatte, ein Gebannter und sollte zeit seines Lebens weder in die Gemeinschaft der Kirche noch in seine englische Heimat zurückkehren.

[54] Miethke, Sozialphilosophie 30.

VI. Ein neuer Schauplatz: Avignon

1. Das päpstliche Avignon

Den Papsthof musste Ockham nicht in Rom, sondern in Avignon suchen. Die politischen Wirren des beginnenden 14. Jahrhunderts hatten die Päpste hierher verschlagen – und sie sollten fast das gesamte Jahrhundert im südlichen Frankreich bleiben. Diese lange Zeit des avignonesischen Papsttums wird gerne als die Zeit des „Babylonischen Exils“ der Päpste bezeichnet – und Ockham dürfte selbst einer der Ersten gewesen sein, die die Chiffre Babylon auf Avignon angewandt haben[1] – freilich nicht im Sinne einer Gefangenschaft, sondern wohl eher im Sinne der schon im Neuen Testament begegnenden Identifikation des negativen Rombildes mit Babylon (Apk 17–19; I Petr 5,13). Seine Erfahrungen mit Avignon waren einschneidend negativ. Avignon wurde für ihn Ort des Umbruchs, das verkehrte Rom, der Ort, an dem der falsche Papst, der „Pseudo-Papst“, wie ihn Ockham später gelegentlich nennt, sein Regiment aufgerichtet hat.

In der Tat war der Weg, den die Päpste nach Avignon genommen haben, schwerlich ein Triumphzug. Auch wenn sie sich, als sie ihren Sitz in Avignon nahmen, durchaus nicht in eine Gefangenschaft des französischen Königs begeben haben, so haben sie sich hier aber doch seinem Einfluss in einem Maße ausgesetzt, das ihre Eigenständigkeit aufs Äußerste bedrohte. Dass sie ihren Sitz an der Peripherie der Machtsphäre des französischen Königs genommen haben, war jedoch die letzte Konsequenz aus einer lang anhaltenden Entwicklung, die sich nicht nur negativ als Unterordnung unter den französischen König beschreiben lässt, sondern auch positiv als Lösung aus der Umklammerung durch den römischen Kaiser. Zur Zeit Ockhams war der Kaiser als Machtfaktor weitgehend ausgefallen. Noch unter dem Staufer Friedrich II. (1212/5–1250) hatte das klassische Gegenüber, wie es etwa den Investiturstreit geprägt hatte, die Politik der Päpste bestimmt: der Gegensatz von Papst und Kaiser und damit verbunden der Konflikt um die höchste Autorität auf Erden. Mit großer Bitterkeit war dieser Streit ausgetragen worden, auf beiden Seiten von publizistischen Fehden begleitet, die gegenseitig den Vorwurf, Antichrist zu sein, auf Kaiser und Papst münzten. Der Tod dieses machtvollen Herrschers – und wenig später auch seiner Erben – brachte im Reich die Not-

[1] Ockham, Opera Politica IV 15,24f.

wendigkeit mit sich, der alten Institution des Wahlkönigtums neues Leben zu geben. Dies bedeutete eine Stärkung der dezentralen Kräfte. Kurfürsten konnten wieder entscheidend mitsprechen bei der Wahl und damit – durch Wahlabsprachen, die Kapitulationen – auch bei der Gestaltung der Politik des jeweiligen Königs und Kaisers.

Diese schwindende Macht des Kaisers hatte sich in besonderer Weise Frankreich zunutze gemacht. Erfolge gegenüber Johann Ohneland von England (1199–1216) und vor allem gegenüber den Katharern und den mit ihnen verbündeten Provinzialfürsten im Süden hatten ein einigermaßen geschlossenes Territorium herbeigeführt, das unter der langen Regentschaft Ludwigs IX. (1226–1270) konsolidiert wurde und – ganz anders als das dezentrale Deutsche Reich – zentral von der Krondomäne aus geführt werden konnte.

So stießen im ausgehenden 13. Jahrhundert zwei Entwicklungslinien aufeinander und führten zu einer Neubestimmung der Koordinaten europäischer Kirchenpolitik: Auf der einen Seite das Papsttum, das sich, des alten kaiserlichen Feindes weitgehend entledigt, neu definieren konnte und dies nun nicht mehr im Gegenüber zu einer politischen Größe, dem Kaiser tat, sondern im Gegenüber zu allen weltlichen Herrschern Europas, die aus päpstlicher Perspektive ununterschieden waren – und unter dem Papst zu stehen hatten. Und auf der anderen Seite das erstarkende Frankreich, das, insbesondere unter Philipp dem Schönen (1285–1314), seine Macht auch gegenüber dem Papst auszudehnen gedachte.

Am Anfang stand Philipps Versuch, 1296 die Kleriker in Frankreich zu besteuern. Diese Maßnahme ist unmittelbar verstehbar aus der Perspektive eines Herrschers, der um eine Verdichtung seines Territoriums bemüht war und daher keine Sonderrechte innerhalb des ihm unterstehenden nationalen Rechtsgefüges zulassen wollte. Ihm aber stand in Bonifaz VIII. (1294–1303) ein Papst gegenüber, der mit der Bulle „Clericis laicos“ noch im selben Jahr die Provokation aufgriff und nun seinerseits dem Klerus verbot, ohne päpstliche Erlaubnis Abgaben an den König zu leisten.

Der Konflikt wurde bald beigelegt – vor allem durch ein Einlenken des Papstes – und die Heiligsprechung König Ludwigs IX. am 11. August 1297 schien den neuen Frieden zwischen Papst und französischer Krone zu besiegeln. Doch konnten damit die grundsätzlichen Probleme, die sich im Blick auf die Zuordnung von weltlicher und geistlicher Macht stellten, nicht beseitigt werden. Bonifatius hatte sich nur eine Atempause verschafft, ehe er dann am 18. November 1302 seine Ansprüche, oberster Herr der Christenheit zu sein, in der Bulle „Unam Sanctam“[2] vollmundig und selbstbewusst formulierte.

[2] DS 870–875.

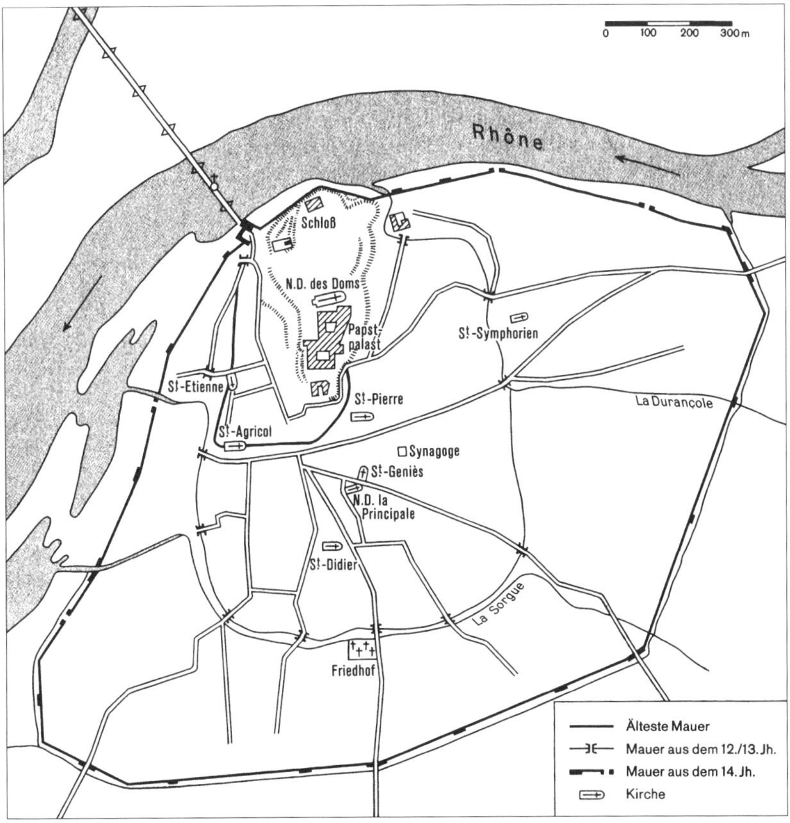

Abb. 2: Avignon im 14. Jahrhundert.
Planmäßig wurde Avignon zur neuen päpstlichen Residenz ausgebaut.
Aus: Die Zeit der Zerreißproben (1274–1449),
hrsg. von Michael Mollat du Jourdin und André Vauchez, Freiburg 1991, S. 63.

Gedanklich war die Bulle weitgehend durch Aegidius Romanus (ca. 1243–1316) vorbereitet, einen an Thomas geschulten Theologen des Augustinereremitenordens, der in seiner Schrift *De ecclesiastica potestate*[3] eine ganz auf den Papst als oberste, keinem Richter unterworfene Instanz der Christenheit zugespitzte Ekklesiologie entworfen hatte. Diese Theorie mündete in die steilen Sätze der Bulle *Unam Sanctam*:

[3] Aegidius Romanus, De ecclesiastica potestate, hrsg. v. R. Scholz, Weimar 1929 (= Aalen 1961).

„Diese eine Kirche hat nur einen Leib [und] ein Haupt, nicht wie ein Ungeheuer zwei Häupter: Christus nämlich und Christi Stellvertreter Petrus und den Nachfolger des Petrus …

Beide [Schwerter] sind in der Gewalt der Kirche, nämlich das geistliche und das weltliche. Dieses [Schwert] ist aber *für* die Kirche zu führen, jenes hingegen *von* der Kirche. Jenes gehört dem Priester, dieses liegt in der Hand der Könige und Ritter, aber nur wenn und solange der Priester es will. Es gehört sich aber, dass das eine Schwert dem anderen untergeordnet ist, dass also die weltliche Autorität der geistlichen untergeordnet ist …

Wenn also die weltliche Gewalt in die Irre geht, wird sie von der geistlichen Gewalt gerichtet werden; wenn aber eine niedere geistliche Gewalt in die Irre geht, wird sie von der geistlichen Gewalt gerichtet, die über ihr steht; wenn jedoch die höchste [geistliche Gewalt in die Irre geht], wird sie allein von Gott, nicht [jedoch] von irgendeinem Menschen gerichtet werden können …

So erklären, sagen, bestimmen und verlautbaren wir, dass jede menschliche Kreatur bei Verlust ihrer ewigen Seligkeit dem römischen Papst untertan sein muss.“[4]

In dieser Grundsätzlichkeit hatte noch nie ein Papst die oberste Gewalt auf Erden für sich beziehungsweise sein Amt als Stellvertreter Petri eingefordert. Selbst Innozenz III. (1198–1216), der Anfang des 13. Jahrhunderts tatsächlich den Versuch gemacht hatte, durch Eingriffe in die deutsche Königswahl und in die englischen Streitigkeiten zwischen Krone und Klerus eine faktische Höchststellung auch in weltlichen Dingen zu erreichen, hat eine grundsätzliche Erklärung im Stile von „Unam Sanctam“ unterlassen. Die Verbreitung blieb wohl auf Rom beschränkt. Und der kontrafaktische Charakter der päpstlichen Ansprüche zeigte sich schon bald: Die Bulle war noch kein Jahr alt, da wurde Bonifaz VIII., der eben im Begriff war, aufgrund der seit Unam Sanctam eskalierten Streitigkeiten die Franzosen vom Treueid gegenüber dem König zu entbinden, am 7. September 1303 in seiner Heimatstadt Anagni überfallen und gefangengesetzt. Zwar war es nicht Philipp selbst, der diese Verhaftung veranlasst hatte, sondern ein Angehöriger der Colonna-Familie, die seit der Erhebung von Bonifaz VIII. im Konflikt mit diesem lag[5], Sciarra Colonna, hatte diese Verhaftung durchgeführt. Doch Wilhelm von Nogaret, der Abgesandte des französischen Königs, hat die Verhaftung des Papstes weder verhindert noch von sich aus den Papst wieder freigelassen. Dies musste erst die Bevölkerung von Anagni erzwingen. Bonifatius kehrte nach Rom zurück und starb wenig später, am 11. Oktober, wohl auch ermattet von den jüngsten Auseinandersetzungen und dem „Attentat von Anagni“.

Mit diesen Ereignissen war offenkundig geworden, dass die künftige

[4] DS 872–875; Übersetzung nach: KThGQ II 179f.

[5] Miethke, De potestate papae 64.

Stellung des Papstes sich am französischen König zu messen hatte – und dass zugleich von den italienischen lokalen Adeligen eine nicht geringe Bedrohung für die Päpste ausging. Das Attentat von Anagni hatte gezeigt, dass der Papst nicht über die Machtmittel verfügte, sich selbst in Italien vor persönlichen Übergriffen zu schützen. Diese Dimension wird man nicht unterschätzen dürfen, wenn man den nun bald erfolgenden Fortgang der Päpste von Rom betrachtet. Die Bedeutung des italienischen Adels zeigte sich bei der Papstwahl, die nach dem Tod des nur äußerst kurz regierenden Nachfolgers des Bonifatius, Benedikt XI. (7. 7. 1304), fällig wurde: Zwei Parteien standen einander gegenüber, und beide wurden von einem Kardinal der Familie Orsini geführt. Die Wahl wurde noch komplizierter, weil man darum stritt, ob zwei Kardinäle der Familie der Colonna, die Bonifatius aus verständlichen Gründen entlassen, Benedikt aber teilweise restituiert hatte, wahlberechtigt sein sollten. So brauchte man nicht weniger als elf Monate, um sich am 5. 6. 1305 auf einen Kandidaten zu einigen, der nicht einmal Mitglied des Kardinalskollegiums war: Bertrand de Got, Erzbischof von Bordeaux. Unter dem Namen Clemens V. trat er sein Pontifikat an (1305–1314).[6]

Und er blieb in Frankreich. Zwar ging er noch nicht nach Avignon, aber er bewegte sich in verschiedenen Städten im Süden des Landes. Selbst die Feierlichkeiten zu seiner Amtseinsetzung fanden nicht in Rom, sondern in Lyon statt. Ironischerweise war gerade dieses Verhalten, das den Weg zu einer massiven Abhängigkeit vom französischen König ebnete, Folge des hochfahrenden Papstverständnisses, das „Unam Sanctam" formuliert hatte: Die darin ausgesprochenen Ansprüche auf Weltherrschaft ließen den Gedanken einer Bindung an die Stadt Rom, die ursprüngliche Bedeutung des Amtes des Bischofs von Rom als stadtrömischer Bischof, ganz in den Hintergrund treten. Im Vordergrund stand die Lenkung und Leitung der weltweiten Kirche und dies konnte von überall aus geschehen: von Südfrankreich ebenso wie von Italien aus. Man würde die Wirkungen Clemens' V. falsch einschätzen, wollte man ihn allein als Knecht des französischen Königs sehen: Als dieser 1308 seinen eigenen Bruder auf den deutschen Königsthron zu schieben versuchte, wusste Clemens dies zu hintertreiben. Aber an anderen Stellen ist er ganz offenkundig zum willfährigen Gehilfen des französischen Königs geworden. Dieser hatte 1307 in ganz Frankreich die Tempelritter unter herbeigezogenen Anklagen der Häresie inhaftiert, weil ihm deren Orden gleichsam als Staat im Staate zu gefährlich geworden war. Clemens ließ die Frage auf dem Konzil von Vienne 1311/2 verhandeln. Ursprünglich hatten die Templer sich von einem sol-

[6] Siehe zu ihm: Werner Goez, Art. Clemens V., in: TRE 8, Berlin/New York 1981, 95–98.

Abb. 3: In Avignon wurde der alte bischöfliche Palast im Zuge des 14. Jahrhunderts zur Papstresidenz ausgebaut. Seine heutige Gestalt verdankt er vornehmlich den Nachfolgern Johannes' XXII.

Foto: P. Herde, Alzenau.

chen konziliaren Weg wohl einiges versprochen, aber das Konzil kam nicht recht voran, und schließlich beugte sich der Papst dem offenkundigen Druck des französischen Königs. Als dieser im nahen Lyon eine Ständeversammlung abhielt, drängte Clemens Konzilsbeschlüsse zur Auflösung des Templerordens herbei.

Weit mehr aber nützte Clemens dem französischen König durch eine Politik, die wohl nicht nur dem Willen des Monarchen folgte, sondern vielmehr dem päpstlichen Interesse, Verwandte und Freunde gut zu stellen: Clemens hat das Kardinalskollegium, das bei seiner Wahl fünfzehn Kardinäle umfasst hatte – darunter dreizehn Italiener, ein Franzose und ein Spanier –, durch zwanzig Kardinalserhebungen erweitert: einen Engländer und neunzehn Franzosen! Angesichts dessen war es kein Wunder, dass auch sein Nachfolger ein Franzose wurde: der nach zweijähriger Sedisvakanz gewählte Jacques Duèze (geb. ca. 1245)[7]. Unter dem Namen Johannes XXII. regierte er vom 7. 8. 1316 bis zum 4. 12. 1334 als Papst. Er ist der Papst, dem Ockham in seinem Prozess begegnete. Und er ist auch der

[7] Zu ihm s. Carl August Lückerath, Art. Johannes XXII., in: TRE 17, Berlin/New York 1988, 109–112.

Papst, mit dem sich Ockham einen großen Teil seiner publizistischen Tätigkeit reiben wird: Als er starb, war Ockham fünfzig Jahre alt, hatte noch ein Jahrzehnt zu leben. An Johannes XXII. machte Ockham die irritierende Erfahrung, dass der Papst offenkundig Falschlehre vertreten konnte.

Die kirchenhistorische Bedeutung des Johannes' XXII. aber lag zunächst darin, dass mit ihm das avignonesische Papsttum im strengen Sinne begann. Und dies ganz einfach: Jacques Duèze kehrte einfach dorthin zurück, wo er gewesen war, ehe man ihn zum Kardinalbischof von Ostia bestimmte: in den Bischofspalast von Avignon, wo er 1310 bis 1312 als Bischof von Avignon residiert hatte. Mit dieser Entscheidung begann die Glanzzeit Avignons, das bis dahin eine kleine Provinzstadt im Süden Frankreichs gewesen war. Avignon bot mancherlei Vorteile: Zwar war es – bis zum Kauf im Jahre 1348 – nicht im Besitz der Päpste selbst, sondern gehörte den Grafen der Provence, die aber immerhin Vasallen des Papstes waren. Vor allem aber lag es günstig zwischen Frankreich und Italien. Italien war über das Meer oder durch die Alpen leicht zu erreichen – Frankreich lag quasi in Steinwurfweite: Die Rhône markierte die Grenze nach Frankreich. So hatte man den potenziellen Schutzherrn Philipp den Schönen in der Nähe (was er auch bald durch den Aufbau von Bastionen auf der anderen Rhôneseite in aller Deutlichkeit markierte), war aber zugleich auch vor ihm, sollte er vom Beschützer zum Bedränger werden, einigermaßen geschützt. Günstigerweise sicherte nicht nur die Rhône selbst einen gewissen Abstand, sondern auch die Lage von Dom und Palast auf einem steil abfallenden Felsen, der im Zweifelsfall schwer einzunehmen gewesen wäre. Was man freilich in Avignon nicht haben konnte – und dies wurde einige Jahrzehnte später zur Wurzel der Abwendung der Päpste von Avignon –, das war die Heiligkeit der Stadt Rom. Aus mentalitätsgeschichtlicher Sicht ist es ungeheuerlich, dass die faktische Erhebung von Avignon zum Papstsitz nur wenige Jahre nach dem großen Ablassjahr 1300 erfolgte, in dem Bonifaz VIII. – in Reaktion auf entsprechende Erwartungen in der nach Rom pilgernden Christenheit – den Rompilgern vollen Ablass verheißen hatte.[8] Zu den Gräbern der Apostel in Rom gab es keine Alternative in Südfrankreich.

In dieser Situation, in der es mehr auf verwaltungstechnisches Geschick als auf große theologische Reflexionen ankam, war Johannes XXII. trotz seiner etwa siebzig Lebensjahre der ideale Mann. Duèze brachte große politische Erfahrung mit, die ihm in seinem unerwartet langen Pontifikat – es wurden mehr als achtzehn Jahre – zustatten kommen sollte: Zwei Jahre hatte er als Kanzler Karls II. von Neapel agiert, ehe er Bischof in

[8] Siehe hierzu Nikolaus Paulus, Geschichte des Ablasses im Mittelalter. Vom Ursprunge bis zur Mitte des 14. Jhs. 2. Bd., Darmstadt 2000 (= Paderborn 1923), 79.

Avignon geworden war. Aus dieser Zeit kannte er jene hochmoderne Verwaltung, die ein halbes Jahrhundert zuvor Friedrich II., der von den Päpsten seiner Zeit gehasste „Stupor mundi", mit seinem modernen Beamtenstaat aufgebaut hatte.

Diese Erfahrungen nutzte Johannes XXII. konsequent, um auch in Avignon die Kurie zu einer effizienten Behörde auszugestalten. Um sich versammelte er Kurialbeamte, die mit Geld entlohnt wurden.[9] So wie einst Friedrich II. durch seinen Beamtenstaat die alten lehensrechtlichen Herrschaftsstrukturen unterlaufen hatte, galt nun auch für die Kleriker, die über Macht verfügten: Nicht aufgrund von Pfründen, die zwar entzogen werden konnten, aber doch zunächst eine ökonomische Grundlage bildeten, die die Tendenz zur Verselbstständigung in sich trug, wurden die Zuarbeiter des Papstes ernährt, sondern aufgrund fest geregelter Zahlungen durch den Dienstherrn. Eine eigene Macht- und Wirtschaftsbasis fehlte ihnen also völlig, was ihre Legitimation, aber auch ihre äußere Existenz ganz vom Papst abhängig machte.

Die größere Abhängigkeit korrespondierte bei dem wichtigsten Kurialen auch mit einer erhöhten Vertrauensstellung: Der Beichtvater (*confessor*) wurde mit einer großen Zahl von Aufgaben betraut, die nicht genauer definiert waren, sondern sich eben aus seiner Vertrauensstellung zum Papst ergaben. Hinzu kam eine siebenköpfige Kammer, die für die Schriftführung zuständig war.

Der entstehenden Deutung der Abhängigkeitsverhältnisse nicht über pfründenrechtliche Verhältnisse, sondern aufgrund des abstrakten Mediums des Geldes entsprach ein zunehmender Fiskalismus der päpstlichen Verwaltung. Mit Johannes XXII. begann der Ausbau jener fiskalischen Durchstrukturierung der Gesamtkirche, der in den folgenden Jahrhunderten die *Gravamina nationis Germanicae* hervorrief und zur Entstehung der Reformation beitrug. Wichtigste Einkommensquelle war die Zentralisierung von Verwaltungsakten an der Kurie.[10] Schon im Jahr seiner Wahl erließ er die Konstitution *Ex debito*, die die so genannten Reservationen vermehrte: die dem Papst vorbehaltenen Besetzungen von geistlichen Stellen, womit stets auch entsprechende finanzielle Abgaben an den Stellenvergeber, also den Papst verbunden waren. Wie hemmungslos Johannes hier seine Macht ausbaute, zeigt sich auch daran, dass er auf der einen Seite die Häufung von Pfründen verbot, auf der anderen Seite aber durch die Vergabe von Expektanzen, also von Versprechungen, dass jemand nach dem Ausscheiden des bisherigen Inhabers eine Pfründe erhalte, eben der Pfründenhäufung Vorschub leistete, wo es für ihn einträglich sein

9 TRE 17,111,32f.

10 Siehe zum Gesamtvorgang Guillemain, Papes d'Avignon 49–59.

konnte. Einträglich war dies insbesondere im Fall der so genannten Annaten: Abgaben vom ersten Jahreseinkommen einer Pfründe, die ab 1326 für alle an der Kurie vakanten Pfründen[11] zu zahlen waren. In möglichst vielen Fällen sollte eine Stellenbesetzung an irgendeinem Ort der Weltkirche finanzielle Gewinne für die Kurie mit sich bringen.

All dies zog beeindruckende verwaltungstechnische Vorgänge nach sich, es bedeutete aber zugleich auch die wirkungsvollere Realisierung der ägidischen Konzeption vom Papsttum unter neuen Bedingungen. Bonifaz VIII. hatte sich hier gewissermaßen der klassischen Mittel bedient, nämlich des politischen Kampfes gegen den mächtigsten weltlichen Herrscher. Diese Mittel waren Johannes nicht unbekannt, wie sich vor allem an seinem Vorgehen gegen Ludwig den Bayern noch zeigen wird (s. u. S. 185–187). Aber durch seine Anwendung des Reservationen-, Expektanzen- und Annatensystems wurde ein ganz anderes Element der ägidischen Theorie viel stärker spürbar: die Behauptung einer *potestas directa* des Papstes in seiner Kirche. Je mehr Stellen hinsichtlich der Besetzungsrechte an den Heiligen Stuhl gebunden wurden, desto deutlicher kristallisierte sich heraus, dass der Papst der eigentliche und unmittelbare Leiter der Kirche war. Jegliche Zwischeninstanz war von diesem Papst abhängig, und Besetzungen durch Bischöfe und andere dem Papst untergeordnete Prälaten konnten nur so weit und insofern legitimiert sein, als sie sich vom Papst herleiteten. Sosehr also der Ausbau des Fiskalismus schlichten ökonomischen Interessen geschuldet war – im Falle Johannes' XXII. diente es zu großen Teilen schlicht der Kriegsführung –, so sehr wurde in ihm doch die Universalität des Papsttums deutlich.

Und diese Universalität brachte nun auch Glanz nach Avignon: 600 Kurienbeamte mussten hier untergebracht werden, etwa zwanzig Kardinäle und 1000 *familiares.*[12] Nach mittelalterlichen Maßstäben war es eine wahre Kleinstadt, die nun zur bisherigen Bevölkerung von Avignon hinzukam – mit allen Folgen für Handel und Gewerbe, nicht zuletzt auch für die Prostitution, wie mancher Kritiker vermerkte. Mit dieser Aufwertung zur päpstlichen Kapitale verband sich auch ein Bauprogramm: Johannes XXII. gestaltete den alten Bischofspalast unter Einbeziehung nahe liegender Gebäude zu einer respektablen Residenz um, wobei er nur wenige Räumlichkeiten – insbesondere den Audienzsaal – neu errichten ließ.[13] Da Clemens VI. später weitere Aus- und Neubauten vornehmen ließ, ist von

[11] TRE 17,111,44.

[12] Zahlen nach Bernard Guillemain, Der Aufbau und die Institutionen der römischen Kirche, in: Mollat/Vauchez, Zerreißproben 17–74, 62; vgl. die Grafiken bei dems., Papes d'Avignon 147 sowie die große Gesamtdarstellung von dems., Cour.

[13] Siehe hierzu Vingtain, Avignon 67–80.

diesen Baumaßnahmen – auch von den offenbar seinerzeit vorhandenen prachtvollen Fresken[14] – heute kaum noch etwas erhalten. Die Archivalien aber geben einen Eindruck davon, dass hier mehr entstand als eine vorübergehende Bleibe: Hier wurde – verwaltungstechnisch – ein neues Rom gebaut. Das zeigt sich in vielleicht noch höherem Maße daran, dass Johannes XXII. sofort damit anfing, sein Herrschaftsgebiet neu zu umreißen: Rund um Avignon, Sorgues und Châteauneuf-du-Papes wurde ein neues Territorium in die südfranzösische Landschaft eingezeichnet[15], das dem Kirchenstaat in Mittelitalien zwar nicht gleichkam, aber doch als eine Art Ersatz hierfür gelten konnte. Und selbstverständlich entstand auch ein Ersatz für die Peterskirche: Der Bischofsdom von Avignon wurde zur faktischen Papstkirche, was sich vor allem darin manifestierte, dass es Grablege wurde. Das Grabmal Johannes' XXII. findet sich heute in einer Seitenkapelle dieses Doms, die Grabfigur freilich ist verschwunden.

Ockham also kam 1324 – als Angeklagter im von Lutterell angestoßenen Häresieprozess – in eine pulsierende Stadt, in eine der modernsten Städte Europas. Er kam in eine Stadt, die voller Spannungen war, zugleich auch eine Baustelle für viele neue Vorhaben, die der Papst und sein Umfeld angestoßen und nötig gemacht hatten. Quartiere mussten bezogen werden, die nötige Infrastruktur geschaffen werden. Wie viel Ockham hiervon mitbekommen hat, ist kaum zu entscheiden. Jedenfalls hat er Avignon nicht wie Francesco Petrarca (1304–1374) als einen Sündenpfuhl wahrgenommen, der seit seinem neunten Lebensjahr in Carpentras, in der an Avignon gefallenen Grafschaft Venaissin aufgewachsen und nach Studienaufenthalten in Montpellier und Bologna 1326 hierhin zurückgekehrt war – wohl ohne Ockham zu treffen. Den Vorwurf moralischer Verwerflichkeit jedenfalls meint – im Gegensatz zu Petrarca – Ockham nicht, obwohl er zu einem der schärfsten Kritiker des avignonesischen Papsttums wurde. Ja, es findet sich bei ihm nicht einmal ein Befremden darüber, dass die Päpste ihren Sitz in Avignon genommen hatten: Das Papsttum von Avignon nahm er in all seiner Problematik als ein Faktum hin, dessen Legitimität er jedenfalls explizit nicht bezweifelte. Seine Kritik konzentrierte sich auf andere Punkte.

Während seiner Zeit in Avignon dürfte er sich meistenteils im Franziskanerkloster aufgehalten haben. Er durfte wohl die Grenzen der Stadt nicht verlassen, vielleicht auch nicht die des Konventes, sofern er nicht eigens zu seinem Prozess vorgeladen war. Am Leben des Konventes nahm er vermutlich in der üblichen Weise teil. Im Blick auf seine Biografie ist es eine merkwürdige Pause, die hier eintritt, eine Phase des äußeren Stillstan-

[14] Ebd. 80–84.

[15] Siehe ebd. 50–61; vgl. die Karte bei Guillemain, Papes d'Avignon 145.

des, die umso schärfer spürbar wurde, als der Prozess, um dessentwillen er nach Avignon gekommen war, nicht recht vorankommen wollte.

2. Ockhams Prozess: ein Musterbeispiel an Akribie

Dass Ockhams Prozess überhaupt an den Papsthof gezogen war, hatte auch mit den Entwicklungen des avignonesischen Papsttums zu tun, denn die allgemeine Zentralisierung der Verwaltung brachte auch eine solche der Häresieaufsicht mit sich.[16] Klassischerweise handelte es sich hier um eine Aufgabe der Bischöfe, wie noch die große Pariser Lehrverurteilung von 1277 gezeigt hatte, nur gelegentlich war es zu Verhandlungen über Häresie vor dem Papst selbst gekommen. Der bekannteste Fall ist der Berengars von Tours (ca. 1005–1088) im 11. Jahrhundert. Solche zentrale Häresierechtsprechung blieb bis ins frühe 14. Jahrhundert hinein die Ausnahme. Erst jetzt wurde die Kurie zum Ort des Häresieprozesses: Postum verdächtigte man Petrus Johannis Olivi, Ockham wurde vorgeladen, und wenig später kam – freilich auf eigenen Wunsch, um den Kölner Gegebenheiten zu entfliehen – auch Meister Eckhart nach Avignon.

An diesem Zentralisierungsdruck in Fragen der reinen Lehre hatte auch Lutterell partizipiert, als er darauf drängte, den lokalen Oxforder Konflikt an die Kurie zu ziehen. Nun hatte er sein Ziel erreicht – er wurde in Avignon zum offiziellen Ankläger Ockhams. Das hat auch seinen eigenen Aufenthalt in Avignon stärker in die Länge gezogen, als er wohl zuvor gehofft hatte: Als der König von England am 12. Mai 1325 Lutterells Rückkehr nach England forderte, antwortete der Papst, Lutterell müsse noch „causam suam contra quandam doctrinam pestiferam" führen, seinen Prozess gegen eine verderbliche Lehre.[17] Das dürfte sich auf den Ockham-Prozess beziehen.

Aus dem individuellen, in seiner lokalen Verflechtung schwer durchschaubaren Vorgang Lutterell gegen Ockham war mittlerweile ein offizieller päpstlicher Vorgang geworden. An dessen Anfang stand nach Lutterells eigener Aussage, dass ihm der Papst ein Buch übergeben habe, „qui dicitur esse fratris Willelmi de Occam"[18], von dem man sagt, dass es von Wilhelm von Ockham stamme[19] – Lutterell, der als Ankläger und mit Ockhams Sentenzenkommentar im Gepäck nach Avignon aufgebrochen war[20], wird hierdurch gwissermaßen nachholend legitimiert: Was er selbst nach

[16] Siehe hierzu Courtenay, Freedom.
[17] Zit. nach Koch, Aktenstücke 7,360.
[18] Hoffmann, Lutterell 7,24.
[19] So ist wohl Hoffmann, Lutterell, 7,32, zu verstehen.
[20] Miethke, Sozialphilosophie 58.

Avignon gebracht hatte, das wichtigste Beweisstück des Häresieprozesses, erhält er aus der Hand des Papstes – und zur Wahrung des korrekten Verfahrens wird auch die Autorschaft Ockhams formal in Zweifel gezogen. Wie unglaubwürdig dieser Bericht ist, zeigt schon allein die Tatsache, dass Lutterell, wenn seine Angabe stimmte, seine ausführliche Anklageschrift, die er schon am nächsten Tag vorlegen konnte, binnen vierundzwanzig Stunden verfasst haben müsste.[21] Auch sie hatte wohl schon in seinem Gepäck gelegen, und er brauchte sie nun, nach der offiziellen Beauftragung, nur noch zu zücken. Doch war für ihn wichtig, dass die Liste von 56 Lehrsätzen (*articuli*) und den hieraus folgenden „Irrtümern", die er zusammengestellt hatte, einen offiziellen Charakter hatte.

Diese Zusammenstellung von Listen entsprach der Art des Verfahrens, das gegen Ockham angestrengt wurde. Es ging hier – wie auch im parallelen Prozess gegen Meister Eckhart – nicht um eine Verurteilung der Person als Ketzer, sondern es ging um ein auf die Lehre ausgerichtetes Verfahren, in dem Sätze mit dem Zweck verurteilt wurden, dass sie nicht weiter gelehrt wurden.[22] In der Tat war es, wie die inkriminierten Artikel zeigen, nur ein einziges Werk, das der Anklage zugrunde lag: der Sentenzenkommentar.[23] Von den späteren Werken, die außerhalb Oxfords entstanden sind, hat Lutterell offenbar keine Notiz genommen. Übrigens war die von Lutterell mitgebrachte und ihm dann wieder überreichte Handschrift des Sentenzenkommentars nicht die einzige, die den Richtern vorlag. In den bemerkenswert gut dokumentierten Akten des Prozesses ist verschiedentlich in Bezug auf den Sentenzenkommentar auch von einem Buch die Rede, das Ockham dem Papst übergeben habe.[24]

So gestelzt und verdreht Lutterell sich hier stilisiert – er tut es im Interesse einer Einhaltung der formalen Regeln eines geordneten Verfahrens. Tatsächlich wird man den Prozess insgesamt, soweit man dies nochvollziehen kann, als überaus fair beschreiben dürfen. Lutterells Anklageschrift wurde nämlich keineswegs einfach übernommen, sondern man setzte – wohl im August 1325[25] – eine Expertenkommission ein, die sich noch einmal eingehend mit Ockham zu beschäftigen hatte. Ihre Zusammensetzung freilich war für einen Franziskaner nicht eben günstig; neben Lutterell gehörten ihr drei Dominikaner an: Raimund Béguin, Patriarch von Jerusalem (das war zu diesem Zeitpunkt – 34 Jahre nach dem Fall Akkos als

[21] Hoffmann, Lutterell 125.

[22] Vgl. hierzu grundlegend Trusen, Prozess 123f. – freilich insgesamt mit sehr apologetischer Tendenz.

[23] Koch, Aktenstücke 7,356ff.

[24] Ebd. 8, 195,2f.; 197,4f.; vgl. ebd. 7,370.

[25] OT IX 40*; vgl. Baudry, Vie 99 Anm. 1.

der letzten Bastion der Europäer im Heiligen Land – ein reiner Titel geworden), Dominicus Grenier, Bischof von Pamiers, und Durandus de S. Porciano, Bischof von Meaux, sowie zwei Augustinereremiten: Gregor, Bischof von Belluno-Feltre, und Johann Paignote, Magister der Theologie.[26] Gleichwohl ging die Kommission sorgsam und umsichtig ans Werk. Die Liste Lutterells wurde nicht einfach abgearbeitet, sondern durch eine neue Liste, nun nicht von 56 inkriminierten Sätzen, sondern lediglich von 51 Sätzen, ersetzt. Wer diese Sätze zusammengestellt hat, ist nicht sicher belegt.[27] Deutlich ist, dass sie auf Grundlage der Anklageschrift Lutterells erstellt wurde, nur eben mit entscheidenden Akzentverschiebungen: Aus Lutterells Liste war ein Großteil von Sätzen herausgestrichen worden, und zwar gerade solche, die sich auf die philosophischen Lehren Ockhams bezogen. Der Grund dieser Maßnahme ist einsichtig: Das Verfahren sollte aus dem philosophischen Gelehrtenstreit in einen echten Häresieprozess überführt werden. Hatte schon Lutterell das Verfahren in eine neue Qualität überführt, indem er aus dem Privatankläger zum vom Papst beauftragten Kläger geworden war, so wurde nun diese formale Anhebung des offiziellen Charakters auch inhaltlich unterstrichen. Man wollte nicht jene Lehren behandeln, die vielleicht auch problematisch waren, aber nicht direkt die Glaubenslehre tangierten, sondern allein solche, die wirklich und eindeutig als Häresie anzusehen waren.

Entsprechend ging man weiter vor. Die neuerliche Liste von 51 Punkten wurde noch einmal bearbeitet. Dabei war die Kommission auch gezwungen, auf Ockham selbst zu reagieren. Zwar ist nicht gesichert, ob sie Ockham zu ihren Beratungen vorgeladen hat, aber es scheint so, dass sie ihr erstes Gutachten öffentlich im Konsistorium vorgetragen hat und Ockham sich hier – wohl vor dem Papst – verteidigen durfte.[28] So berichtet es jedenfalls Bertrand della Tour in einem nach Ockhams Flucht aus Avignon und der dann erfolgten Exkommunikation verfassten Schreiben: „Den eben erwähnten Wilhelm von Ockham, der vor die römische Kurie vorgeladen worden war, weil man ihn bezichtigt hatte, dass er viel Irriges und Häretisches gelehrt und geschrieben habe, was er auch verteidigte, und der mehrfach in Bezug auf die genannten Irrtümer von mehreren zuvor zusammengerufenen Doktoren der Heiligen Schrift im Konsistorium verhört worden war ... hat unser Herr als widerspenstig verurteilt.“[29]

[26] Koch, Aktenstücke 7,362.

[27] Zur Analyse s. ebd. 7, 362–370.

[28] Siehe die Deutung von Miethke, Sozialphilosophie 65 f.

[29] „Predictum etiam Guilelmum Ocham vocatum ad romanam curiam pro eo quod delatus erat quod multa herronea et hereticha docuerat et scripserat, que etiam defendebat, pluriesque super dictis herroribus prius commissis nonnulis sacre theologie doctoribus auditus fuerat in consistorio ... idem dominus noster excommunicavit velud contumacem“; zit. nach OT IX 40 f.* Anm. 45.

Wenigstens für die allen weiteren Entscheidungen notwendigerweise zugrunde liegende *quaestio facti*, also die Frage, ob Ockham tatsächlich gelehrt hat, was ihm vorgeworfen wurde, ist ansatzweise etwas vom Inhalt des Verhörs nachzuvollziehen. Ockham hat offenbar die Gelegenheit gehabt, neben dem schon vorliegenden Sentenzenkommentar auch seine eigenen *quaterni*, wohl die Hefte, die sein Vorlesungsmanuskript enthielten, vorzulegen und auf Diskrepanzen zwischen beiden Textfassungen hinzuweisen. Ein Schreiber hat sorgfältig die beiden Textfassungen miteinander verglichen und alle Stellen, an denen Ockham moniert hatte, dass der ihm zur Last gelegte Text des Sentenzenkommentars nicht wirklich authentisch sei, exzerpiert. Entstanden ist eine Liste von immerhin 22 Punkten mit genauen Stellenangaben im ursprünglich vorliegenden Buch und in Ockhams Heften[30] – freilich immer wieder auch mit Bemerkungen wie *„noviter rasum“*[31], frisch ausradiert, oder *„noviter additum“*[32], neu hinzugefügt, also klaren Hinweisen – oder Unterstellungen –, dass Ockham noch während des Prozesses Änderungen an seinen Manuskripten vorgenommen hat.

Diese Liste von Exzerpten lässt durch diese kleinen Bemerkungen etwas von Ockhams Unruhe erahnen. Wie ein Schüler mit schlechtem Gewissen hat er seine eigenen Heftchen noch vorgelegt, um sie als authentisch unter Beweis zu stellen. Die inhärente Logik war dabei, dass ein Prozess zur Verurteilung von Lehren dann seinen Sinn erfüllt hatte, wenn diese Lehren nicht weiter vertreten wurden. Eben dies wollte Ockham wohl deutlich machen. Haben wir so für Ockhams Stellungnahme zur *quaestio facti* recht klare Belege, kann man die Vermutung, er habe wohl auch inhaltlich Stellung zu den gegen ihn gerichteten Vorwürfen genommen, nur sehr vorsichtig formulieren.

Es scheint allerdings in der Tat einen Hinweis hierauf zu geben, nämlich in einer Predigt, die Johannes XXII. im Jahre 1325 oder 1326[33], also mitten in der Zeit, da Ockham wegen des Prozesses in Avignon verharren musste, zu Mariä Lichtmess gehalten hat. In dieser Predigt referierte Johannes die Position bestimmter Leute, von denen er sich absetzen wollte. Sie erklärten hiernach:

„Was […] keinen Widerspruch impliziert, ist Gott möglich. Das aber impliziert, wie es scheint, keinen Widerspruch, dass Gott in diesem Leben geschaut werde. Denn wenn es keinen Widerspruch impliziert, dass er im Entrückungszustande und in einer begrenzten Übergangszeit geschaut werde, impliziert es auch keinen Wider-

[30] Koch, Aktenstücke 8,195 ff.
[31] Ebd. 8,196,29.
[32] Ebd. 8,197,2.
[33] Pásztor, Polemiche 418,17–20.

spruch, dass er dauernd geschaut werde. Gott kann aber vom Erdenpilger im Entrückungszustand und vorübergehend geschaut werden, wie nach Augustin aufgrund der Beispiele des Moses und des Paulus klar ist, also kann er widerspruchsfrei dauernd gesehen werden."[34]

So verbreitet die hier angesprochene *raptus*-Lehre auch war, so charakteristisch ist doch die von Johannes wiedergegebene Argumentation mit dem Widerspruchsprinzip: Sie passte genau zu Ockhams in diesem Zusammenhang begegnender Argumentation mit der *potentia absoluta*, der absoluten Macht Gottes, die allein durch das Prinzip vom ausgeschlossenen Widerspruch gehemmt ist. Und gerade diese *potentia*-Lehre war – vor allem im Zusammenhang der Gnadenlehre – auch Gegenstand im Prozess gegen Ockham[35] (s. u. S. 149 f.), ebenso die Frage der Schau Gottes[36]. Auch wenn also das Referat einer fremden Position durch Johannes XXII. nicht präzise im Rahmen des Prozesses zu verorten ist, macht doch dessen zeitlicher und inhaltlicher Kontext wahrscheinlich, dass Johannes XXII. in dieser Predigt Ockham als Gegenüber im Blick hatte. Wenn dem aber so ist, dann muss es – schon in einer frühen Phase des Prozesses – auch die Möglichkeit zu inhaltlicher Argumentation für Ockham gegeben haben. Vermutlich stand dies zeitlich im Zusammenhang mit den Ausführungen zur *quaestio facti*, so dass wir etwa in den Jahren 1325/6 eine intensive formale und inhaltliche Auseinandersetzung der Theologenkommission und der Kurie insgesamt mit Ockhams Position annehmen können. Hierfür spricht auch, dass in dem nun, nicht vor dem 13. März 1326[37], erstellten – wohl als abschließend gedachten – Gutachten der Theologenkommission deutlich sauberer argumentiert wird als in dem ersten Kommissionsgutachten, insofern einzelne Sätze nun nicht mehr aus ihrem Kontext herausgerissen, sondern in diesen hineingestellt werden.[38]

In dieser – mit ausführlichen Kommentaren der Kommission versehenen – Liste sind die inkriminierten Artikel wohl geordnet: Die ersten 29 Sätze sind solche, die die Kommission als häretisch oder irrig ansieht,

[34] „Sed dicunt aliqui quod non est hereticum, nec erroneum, quamvis sit presumptuosum et temerarium hec asserere. Quod enim non includit contradictionem Deo est possibile. Hoc autem non includit contradictionem quod Deus videatur in vita ista, ut videtur, quia si non includit contradictionem ut videatur raptim et quondam transitorie, non includit contradictionem etiam ut videatur permanenter. Deus autem potest videri a viatore raptim et transitorie, ut patet de Moyse et Paulo secundum Augustinum ergo permanenter potest videri sine contradictione" (Pásztor, Polemiche 418,24–31).

[35] S. etwa Koch, Aktenstücke 8,82,28; 85,33–37 u. ö.

[36] Ebd. 8,92,11–93,26; 187,17–188,8.

[37] Baudry, Vie 99 Anm. 4.

[38] Siehe hierzu Koch, Aktenstücke 7,366.

die verbleibenden 22 Artikel hingegen werden als solche gekennzeichnet, die möglicherweise falsch sind, aber nicht als Widerspruch gegen christliche Lehre oder Sitte, also im strengen Sinne häretisch angesehen werden müssen. Der Fragenkreis, an dem man Ockham Häresie vorwirft, ist breit: Die ersten neun Artikel betreffen die Gnaden- und Sündenlehre, die folgenden achtzehn die Frage der Gotteserkenntnis, die Artikel 19 bis 23 das Altarsakrament, der Artikel 24 die Frage der Sündigkeit Christi, Artikel 25 bis 28 Fragen der göttlichen Eigenschaften und der Trinitätslehre und schließlich der 29. Artikel die Ideenlehre. Ockham wird hiermit zunächst und vor allem – darin kumulieren die ersten neun Artikel – als ein Theologe gezeichnet, der pelagianisch denkt, also als ein Theologe, der die Häresie des Pelagius, des Gegners des Augustin, wieder aufgriffe, der gelehrt hatte, dass die Sünde Adams dem Menschen nicht auf eine Weise vererbt werde, die ihn aus sich heraus unfähig zum Guten mache, und der darum die Freiheit des Menschen zur Erlangung seines Heils betont hatte. Doch nicht nur in der Gnadenlehre sollte Ockham irren, auch im Blick auf die menschlichen Möglichkeiten zur Erkenntnis Gottes soll er sich bestenfalls unklar geäußert und die Realität der Transsubstantiation bezweifelt haben.

Wenn all diese Vorwürfe zutreffen sollten, hatte Ockham sich zweifellos zu Lehren verstiegen, die mit dem Christentum nicht mehr vereinbar waren, musste seine Verurteilung unmittelbar bevorstehen. Das Gutachten gab hierzu die beste Grundlage. Sein argumentierender, ausführlicher Stil musste nur neuerlich auf eine reine Liste von Sätzen Ockhams reduziert werden, die dann der Papst in Gestalt einer Bulle hätte verurteilen können, wie er es 1329 im Falle Meister Eckharts in der Bulle „In agro dominico" getan hat.

Merkwürdigerweise ist eben dieser offizielle Schritt nicht erfolgt – die Spur des Prozesses verliert sich im Dunkel. Zwar weiß man noch, dass Jakob Fournier, der spätere Papst Benedikt XII., ein Gutachten gegen Ockham verfasst hat[39], aber außer der Tatsache, dass dies frühestens im Jahr 1326 geschehen sein kann, ist hierüber nichts bekannt – auch nicht, ob dies nach den beiden Gutachten passierte oder etwa zwischendurch, ob es möglicherweise dieses Gutachten war, das die gelegentlich zu beobachtende Verschärfung im Ton des zweiten Gutachtens gegenüber dem ersten veranlasst hat.[40] Der weitere Fortgang erweckt jedenfalls einen merkwürdigen Eindruck: Ockham bleibt in Avignon, bleibt auch offenkundig im Status des Angeklagten, aber niemand führt den Prozess forciert zu Ende. Ockham wird nicht verurteilt.[41] Die hierfür gerne von franziskanischer

[39] Ebd. 7,369.
[40] Siehe hierzu ebd. 7,368.
[41] Siehe hierzu Miethke, Sozialphilosophie 72 Anm. 259.

Seite vorgebrachte Überlegung, die Gründe hätten eben für eine Verurteilung nicht ausgereicht, dürfte kaum zutreffend sein, denn die Theologenkommission hatte ihre Arbeit präzise und mit eindeutigem Ergebnis gemacht. Die zusammengetragenen Vorwürfe hätten, misst man sie an dem weit weniger abgesicherten Vorgehen gegen Meister Eckhart, in jedem Falle zu einer Verurteilung ausgereicht. Über die Gründe, die Johannes hiervon abhielten, kann allenfalls spekuliert werden. Wichtiger ist jedoch ein Blick darauf, wozu Ockham die notgedrungen freie Zeit genutzt hat, die der Aufenthalt in Avignon für ihn gebracht hatte.

3. Die virtuelle Universität

a) Die Quodlibeta: Zeit und Ort ihrer Entstehung

Schon eine Handschrift aus dem Jahr 1333 belegt einen Text Ockhams, der der Gattung der „Quodlibeta" angehört. „Quodlibeta" stellten im mittelalterlichen Universitätswesen eines der herausragendsten Ereignisse dar[42]: Hier ging es nicht mehr um eine Disputation zur Erlangung eines akademischen Grades, sondern ein Magister führte, frei von allem akademischem Druck, den Vorsitz und stellte Probleme zur Diskussion. Die Freiheit der Problemstellung drückt sich schon in dem Namen „Quodlibet" aus – und führte dazu, dass der betreffende Magister eben die wissenschaftlichen Fragen vorlegen konnte, die er für besonders brisant und interessant hielt.

Angesichts dieses magistralen Charakters der „Quodlibeta" stellt sich allerdings die Frage, wie es möglich werden konnte, dass unter dem Namen Wilhelms von Ockham, der doch stets Venerabilis Inceptor blieb und nie Magister wurde, eine ganze Reihe von „Quodlibeta" erhalten ist: Sieben „Quodlibeta" mit jeweils 19 bis 35 Fragen liegen vor. Für dieses Problem scheint zunächst wie für manches andere die London-These eine gute Erklärung zu bieten: Tatsächlich hatte Ockham die Möglichkeit, als Lehrer an einem Ordensstudium in quasi-magistraler Funktion zu agieren.[43] Damit wäre denkbar, dass Ockham tatsächlich die „Quodlibeta" in London gehalten haben könnte, und diese Möglichkeit wird noch dadurch wahrscheinlicher, dass es in den „Quodlibeta" ausführlich viele und enge Berührungen mit der „Reportatio" Walters von Chatton gibt.[44] Wenn es

[42] Siehe hierzu Glorieux, littérature quodlibétique.

[43] So schon Miethke, Sozialphilosophie 41, ehe der Gedanke des Londoner Aufenthaltes aufgekommen war; vgl OT IX 31*f.

[44] OT IX 30*f.

denn richtig sein sollte, dass Ockham und Chatton gleichzeitig in London gewirkt haben, könnte dies die Annahme, dass die schriftlich erhaltenen „Quodlibeta" auf real in London gehaltene „Quodlibet"-Veranstaltungen zurückgehen, erhärten. Neben seinen sonstigen Vorlesungen hätte Ockham demnach auch solche würdigen Diskussionsveranstaltungen abgehalten.

Entsprechend haben die Editoren der „Quodlibeta" – ein Kollegium von Franziskanern in Amerika, das sich um die rasche und in mancher Hinsicht vorbildliche Herausgabe von Ockhams akademischen Werken große Verdienste erworben hat – sogar schon einen Abriss des zeitlichen Verlaufs entworfen, dem Ockham dabei gefolgt sein könnte.[45] Ausgangspunkt ist die Verschränkung mit den Vorlesungen Chattons, die etwa 1321 begonnen haben dürften. Damit Ockhams Chatton-Zitate zeitlich erklärbar sind, hat man hieraus errechnet, Ockham habe sein erstes „Quodlibet" im Herbstsemester 1322 begonnen und dann Semester für Semester mit den „Quodlibeta" fortgesetzt. Als hätte er schon den Zeitdruck gespürt, der von seiner späteren Reise nach Avignon ausgehen würde, hätte er einmal zwei und einmal gar drei „Quodlibeta" (im zweiten Fall mit insgesamt 66 Quaestionen!) in einem Semester zusammengefasst, so dass er die insgesamt sieben „Quodlibeta" gleichsam auf vier Semester zusammengestaucht hätte. Nach dieser Rechnung wäre er tatsächlich im Frühjahrssemester 1324 mit dem Stoff durch gewesen und hätte getrost nach getaner Arbeit zu seinem Prozess reisen können.

Aber diese Rechnung hat ihre Widerhaken – nicht nur weil man ihr anmerkt, dass sie auf das Ergebnis ausgerichtet ist, den Abschluss der „Quodlibeta" vor der Abreise nach Avignon zu datieren, sondern auch aus rein praktischen Gründen. Legt man die in Oxford übliche dreimonatige Unterbrechung der Vorlesungszeit von Juli bis Oktober auch für London zugrunde[46], so würden sich nach der Rechnung der Editoren die 170 Quaestionen Ockhams auf 18 Semestermonate verteilen: Ockham hätte pro Woche mehr als zwei Quaestionen im Rahmen eines „Quodlibets" behandeln müssen. Denkbar ist das gewiss, aber wahrscheinlich scheint es nicht, zumal wenn man das Arbeitspensum bedenkt, das ohnehin auf ihm lastete. All dies hätte er neben seinen Vorlesungen zur Philosophie geschafft – die ja auch die Einarbeitung in ganz neue Themen mit sich brachten –; er hätte überdies noch die Eucharistietraktate schreiben müssen, ja vielleicht hätte er auch noch nebenher letzte Hand an die *Summa logicae* gelegt. Insgesamt spricht das für die Annahme eines stupenden Arbeitseifers, gibt der Rechnung aber nicht eben hohe Plausibilität. Man merkt ihr

[45] OT IX 38*.

[46] Courtenay, Schools 11 f.

an, dass mit aller Macht der Versuch gemacht wird, den „Quodlibeta" einen realen Haftpunkt in Ockhams akademischer Lehrtätigkeit zu geben – und sie damit noch weiter als ohnehin schon üblich von seiner späteren politischen Tätigkeit zu trennen, die durch Erfahrungen in Avignon angestoßen wurde und den heutigen Erben des heiligen Franz den Umgang mit ihrem großen Ordensbruder nach wie vor schwer macht.

Aufgrund der Problematik dieser Rechnung scheint es sinnvoll, doch noch einmal zu erwägen, ob es wirklich zwingend ist, anzunehmen, dass Ockham reale „Quodlibeta" gehalten habe, oder ob man nicht umgekehrt für möglich halten sollte, dass er in seiner weitgehend ja beschäftigungslosen Zeit in Avignon die akademische Form der *„quodlibeta"* rein literarisch aufgegriffen und sich hiermit gleichsam eine virtuelle Universität geschaffen hat. Hierfür spricht vor allem die auch von den Editoren selbst anerkannte Tatsache, dass die „Quodlibeta" an einigen Stellen ausdrücklich auf die Prozessgutachten zurückgreifen. In der fünften Quaestio des sechsten „Quodlibets" fragt Ockham, ob von Gott irgend etwas bejahend ausgesagt werde, was nicht Gott sei. In der in den Quaestionen üblichen Weise führt er zunächst ein verneinendes und ein bejahendes Argument zu dieser Frage an, ehe er in die wissenschaftliche Auseinandersetzung einsteigt. Das verneinende Argument lautet: „In jeder bejahenden Prädikation besteht eine Identität zwischen Prädikat und Subjekt, andernfalls wäre die Aussage falsch. Also wird von Gott nicht etwas ausgesagt, was nicht Gott ist."[47] Der Hintergrund hierfür ist unverkennbar die Stellungnahme der mit dem Prozess beauftragten Theologenkommission, die schon in ihrem ersten Gutachten in Kritik an Ockhams Lehre von der Gotteserkenntnis formuliert hatte: „Jede bejahende Aussage setzt für ihre Wahrheit die Identität von Subjekt und Prädikat voraus."[48] Ähnliche Beobachtungen lassen sich auch an anderen Stellen der „Quodlibeta" machen.[49]

Damit ist immerhin deutlich, dass der „Quodlibeta"-Text letzter Hand nicht vor Ockhams Reise nach Avignon abgeschlossen sein konnte. Diese vorsichtige Formulierung ist deswegen nötig, weil die Editoren von Ockhams Werk die Hinweise auf den Kommissionsbericht in den „Quodlibeta" so erklären, dass Ockham die „Quodlibeta" noch in Avignon redigiert habe[50], oder gar: dass die letzten Quaestionen erst in Avignon entstanden

[47] „in omni praedicatione affirmativa est identitas praedicati ad subiectum, aliter esset propositio falsa; igitur quod non est Deus non praedicatur de Deo" (OT IX 599,4 ff.).

[48] „omnis propositio affirmativa requirit ad veritatem suam ydemptitatem predicati cum subiecto" (Koch, Aktenstücke 8, 181,12 ff.).

[49] Im Einzelnen aufgeführt in OT IX 28*.

[50] OT IX 41*.

wären.[51] Da man aber für Avignon wohl kaum real gehaltene „Quodlibeta“ voraussetzen kann, müsste man im Text doch einen massiven literarischen Bruch von den realen Londoner „Quodlibeta“ zu den fiktiven Avignoneser „Quodlibeta“ zeigen können, der sich so nicht nachweisen lässt. Wenn eine Erklärung also plausibel ist, dann nur die erste. Dass Ockham mit unfertigen Manuskripten nach Avignon gekommen und diese dann hier, in der Ruhe der Gefangenschaft überarbeitet hätte, lässt sich in der Tat nicht ausschließen. Doch ist es auffällig, dass das oben angeführte Zitat aus Quodl. VI q. 5 ja nicht einfach ein beiläufiges Zitat ist, sondern an einer zentralen, für die *quaestio* insgesamt konstitutiven Stelle steht, eben in dem ersten, einleitenden Kopfargument: Eine Redaktion, die hier eingegriffen hätte, wäre sehr weit gegangen.

Die Frage wird allerdings noch komplizierter, und da sie für Ockhams Existenz in Avignon eine gewisse Bedeutung hat, kann auch dieser nächste Gedankengang dem Leser einer Biografie nicht erspart bleiben. Es gibt noch einen weiteren Text, der zur Datierung der „Quodlibeta“ beitragen kann, nämlich die „Quaestiones in libros Physicorum Aristotelis“. Sie repräsentieren eine ganz ähnliche literarische Gattung wie die „Quodlibeta“ – eine Reihe von Fragen, die in freiem Vortrag behandelt worden sein könnten, nur eben, wie der Titel anzeigt, auf dem Gebiet der Philosophie, genauer: der aristotelischen Physik. Sie haben insofern eine Bedeutung für die Datierung der theologischen „Quodlibeta“, als sie teilweise deren Text voraussetzen. Aber, und das macht die literarischen Verhältnisse so kompliziert: Es findet sich in ihnen der eindeutige Beleg, dass einerseits Chatton die physikalischen Quaestionen Ockhams zitierte, andererseits Ockham die „Lectura“ Chattons.[52] Ein solches gegenseitiges Zitieren ist nur schwer erklärbar. Die plausibelste Erklärung ist nun, angesichts des wenigstens hochschulöffentlichen Genres der Quaestionen, dass Chatton Ockhams Quaestionen miterlebt und -geschrieben hat und entsprechend noch in London hierauf reagieren konnte, während Ockham bei seinen Quaestionen eine schriftliche Fassung von Chattons Vorlesung vorliegen hatte. Kaum denkbar ist jedenfalls, dass ein solches Zitieren über Kreuz zwischen London und Avignon möglich gewesen wäre.

Damit dürfte feststehen, dass die physikalischen Quaestionen wenigstens im Kern auf real abgehaltene Diskussionsveranstaltungen in London zurückgehen. Und damit verschärft sich das Problem der „Quodlibeta“, da diese ja eben in den physikalischen Quaestionen vorausgesetzt sind. Müsste man sie nicht deswegen doch nach London transferieren? Dies ist wegen der klaren Anspielungen auf den Prozess jedenfalls für den Text in

[51] OT IX 38*.
[52] Nachweise in OP VI, 40*f.

seiner Endgestalt ausgeschlossen. Und in anderer Hinsicht begrenzt die Tatsache, dass Ockham tatsächlich physikalische Quaestionen real abgehalten haben dürfte, die Zeit, die ihm für entsprechende Veranstaltungen in der Theologie zur Verfügung gestanden haben dürfte, noch mehr. Und sie werfen eine weitere Frage auf, die bislang in der Diskussion um die Datierung von Ockhams Texten noch gar nicht gestellt worden ist: Ist es nicht überaus plausibel, dass Ockham, wenn er in London die quasi-magistrale Disputation durchführte, dies auf philosophischem Gebiet tat, da seine gesamte Tätigkeit auf Philosophie ausgerichtet war? Wäre es nicht demgegenüber vollkommen unwahrscheinlich, anzunehmen, dass er feierliche theologische „Quodlibet"-Disputationen durchgeführt hätte, während er doch sonst nur als Lehrer der Philosophie agierte? Kurzum: Die Plausibilität von in London gehaltenen theologischen „Quodlibet"-Veranstaltungen wird unter dem Gesichtspunkt der Realisierbarkeit durch die Existenz der physikalischen Quaestionen nicht größer, sondern eher noch geringer, als sie ohnehin schon ist.

Das überaus komplexe Gemisch von Beobachtungen und Argumenten lässt sich daher am ehesten so zusammendenken, dass man den schon für die theologischen „Quodlibeta" vorgebrachten Gedanken einer redigierenden Überarbeitung in Avignon auf die physikalischen Quaestionen überträgt. Solche Überlegungen könnten erklären, warum sie die theologischen „Quodlibeta" voraussetzen, die ihrerseits wiederum den Prozess zur Bedingung haben. Da sie zugleich aber in ihrer Entstehung an London gebunden sind, ergibt sich folgender Ablauf: Ockham hätte in London Quaestionen zu Fragen der Physik disputiert und damit ganz im Rahmen seines philosophischen Lehrauftrages am Ordensstudium gehandelt. Er hätte diese Ausarbeitungen nach Avignon mitgenommen, aber hier zunächst unter dem Druck des Prozesses die theologischen Fragen neu aufgenommen, mit denen er sich ja seit Jahren nicht mehr befasst hatte. Produkt dieser Neuaufnahme waren die theologischen „Quodlibeta". Mit ihnen hat er die Form nachgeahmt, die er zuvor auf philosophischem Gebiet in London praktiziert hatte. Diese Form lag ihm deswegen nahe, weil er nicht mehr wie im Sentenzenkommentar oder wie in einer Summe im Stil des Thomas das Ganze des theologischen Feldes durchschreiten wollte, sondern die Problembereiche seiner eigenen Theologie, auf die ihn seine franziskanischen Glaubensbrüder, vor allem aber Johannes Lutterell und die päpstliche Theologenkommission hingewiesen hatten. Erst nachdem er dieses Werk vollendet hatte, hat er sich dann wieder den philosophischen Quaestionen zugewandt und diese in eine endgültige Form gebracht.

Die Texte aber, die damit entstanden sind, sind nicht nur wegen ihres Inhaltes bedeutsam, sondern auch wegen der bloßen Tatsache ihrer Existenz und ihrer Form. Ockham nutzte die Auszeit, die der Prozess notgedrungen für ihn bedeutete, um weiter in seiner akademischen Tätigkeit aktiv zu bleiben. Er hat den Gang nach Avignon noch nicht als nachhaltigen Bruch mit seiner akademischen Tätigkeit gesehen, sondern eher als Ansporn für diese. Und er nutzte, um sich auszudrücken, weiterhin die Formen des akademischen Lebens – wenngleich jene, die ihm eigentlich aufgrund seines gescheiterten Promotionsversuches nicht zukamen, die freie Form des „Quodlibet". Ockham schuf sich am Schreibpult in Avignon tatsächlich so etwas wie eine virtuelle Universität: Während die Theologenkommission den gegen ihn geführten Prozess zusehends juristisch formalisierte und trotz aller gediegenen theologischen Argumentation auf die Frage Häresie oder nicht zuspitzte, setzte Ockham den abgebrochenen theologischen Diskurs fort. In keinem literarischen Genre hätte er dabei in dem Maße der aktuellen Situation nachgeben können wie in dem der „Quodlibeta". Diese Situation hat sich in zweierlei niedergeschlagen: Ganz äußerlich ist die Beobachtung, dass die zeitgenössischen Autoren, mit denen er sich auseinander setzt, hauptsächlich Franziskaner sind[53], Thomas von Aquin fällt zumindest als expliziter Gesprächspartner ganz aus. Das ist nicht etwa mit der Entstehung im Kontext des Londoner Franziskanerstudiums zu erklären, denn im Rahmen der Eucharistietraktate hat er sich ja durchaus mit dem Aquinaten auseinander gesetzt. Hintergrund dürfte vielmehr sein, dass er in dem kleinen, akademisch nicht bedeutsamen Franziskanerkonvent in Avignon kaum mehr als die Ordensliteratur zur Verfügung hatte – und eigentlich noch froh sein durfte, dass er wenigstens über diese verfügte! Wichtiger an dieser situativen Entstehung aber ist, dass auch die Inhalte der „Quodlibeta" von der Prozesssituation geprägt sind. Es ist kein Zufall, dass viele der Fragen sich mit dem Problem der Gnade beschäftigen und Ockham in diesem Zusammenhang ausdrücklich abweist, dass er Pelagianer sei.[54] Eben diesen Vorwurf hatte ihm ja Lutterell und dann auch die Kommission gemacht. Ockham hat aufgrund der Kritik weitergedacht und präzisiert. Dies gilt neben der Gnadenlehre auch für die Lehre von der Allmacht Gottes.

b) Die Entfaltung der **potentia**-*Lehre*

Immer wieder hat Ockham in seinem akademischen Werk mit der Allmacht Gottes argumentiert. Immer wieder erschien in seinen Überlegungen der Satz, dieses oder jenes könne Gott wohl nach seiner absoluten

[53] OT IX, 27*f.
[54] OT IX 588,79f.

Macht, setze es aber nicht in Wirklichkeit um.[55] Dieser rege Gebrauch der Lehre von der *potentia absoluta* gehörte zu jenen Punkten, an denen Lutterell besonders Anstoß genommen hatte. Hätte man seine Philosophie und Theologie systematisch rekonstruieren wollen, so wäre ein durchaus denkbarer Weg der gewesen, eben mit der Unterscheidung von *potentia absoluta* und *potentia ordinata* einzusetzen und von hier aus den Rest zu entfalten. Ockham aber argumentierte nicht wie ein moderner Systematiker, sondern setzte das Argument der beiden *potentiae* zunächst stillschweigend voraus. Dies konnte er, da er sie keineswegs erfunden, sondern übernommen hatte: Vor ihm hatte sich insbesondere Duns Scotus ihrer bedient und dabei selbst schon auf einen älteren Gebrauch zurückgegriffen.[56]

Erst die Angriffe nötigten Ockham, erstmals klärend Stellung zu dieser Frage zu nehmen, und es zeigte sich dabei tatsächlich, dass seine Definition der *potentia*-Lehre etwas anders erfolgte, als es bei Duns Scotus der Fall gewesen war. Seine eigene Erklärung bot er in der ersten *quaestio* des sechsten „Quodlibets“, bezeichnenderweise im Zusammenhang einer Frage, die dem Heil des Menschen gilt: „Kann ein Mensch ohne geschaffene Liebe erlöst werden?“

Die entscheidenden Passagen seiner Antwort lauteten:

„Zum ersten Punkt sage ich, dass Gott gewisse Dinge nach seiner anordnungsgemäßen Macht tun kann und einige nach seiner absoluten Macht. Diese Unterscheidung ist nicht so zu verstehen, als gebe es in Gott real zwei Mächte, deren eine anordnungsgemäß sei und die andere absolut. Denn in Gott gibt es nach außen nur eine einzige Macht, die ganz und gar mit Gott selbst identisch ist. Die Unterscheidung ist aber auch nicht so zu verstehen, dass Gott manches anordnungsgemäß machen kann, manches hingegen absolut und nicht-anordnungsgemäß. Denn Gott kann nichts nicht-anordnungsgemäß machen.

Vielmehr ist diese Unterscheidung so zu verstehen, dass ‘etwas können’ manchmal im Blick auf die von Gott angeordneten und eingesetzten Gesetze verstanden wird. Dann wird gesagt, Gott könne das gemäß der anordnungsgemäßen Macht tun. Anders wird ‘können’ in folgendem Sinne verstanden als: alles machen können, was nicht impliziert, dass ein Widerspruch entstünde – unabhängig davon, ob Gott angeordnet hat, dass er dies tun werde oder nicht. Denn Gott kann, gemäß dem Sentenzenmeister, Buch 1 distinctio 43, vieles machen, was er doch nicht machen will. Hiervon heißt es, das mache Gott gemäß der absoluten Macht. Ebenso kann ja der Papst manches nach den von ihm angeordneten Rechten nicht, was er gleichwohl absolut kann.“[57]

[55] Erwin Iserloh, Gnade 279, spricht daher in seiner kritischen Gesamtwürdigung Ockhams geradezu von einer „Theologie des Als-Ob“.

[56] Vgl. hierzu Randi, Scotist Way.

[57] „Circa primum dico quod quaedam potest Deus facere de potentia ordinata et

Diese Ausführungen sind in mancherlei Hinsicht bemerkenswert. Wichtig ist zunächst, dass Ockham nicht zwei Mächte in Gott unterschieden wissen will, sondern nach außen nur eine Macht sieht. Ja, er betont, dass Gott nichts *inordinate*, nicht-anordnungsgemäß tun kann. Gottes absolute und anordnungsgemäße Macht also unterscheiden sich nicht anhand zweier unterschiedlicher Handlungsbezirke, sondern sie sind eher als der Unterschied zwischen Möglichkeit und Wirklichkeit zu verstehen: Die *potentia absoluta* drückt aus, was Gott alles tun *kann*, nämlich alles, was logisch nicht ausgeschlossen ist. Hierfür steht die Bindung an das Widerspruchsprinzip. Die *potentia ordinata* hingegen steht für das, was Gott aus diesen Möglichkeiten tatsächlich macht. In der Tat entsprach die Verwendung des *potentia-absoluta*-Argumentes im Sentenzenkommentar immer wieder dieser Unterscheidung: Mit seiner Hilfe lotete Ockham die Möglichkeiten Gottes aus, die gewissermaßen die denkerischen Rahmenbedingungen der tatsächlich existierenden Schöpfung und Heilsordnung darstellen.

Und eben hierin liegt auch die entscheidende, von Ockham selbst in dieser Schärfe nicht markierte Differenz zu Duns Scotus.[58] Während für Ockham die Unterscheidung der beiden *potentiae* gerade nicht unterschiedliche Handlungsketten oder Handlungsräume Gottes bezeichnete, waren für Duns Scotus durch die absolute Macht einerseits, die geordnete Macht andererseits zwei verschiedene Handlungsräume markiert. *De potentia ordinata* handelte Gott demnach im regulären Weltablauf, *de potentia absoluta* hingegen bei einzelnen speziellen Handlungen, durch die er diesen Weltablauf unterbrach.[59]

Ockham hatte ein deutliches Gespür dafür, dass so die einheitliche Welterklärung gefährdet wurde: Wer in dieser Weise zwei Handlungsebenen Gottes unterschied, lief irgendwann Gefahr, auch zwei Realitäts-

aliqua de potentia absoluta. Haec distinctio non est sic intelligenda quod in Deo sint realiter duae potentiae quarum una sit ordinata et alia absoluta, quia unica potentia est in Deo ad extra, quae omni modo est ipse Deus. Nec sic est intelligenda quod aliqua potest Deus ordinate facere, et aliqua potest absolute et non ordinate, quia Deus nihil potest facere inordinate.

Sed est sic intelligenda quod 'posse aliquid' quandoque accipitur secundum leges ordinatas et institutas a Deo, et illa dicitur Deus posse facere de potentia ordinata. Aliter accipitur 'posse' pro posse facere omne illud quod non includit contradictionem fieri, sive Deus ordinaverit se hoc facturum sive non, quia multa potest Deus facere quae non vult facere, secundum Magistrum Sententiarum, lib. I, d. 43; et illa dicitur Deus posse de potentia absoluta. Sicut Papa aliqua non potest secundum iura statuta ab eo, quae tamen absolute potest" (OT IX 585,14–586,30; Übersetzung nach Leppin/Müller, Theologie und Ethik 69).

[58] Siehe hierzu im Einzelnen Leppin, Wahrheit 47–51; ders., Ockham's Concept.

[59] Duns, Opera (Vaticana) VI 364,11–19; 366,8–19.

ebenen zu unterscheiden. Erst Ockham gewann die Möglichkeit, Gottes Handeln als einheitlich zu interpretieren und dennoch den sinnvollen Sachgehalt der Unterscheidung von *potentia absoluta* und *potentia ordinata* aufrechtzuerhalten. Allerdings handelte er sich ein anderes Problem ein: Wenn tatsächlich alles Handeln Gottes *ordinate* erfolgt, dann gilt diese Bestimmung auch für die Durchbrechung der Ordnung. Selbst Wunder erfolgen nach diesem Schema. In Quodl. IV q. 32[60] bringt Ockham die drei Männer im Feuerofen aus Dan 3 als Beispiel dafür, dass Gott natürliche Kausalverhältnisse aufheben kann. Dies ist geradezu der typische Anwendungsfall des Gedankens der *potentia absoluta* bei Ockham[61], und damit wird der geistige Hintergrund der Betonung dieser Art von Allmacht bei ihm deutlich: Zu den problematischen Lehren jener konsequenten Aristoteliker, auf deren Herausforderung Ockham mit seinem theologischen Denken reagiert hat, gehört auch die Lehre von dem notwendigen Kausalzusammenhang aller Dinge.[62] Theologisch-philosophisch korrekt gesprochen bedeutete Ockhams Lösung nun, dass Gott nicht mehr nur durch und mit Hilfe der einmal in Gang gesetzten Kausalketten, der Ketten von Zweitursachen, agierte, sondern dass er als Erstursache jederzeit diese Kausalketten durchbrechen konnte. Damit war das Kausalprinzip keineswegs grundsätzlich bestritten – und doch in seiner generellen Bedeutung aufgehoben oder mindestens relativiert. Die innerweltlich feststellbaren Kausalitäten wurden in ihrer Bedeutung auf den Status überholbarer Ketten von Zweitursachen reduziert, jede Aussage über Kausalität war nur noch unter Vorbehalt zu treffen. Obwohl also Gott niemals unmittelbar *de potentia absoluta* handelt, erreicht er durch sein Handeln Wirkungen auf Erden, die als Durchbrechung der normalerweise gültigen, verlässlichen und naturwissenschaftlich nachvollziehbaren Ordnung zu gelten haben.

Es ist kaum erstaunlich, dass dieses Verständnis von Gottes Allmacht nicht nur Zeitgenossen irritierte, sondern auch längerfristig dazu führte, dass dem Ockham'schen Gott eine „Willkürfreiheit" zugeschrieben wurde.[63] Hans Blumenberg hat gerade wegen dieses Gedankens Ockham eine entscheidende Schlüsselstellung für die Entwicklung der Neuzeit zugerechnet: Es sei gerade die in Gottes Willkür begründete Ent-Sicherung des Gottesverhältnisses, die den Menschen in die eigene Verantwortung ruft. Freilich hat sich bereits oben gezeigt, dass die Sicherheit der Weltwahrnehmung durch Ockhams Gottes- und Erkenntnislehre keineswegs in dem

[60] OT IX 455,18–456,21.

[61] Siehe hierzu den Überblick bei Pernoud, Innovation.

[62] Flasch, Aufklärung 17 u.ö.

[63] Blumenberg, Säkularisierung 171. Etwas moderater folgt ihm Heinzmann, Philosophie 247.

Maße gefährdet war, wie es seine zeitgenössischen und späteren Interpreten annahmen. Dass auch die Heilssicherheit keineswegs aufgehoben ist – wie es thomistische und reformatorische Kritik in seltenem Gleichklang gerne behaupten –, wird gleich noch darzustellen sein.

Vorher sei aber noch auf eine Besonderheit verwiesen, die zeigt, in welchem Maße Ockhams Überlegungen zur *potentia Dei absoluta* nicht allein in dem Sinne mit seinem Avignon-Aufenthalt zu tun haben, dass Ockham sich hier zu verteidigen hatte. Man wird es schwerlich als Zufall ansehen können, wenn ein Gefangener des avignonesischen Papsttums im Zusammenhang der Gotteslehre das Beispiel verwendet: „Ebenso kann ja der Papst manches nach den von ihm angeordneten Rechten nicht, was er gleichwohl absolut kann." Diese Passage im obigen Zitat macht deutlich, dass Ockham die papalistischen Theorien seiner Zeit in erheblichem Maße internalisiert hatte. Für ihn bestand kein Zweifel daran, das der Papst über eine Macht in der Kirche verfügte, die alles rechtliche Maß sprengte. Die Aussage, dass der Papst absolut gesehen einen weiteren Spielraum hätte als nach den von ihm gegebenen Gesetzen, ist schwerlich anders zu verstehen als so, dass der Papst unhinterfragt als oberster Gesetzgeber der Kirche angesehen wird. Die Analogie mit Gott, die Ockham hier völlig unproblematisch andeutet, zeigt, dass er noch weit davon entfernt war, den Papst durch Hinweis auf irgendwelche anderen Größen kirchlichen Rechts in seiner Macht einzuschränken. Das Vertrauen in den Papst war ungebrochen, und zwar gerade das Vertrauen in jenen zentralistisch agierenden und regierenden Papst, den er in Avignon erleben konnte. Denkt man an die Auswirkungen, die der Gedanke der *potentia*-Unterscheidung in der Gotteslehre hat, dass nämlich Gott durch Wunder permanent in der Lage ist, seine eigenen regulären Bestimmungen zu durchbrechen, so wird die Analogie noch deutlicher. Päpstlicherseits bedeutet dies nichts anderes als die *potestas directa*, die Aegidius Romanus dem Papst zugesprochen hatte, jenes Recht, allerorten in der Kirche einzugreifen und die Mittelinstanzen (vor allem die lokalen Bischöfe) – im Blick auf Gott gesprochen: die Sekundärursachen (d.h. die innernatürlichen Ursachen) – zu durchbrechen.

Mit dieser Analogie erweist sich dann aber jenes Denkmodell Ockhams, die starke Betonung der *potentia absoluta*, die Blumenberg und andere dazu geführt hat, die Modernität Ockhams herauszustreichen, als zutiefst in den spätmittelalterlichen Zeitumständen verhaftet: Gott ist in diesem Modell nicht mehr als ein überdimensionierter Papst. Gerade dadurch, dass sich das Papsttum in der Entwicklung von Innozenz III. zu Bonifaz VIII. wenigstens ideologisch zur allein bestimmenden Macht der Christenheit entwickelt hatte, wurde nun auch ein Gott denkbar, der mit Machtmitteln ausgestattet war, die durch nichts und niemanden als sich selbst kontrolliert waren, und der jederzeit in das innerweltliche Geschehen hineinregieren konnte. Geistesgeschichtlich bedeutet dies eine ungeheure Dynamisierung des Gottesbildes. Die thomasische Gleichsetzung von Gott und höchstem Sein hatte letztlich zu einem statischen Gottesverständnis geführt; der von Averroes und den konsequenten Aristotelikern vertretene Gedanke einer Notwendigkeit der Kausalbeziehungen hatte Gott in ein enges Korsett gezwängt, das diesen blindlings an seine eigenen, einmal gesetzten Kausalregeln band. All dies fiel mit einem Gottesbild wie dem von Ockham vertretenen. Gott war nun der freie Souverän, der Gesetze zwar erlassen hatte, an diese aber eben in dem Sinne, wie wir heute naturwissenschaftliche Gesetze verstehen, also in dem Sinne der Allgemeinheit, nicht gebunden war. Mehr als sein jeweils notfalls auch spezielles Dekret war nicht erforderlich, um sein Handeln rechtens zu machen.

Für Gott hat Ockham dieses Bild eines absoluten Souveräns aufrechterhalten. Für den Papst sollte er es noch in erheblichem Maße relativieren.

c) Das Heil des Menschen

Ockhams Lehre von der doppelten Macht Gottes hatte nicht nur Auswirkungen auf die Frage der Erkennbarkeit der Welt, sondern auch darauf, wie der Mensch sein Heil erlangen könne, und zwar in doppelter, ja fast widersprüchlicher Hinsicht: Zum einen war wie die Erkenntnis der Welt insgesamt, so auch die Frage des individuellen Heils gefährdet. Zum anderen aber sahen seine Gegner – von Lutterell und den Theologen in Avignon bis hin zu den Reformatoren – in seiner Lehre die Gefahr, dass sie dem menschlichen Handeln einen viel zu großen Anteil am Erwerb der Gnade zumesse.

Diesen Vorwurf des Pelagianismus hatte die Theologenkommission an den Anfang ihrer Liste gestellt. Er richtete sich zunächst und vor allem gegen Lehren, die Ockham in I Sent d. 17 q. 2 vorgetragen hatte. Hier heißt es – in Auseinandersetzung mit der Auffassung des Thomas von Aquin, dass nur das als Verdienst vor Gott angesehen werden könne, das durch die übernatürliche Liebe Gottes geformt, also wesentlich zustande gebracht sei –

„Das sehe ich schlicht als falsch an, weil Gott eine gute Bewegung des Willens, die aus rein natürlichen Umständen (*ex puris naturalibus*) gewählt wurde, aufgrund seiner Gnade als verdienstlich annehmen (*acceptare*) kann – und folglich wird ein solcher Akt aufgrund der freien Annahme durch Gott verdienstlich sein.“[64]

[64] „Istud reputo simpliciter falsum, quia bonum motum voluntatis ex puris naturalibus elicitum potest Deus acceptare de gratia sua, et per consequens talis actus

„Ex puris naturalibus“: Das war das Stichwort, an dem sich die Gegner Ockhams rieben. Sie legen gerade darin auch die Problematik eines solchen Ketzerprozesses offen, der sich bei allem unbestreitbaren Bemühen um Fairness auf das neue Denken nicht wirklich einlassen kann, weil er es mit dem kollektiven Gedächtnis einer zu jener Zeit schon über tausendjährigen kirchlichen Häresiologie konfrontierte. Ockhams Denken konnte und sollte gar nicht in seinen neuen, weiterführenden Anliegen gewürdigt werden, sondern man wollte es den bekannten Schemata der Lehrtradition einpassen – in diesem Falle eben dem Schema des Pelagianismus. Vor diesem Hintergrund reduzierte sich die Aussage Ockhams darauf, dass der Mensch auf Grundlage seines natürlichen Wirkens einen verdienstlichen Akt hervorbrachte. So verkürzt formuliert, wäre seine Lehre tatsächlich krasser Pelagianismus gewesen. Denn dies hätte ja nichts anderes bedeutet als die Auffassung, dass der Mensch nach und trotz dem Sündenfall noch ohne Hilfe Gottes imstande gewesen wäre, etwas vor Gott Verdienstliches zu tun. Andersherum gesagt: Der Mensch selbst hätte sich aus seinen eigenen Kräften sein Heil „erarbeiten“, sich wieder in jenen Urstand versetzen können, den er seinerzeit durch den Sündenfall verloren hatte. Der Mensch also hätte sich selbst erlösen können – und damit hätte er sich ohne Christus erlösen können, diesen vielleicht allenfalls als Vorbild gebraucht, aber in keinem Fall als den Erlöser aus den Mächten der Sünde und des Teufels.

Lebte also das antik-selbstbewusste, voraugustinische Menschenbild eines Pelagius wieder auf? Oder sind bei Ockham schon Vorzeichen des Renaissancemenschen sichtbar, der, sich seiner selbst bewusst, sich auch im Gegenüber zu Gott versteht und erst durch die Kritik der Reformation wieder in seine Schranken gewiesen werden musste? Beide Deutungen würden Ockham ebenso gerecht werden wie seinerzeit die Einschätzung durch die Kommission. Denn das Problem, das in all diesen Deutungen liegt, ist, dass Ockham diese Überlegungen zwar im Zusammenhang der Gnadenlehre vorgetragen hat, aber eben nicht, um in klassischer Weise der vorangegangenen Scholastiker einen Heils-*ordo* zu entwerfen, auf dem der Mensch hätte emporklimmen können, sondern wiederum um die Möglichkeiten auszutesten, die sich vor dem Hintergrund einer strikten Unterscheidung von *potentia absoluta* und *potentia ordinata* ergaben. Die Frage nach dem Heil des Menschen also ist nur vor dem Hintergrund der Frage nach dem rechten Gottesverständnis zu beantworten.

Und wenn die Lehre von *potentia absoluta* und *potentia ordinata* den

ex gratuita Dei acceptatione erit meritorius“ (OT III 469,10–13); zit. von der Theologenkommission im ersten Artikel des zweiten Gutachtens: Koch, Aktenstücke 8, 82,21–24.

Sinn hat, Gottes Souveränität und Freiheit gegenüber allen von ihm erlassenen Gesetzen zu sichern, so ist es ganz folgerichtig, dass dies auch für die Heilsordnung gilt. Wenn man, wie Thomas und viele andere, voraussetzt, dass ein Mensch erst dann einen verdienstlichen Akt erbringen könne, wenn seine habituelle Verfassung, also seine Ausstattung mit dauerhaften Eigenschaften, durch die göttliche Liebe ergänzt worden ist, dann wäre Gott an eine bestimmte Vorgehensweise gebunden. Gott müsste, so hieße dies konsequenterweise, jedem Menschen, den er erlösen will, zunächst einmal diese habituelle Gnade zukommen lassen, durch die der Mensch sich dann ein Verdienst erwirbt, das Gott wiederum belohnen kann. Diese ohnehin etwas artifizielle Konstruktion ähnelt durchaus dem Modell, das Ockham bei der Kausalität durchspielen konnte. So wie er hier voraussetzte, dass Gott zwar alles Mögliche durch Zweitursachen machen kann, aber eben manches auch unmittelbar selbst tun kann, so kann Gott zwar auch nach Ockhams Ansicht ohne Zweifel den Menschen vermittels einer solchen habituellen Gnadenzuwendung erlösen, aber er muss es nicht. Gott ist frei, den Menschen so zu akzeptieren, wie er ist, „*ex puris naturalibus*".

Dieser Gedankengang war für die Theologenkommission in Avignon kaum verstehbar, denn er setzte ein weiteres Zwischenglied voraus: Nach Ockhams Auffassung gab es keine inhaltlichen Bestimmungen verdienstlicher Akte, anders ausgedrückt, er vertrat keine objektive Güterethik. Wer eine solche vertrat, nach der nur eine bestimmte Klasse von Handlungen von Gott als gut und mithin verdienstlich anerkannt werden konnte, der musste bei einem Gedanken, nach dem Gott einen *ex puris naturalibus* hervorgebrachten Akt als verdienstlich anerkennen könne, automatisch assoziieren, dass der Mensch aufgrund seiner natürlichen Ausstattung in der Lage sei, einen sittlich guten Akt hervorzubringen, also etwas, was keine Sünde war.

Für Ockham aber gab es gerade keine feststehende Reihe von moralisch guten Handlungen, denen demnach aus sich heraus Verdienstlichkeit hätte zukommen können. Vielmehr hing auch die moralische Qualität eines Aktes ganz am Willen Gottes. Berühmt ist das Beispiel, dass Gott dem Menschen sogar gebieten könnte, ihn zu hassen – und dass dies dann ein moralisch nicht verwerflicher Akt wäre.[65] Dies drückt im Kern aus, dass die moralische Qualität einzelner Handlungen allein von den Vorschriften Gottes abhängt. Das bedeutet aber auch, dass für Ockham mit einem als verdienstlich anerkannten Akt keineswegs automatisch eine moralische Qualität dieses Aktes gesetzt war. Wenn dem aber so war, dann war es – denkerisch – durchaus möglich, dass Gott einen solchen Akt als verdienstlich anerkannte, der nach gängigen moralischen Kategorien als

[65] OT V 353,3–354,6; vgl. hierzu Müller, Handeln 77–82.

moralisch neutral oder negativ zu bestimmen war. Der Kern bleibt in der Moral- wie in der Verdienstlehre: Alles hängt vom Willen des göttlichen Souveräns ab.

Vor diesem Hintergrund konnte Ockham dann auch schon im Sentenzenkommentar den Verdacht von sich weisen, er lehre pelagianisch. Deutlich markierte er den Unterschied:

„Pelagius selbst nämlich hat angenommen, dass Gott in dem Fall, dass jemand einen der Gattung nach guten Akt aufweisen kann, notwendigerweise dazu veranlasst wird, ihm das ewige Leben zuteil werden zu lassen – und nicht nur aufgrund seiner Gnade –, so dass er [Gott] notwendigerweise ungerecht wäre, wenn er ihm das ewige Leben nicht übertrüge …

Ich hingegen nehme an, dass keine Form – sei sie natürlich oder übernatürlich – Gott so mit Notwendigkeit zwingen kann, dass es keinen Widerspruch einschließt, dass eine solche wie auch immer geartete Form, die der Seligkeit vorausgeht, in der Seele ist, und Gott dennoch ihr niemals das ewige Leben geben will. Vielmehr gibt er aus purer Gnade, wem auch immer er geben wird, obwohl er es nach der *potentia ordinata* nicht anders tun kann wegen der Gesetze, die willentlich und ohne Notwendigkeit von Gott angeordnet sind."[66]

Liest man diese Sätze, muss es erstaunen, dass Ockham jemals unter den Pelagianismusverdacht geraten ist, scheinen doch die Formulierungen, nach denen Gott aus purer Gnade handelt, den reinen Augustin nachzusprechen und den reinen Luther vorwegzunehmen. Tatsächlich teilte Ockham mit beiden das Anliegen, die freie Souveränität Gottes herauszustreichen. Nichts kann Gott zwingen: kein sittlich guter Akt, wie es Pelagius in seiner Deutung herausstellte, aber auch nicht ein von Gott selbst zugeteilter Liebeshabitus, wie es Thomas und ein Großteil der Scholastik annahm. Gott akzeptiert den Menschen frei und ohne Zwang.

Zugleich weist die Formulierung allerdings noch auf ein weiteres Problem hin, das Ockhams Betonung der *potentia absoluta* mit sich brachte, löst es aber auch sogleich: „obwohl er es nach der *potentia ordinata* nicht anders tun kann wegen der Gesetze, die willentlich und ohne Notwendigkeit von Gott angeordnet sind". Hinter dieser Formulierung steckt die Sorge, dass eine Betonung der Freiheit Gottes den Menschen ja auch einer

[66] „Ipse enim Pelagius posuit quod si aliquis habeat actum bonum ex genere, Deus necessitatur ad conferendum sibi vitam aeternam, – et non mere ex gratia sua –, ita quod necessario foret iniustus si sibi non tribueret vitam aeternam. … Ego autem pono quod nulla forma, nec naturalis nec supernaturalis, potest Deum sic necessitare quin non includat contradictionem quod talis forma quaecumque praevia beatudini sit in anima, et tamen quod Deus numquam velit sibi confere vitam aeternam. Immo ex mera gratia sua liberaliter dabit cuicumque dabit, quamvis de potentia ordinata aliter non possit facere propter leges voluntarie et contingenter a Deo ordinatas" (OT III 455,3–6. 12–18).

großen Unsicherheit aussetzt. Wenn Gott frei ist, den Menschen zu akzeptieren oder auch nicht, nimmt dies dem Menschen jede Möglichkeit, sich mit einer gewissen Sicherheit auf sein Heil vorzubereiten. So wichtig es nach den Auseinandersetzungen mit den radikalen Aristotelikern erscheint, zu betonen, dass Gott frei ist – für das Glaubensleben der Christinnen und Christen war der Gedanke einer frei waltenden und schaltenden Gnade Gottes, die eben schnell auch in Ungnade umschlagen konnte, kaum erträglich. Ockham gab hierauf die Antwort: Gott hat sich selbst gebunden. Die Unterscheidung der *potentiae* gewinnt hier also gerade für die Heilssicherheit einen stabilisierenden, freilich auch unverkennbar positivistischen Zug. Es gilt das nicht mehr hinterfragbare, von Gott gesetzte Recht, dem der Mensch zu folgen hat.

Freilich ist auch die so erreichte Heilssicherheit nicht ganz vollkommen, denn manche Formulierungen machen deutlich, dass Ockham um die Veränderlichkeit der Heilsordnung weiß. So ist gelegentlich von den Gesetzen Gottes die Rede, die *jetzt* angeordnet sind[67], und in Quodl. VI q. 1 spricht Ockham ausdrücklich von der Tatsache, dass einst Kinder ohne Taufe das Heil erlangen konnten – nämlich die beschnittenen Kinder des Alten Bundes, die starben, ehe sie eigenen Vernunftgebrauch erlangten, also wissentlich sündigen konnten.[68] Das bedeutet: Die Heilsordnung hat sich – natürlich – durch Christus geändert. Undenkbar als Grund hierfür aber ist, dass Gott sich geändert hätte, denn für ihn gilt selbstverständlich das Prädikat der Unveränderlichkeit. Aber dieser unveränderliche Gott kann – da kommen wieder die Bilder aus dem sozialen Umfeld Ockhams auf – vorgehen wie ein König, der folgendes merkwürdige Gesetz erlässt: Wer am Montag seine Kammer betritt, soll hingerichtet werden – wer dies hingegen am Dienstag tut, soll nicht hingerichtet werden.[69] So kann auch Gott zu Beginn eine unveränderliche Ordnung erlassen haben, die jedoch in ihrer Durchführung Änderungen zulässt, ja geradezu vorsieht. Verlass ist dann nur auf solche Bestimmungen, die in sich Ewigkeitscharakter tragen, in denen also Bestimmungen wie „immer“ oder „niemals“ deutlich machen, dass die mit ihnen erlassene Ordnung ewig gilt. Eine solche Bestimmung liegt nach Ockham für die Bindung des Heils an die in der Taufe zuteil werdende Gnade vor[70], so

[67] OT IX 588,74–78.
[68] OT IX 586,34 ff.
[69] OT III 459,23–460,3.
[70] Vgl. etwa OP I 779,232–780,3, wo als korrektes Verständnis des Satzes „Deus per suam potentiam absolutam potest aliquem acceptare sine gratia sed non per suam potentiam ordinatam“ genannt wird: „Deus potest acceptare aliquem sine gratia informante, quia hoc non includit contradictionem, et tamen ordinavit quod hoc numquam est facturus.“

dass am Ende trotz aller Abhängigkeit der Ordnung vom göttlichen Willen und aller Wandelbarkeit der Ordnung in sich die christliche Heilsordnung doch verlässlich bleibt.

All dies sind Lehren, die man aus dem akademischen, vor-avignonesischen Œuvre Ockhams erschließen kann. Sie standen in seinem bisherigen Werk am Rande, stellten Pflichtübungen dar, in denen Ockham die von der theologischen Tradition gestellten Probleme zu behandeln hatte – und dies mit bestem Gewissen tat. Zu zentralen Punkten für das Ockham-Verständnis wurden sie erst durch die Arbeit der Avignoneser Theologenkommission. Entsprechend griff Ockham sie nun in Avignon, in den „Quodlibeta", neu auf: Die ersten beiden Fragen des sechsten „Quodlibets" lesen sich fast wie eine Relecture der entsprechenden Ausführungen in I Sent d. 17. Und der Vergleich macht auf eines aufmerksam: Inhaltlich hat Ockham seine Position trotz der Anklagen, mit denen man ihn überzog, überhaupt nicht geändert. Immerhin hatte er ja schon im Zusammenhang seines Sentenzenkommentars mit der Möglichkeit eines Vergleichs mit Pelagius gerechnet und diesen daher differenziert und analytisch scharf abgewiesen. Auch die Gefährdung der Heilssicherheit wurde von ihm schon im Sentenzenkommentar durch den Verweis auf die von Gott erlassenen Bestimmungen abgewehrt. Dem hatte er offenbar nichts hinzuzufügen, nicht einmal eine Präzisierung, wie es im Falle der bislang unpräzise gebliebenen *potentia*-Lehre zu beobachten war.

Was er allerdings vornahm – und dazu bot ihm die Form der „Quodlibeta" beste Gelegenheit –, war eine Straffung seiner Aussagen. Die langen Diskussionen mit Thomas von Aquin und auch Petrus Aureoli, die die Behandlung der entsprechenden Fragen im Sentenzenkommentar geprägt hatten, fielen – wie erwähnt, wohl auch wegen der bibliothekarischen Situation im Franziskanerkonvent in Avignon – fort. Das Problem wurde nicht als wissenschaftliche Diskussion mit anderen Gelehrten aufgefasst, sondern schlicht von der Sache her neu durchdacht; das erhöhte das Gewicht der Aussagen zu Pelagius, der nun als direkter Gesprächspartner hervortrat, während er zuvor nur nebenher als einer der vielen angeführten christlichen Lehrer und Häretiker erschienen war. Nun also ist er das eigentliche Gegenüber, noch dazu in den Schlussüberlegungen einer *quaestio*. Und die Auseinandersetzung mit ihm wird auch in der Sprache dezidierter auf den dogmatischen Stand bezogen:

„Und wenn du sagst, dass der erste Schluss den Irrtum des Pelagius enthält, so antworte ich, dass dem nicht so ist. Denn Pelagius hat behauptet, dass tatsächlich keine Gnade erfordert werde, um das ewige Leben zu erhalten. Vielmehr sei ein ausschließlich aus natürlichen Beweggründen gewählter Akt aufgrund seiner Würdigkeit [*de condigno*] im Blick auf das ewige Leben verdienstlich. Ich dagegen behaupte, dass ihn ausschließlich die absolute Macht Gottes verdienstlich macht, indem sie ihn annimmt."[71]

Die kleine Wendung *„de condigno"* zeigt Ockhams Bemühen um Verständlichkeit für seine Gegner: Sie stammt aus dem Kontext der entfalteten Lehren vom Heilsordo, aus jener Fragestellung also, die Ockham selbst eigentlich gar nicht in den Vordergrund gestellt hatte, da es ihm ausschließlich um die Frage der Allmacht Gottes in Heilsdingen gegangen war. Aber er brauchte sie nun als Referenz für diejenigen, die ihn in diesen Kategorien betrachteten. Auch seine eigene Position ist nun schärfer, thetisch zugespitzt – eigentlich, so dürfte er gemeint haben, für jedermann verständlich. Gleiches galt auch für die andere Seite, für die tatsächliche Gültigkeit der jetzigen Heilsordnung:

„Zweitens sage ich, dass gemäß den jetzt von Gott erlassenen Gesetzen kein Mensch jemals ohne geschaffene Gnade erlöst werden wird oder auch nur erlöst werden könnte und [ebenso wenig wird nach diesen Gesetzen jemals ein Mensch] einen verdienstlichen Akt wählen oder auch nur wählen können. Dieser Meinung bin ich aufgrund der Heiligen Schrift und der Aussprüche der Heiligen."[72]

Wieder scheint seine Sprache nun unmissverständlich geworden zu sein. Dabei geht es nicht nur um lehrhafte Fragen, sondern es wird gewissermaßen spiegelbildlich deutlich, wie problematisch Ockhams Situation während des Prozesses war. Alles Bemühen um eine Präzisierung seiner Position hatte offenkundig gerade nicht genützt, hatte ihn vom Vorwurf des Pelagianismus nicht befreit. Im Gegenteil: Zunehmend scheint gerade dieser Vorwurf in den Mittelpunkt des Prozesses geraten zu sein, denn die Stellung der diesbezüglichen Artikel an den Anfang erfolgte ja erst in dem zweiten, dem letzten Gutachten.

Das Ringen Ockhams um eine Klärung seiner Position und die unzweifelhaft innerhalb seines Denkrahmens berechtigte und nicht zu verbiegende Orientierung an einem nicht-pelagianischen Heilsmodell, sie zeigt etwas von der Problematik eines solchen Häresieprozesses gegen einen differenzierten akademischen Lehrer. Ockham drang mit seinen Argu-

[71] „Et si dicis quod prima conclusio continet errorem Pelagii: Respondeo quod non, quia Pelagius posuit quod de facto non requiritur gratia ad vitam aeternam habendam sed quod actus ex puris naturalibus elicitus est meritorius vitae aeternae de condigno. Ego autem pono quod solum est meritorius per potentiam Dei absolutam acceptantem" (OT IX 588,78–589,85); Übersetzung nach Leppin/Müller, Texte zu Theologie und Ethik 73. 75.

[72] „Secundo dico quod numquam salvabitur homo nec salvari poterit, nec umquam eliciet vel elicere poterit actum meritorium secundum leges a Deo nunc ordinatas sine gratia creata. Et hoc teneo propter Scripturam Sacram et dicta Sanctorum" (OT IX 588,74–78; Übers. nach Leppin/Müller, Texte zu Theologie und Ethik 73).

menten nicht durch, weil er sich in einem anderen Koordinatensystem bewegte als die Theologenkommission des Papstes. Das akademische Denken wurde häresiologisch unter ein vereinheitlichendes Raster gezwungen, dem es sich selbst dann nicht entziehen konnte, wenn es Sprechweisen dieses Rasters aufnahm.

Ockham hat dieses Auseinanderdriften der Koordinatensysteme offenbar nicht wirklich als irritierend erfahren – die große Irritation über den Papst in Avignon setzte nach seinem eigenen Bericht erst viel später ein, als er seine Glaubensbrüder um Michael von Cesena traf und mit der Armutsfrage konfrontiert wurde. Anhand der „Quodlibeta" lässt sich nur eine faktische Unfähigkeit zum Gespräch zwischen ihm und seinen Gegnern beobachten. Diese aber hat er für sich selbst offenbar im Horizont seiner virtuellen Universität wieder aufgehoben: Im literarischen Rahmen der „Quodlibeta" konnte er – mit fiktiven, nicht realen Gesprächspartnern („wenn du sagst, dass der erste Schluss den Irrtum des Pelagius enthält") – die Probleme lösen und zu einem in sich schlüssigen Ende bringen. Dabei blieb ihm der akademische Gestus erhalten, der Ton des Wissenschaftlers, der Probleme letztlich mithilfe der Vernunft lösen kann.

Den Prozessverlauf hat er durch seine „Quodlibeta" nicht beeinflussen können. Der brachte die wissenschaftlichen Sachfragen in einen anderen Kontext: Nicht die wissenschaftliche Wahrheitsfrage war hier gestellt, sondern die Frage nach der christlichen Wahrheit wurde in rechtliche Kategorien transformiert. Auch wenn es Theologen waren, die über Ockham zu gutachten hatten: Die Zielperspektive war doch ein justiziabler Vorgang, an dessen Ende eine klare Aussage darüber stehen sollte, ob Ockham als Häretiker zu verurteilen sei oder nicht. Das brachte in einer für Ockham fatalen Weise eine Reduktion des Differenzierungsgrades der Argumentation mit sich, die er für sich selbst nicht zu übernehmen bereit war.

4. Wahrnehmungen und Fehlwahrnehmungen in Avignon

a) Johannes XXII.: Ockham und die Olivi-Verurteilung

Wie bereits erwähnt, gab es in einer Predigt Johannes' XXII. Hinweise darauf, dass dieser auf Ockham reagierte und also dessen Lehren durchaus auch inhaltlich wahrgenommen hatte. Dies ist nicht nur im Blick auf die Bedeutung bemerkenswert, die der Papst demnach dem Ockham-Prozess zumaß, sondern auch bezogen auf das, was man eigentlich vonseiten dieses Franziskaners befürchtete: Die problematische Philosophie und die Hinneigung zu krassem Pelagianismus allein scheinen es nicht gewesen zu sein, die die Kirche gegen ihn aufbrachten.

Man versteht das Agieren von Johannes XXII. gegen den abstrakten scholastischen Lehrer wohl nur, wenn man bedenkt, dass die Zeit um 1300 von einer Vielzahl von Bewegungen geprägt war, die das dreigegliederte Schema der Weltgeschichte, das der kalabrische Abt Joachim von Fiore (ca. 1135–1202) entworfen hatte, auf die eigene Gegenwart anwandten. Joachim hatte seinerzeit eine prophetisch-typologische Deutung des Alten Testaments und eine Lektüre der Apokalypse des Johannes als Geschichtsentwurf in der Weise mit trinitarischen Spekulationen verbunden, dass hieraus eine Geschichtsdeutung entstanden war, in der die gesamte Geschichte in drei Zeitalter eingeteilt wurde. Diese überlappten sich zwar gegenseitig, zeichneten aber doch nach und nach den Weg des trinitarischen Gottes in der Geschichte: Auf das erste Zeitalter, das mit Adam als dem ersten verheirateten Mann begonnen hätte, sei mit dem Propheten Jesaja das zweite Zeitalter – das des Sohnes – angebrochen, das hauptsächlich durch die Kleriker repräsentiert werde. Ihm folge das dritte Zeitalter, das des Geistes.[73]

Dass seine Lehre, soweit es die allzu starke Unterscheidung der göttlichen Personen betraf, auf dem IV. Lateranum verurteilt worden war, hatte nicht verhindert, dass sie insbesondere in franziskanischen Kreisen auf reges Interesse stieß. Mit dem Generalminister Johannes von Parma († 1289) hatte sich eine Bewegung innerhalb des Franziskanerordens formiert, die die Forderung nach radikaler Armut mit einer höchst funktionalistischen[74] Anwendung des joachitischen Schemas auf ihre eigene Zeit verband. Nach bestimmten Berechnungen erwartete man für das Jahr 1266 den Ausbruch des geistlichen Zeitalters, das mit Franz von Assisi schon begonnen habe.[75]

Diese Bewegung radikalisierte sich teilweise in extremem Maße: Die „Apostolischen Brüder", eine von Gerardo Segarelli kurz vor dem entscheidenden Jahr 1266 begründete Abspaltung von den Franziskanern, hatten sich unter ihrem neuen Führer Fra Dolcino dergestalt entwickelt, dass es um die Jahrhundertwende gar zu kriegerischen Auseinandersetzungen gekommen war.

Trotz aller Gefährdungen, die hiervon ausgingen, war in mentalitätsgeschichtlicher Hinsicht vielleicht jene Bewegung noch brisanter für die Kirche, die sich in Südfrankreich bildete und in der die Nähe zum Franziskanerorden ungebrochen blieb. Hier wirkte der gebildete Franziskaner Petrus Johannis Olivi (ca. 1248–1296).[76] Aufgrund seiner Lehren über die

[73] Siehe zu ihm Lerner, Joachim von Fiore.

[74] Zu dieser Kritik s. Miethke, Zukunftshoffnung 522.

[75] Zum Ganzen s. Lambert, Häresie 197–223; Damiata, Ockham I 177–199.

[76] Zu ihm s. jetzt auch Conrad, Armut.

Armut Christi und die entsprechenden Forderungen an die Kirche wurde er wiederholt verurteilt, widerrief aber auch immer wieder, sodass er am Ende im äußeren Frieden mit seiner Kirche als Lektor seines Ordens im südfranzösischen Narbonne starb. Wie sehr er trotz des äußeren Friedens an seiner Kirche litt, macht freilich das Werk seiner letzten Jahre deutlich: die „Lectura in Apocalypsim“, ein ausführlicher Apokalypsenkommentar, der Ideen des Joachim aufnahm und weiterbildete. Im Rahmen dieses Werkes nun wurde das anbrechende Zeitalter des Geistes der gegenwärtigen Kirche in solcher Schroffheit gegenübergestellt, dass die Ausführungen – bei allem sicher eigentlich darin liegenden positiven Reformwillen – als Abrechnung mit der gegenwärtigen Kirche gelesen werden konnten.

Und diese Ausführungen, nicht nur die schriftlichen, sondern auch Olivis Predigten, wurden in der Tat aufgenommen. Es war gerade der geographische Raum, in dem sie entfaltet wurden, der ihnen eine besondere Wirkung gab: Narbonne und Montpellier befanden sich am Meer, südlich des Cevennenmassivs, an dessen nordwestlichem Rand Albi lag, jene Stadt, die den katharischen Ketzern den Namen „Albigenser“ gegeben hatte. Erst 1229 hatte der Frieden von Meaux den Albigenserkrieg beendet, der zur vorläufigen äußeren Unterdrückung dieser dualistischen Sekte, jedoch nicht zu deren Zerschlagung geführt hatte. Sie wirkte im Untergrund fort und machte die Bevölkerung auch für andere Strömungen empfänglich, die sich der offiziellen Kirche entgegenstellten. Gerade die Rede von der erwarteten Kirche des Geistes ließ sich leicht und schnell mit Konzeptionen eines Gegensatzes zwischen Fleisch und Geist verbinden – mit dem Ergebnis, dass die gegenwärtige Kirche als Kirche des Fleisches angesehen wurde.

So mag es dieses religiös bewegte Umfeld, aber sicher auch das Charisma Olivis gewesen sein, das ihm eine große, vorwiegend weibliche Anhängerschaft in Südfrankreich bescherte, die von Olivi selbst und anderen als *beguinae*, Beginen, bezeichnet wurde. Ursprünglich waren sie wohl eine Gruppe, die den harmlosen Tertiaren vergleichbar war, den Angehörigen des Dritten Ordens des heiligen Franz, die, ohne in den Mönchsstand zu wechseln, in ihrem bürgerlichen Alltag religiöse Ideale des Ordens verfolgen wollten. Doch radikalisierte sich bei ihnen bald die ohnehin schon verschiedentlich verdächtigte Theologie Olivis.[77] Und wenig später kamen dem Inquisitor Bernhard Gui (1261/2–1331), der von 1307–1323 Inquisitor in Toulouse war, Aussagen zu Ohren wie die, „dass die Römische Kirche jene große babylonische Hure sei, von der in der Apokalypse die Rede ist

[77] Olivis Lehren sind nicht ohne weiteres mit denen der um ihn gescharten Spiritualenbewegung zu identifizieren. S. hierzu detaillierter Leff, Heresy 119–121, 157ff.

[Apk 17], und dass sie das Reich des Teufels sei und am Ende der Tage von Christus zurückgewiesen und verworfen werden müsse“[78] oder die, „dass der […] Bruder Petrus Johannis in geistlichem Sinne jener Engel sei, von dem es in der Offenbarung heißt, dass sein Antlitz wie die Sonne war und er ein geöffnetes Buch in seiner Hand hatte [Apk 10,1 f.], weil […] ihm allein die Wahrheit Christi und das Verständnis des Buches der Offenbarung in seiner Postille eröffnet worden ist“[79].

Die päpstliche Aufmerksamkeit gegenüber dieser Bewegung musste sich unweigerlich verschärfen, als das Papsttum selbst Sitz in Südfrankreich nahm, denn nun hatten die Päpste diejenigen Gegner, von denen sie als Haupt der Kirche des Fleisches angefeindet wurden, unmittelbar vor der Haustür. So gut der Platz Avignon unter militärisch-strategischen Gesichtspunkten gewählt sein mochte: Im Blick auf die Akzeptanz in der Bevölkerung war man eher in ein Gebiet vorgedrungen, das der offiziellen Kirche nicht mit dem erwarteten Wohlwollen begegnete. Und dies wurde auch symbolisch deutlich: Das Grab Olivis in Narbonne entfaltete sich zu einem regelrechten Wallfahrtszentrum. Es entstand genau das, was normalerweise den ersten Ansatz für die Kanonisierung eines Heiligen darstellte: eine regionale Verehrung. Aber der, der hier verehrt wurde, wurde dies eben nicht wegen seiner Entsprechung zur offiziellen Lehr- und Lebensnorm, sondern weil er die gegenwärtig in der Kirche gültigen Lebensnormen in aller Schärfe mit den biblischen Normen konfrontiert hatte. Es entsprach der Ratio des avignonesischen Papsttums, gegen diesen Kult vorzugehen. Das Konzil von Vienne wurde mit den Lehren Olivis befasst und bereitete eine Bulle „Gloriosam Ecclesiam“ zu seiner Verurteilung vor, die am 23. Januar 1318, einige Jahre nach Abschluss des Konzils, veröffentlicht wurde.[80] Der Erfolg dürfte gering gewesen sein, wie zwei Ereignisse zeigen: Etwa zu dieser Zeit wurde das Grab Olivis verwüstet. Durch einen barbarischen Akt versuchte man also, den subversiven Wallfahrten ihr Zentrum zu nehmen – natürlich ohne Erfolg, im Gegenteil. Ein solches Vorgehen bestätigte nur, dass es die illegitime Kirche des Fleisches war, die von Olivi nichts wissen wollte. Bedeutsamer war ein anderer Schritt. Schon kurz nach seiner Wahl zum Papst[81] machte Johannes XXII. Anstalten, die postume Verurteilung Olivis auszuweiten. Hatte das Konzil von Vienne sich noch weitgehend auf Olivis Anthropologie konzentriert, so

[78] Gui, Manuel 156–168.

[79] Ebd.

[80] DS 910–916 (vollständig in Bullarium Franciscanum V 302).

[81] S. Pásztor, Polemiche 368 f. Das rege Interesse des Johannes an dieser Frage dokumentieren die zahlreichen Äußerungen aus dem Zeitraum 1317–1325, die sich gegen Spiritualen und Beginen richten: Bullarium Franciscanum V 293; 340; 474; 571.

sollte nun das problematischste Werk selbst, der Apokalypse-Kommentar, auch „Postilla“ genannt, verurteilt werden.

Im Zusammenhang dieses neuerlichen Prozesses wurden in einem theologischen Gutachten[82] Äußerungen Olivis aus der Apokalypsenpostille gesammelt und als häretisch gebrandmarkt. Darunter findet sich auch die Aussage Olivis, dass noch innerhalb[83] des mit Franziskus von Assisi angebrochenen vorletzten Zeitalters der Kirche[84], in dem das evangelische Leben erneuert werde[85],

> „nicht allein mit einfachem Verstehen, sondern auch mit Geschmacks- und Berührungserfahrung alle Wahrheit in der Weisheit des Fleisch gewordenen Wortes Gottes und der Macht Gottes des Vaters geschaut werden wird“[86].

Olivi dachte hier ganz deutlich nicht an die Gegenwart, sondern an die Zukunft. In der Tat entsprach die Erwartung der vollen Schau Gottes für die letzten Zeiten ganz dem kirchlich-dogmatischen Normalhorizont – fraglich wurde sie lediglich dadurch, dass die Grenze zwischen innerweltlichem Zustand und jenseitigem nicht klar genug gezogen wurde, da eben das Zeitalter der Kirche, das mit Franziskus begonnen hatte, ohne Zweifel zunächst noch als innerweltliches zu denken war. Es stellte sich hier also, dogmatisch gesprochen, das Problem des Chiliasmus, der Erwartung innerweltlicher Erfüllung der eigentlich jenseitig gedachten Heilshoffnungen.[87]

Johannes aber hörte und las diese Aussage anders. In der bereits oben erwähnten Predigt, die er im Jahre 1325 oder 1326 zu Mariä Lichtmess gehalten hatte, griff er den gleichzeitig laufenden postumen Olivi-Prozess ausdrücklich auf, auch und besonders die oben angeführten Aussagen Olivis. Ihm ging es aber dabei nicht um die darin enthaltene Geschichtskonzeption, sondern um die ausgedrückten menschlichen Möglichkeiten. Wenn nämlich diese Aussage Olivis gälte, so erklärte er:

> „Dann werden die Menschen in diesem Leben nicht Erdenpilger sein, sondern welche, die begreifen [...]. Also ist dies zu sagen irrig und häretisch.“[88]

[82] Dieses ist abgedruckt bei Baluzi, Miscellanea II 258–270.

[83] Genau spricht Olivi von der „proprietas tertii status mundi sub sexto statu Ecclesiae inchoandi“ (Baluzi, Miscellanea II 260b).

[84] Baluzi, Miscellanea II 258b; vgl. Pásztor, Polemiche 385; Manselli, Lectura 150.

[85] Baluzi, Miscellanea II 258b; vgl. Manselli, Lectura 152.

[86] „non solum simplici intelligentia, sed etiam gustativa et palpativa experientia videbitur omnis veritas sapientia verbi Dei incarnati et potentia Dei patris“ (Baluzi, Miscellanea II 260b; vgl. Pásztor, Polemiche 385).

[87] Siehe hierzu Leppin, Chiliasmus.

[88] „tunc homines in vita ista non erunt viatores, sed comprehensores (...) Est ergo hec dicere erroneum et hereticum“ (Pásztor, Polemiche 418,20–23).

Damit wurde der Fehler aus der Geschichtstheologie in die Anthropologie verlagert: Der Irrtum liegt in der Verwechslung des Erdenpilgers mit dem, der die volle Schau Gottes hat. Diese Deutung der apokalyptischen Aussage Olivis als enthusiastische Gegenwartsaussage durch den Papst kam keineswegs von ungefähr, obwohl man dergleichen Vorwürfe sonst weder in Polemiken gegen Olivi selbst noch in solchen gegen die Spiritualen oder die französischen Beginen findet. Der Anlass für Johannes XXII., Olivi in diesem Sinne zu verstehen beziehungsweise misszuverstehen, gründete vielmehr in einer ganz anderen kirchenpolitischen Auseinandersetzung. Die Kurie bekämpfte die rheinischen Beginen, die trotz derselben Benennung frömmigkeitsgeschichtlich ganz anders einzuordnen ist als die südfranzösische Beginenbewegung, die Johannes aber vielleicht wider besseres Wissen mit dieser verwechselte oder doch zumindest durcheinander brachte.[89] Hier handelte es sich nicht um eine Schar von Anhängern eines geistkirchlichen Konzeptes wie in Südfrankreich, sondern um eine religiöse Frauenbewegung, die ein quasi-monastisches Leben führte. Sie geriet immer wieder in das Visier kirchlicher Aufsicht, wohl auch weil der relativ hohe Grad an weiblicher Autonomie mit ihrer Selbstorganisation außerhalb der traditionellen Orden unheimlich und gefährlich wirken musste. Auf gesamtkirchlicher Ebene lässt sich der Kampf gegen sie vor allem an der Konstitution „Ad nostrum qui“[90] des Konzils von Vienne festmachen. Johannes XXII. hat diese Konstitution gleich nach seinem Amtsantritt bekannt gemacht, etwa gleichzeitig mit dem Beginn des erneuten Prozesses gegen Olivi.[91] In ihr wird auch die Aussage verurteilt:

> „dass jegliche vernünftige Natur an sich selbst von Natur aus selig ist, und dass eine Seele nicht des sie erhöhenden Lichtes der Herrlichkeit bedarf, um Gott zu sehen und ihn selig zu genießen“[92].

Den Beginen wird also vorgeworfen, sie behaupteten die allgemeinmenschliche Möglichkeit, vollkommene *beatitudo*[93] und damit auch die

[89] Johannes XXII. wusste zumindest andeutungsweise durchaus um die Unterschiede zwischen südfranzösischen und rheinischen Beginen, jedenfalls behandelt er sie in seinen Briefen als unterschiedene Phänomene (s. Bullarium Franciscanum V 297; 411); vgl. zur rheinischen Beginenbewegung Neumann, Beginenwesen.

[90] DS 891–899. Die Verurteilung erfolgte nach einer Serie von Verurteilungen im deutschen Sprachraum (s. Müller, Vienne 577–581; Neumann, Beginenwesen 148 ff.).

[91] Siehe Müller, Vienne 407.

[92] „quod quaelibet intellectualis natura in se ipsa naturaliter est beata, quodque anima non indiget lumine gloriae ipsam elevante ad Deum videndum et eo beate fruendum“ (DS 895).

[93] DS 894.

visio Dei schon auf Erden erlangen zu können. Und damit sind wir mitten in dem geistigen Komplex, innerhalb dessen Johannes Olivi fälschlich verortete – er deutete ihn im Sinne der enthusiastischen niederrheinischen Beginen.

Dies war die Front, gegen die Johannes sich meinte wehren zu müssen: die Front des mystischen Enthusiasmus. Es ist offenkundig, warum eine solche Frömmigkeitshaltung problematisch für die klerikal verfasste Kirche sein musste[94], und der letzte Satz jener Verurteilung der rheinischen Beginen macht auch deutlich, worin das Problem lag. Da wird den Beginen die Auffassung unterstellt:

> „Beim Emporheben des Leibes Jesu Christi dürfen sie nicht aufstehen und ihm ihre Verehrung erweisen: Denn sie behaupten, dass es für sie ein Zeichen von Unvollkommenheit wäre, wenn sie von der Reinheit und Höhe ihrer Kontemplation so weit herabstiegen, dass sie irgendwie an die Ausspendung bzw. das Sakrament der Eucharistie oder an das Leiden der Menschheit Christi dächten."[95]

Die Unmittelbarkeit einer schauenden Gotteserfahrung machte, zumal für Frauen, die klerikale Vermittlung obsolet: Wer selbst mit Gott kommunizierte, brauchte an der Eucharistie nicht mehr teilzunehmen.

So klar diese Gefährdung durch mystischen Enthusiasmus also war – so schwierig scheint es doch nachvollziehbar, dass ausgerechnet Ockham, der Rationalist, mit solchen Frömmigkeitsbewegungen in Verbindung gebracht wurde. Wieder ist die hier erfolgende Assoziationskette erhellend für das Denken der avignonesischen Behörden: Schon die Verbindung zwischen Olivi und den rheinischen Beginen war ja, betrachtet man sie aus der Rückschau mit dem Seziermesser des Historikers, problematisch, ja unzutreffend. Der eine – Olivi – wurde mit seinen Äußerungen offenbar durch die Brille der anderen – der rheinischen Beginen – gelesen, und so meinte Johannes, bei ihm wie bei diesen Beginen denselben Fehler feststellen zu können und zu dürfen.

Für Ockham hatte er nun offenbar die Fährte selbst gelegt. Oben (S. 160) war bereits ein Zitat aus der Predigt zu Mariä Lichtmess angeführt worden, das durch die darin angesprochene *raptus*-Lehre, obwohl sein Name nicht genannt wurde, als Auseinandersetzung mit Wilhelm von Ockham identifizierbar war. Die darin referierten Aussagen knüpfen, ein-

[94] Zur Gesamtproblematik des Verhältnisses von Mystik und offiziell verfasster Kirche s. Leppin, Mystische Frömmigkeit.

[95] „Quod in elevatione corporis Jesu Christi non debent assurgere nec eidem reverentiam exhibere: asserentes, quod esset imperfectionis eisdem, si a puritate et altitudine suae contemplationis tantum descenderent, quod circa ministerium seu sacramentum Eucharistiae aut circa passionem humanitatis Christi aliqua cogitarent" (DS 898).

leitend mit der Bemerkung: „Aber manche sagen, dass dies zu behaupten nicht häretisch ist, und auch nicht irrig, obwohl es gewagt und kühn sei“[96], unmittelbar an die Auseinandersetzung mit Olivi an.

Ockham – wenn er sich denn tatsächlich hinter den „manchen“ verbirgt – hat offenbar an dieser Stelle in der ihm eigenen artifiziellen Technik argumentiert: Die von Olivi vorgegebene Zukunftserwartung und ihre Transformation durch Johannes zu einem mystisch-enthusiastischen Konzept wies er nicht schlankweg ab – obwohl kein Zweifel daran bestehen kann, dass ihm dergleichen Enthusiasmus äußerst fern lag. Er hatte solches aber nicht als Form der realisierten oder beanspruchten Frömmigkeit wahrgenommen, sondern unter die Frage nach den Möglichkeiten Gottes gestellt: So gesehen, kann er tatsächlich, in aller Vorsicht, nichts ausschließen, sondern musste die Möglichkeit, dass der Mensch schon in diesem Leben Gott schaue, unter den Bedingungen der *potentia absoluta* nach seinen eigenen Lehren ohne weiteres zugestehen.

Ja, es war ganz konsequent so zu argumentieren, denn die Aussagen, die er hier offenbar getroffen hatte, entsprachen in seinen Augen durchaus der theologischen Tradition, die die Lehre von einem *raptus Pauli* kannte. Im Hintergrund steht eine auf Augustin[97] zurückgehende Deutung des Bekenntnisses des Paulus in IIKor 12,2: „Ich kenne jemand, einen Diener Christi, der vor vierzehn Jahren bis in den dritten Himmel entrückt wurde; ich weiß allerdings nicht, ob es mit dem Leib oder ohne den Leib geschah, nur Gott weiß es.“ Wohl zu Recht wurde diese in der dritten Person gehaltene Rede als Selbstaussage des Apostels verstanden, der damit auf eine eigene visionäre Erfahrung anspielte. Dieser Deutungstradition folgend, erklärte Ockham in seinen in Avignon verfassten „Quodlibeta“:

> „Der selig machende Akt wurde Paulus in seiner Entrückung – weil er da das göttliche Wesen gesehen hat – nicht als Belohnung für ein Verdienst gegeben.“[98]

Worum es Ockham dabei ging, war nicht etwa, diesen *raptus* als erstrebenswerte Form menschlicher Gotteserkenntnis zu lehren, sondern die Aussage stand im Kontext seiner Darlegungen zur *potentia absoluta* Gottes: Der *raptus* war Beispiel für die umfassende Macht Gottes, die obige Aussage letztlich ein Reflex der Gotteslehre.

Ockham hatte also auch hier, wie insgesamt in seinen „Quodlibeta“, ein im Rahmen des Häresieprozesses gestelltes Problem theologisch bearbei-

[96] „Sed dicunt aliqui quod non est hereticum, nec erroneum, quamvis sit presumptuosum et temerarium hec asserere“ (Pásztor, Polemiche 418).

[97] PL 33,610; 34,478.

[98] „actus beatificus dabatur Paulo in suo raptu, quia tunc vidit essentiam divinam, non tamquam praemium pro merito“ (OT IX 587,55–57).

tet: Selbst schon einem Häresieprozess unterzogen, setzte er nicht etwa Grenzen gegenüber einem Theologen, der ohnehin längst verurteilt und verstorben war – was taktisch ein Leichtes gewesen wäre –, sondern er prüfte auch dessen Aussagen noch hinsichtlich ihrer theoretischen Tragfähigkeit – und integrierte zugleich ihm gänzlich fremde Aussagen in das Koordinatensystem seines eigenen Denkens. Ockham erscheint hier noch ganz als der akademische Theoretiker, dem taktische Winkelzüge fremd sind – gerade deswegen lief er in die Falle des Papstes.

Denn so geriet er in ein Fahrwasser, dessen reißende Kraft weit über den unmittelbaren Kontext Olivis hinausging. Indem er dem Papst bestätigte, dass auch nach seiner Auffassung jenes Konglomerat, das Johannes aus den Lehren Olivis und der rheinischen Beginen gebildet hatte, im Rahmen seines Denkens „nicht irrig" sei, bekam dieser, der den subtilen theologischen Diskussionen im Prozessverlauf wohl kaum folgen konnte, den Beweis geliefert, dass Ockham in der Tat jener Häretiker war, als der er angeklagt wurde. Alle bekämpften Häresien gleichen sich für ihn trotz ihrer verschiedensten Hintergründe in einem zentralen Punkt: in der Übersteigerung menschlicher Instanzen beim Zugang zu Gott, in der Übersteigerung menschlicher innerweltlicher Fähigkeiten zur Gotteserkenntnis.

An dieser Stelle ist nun davor zu warnen, Johannes wegen solcher Ineinandermischung heterogener Theologumena einfach als theologisch inkompetent anzusehen. Dogmatisch-denkerisch ging er ohne Zweifel fehl. Doch umgekehrt war in seiner Verurteilung eine Gemeinsamkeit zwischen der apokalyptischen Theologie Olivis, der mystischen Frömmigkeit der Beginen und der mit Ockham beginnenden neuen Theologie der *potentia absoluta* zu greifen, die den Beteiligten viel weniger bewusst war als ihrem kämpferischen Gegner, dem Papst. Sie alle konvergierten darin, die aktuelle Kirche in ihrer Heilsrelevanz zu bestreiten. Bei Olivi erfolgte dies im Kern aufgrund moralischer Kriterien, bei den Beginen aufgrund ihres mystischen Enthusiasmus. Und auch die Theologie Ockhams relativierte die Notwendigkeit der normalen kirchlichen Heilsordnung mit ihrer sakramentalen Heilsvermittlung unter dem Gesichtspunkt der souveränen Allmacht Gottes.

Diese Gemeinsamkeiten beruhten jeweils auf sehr unterschiedlichen theologischen Grundannahmen – aber im kritischen Impuls blieb der Zusammenhang erkennbar. In Frömmigkeit und Theologie gab es zu Beginn des 14. Jahrhunderts aus den verschiedensten Gründen und Hintergründen Ansätze zu einer Relativierung kirchlicher Hierarchie und Macht. Unter gewissen Gesichtspunkten erscheint Wilhelm von Ockham hier als Repräsentant eines Zeitgeistes, der sein eigenes Denken, ja seinen eigenen sozialen und geistigen Kontext weit überragte: Auf seine – scholastische –

Weise gab er dem Bewusstsein Ausdruck, dass die Systeme starrer Hierarchie sich aufzulösen begannen, dass die Ordnungen der Welt nicht mehr vollen Halt gaben, sondern das Individuum in immer stärker spürbarer Vereinzelung vor Gott stand. Der Kreis schließt sich, wenn man bedenkt, dass in gewisser Weise gerade auch das Konzept der *potestas directa* des Papstes dieser Individualisierung Vorschub leistete – nur eben im Dienste der umso schärferen Betonung des Papsttums als der Vermittlungsinstanz zu Gott hin.

Dass für das traditionelle *ordo*-Denken wie auch für dessen Aufhebung in der Zentralisierung des Papsttums im Denken Ockhams Gefahren bestanden, hat Johannes XXII. gut erkannt – und das ist wohl auch die Aufgabe eines Lenkers der Inquisition und Bewahrers der Institution. Verstanden im denkerischen Sinne hat er Ockham wohl nie. So ist aus ganz anderer Richtung auch der kleine Predigtausschnitt des Papstes Johannes ein Beleg für die Menge an Missverständnissen, denen Ockham in Avignon ausgesetzt war.

b) Meister Eckhart, der unverstandene Gefährte auf der Anklagebank

In diesen Komplex von Abwehrreaktionen aufseiten des Papstes passt auch ein weiterer Prozess, der eben zu der Zeit, als sich Ockham in Avignon befand, dort geführt wurde. Auch ihn hatte der Papst nicht von sich aus nach Avignon gezogen, aber er wurde mit ebenso großem Eifer geführt wie der gegen Ockham: der Prozess gegen Meister Eckhart.[99]

War Ockham, als er in die südfranzösische Stadt vorgeladen wurde, zwar ohne Zweifel schon als brillanter Kopf hervorgetreten, aber doch mit eben erst vierzig Jahren und noch unabgeschlossener Promotion in Oxford ein vergleichsweise unbeschriebenes Blatt – er hatte ja gerade erst sieben Jahre Lehrerfahrung hinter sich –, so kam mit Meister Eckhart unbestreitbar einer der größten und bedeutendsten Gelehrten seiner Zeit und herausragender Ordensmann als Angeklagter nach Avignon.[100]

Um 1260 geboren, hatte er 1302 und 1311–1313 einige Jahre als Magister regens in Paris verbracht. Die zweimalige Berufung als ausländischer Dominikaner nach Paris bedeutete eine Ehre und Anerkennung, die nur wenigen zuteil wurde. Immer wieder muss daher in Erinnerung gerufen werden, dass Eckhart auch und zunächst Scholastiker gewesen ist und etwa in seinen „Quaestiones Parisienses" aus dem ersten Pariser Ma-

[99] Hierzu Trusen, Prozess 113–133.
[100] Zum Leben Eckharts s. Ruh, Eckhart.

gistrat ein bedeutendes, weiterführendes Werk zu Fragen der scholastischen Theologie vorgelegt hat. Zwischen beiden Magistraten hatte er hohe Ordensämter inne: 1303 wurde er Vikar der neu gegründeten Provinz Saxonia mit Sitz in Erfurt, 1307 zusätzlich Generalvikar für Böhmen. Angesichts dieser herausragenden Stellung ist es bemerkenswert, dass seine Aufgaben nach dem zweiten Pariser Magistrat zunächst weder im Bereich der Lehre noch in dem der Ordensführung lagen, sondern in der so genannten *cura monialium*, der Seelsorge an religiös bewegten Frauen mit beginischem Hintergrund, die dem Orden eingegliedert worden waren und deren freie, oft zu freie Religiosität nun durch entsprechende Seelsorger in kirchenkonforme Bahnen gelenkt werden sollte.[101] Dass man zu dieser Aufgabe einen so herausragenden Mann wie Eckhart bestimmte, zeigt die Bedeutung, die man dieser Aufgabe beimaß.

Zugleich hoffte man wohl auch, dass seine Art von Theologie in besonderer Weise geeignet sein könnte, die Anliegen der Nonnen aufzunehmen und zu transformieren. Die genaue Bestimmung von Eckharts „Mystik“ ist heute so umstritten, dass gelegentlich sogar davor gewarnt wird, diesen Begriff überhaupt zu benutzen.[102] Mag dieser Vorschlag auch zu weit gehen, so ist doch jedenfalls der Verzicht auf den aus hegelianischen Traditionen erwachsenen Begriff „Deutsche Mystik“ angesichts des jetzigen Erkenntnisstandes der internationalen Forschung dringend angeraten.

Den Kern des Eckhart'schen Denkens bilden Begriffe wie „Seelengrund“, „Gottesgeburt“ und „Gelassenheit“: Der Mensch, der von sich selbst lassen kann, gewinnt in seinem Innersten, im Seelengrund Raum, so dass Gott seine einmalige historische Geburt in ihm neu ereignen kann und so dem Menschen wirklich nahe werden kann. Mit diesen Gedanken konnte Eckhart die mystischen Bedürfnisse der Frauen, für deren Seelsorge er bestimmt war, integrieren, zugleich aber vor gesteigerten ekstatischen Formen des religiösen Enthusiasmus warnen. Sein Hauptanliegen war es dabei, die religiösen Energien von der reinen Selbstbespiegelung in eine ethische Ausrichtung des eigenen Lebens umzuleiten: Der Mensch, der von sich selbst lässt und Gott in sich Raum gibt, gewinnt auch Freiheit, am anderen und für den anderen zu handeln. So ist der „Mystiker“ Eckhart alles andere als ein Quietist. Und er ruft gerade nicht zu einer rein in sich selbst versenkten *vita contemplativa* auf, sondern wertet in einer berühmten Predigt über die biblischen Schwestern Maria und Martha, die stets als Symbole für *vita activa* und *vita contemplativa* galten, die *vita activa* entscheidend auf.[103] Das Bemühen, die allzu freie weibliche Spiritua-

[101] Siehe hierzu Langer, Erfahrung.

[102] Flasch, Intention.

[103] Siehe hierzu Mieth, Einheit; Leppin, Komposition.

lität zu zügeln, ist Eckharts Wirken also durchaus abzuspüren – wie erfolgreich er dabei war, ist ebenso umstritten wie die Frage, inwieweit er etwa selbst von beginischer Frömmigkeit beeinflusst wurde. So hat man auf inhaltliche Anleihen bei der verbrannten Begine Margarete Porete († 1310) hinweisen können.[104]

Dies hat seine Tätigkeit lange Zeit nicht behindert, im Gegenteil: Er wurde wieder in das Feld der akademischen Lehre gerufen. 1323 oder 1324 – er war nun wohl schon deutlich über sechzig Jahre alt – kam er nach Köln an das Generalstudium der Dominikaner, nach manchen Vermutungen sogar als dessen Leiter. Hier aber begannen die Schwierigkeiten. Einige Brüder seines Kölner Konvents erhoben gegenüber dem Klostervisitator Nikolaus von Straßburg Vorwürfe gegen Eckhart wegen Häresie. Dabei hatten keineswegs die akademischen Abhandlungen Eckharts Anstoß erregt – diese spielten weder in der Anklage noch später im Prozess irgendeine Rolle. Von Bedeutung waren ausdrücklich seine Predigten vor dem Volk: Es ging hier nicht um akademisch diskutierbare Lehre an sich, sondern um die öffentlich verkündete und zu verantwortende Lehre.

Nikolaus verfolgte die Anklagen, gelangte aber zu einem Freispruch. Da dies jedoch kein rechtsverbindlicher Inquisitionsprozess war, konnte Eckhart aufgrund derselben Anklagepunkte 1325 erneut beim Erzbischof von Köln, Heinrich von Virneburg, verklagt werden. Die Anklage traf bei diesem auf offene Ohren, da er ohnehin dafür bekannt war, mystische Strömungen mit besonderer Härte zu verfolgen. Und in die Richtung häretischer Mystik gingen auch die versammelten Anklagepunkte. Besonders scharf wurden Aussagen über die Wandlung des Menschen in Gott kritisiert oder darüber, dass letztlich die mystische Einung das entscheidende sei und nicht die Sakramente der Kirche, oder dass nicht die äußeren Akte gut seien, sondern es auf das innere Geschehen ankomme. All dies verwies darauf, dass Eckharts Theologie dazu aufforderte, nur noch auf das mystische Geschehen zu achten und die äußeren Vorgaben der Kirche zu miss- oder gar zu verachten.

Das Verfahren gegen Eckhart wurde von vornherein als schärfstes Ketzerverfahren durchgeführt. Das bedeutete: Eckhart wurden alle Verteidigungsmöglichkeiten genommen – ein bei akademischen Theologen ganz unübliches Vorgehen, wie es auch der gleichzeitige Ockham-Prozess in Avignon zeigte, der sich ja gerade dadurch auszeichnete, dass Ockham sich in der Tat breit verteidigen durfte.

Eckhart hatte also diese Möglichkeiten nicht, und eben deswegen appellierte er am 24. Januar 1327 an den Papst – das war seine einzige Mög-

[104] Ruh, Eckhart 104–108.

lichkeit, von dem Zugriff der Kölner Behörden freizukommen – und er hegte die Hoffnung, hier auf ein gerechteres Verfahren zu stoßen. Wenig später ging er sogar an die Öffentlichkeit: Am 13. Februar 1327 formulierte er vor der Kölner Predigergemeinde – seiner eigenen Predigtgemeinde – eine öffentliche *protestatio*, in der er öffentlich erklärte, wenn er jemals etwas Irrtümliches in Glaubens- oder Sittenfragen gelehrt habe, so widerrufe er dies ausdrücklich – ein konditionierter Widerruf also, der immerhin seine subjektive Bereitschaft zur Orthodoxie deutlich machte.[105]

Dieser Schritt wurde Eckhart gelegentlich als Feigheit ausgelegt[106], hatte aber einen guten doppelten Sinn: Zum einen machte Eckhart so seine sofortige Verurteilung als Häretiker in Köln unmöglich, man musste ihn nach Avignon ziehen lassen. Der andere Sinn dieser öffentlichen Protestation war, dass Eckhart sich vor seiner eigenen Gemeinde entschuldigen wollte. Entsprechend hat er auch in dieser kleinen Ansprache noch den Versuch gemacht, verschiedene Anklagepunkte zurechtzurücken und zu erläutern.

Mit dem Gang nach Avignon wurde aus dem Ketzerprozess ein Zensurverfahren wie im Falle Ockhams, das heißt, es ging nicht mehr um die Person Eckharts, sondern um die Formulierung der christlichen Lehre – so wie bei anderen Theologen auch. Der Papst setzte – wiederum wie im Falle Ockhams – eine Gutachterkommission ein, die das Anklagematerial aus Köln sichtete und daraus eine Liste von Irrtümern zusammenstellte. Vor dem Hintergrund des bislang Dargelegten ist es unmittelbar einsichtig, dass für den Papst natürlich auch Meister Eckhart in dieselbe Kategorie von Gefährdungen fallen musste wie Olivi, die Beginen und Ockham. Gerade was man in Köln gegen ihn vorgebracht hatte, bestätigte ja die Ängste des Papstes, die Autorität der klerikalen Hierarchie werde untergraben.

So gab es also ab dem Frühjahr 1327 zwei parallele Prozesse in Avignon, von denen freilich der eine, der gegen Ockham, aus unklaren Gründen nicht vorankam, der andere hingegen schnell vorangetrieben wurde. In der historischen Rückschau ergibt sich eine Situation von einzigartiger Signifikanz: Gleichzeitig befanden sich auf dem Areal der Kleinstadt Avignon zwei Theologen als Angeklagte, die je auf ihre Weise eine Neubesinnung des Christentums im 14. Jahrhundert einläuteten: Eckhart in der mystisch orientierten Frömmigkeit, Ockham in der rational durchdachten Theologie. Das Schema würde einfach und eingängig, könnte man den, der sie gefangen hielt, den Papst, einfach als Vertreter einer überkommenen Zeit,

[105] Dempf, Meister Eckhart, München 1934, 82.

[106] Zur Diskussion vgl. Trusen, Prozess 104f., der Eckhart vehement in Schutz nimmt.

als letzten Bewahrer reaktionären Denkens betrachten, der der Neuheit dieser beiden Geistesgrößen nicht gewachsen war. So skizziert, würde das Bild zu einer Karikatur ohne historischen Aussagewert. Nein, die Neuheit befand sich in ganz eigener Weise auch auf Seiten Avignons: Das moderne Papsttum in Avignon, mit seiner fiskalisch orientierten Verwaltung und seiner zentralen Leitung der Kirche, gerade dieses moderne Papsttum stand gegen andere Formen von Modernität. Nur der Ansatzpunkt zur Änderung und Neuerung war im Papsttum ein anderer als bei Eckhart und Ockham, und gerade daraus entstand die Spannung, die sich in den Prozessen entlud. Das Papsttum von Avignon gewann seine Modernität aus denjenigen Eigenschaften seiner Hofhaltung, die nicht spezifisch kirchlich waren, sondern die das Papsttum in seiner weltlichen Machtausübung stärkten und auszeichneten. Wenn Ockham später darüber spotten sollte, dass Johannes gar kein Theologe, sondern Jurist war, so traf er den Gegensatz durchaus: Johannes agierte als oberster Verwaltungsherr, der sich Effizienz auf seine Fahnen geschrieben hatte und in Kürze anstelle des für Theologie und Frömmigkeit so bedeutsamen Apostelsitzes Rom ein neues Rom aufgebaut hatte. Dieses zeichnete sich nicht durch theologisch deutbare Qualitäten aus, sondern durch seine machtpolitisch günstige Lage. Eckhart und Ockham dagegen setzten mit ihrer Erneuerung beim Gottesbild ein: Eckhart, der von dem in der Seele nahe werdenden Gott sprach, suchte ebenso wie Ockham, der von dem allmächtigen Gott sprach, ein Verständnis von Gott, das auf dessen rationale Domestizierung verzichtete, wie sie das große, harmonische System eines Thomas von Aquin noch versucht hatte.

So wird die zufällige Konstellation, die sich in Avignon ergeben hat, auch mentalitätsgeschichtlich relevant, denn bei allen Unterschieden, die zwischen dem Papst von Avignon, dem Mystiker aus Deutschland und dem englischen Philosophen und Theologen unzweifelhaft zu konstatieren sind, muss man doch auch versuchen, die sich in ihnen zeigenden Aspekte der Modernität – natürlich nicht gemessen am Epochenbegriff der Moderne, sondern an dem, was für das 14. Jahrhundert neu war – zu begreifen. In allen dreien findet so etwas wie Ablösung des Hergekommenen, des „Mittelalterlichen“ statt, je auf verschiedene Weise. Was ist ihnen noch gemeinsam?

Man versteht diese Gemeinsamkeit nur, wenn man daran denkt, dass mittelalterliches Leben und Denken von Anfang an nur als ein Leben in hierarchisch abgestuften Vermittlungen vorstellbar war. Der klassische Ausdruck dieser hierarchisierten Abstufung war das Lehnswesen, das die Gesellschaft nicht nur hierarchisierte, sondern in gewisser Weise auch parzellierte: Für den mittelalterlichen Menschen, der sich innerhalb des vom Lehnswesen geprägten Gesellschaftssystems zu bewegen hatte, war der überschaubare Raum des *feudum*, in dem er sich bewegte, die für das Leben bestimmende Einheit. Der König als oberster Herr des Ganzen war für alle, die ihm nicht unmittelbar als Lehnsträger zugeordnet waren, weit weg, nämlich nur vermittelt zugänglich. Entsprechend war über Jahrhunderte hinweg auch der Papst allenfalls in der Weise präsent, dass er, vermittelt über seine Bischöfe und Priester, in die Gemeinden hineinwirkte. Und Gott selbst? Auch für ihn gab es die entscheidende Vermittlungsinstanz, den Priester.

Mit der Formel von der *potestas directa*, die Aegidius gebraucht hatte, zeigte sich nun ein Weg zur Immediatisierung innerhalb der Kirche.[107] Der Papst gewann Recht und Möglichkeit, überall in der Kirche unter Übergehung der Mittelinstanzen zu regieren. Dass Ockhams Gottesbild auch hiervon geprägt war, wurde oben schon deutlich gemacht. Und es ist ebenso deutlich, dass auch Meister Eckhart im Blick auf Gott eine solche Überspringung der Vermittlungsinstanzen lehrte oder doch zumindest möglich machte: Wenn der Gläubige die Geburt Gottes in seiner eigenen Seele erfährt, so wird die Heilsvermittlung durch den Priester sekundär. So war es denn kein Zufall, dass gerade Eckhart sich öffentlich dafür einsetzte, auch den Laien Bildung beizubringen: „ensol man niht lêren ungelêrte liute, sô enwirt niemer nieman gelêret, sô enmac nieman lêren noch schrîben."[108] Ganz ähnlich hat auch Ockham erklärt, dass, wenn die *simplices* sich nicht des Glaubensstudiums befleißigen dürften, niemand dies dürfe, ehe er zum Kardinal oder Papst aufgestiegen sei.[109] Die Ahnung des Johannes, dass beider Denken darin konvergieren könne, die klerikale Machtausübung zu untergraben, war durchaus berechtigt. Denn beide haben je auf ihre Weise eine Unmittelbarkeit des Menschen zu Gott gelehrt. Genau genommen muss man sagen: eine Unmittelbarkeit allen Seins zu Gott, denn bei Eckhart gibt es in den akademischen Schriften durchaus pantheistisch klingende Stellen, die jedenfalls ausdrücken, dass Gott die treibende Kraft in allen Dingen ist, und Ockhams *potentia*-Lehre findet nicht nur Anwendung in der Rechtfertigungs-, sondern auch in der Schöpfungslehre. So wie also das avignonesische Papsttum auf sozialem Gebiet eine Immediatisierung herbeiführte – und man könnte hier die in Frankreich sich etablierende Zentralmacht des französischen Königs als weiteres Phänomen dieses Zeitgeistes benennen –, so haben Ockham und Eckhart für Philosophie und Theologie den Gedanken einer Unmittelbarkeit in den Vordergrund gestellt. In diesem Gedanken waren sie alle drei miteinander vereint.

[107] Zu den allerdings auch zuvor schon gegebenen direkten Zugangsmöglichkeiten zum Papst vgl. Herde, Delegationsgerichtsbarkeit 24f.

[108] Eckhart, DW V 60,28–30.

[109] Goldast II 770,40 ff.

Doch gab es nicht viele Gemeinsamkeiten. Das zeigt nicht nur die Tatsache der Prozesse, die Johannes gegen beide führte, sondern es lässt sich auch für das Verhältnis Ockhams zu Eckhart belegen. Noch Jahre später wusste Ockham etwas von Eckharts Prozess zu berichten.[110] Und in diesem Zusammenhang wird deutlich, wie fremd ihm dessen Denken geblieben ist:

„Denn zur Zeit des erwähnten Johannes XXII. hat ein gewisser Magister der Theologie aus dem Dominikanerorden, ein Deutscher mit Namen Eckhart, öffentlich die Ansicht vertreten, gepredigt und gelehrt, dass die Welt von Ewigkeit her bestanden habe und dass jeder gerechte Mensch in das göttliche Wesen auf die Weise verwandelt werde, wie im Sakrament des Altars das Brot in den Leib Christi verwandelt wird, und dass jeglicher so geartete Mensch die Sterne geschaffen hat und dass Gott ohne einen solchen Menschen nichts zu tun vermöchte und dass es im Göttlichen keinerlei Unterscheidung gibt, weder im Wesen noch in den Personen und dass alle Kreaturen schlicht nichts sind und viele andere phantastische Lehren, die nicht so sehr häretisch sind als verrückt.“[111]

Es ist müßig zu spekulieren, ob dies ein Reflex einer Begegnung Eckharts und Ockhams in Avignon ist – wohl eher nicht. Dagegen spricht nicht nur, dass beide in Avignon an ihre Ordenshäuser gebunden gewesen sein dürften, sondern auch der Inhalt von Ockhams Darlegungen. Sie referieren nicht etwa Positionen, die man aus einem Gespräch mit Eckhart hätte erfahren können, sondern sie geben weitgehend unreflektiert Inhalte der Bulle „In agro dominico“ wieder, mit der Eckhart postum verurteilt worden war. Dass sie in dieser Weise zwar weitgehend wörtlich bei Eckhart nachweisbar sind, aber in der Regel nur überspitzte Formulierungen darstellen, die bei näherem Hinsehen auf den Kontext entschärft werden, muss hier nicht eigens nachgewiesen werden.

Denn hier interessiert ja weniger Eckhart als Ockham, der diesen Mystiker offenkundig zugleich wahrnahm und nicht wahrnahm: Ockham spielte hier das Spiel der avignonesischen Zensoren mit, er teilte ihre Art des Vorgehens und ihre inhaltliche Kritik. Und er ließ sich, obwohl er selbst

[110] OPol III 251,34–252,5; vgl. Goldast II 909,35–60 (Dial III II,8) sowie hierzu Dempf, Eckhart 84–87.

[111] „Nam tempore praedicti Ioannis XXII quidam magister in theologia de ordine Praedicatorum, natione Teutonicus, nomine Aycardus, publice tenuit, praedicavit et docuit quod mundus fuit ab aeterno, et quod quilibet homo iustus convertitur in divinam essentiam, quemadmodum in sacramento altaris panis convertitur in corpus Christi, et quod quilibet homo talis creavit stellas, et quod Deus sine tali homine nesciret quicquam facere, et quod in divinis nulla est distinctio, nec in essentia nec in personis, et quod omnes creaturae sunt purum nihil, et multa alia fantastica, non [tam] haereticalia quam insana“ (OPol III 251,20–29).

Opfer eines Häresieprozesses gewesen war, nicht durch den Gedanken beirren, Eckhart könne vielleicht jenseits der Einzelaussagen grundsätzlich anders verstehbar sein. Selten hat Ockham einen anderen Theologen so missverstanden wie Eckhart, selten sich auch so wenig um Verständnis bemüht. Fast übernimmt er selbst die Rolle des avignonesischen Zensors, der Eckhart seine Irrlehre vorzuhalten hatte.

Und gerade dieses mangelnde Verständnis verschärft nur den Eindruck, dass seinerzeit in Avignon keineswegs das stattfand, was man gerne als „Ungleichzeitigkeit des Gleichzeitigen" bezeichnet. Sondern es war gerade die überragende Gleichzeitigkeit der drei verschiedenen Neuerungsansätze, die ein Verständnis erschwerte, ja unmöglich machte. Was sich heutige Mittelalterforscher als eine potenzielle Sternstunde ausmalen mögen: die Möglichkeit, mit kurzen Wegstrecken Meister Eckhart, Ockham und Johannes XXII. mitsamt seiner Kurie zu besuchen und zu befragen – dies war in der Realität nicht denkbar und nicht wünschbar. Auf engstem Raum saßen hier Menschen, die einander nicht verstehen konnten – und sich darum gegenseitig verurteilten.

Ob umgekehrt auch Eckhart Ockham wahrgenommen hat? Hierüber weiß man nicht viel. Ohnehin verliert sich seine Spur bald im Dunkeln. Er hat seine eigene Verurteilung nicht mehr erlebt, vielleicht auch nicht mit ihr gerechnet. Immerhin durfte er, anders als Ockham, Avignon wieder verlassen und ist Anfang 1328 auf dem Heimweg gestorben. Die Bulle „In agro dominico", die ihn verurteilte, datiert vom 27. März 1329.

c) Die Franziskaner und der Armutsstreit[112]

Noch ein weiterer Handlungsstrang mündete in die Zeit von Ockhams Avignon-Aufenthalt. Auch er reichte weit zurück, und auch er stand – wenigstens aus Perspektive des Papstes – in Zusammenhang mit den anderen Problemen, die seinerzeit zu verhandeln waren. Denn die Negativfolie des Petrus Johannis Olivi konnte nicht allein dazu dienen, Ockham in ein Verstehensraster des mystischen Enthusiasmus einzuordnen, der ihn mit Olivi, den Beginen und auch Eckhart verbinden sollte, sondern es spielte hier noch eine andere Frage hinein.

Das Konzept der Geistkirche, das die Spiritualen und auch Olivi vertraten, hing aufs Engste mit der Frage zusammen, in welchem Maße für die Franziskaner jene Armut verbindlich war, die Christus und, ihm folgend,

[112] Zu den Anfängen des theoretischen Armutsstreits s. nun gründlich, wenn auch mit gewissen apologetischen Tendenzen zugunsten Johannes' XXII. Horst, Armut.

Franz von Assisi vorgelebt hatten. Schon bald nach dem Tod des Franz war ein Streit um die Verbindlichkeit seines Testamentes ausgebrochen, in dem er vor Fehlentwicklungen seines Ordens gewarnt hatte:

„Hüten mögen sich die Brüder, dass sie Kirchen, ärmliche Wohnungen und alles [andere], was für sie gebaut wird, in keinem Fall annehmen, wenn diese nicht so sind, wie es der heiligen Armut entspricht, die wir in der Regel versprochen haben; wir sind ja dort immer [nur] zu Gast wie Fremdlinge und Pilger."[113]

Schon Franz war das Problem bewusst geworden, dass nicht jeder, der sich seinem Orden zugehörig fühlte, in der Schärfe auch arm leben wollte, wie es ihm selbst in seiner Portiuncula bei Assisi vorschwebte.[114] Gerade die Möglichkeit, durch Spenden an den Franziskanerorden Heil zu gewinnen, hatte bei manchen Bürgern das Bedürfnis geweckt, den Franziskanern größere und bedeutendere Gebäude zur Verfügung zu stellen, als es mit einem Leben in reiner Armut vereinbar schien.

Dies war neben der Geschichtstheologie Joachims von Fiore der Ansatzpunkt für die Spiritualen, sich innerhalb – und dann teilweise auch außerhalb – des Ordens zu formieren. Sie wollten unbedingt ein Leben in wahrer Armut gemäß dem Testament des Franz durchsetzen und sich nicht mit der Regelung zufrieden geben, die Gregor IX. 1230 in der Bulle *Quo elongati* gefunden hatte.[115] Er hatte das Testament des Franz für nicht verbindlich deklariert und das Dilemma der Besitzlosigkeit durch einen einfachen juristischen Trick gelöst, indem er alle franziskanischen Niederlassungen zum Besitz des Papstes erklärte. So war formal die Armut aufrechterhalten, selbst wenn die Franziskaner reichen Immobilienbesitz erhielten – wie zum Beispiel die seinerzeit im Bau befindliche prächtige Kirche in Assisi.

Die Spannung zwischen dem juristischen Status und der faktischen Situation aber war für eine nicht unerhebliche Gruppe der Franziskaner so unerträglich, dass sich hieraus ein über Jahrzehnte währender Streit zwischen Spiritualen und ihren Kontrahenten, den die Gewohnheit fortsetzenden Konventualen entstand. Eine gewisse Beruhigung trat unter dem Generalminister Bonaventura ein, der versuchte, beiden Seiten Recht zu geben. Die Bulle „Exiit qui seminat", die 1279 von Nikolaus III. erlassen wurde, setzte auch einen neuen rechtlichen Rahmen.[116] Durch die Gleichsetzung des Franziskanertums mit dem genuinen, durch den Heiligen Geist inspirierten Christentum sollten Gedanken des joachitischen

[113] Fransicus, Opuscula 440f. (Nr. 24).
[114] Zur Einordnung s. Feld, Franziskus 305–313.
[115] Siehe hierzu Feld, Franziskus 336–345.
[116] Siehe ebd. 458–463.

Geschichtsbildes integriert werden. Zugleich wurden in Aufnahme der Definition Gregors IX. *dominium* beziehungsweise *proprietas* auf der einen Seite und *usus simplex facti* auf der anderen Seite präzise unterschieden: Das Eigentum, *proprietas* beziehungsweise *dominium* an allen Immobilien und auch an den beweglichen Gegenständen sollte ausschließlich dem Papst zukommen. Gleichzeitig wurde nun, in Fortführung der Bestimmungen Gregors, eingeschärft, dass die Franziskaner an allem ihnen zur Verfügung gestellten Besitz nur das Recht eines schlichten, den Notwendigkeiten entsprechenden Gebrauchs hatten: den *usus simplex facti.*

Diese Formel allerdings lässt schon die folgenden Schwierigkeiten erahnen, denn sie ist viel zu unklar, um einen Streit wirklich zu schlichten. Und so schwelte der Konflikt weiter, ja es kam zu den Eruptionen, die oben schon im Zusammenhang mit Olivi geschildert wurden. Gerade in der Zeit des beginnenden avignonesischen Papsttums gewann die Forderung nach wahrer Armut Popularität und wurde zugespitzt zu der griffigen Formel vom *usus pauper*, dem armen Gebrauch. Zwar hat Olivi 1292 bei einer Vorladung zu einem Generalkapitel des Franziskanerordens erklärt, er verstehe den *usus pauper* im Sinne des *usus simplex facti*, aber eben diese dann vonseiten des Ordens nicht mehr angreifbare Gleichsetzung gab der Formel eine enorme Schubkraft, insofern hier eine auch propagandistisch verwertbare eingängige Formulierung an die Stelle einer mühsam im Kompromiss errungenen, abstrakten Wendung getreten war.

Der Prozess gegen Olivi galt mithin nicht allein der Unterdrückung einer theologischen Sonderlehre, einer falschen Geschichtsphilosophie oder eines mystischen Enthusiasmus, sondern er galt auch der Betonung einer Armut, die zunehmend aus dem Programm eines Ordens zur Kritik an der ganzen Kirche zu werden drohte. Hand in Hand haben Johannes XXII. und Michael von Cesena[117], der seit 1316 als Generalminister den Franziskanerorden führte, die Spiritualen bekämpft. Michael versuchte dabei durchaus, die Spiritualen in den Orden zu integrieren, kooperierte aber mit dem Papst auch bei rein restriktiven Maßnahmen wie der Bulle *Quorundam exigit*, mit der im Jahr 1317 alle spiritualen Besonderheiten in Kleidung und Lebensstil verboten wurden. Im Einverständnis von Papst und Ordensleitung schien damit das Problem der Spiritualen – wenigstens in disziplinärer Hinsicht – gelöst.

Ob diese Koalition mit der Ordensleitung willentlich oder unwillentlich vom Papst aufgekündigt wurde, ist im Nachhinein schwer zu sagen. Die Dynamik, mit der er die Möglichkeit zur Ausweitung des Streites ergriff, spricht für Absicht.[118] Im Zusammenhang mit einem inquisitorischen Ver-

117 Siehe zu ihm Miethke, Cesena.

118 Die beste Darstellung des theoretischen Armutsstreits bis zum Eingreifen

hör in der Nähe von Narbonne trat die Frage auf, ob es häretisch sei oder nicht, zu behaupten, dass Christus und seine Apostel weder einzeln noch gemeinsam über Eigentum verfügt hätten.[119] Während der dominikanische Inquisitor Johannes von Belna der Meinung war, eine solche Ansicht sei in der Tat als häretisch zu verurteilen, verteidigte der franziskanische Theologe Berengar Talon, Lektor am Ordensstudium von Narbonne – also pikanterweise an eben jenem Ordensstudium, an dem auch Olivi gewirkt hatte – diese Ansicht als gut biblisch. Johannes XXII. zog nun auch diesen Fall nach Avignon: Berengar wurde gefangen gesetzt, und in einem öffentlichen Konsistorium verhandelte man am 6. März 1322 die Frage nach der Armut Christi. Franziskanische Prälaten erklärten sich hier für die Auffassung Berengars, also für die Annahme einer absoluten Armut Christi und der Jünger. Diese Stellungnahme leuchtete ein: Auf biblisch-exegetischem Terrain war in dem neuen Streit die Grundlage des Franziskanerordens, letztlich die in „Exiit qui seminat“ noch ausgedrückte Gleichsetzung von franziskanischen und christlichen Idealen, betroffen.

Entsprechend entstand nun – ausdrücklich von Johannes XXII. ermuntert und freigegeben – eine neue Diskussion um „Exiit“, also um eine päpstliche Bulle, der zwar nach mittelalterlichem Recht noch keineswegs ohne weiteres Unfehlbarkeit zukam, die sich aber doch selbst als eine für die Ewigkeit gültige Lehre gegeben hatte. Vermutlich hatte Johannes nicht eine wirklich offene Diskussion im Sinn, sondern er hoffte, durch den freien Diskurs weitere Bündnispartner für seine Ansicht zu gewinnen. In jedem Falle war hierdurch der Auftakt für den so genannten theoretischen Armutsstreit gegeben: Hatte man noch bis 1317 um praktische Armutsfragen gestritten, um die Zahl von Immobilien oder von Gewändern, so wurde nun um die rechte Auslegung der Bibel, das rechte Verständnis Jesu Christi und die rechten Folgen für die gegenwärtige Kirche gerungen – und dies trotz der aktuellen Bezüge in höchst akademischer Form.

Die nun angestoßene Diskussion war auch deswegen so brisant, weil sie augenscheinlich mit der Existenz des avignonesischen Papsttums zu tun hatte. Wenn denn die Ansicht richtig war, dass Christus und die Jünger besitzlos gewesen sind, dann war das prachtvolle, überall nach neuen Finanzquellen Ausschau haltende Papsttum von Avignon eine permanente Anfrage an die christliche Existenz. Dann war das Franziskanertum, auch wenn es offiziell nicht die beginische Unterscheidung von Geistkirche und Fleischeskirche übernahm und kritisch auf die gegenwärtige Kirche an-

Ockhams findet sich nach wie vor bei Miethke, Sozialphilosophie 365–427, dem die Darstellung im Folgenden, soweit nicht anders gekennzeichnet, verpflichtet ist.

[119] Miethke, Sozialphilosophie 365.

wandte, seinem Selbstverständnis nach eben doch genau das, was Nikolaus III. ihm zugesprochen hatte: die ideale geistliche Verwirklichung der christlichen Existenz. Und das Papsttum von Avignon hätte sich als Abweichung vom ursprünglichen Ideal, als außerhalb der reinen Nachfolge stehend, verstehen müssen. Auf beiden Seiten also ging es um die Grundlagen der gesamten eigenen Existenz.

Eben deswegen aber verschoben sich nun die Konfliktlinien. Die eben noch an der Seite des Papstes gegen die ordensinterne Minderheit der Spiritualen erfolgreiche Mehrheit des Franziskanerordens formierte sich nun neu und nahm den Kampf gegen die – offiziell lediglich zur Diskussion gestellte – Ansicht des Papstes auf. Im Frühsommer 1322 versammelte sich das Generalkapitel der Franziskaner in Perugia. Man empfing offenbar von zwei Kardinälen Bericht[120], die bei dem Konsistorium im März anwesend gewesen waren – Vidal du Four und Bertrand della Tour –, und am 4. Juni wurde ein Manifest erlassen, das noch einmal die absolute Armut Christi nicht nur für richtig erklärte, sondern hinzufügte, diese sei auch von der katholischen Kirche dogmatisiert worden. Die Diskussion war auf franziskanischer Seite von Anfang an von dem Niveau geprägt, das einem „theoretischen Armutsstreit" angemessen war: Die in Perugia anwesenden Theologen legten eine biblische Begründung für die franziskanische Position vor, und der Prokurator des Ordens, Bonagratia von Bergamo, wandte sich dem Problem in einer ausführlichen Streitschrift aus juristischer Perspektive zu.[121] Ähnlich wie Michael von Cesena hatte er bislang zu den entschiedenen Gegnern der Spiritualen gehört, nun aber sah er mit ihm gemeinsam die Substanz des Franziskanerordens bedroht.

Johannes XXII. ließ sich nicht überzeugen, stattdessen schien er sich geradezu in besonderer Weise provoziert gesehen zu haben. Noch Ende des Jahres 1322, am 8. Dezember, ließ er an den Kirchentüren von Avignon die Bulle „Ad conditorem" anschlagen. Sie enthielt allerlei Beschuldigungen gegen die Franziskaner, die angeblich ohnehin nicht in Entsprechung zu ihrem Armutsideal lebten – das entstammte dem Inventar der Polemik, die in merkwürdiger Verbindung sowohl die Spiritualen als auch die Dominikaner gegen die Konventualen vorzubringen pflegten. Es gewann allerdings zusätzliches Gewicht als offizielle Verlautbarung des Papstes. Doch von noch größerem Gewicht war die kirchenrechtliche Folgerung, die Johannes zog: Die Sonderstellung des Ordens gegenüber den anderen Bettelorden sollte aufgehoben werden, und das hieß, die von Nikolaus III. vorgenommene Unterscheidung von *dominium* und *usus* wurde

120 Ebd. 369; Horst, Armut 28; zum Doppelspiel der beiden Kardinäle s. ebd. 31–34; zum Manifest von Perugia S. Damiata, Ockham I 337–341.

121 Siehe hierzu ebd. 36.

als Konstrukt erklärt, und der Papst gab das *dominium* an franziskanischen Gütern den Franziskanern zurück. Der rechtlich besitzlose Orden wurde mit einem Male zu einem reichen Besitzer, und zwar *in communi*, in Gemeinschaft. Armut sollte also wie auch bei den Dominikanern nur eine individuelle Verpflichtung sein, nicht aber eine des Ordens insgesamt. In keiner der anderen Urkunden wird so deutlich, dass es bei dem Kampf um die Armut nicht allein um einen Kampf des Papstes gegen die Franziskaner ging, sondern auch um eine Konkurrenz unter den Orden, die sich der Armut verpflichtet sahen. Den Dominikanern war es ein Dorn im Auge, dass die Franziskaner sich unter Berufung auf „Exiit" als besondere christliche Elite empfinden – und aufführen – konnten. Und Johannes XXII. war gerade in den Zeiten, in denen es in Südfrankreich aufgrund einer Fülle von Häresien gärte, in besonderer Weise auf die Dominikaner als den Orden, der die Inquisition trug, angewiesen. Auch bei anderen Gelegenheiten hatte er sich ihnen gewogen gezeigt: Am 18. Juli 1323 sprach er Thomas von Aquin heilig – eine beeindruckende Karriere für einen Theologen, der kein halbes Jahrhundert zuvor noch von der Pariser Lehrverurteilung mit betroffen war.

Gerade wegen der nun geforderten Angleichung an das Armutsverständnis und die Armutspraxis der Dominikaner lag für die Franziskaner so viel an der Frage, ob Christus und seine Apostel einzeln und in Gemeinschaft besitzlos gewesen seien. Die Franziskaner mussten gegen diese Bulle protestieren. Entsprechend formulierte Bonagratia in einem öffentlichen Konsistorium am 14. Januar 1323 eine „Appellatio", einen flammenden, kirchenjuristisch weit ausholenden Protest gegen die Bulle des Papstes – mit dem Ergebnis, dass er sofort arretiert und für ein Jahr gefangen gehalten wurde. Immerhin hat der Papst offenbar das Recht von Bonagratias Argumentation eingesehen und – wenn auch auf sehr eigenartige Weise – hierauf reagiert: Er entfernte seine Bulle von den Kirchentüren, überarbeitete sie und promulgierte sie erneut unter dem alten Datum.[122] Nach der neuen Formulierung wurden nur die *res usu consumptibiles* aus dem Besitz des Papstes herausgenommen, also Verbrauchsgüter wie Nahrung und Kleidung, während alle sonstigen Güter – das heißt die Immobilien, aber auch Bücher und liturgische Gewänder – im Besitz des Papstes bleiben sollten. Damit war aus der faktischen Aufhebung von „Exiit qui seminat" nur eine interpretierende Korrektur geworden.

Im Grundsatz aber blieb Johannes XXII. hart und konsequent. Das zeigte die Bulle „Cum inter nonnullos", die er noch im selben Jahr, am 13. November 1323 erließ:

[122] Siehe hierzu Miehtke, De potestate 265 – diese Episode wird bei Horst, Armut, nicht erwähnt.

„Da es häufig vorkommt, dass einige Gelehrte die Frage erörtern, ob es als häretisch anzusehen sei, wenn jemand hartnäckig behauptet, unser Erlöser und Herr Jesus Christus und seine Apostel hätten weder privat noch gemeinschaftlich Eigentum besessen – wobei sie auch verschiedene und einander entgegengesetzte Meinungen vertreten –, wollen wir diesem Streit ein Ende bereiten und gemäß dem Rat unserer Brüder in diesem ewig gültigen Erlass erklären: Diese hartnäckige Behauptung soll von nun ab als irrig und häretisch angesehen werden; denn sie widerspricht ausdrücklich der Heiligen Schrift, die an zahlreichen Stellen versichert, dass sie [Christus und seine Apostel] einigen Besitz gehabt hätten, und offen unterstellt, dass die Heilige Schrift selbst, durch die doch auf jeden Fall die Artikel des rechten Glaubens begründet werden, den Sauerteig der Lüge enthalte, und sie macht in der Konsequenz den Glauben an sie [die Heilige Schrift] zunichte und macht damit den katholischen Glauben zweifelhaft und ungewiss."[123]

Damit war die Kampfansage an die Franziskaner perfekt: Deren in Perugia wiederholte grundlegende Auffassung wurde als unbiblisch bestritten und damit ein Keil tief in den Franziskanerorden hineingetrieben. Die Kardinäle Bertrand della Tour und Vidal du Four sahen keine andere Möglichkeit, als sich der päpstlichen Entscheidung sofort zu unterwerfen – obwohl sie selbst noch in Perugia entscheidend an der damaligen Manifestation mitgewirkt hatten. Und auch Michael von Cesena ging nicht sofort in die Konfrontation, sondern suchte den Ausgleich mit dem Papst, der seine Ansicht am 10. November 1324 noch einmal in einer weiteren Bulle – „Quia quorundam" – bekräftigte. Hierauf aber wollte Johannes sich nicht einlassen, zumal sich der Armutsstreit zusehends auch mit dem Streit mit dem Kaiser verband (s. u. S. 188–191) und Gerüchte aufkamen, Michael wolle sich gar zum Gegenpapst erheben lassen.

In dieser explosiven Situation befahl der Papst 1327 Michael von Cesena zu sich. Am 1. Dezember 1327 traf er in Avignon ein. Wahrscheinlich nahm er in eben dem Franziskanerkonvent Quartier, in dem sich schon seit zweieinhalb Jahren ein anderer Gefangener befand: Wilhelm von Ock-

[123] „Cum inter nonnullos viros scholasticos saepe contingat in dubium revocari, utrum pertinaciter affirmare, Redemptorem nostrum ac Dominum Iesum Christum eiusque Apostolos in speciali non habuisse aliqua nec in communi etiam, haereticum sit censendum, diversa et adversa etiam sentientibus circa illud: Nos, huic concertationi finem imponere cupientes assertionem huiusmodi pertinacem – cum Scripturae sacrae, quae in plerisque locis ipsos nonnulla habuisse asserit, contradicat expresse, ipsamque Scripturam sacram, per quam utique fidei orthodoxae probantur articuli, quoad praemissa fermentum aperte supponat continere mendacii, ac per consequens, quantum in ea est, eius in totum fidem evacuans, fidem catholicam reddat, eius probationem adimens, dubiam et incertam – deinceps erroneam fore censendam et haereticam, de fratrum nostrorum consilio hoc perpetuo declaramus edicto" (DS 930).

ham. Ockham berichtete sechs Jahre später über die Folgen dieser Begegnung:

„Ihr solltet also wissen (ja, alle Christen sollten es wissen), dass ich fast vier volle Jahre in Avignon geblieben bin, bevor ich erkannte, dass der, der dort an der Spitze steht, in häretische Verirrung geraten war. Nun wollte ich nicht leichthin glauben, dass eine Person, die in ein solches Amt eingesetzt ist, festsetzte, dass Häresien zu glauben seien; daher habe ich zunächst keine Anstalten gemacht, seine häretischen Verordnungen zu lesen oder zu besitzen. Später aber las ich aus gegebenem Anlass und im Auftrag eines Ordensoberen drei Verordnungen oder besser: häretische Verkehrungen des Papstes – nämlich *Ad conditorem*, *Cum inter* und *Quia quorundam* – und studierte sie sorgfältig.“[124]

Der Text ist wohl nicht in dem Sinne zu deuten, als hätte Ockham bislang noch nichts von den Streitigkeiten um die Armut mitbekommen. Es ist kaum vorstellbar, dass er als Gefangener in Avignon, als Bewohner des Ordenshauses der Franziskaner nichts von den Auftritten des Ordensprokurators in der Kurie gehört haben, dass ihm das Verhalten der franziskanischen Kardinäle entgangen sein sollte.[125] Die Stadt war zu klein, das Problem für die Franziskaner zu groß, als dass so etwas denkbar wäre. Oder soll man ernstlich annehmen, Ockham habe nicht registriert, dass überall an den Türen der Kirchen in der Stadt eine Bulle voller wüster Schmähungen gegen die Franziskaner hing? Auch wenn er selbst den Konvent wohl nicht verlassen durfte: Sollten seine Brüder hiervon nicht gesprochen, ihm hiervon nicht berichtet haben?

Man wird nicht einmal ausschließen können, dass Ockham schon ehe er nach Avignon gekommen war etwas von den Streitigkeiten gehört hatte. Immerhin waren die Verbindungen mit Walter von Chatton, wie sich oben gezeigt hat, eng. Und Chatton selbst hatte lange vor Ockham an den Diskussionen um die Armutsfrage aktiv teilgenommen: In einem schon vor der Promulgierung von „Cum inter nonnullos“, also mindestens ein halbes Jahr vor Ockhams Abreise nach Avignon erstmals redigierten Text hatte er sich vorsichtig, aber kritisch mit den Armutslehren des Papstes auseinander gesetzt.[126] Sollte dies Ockham entgangen sein? Auch das ist kaum zu

[124] „Noveritis itaque (et cuncti noverint Christiani), quod fere quattuor annis integris in Avinione mansi, antequam cognoscerem praesidentem ibidem pravitatem haereticam incurrisse. Quia nolens leviter credere quod persona in tanto officio constituta haereses definiret esse tenendas, constitutiones haereticales ipsius nec legere nec habere curavi. Postmodum vero ex occasione data, superiore mandante, tres constitutiones seu potius destitutiones haereticales ipsius, videlicet Ad conditorem, Cum inter et Quia quorundam, legi et studui diligenter“ (OPol III 6,9–17); Übersetzung nach Leppin/Müller, Theologie und Ethik 277.

[125] So auch Horst, Armut 77.

[126] Siehe hierzu Miethke, Sozialphilosophie 387–392.

glauben. Und die zitierte Äußerung zwingt ja auch nicht dazu, anzunehmen, dass er vor der Begegnung mit Cesena vom Armutsstreit gar nichts mitbekommen hätte. Ockham schrieb ja lediglich, dass er sich nicht bemüht hatte, die päpstlichen Urkunden zu lesen.

Dass sein Glaube in das Funktionieren des avignonesischen Papsttums ungebrochen war, lässt sich nach dem oben zu seinen „Quodlibeta“ und anderen Schriften Ausgeführten durchaus annehmen; die Versicherung, er habe nicht leichthin Böses über den Papst glauben wollen, scheint keiner nachträglichen Legitimationsstrategie zu entspringen, sondern allen Ernstes seine Haltung in Avignon wiederzugeben. Gerade darum dürfte er keinen Anlass gefunden haben, sich mit anderen Lehren des Papstes auseinander zu setzen, um eventuell ein ohnehin schon gewonnenes schlechtes Bild von ihm zu unterstützen oder auszubauen.

Doch das Desinteresse an diesen Urkunden sagt nicht nur etwas über sein Verhältnis zum Papst aus, sondern auch zu den verhandelten Sachthemen. Offenkundig brannte das Thema der franziskanischen Armut ihm bislang nicht auf den Nägeln. Er war Akademiker, Theologe, natürlich und wohl auch bewusst Franziskaner – aber die Streitigkeiten um die Armut ließen ihn über lange Zeit hinweg ungerührt. Im Rückblick macht dies wohl auch deutlich, dass der Entschluss, dem Franziskanerorden beizutreten, wohl nicht primär in dem Wunsch, dem Vorbild des heiligen Franz zu folgen, gründete, sondern einer der möglichen Wege für einen begabten jungen Mann vom Dorfe darstellte, in die Wissenschaft zu gehen. Für sie schlug Ockhams Herz, auch noch als er in Avignon wahrlich genug Zeit hatte, sich mit anderen Dingen zu befassen. Als in Perugia mehr als vierzig Gelehrte seines Ordens einen Brief an den Papst über die Frage der Armut verfassten, saß Ockham in London und traktierte Aristoteles. Und als Michael von Cesena einen schwierigen Schlingerkurs zwischen Orden und Papst durchzuführen versuchte, betrieb Ockham in Avignon noch seine virtuelle Universität.

Erst die Begegnung mit dem Ordensgeneral selbst öffnete ihm dann die Augen. Wann genau und warum Michael ihm die drei Urkunden vorlegte, ist unklar. Anzunehmen, dass er Argumentationshilfe von Ockham haben wollte, hieße, die Bedeutung Ockhams allzu hoch zu veranschlagen: Zu dem Zeitpunkt war er ja in kirchenpolitischen Fragen ein unbeschriebenes Blatt, seine großen Traktate zu Fragen der Armut, des Papstamtes und des Kaisertums waren alle noch nicht verfasst. Ja, wenn es stimmt, dass er so wenig vom Armutsstreit mitbekommen hatte, musste er Michael in ordenspolitischen Dingen geradezu naiv erschienen sein. Umgekehrt ist kaum anzunehmen, dass Michael eine zutreffende Vorstellung von Ockhams akademischem Œuvre besaß. Es hatte sich zu einem Zeitpunkt entfaltet, zu dem Michael, der 1316, kurz vor seiner Wahl zum Generalminister in Paris promoviert worden war, nicht mehr viel mit der akademischen Lebenswelt zu tun hatte. Vielleicht war es einfach die gemeinsame Situation, im Konflikt mit dem Papst zu stehen, die zusammenschweißte, und in der Michael in Ockham nicht nur den Leidens-, sondern auch den Bündnisgefährten suchte. Vielleicht hatte er auch Ockham die Urkunden erst zu lesen gegeben, als in ihm selbst der Plan zur Flucht aus Avignon reifte und er Ockham dazu bringen wollte, selbst auch diese Stadt und ihren Papst zu verlassen.

Jedenfalls dürften die drei Urkunden schnell gelesen gewesen sein. Und es ist durchaus glaubhaft, dass diese Lektüre für Ockham einen wahren Schock bedeutete. Der Papst, nach dessen Bild er ohne Zögern seinen absolut mächtigen Gott gezeichnet hatte, der das Recht hatte, eigene Gesetze zu übertreten, überschritt hier Grenzen, die auch ihm gesetzt waren, lehrte Dinge als rechten Glauben, die Ockham als offenkundig häretisch ansah. Was alles in Ockham aufgrund der ersten Lektüre vorgegangen ist, kann man nur aufgrund der Folgerungen, die er später daraus zog, vermuten. Jedenfalls wurde unmittelbar deutlich, dass der Papst nicht als Garant der katholischen Wahrheit angesehen werden konnte. Die Frage, wie denn katholische Wahrheit recht zu bestimmen sei, hat Ockham in den folgenden Jahren vielfach beschäftigt und bis an sein Lebensende nicht mehr losgelassen.

Aber es dürfte mehr geschehen sein: Ockham hat sich in dieser Situation bewusst mit seiner franziskanischen Existenz identifiziert. Aus einem Gelehrten, der dem Orden der Franziskaner angehörte, wurde nun ein Streiter für die franziskanischen Ideale. Das bedeutete, ablesbar an seinen Schriften, eine Wende im Leben Ockhams. Die akademischen Fragestellungen wurden zwar nicht ad acta gelegt, aber sie traten nun gegenüber den aktuellen Fragen der Ordens- und der Kirchenpolitik in den Hintergrund. Ockham nutzte seine erworbene akademische Kompetenz zum Kampf für die franziskanische Armutslehre und gegen den häretisch gewordenen Papst. Die virtuelle Universität wurde geschlossen, die Phase politischer Beraterschaft und Publizistik begann.

5. Die Flucht

Michael ist nur kurz in Avignon geblieben. Die Ereignisse eskalierten schnell, und Ockham wurde mit in den Strudel gerissen. Ohne Bedenken hatte Johannes XXII. schon zu Beginn des Jahres 1328 versucht, die faktische Gefangenschaft Michaels in Avignon für seine Zwecke auszunutzen: Er untersagte dem amtierenden Generalminister, auf das Generalkapitel seines Ordens zu fahren, das im Mai in Bologna stattfinden sollte und bei dem die Neuwahl des Generalministers anstand. Und natürlich versuchte der Papst nun, gegen den abwesenden Michael zu intrigieren und seine Wahl zu hintertreiben – was ihm nicht gelang: Am 22. Mai wurde Michael in seinem Amt bestätigt.

Da war dieser schon in höchst erregten Streit mit dem Papst geraten: Am 9. April hatte der ihn als Schlange am Busen der Kirche bezeichnet und ihm vorgeworfen, die seinerzeit in Perugia getroffenen Beschlüsse seien pure Häresie. Michael widersprach dem selbstverständlich und Johannes untersagte ihm bei Strafe der Exkommunikation, Avignon zu verlassen. Vier Tage später fand eine kleine Versammlung im Franziskanerkloster von Avignon statt: In Gegenwart Bertrands della Torre, aber auch Wilhelms von Ockham legte Michael vorsorglich eine Appellation gegen alle eventuell zu erwartenden Maßnahmen des Papstes gegen seine Person oder den Orden ein.

Am 26. Mai floh eine kleine Gruppe von Franziskanern, nämlich Wilhelm von Ockham mit Michael von Cesena, Bonagratia von Bergamo und Franz von Marchia – der als Lektor in Avignon und Provinzial in der Mark Ancona in die Streitigkeiten verwickelt worden war – aus Avignon. In Aigues Mortes schifften sie sich ein und gelangten am 9. Juni nach Pisa.[127] Wenig später wurden sie aufgrund ihrer Flucht exkommuniziert. Für Ockham begann ein neuer Lebensabschnitt.

[127] Zu den Einzelheiten der Flucht s. Langlois, Formulaires 320ff.

VII. Von Avignon nach München

1. Ludwig der Bayer und der Kampf gegen den Papst

Die Fahrt über das Meer war kurz – Ockham, Michael von Cesena und die anderen trafen nach wenigen Tagen in Pisa ein. Hier begegneten sie noch im selben Jahr einem mächtigen Bündnispartner, dessen Politik in den folgenden Jahren den Rahmen für das Wirken Wilhelms von Ockham darstellen sollte: Ludwig dem Bayern.

Ludwig befand sich auf dem Rückweg von Rom, wo er sich am 17. Januar die Kaiserkrone hatte aufsetzen lassen. Schon diese knappe Mitteilung drückt in mehrfacher Hinsicht den Konflikt mit Johannes XXII. aus, in dem Ludwig sich befand und der ihn gewissermaßen zum natürlichen Bündnispartner und Schutzherrn der Franziskaner machte. In Rom, nicht in Avignon hatte er sich zum Kaiser krönen lassen, und die Grundlage dieser Krönung war entsprechend nicht das päpstliche Privileg der Kaiserkrönung, das von der berühmten Krönung Karls des Großen durch Leo III. her stets weitergereicht worden war. Wie skurril eine Kaiserkrönung in dieser Situation anmuten musste, lässt noch der Bericht des florentinischen Kaufmannes und Chronisten Giovanni Villani aus dem Jahr 1348 erahnen:

„Im genannten Jahre, am 16. Januar 1327[1] wurde der erwählte römische König Herzog Ludwig von Bayern zu St. Peter in Rom unter großen Ehren und lautem Jubel, wie wir hernach gleich noch erzählen werden, gekrönt, nämlich in folgender Weise: Des Morgens brachen er und seine Gattin und sein ganzes Kriegsvolk von Santa Maria Maggiore, wo er bis dahin residierte, auf und zogen nach St. Peter. Voran ritten je vier Römer von jedem Bezirke als Bannerträger, die Rosse mit kostbaren Tüchern behangen, und viel anderes fremdes Volk. Alle Straßen aber waren rein gefegt und voll von Myrten und Lorbeeren, und von jedem Hause hingen mancherlei Kostbarkeiten, die schönsten Tücher und Zierrate, welche die Bewohner besaßen, herab.

Wie er gekrönt wurde und wer ihn krönte, werden wir gleich sehen: Sciarra della Colonna, welcher zum Volkskapitän ernannt war, Buccio di Porrees und Orsini degli Orsini als Senatoren und Piero da Monte Nero, römischer Ritter, in goldgestickte Gewänder gehüllt, geleiteten ihn; außerdem waren, ihn zu krönen, die zweiundfünfzig Vertreter des Volks dort und der Präfekt von Rom, welcher stets vor ihm herschritt, wie seine Würde mit sich bringt; sein Ross aber führten und um-

[1] Kalendarisch zu berichtigen in 17. Januar.

gaben die vier Genannten, die zwei Kapitäne, der Senator und der Ritter, ferner Giacopo Savelli und Tibaldo di Santo Stazio und viele andere adlige Römer. Auch ließ er vor sich einen rechtsgelehrten Richter schreiten, welcher die Reichsordnung im Auszug mit sich führte.

In dieser Anordnung wurde er zur Krönung geleitet, und es fand sich kein Mangel dabei, abgesehen von der üblichen Benediktion und Konfirmation des Papstes, welcher nicht da war, und von dem Pfalzgrafen vom Lateran, welcher sich aus Rom entfernt hatte, während er der Reichsordnung zufolge den Kaiser halten muss, wenn er am Hauptaltar von St. Peter den Chrysam nimmt, und die Krone empfängt, wenn sie abgenommen wird; weshalb der Bayer die Vorkehrung traf, dem Castruccio, Herzog von Lucca, den betreffenden Pfalzgrafentitel vorher zu verleihen. Zunächst aber schlug er Castruccio unter großen Feierlichkeiten zum Ritter, hing ihm eigenhändig den Degen um und legte ihm die Halskette um den Hals. Auch schlug er dann noch viele andere zu Rittern, indem er sie nur mit dem goldenen Stabe berührte, und Castruccio schlug sieben aus seinem Gefolge zu Rittern.

Darauf ließ sich also der Bayer zum Kaiser krönen, und zwar, in Abwesenheit des Papstes und der Kardinäle desselben, von Schismatikern und Gebannten, nämlich dem Bischof von Venedig, einem Nepoten des Kardinals da Prato, und dem Bischof von Ellera. In derselben Weise wurde seine Gemahlin zur Kaiserin gekrönt. Als nun der Bayer gekrönt war, ließ er drei kaiserliche Dekrete verlesen, eins vom katholischen Glauben, sodann eins, welches besagt, die Geistlichen zu ehren, endlich ein drittes von der Fürsorge für die Witwen und Waisen, ein heuchlerisches Spiel, welches den Römern sehr zusagte. Hierauf ließ er eine Messe singen, welche den Abschluss der Feierlichkeit bildete.

Man brach dann von St. Peter auf und zog nach dem Platze Santa Maria dell' Aracelo, wo das Krönungsmahl bereitet war. Da jedoch die Feier sich sehr in die Länge gezogen hatte, so wurde es bereits Abend, ehe man speiste; der Kaiser übernachtete aber auf dem Kapitol. Am folgenden Tag ernannte der Kaiser den Herzog von Lucca Castruccio zum Senator und zu seinem Stellvertreter und ließ ihn auf dem Kapitol zurück, während er mit seiner Gemahlin die Johanneskirche des Lateran besuchte. Dergestalt wurde Ludwig der Bayer vom römischen Volke zum Kaiser und König der Römer gekrönt, zur Schmach und Schande des Papstes und der römischen Kirche und unter Hintansetzung jeglicher Ehrfurcht vor der heiligen Kirche. Und man vergegenwärtige sich, wie groß die Überhebung dieses Bayern war; denn in keiner alten oder neueren Chronik habe ich gefunden, dass irgendein anderer christlicher Kaiser sich jemals habe von anderen als vom Papste oder dessen Legaten krönen lassen, wenn sie auch entweder vorher oder nachher arge Gegner der Kirche waren, so dass das Tun dieses Bayern wohl zum Verwundern war."[2]

Zum Verwundern – das wird man unterstreichen können. Denn der große Ritus in Rom, dem nichts als die Gegenwart des Papstes fehlte, sollte an den Stätten des Papsttums – im Vatikan und im Lateran – ausdrü-

[2] Villani, Cronica II 584–586; übers. nach Deutsche Geschichte in Quellen 145ff.

cken, dass das Kaisertum ein eigenes Ursprungsrecht jenseits der päpstlichen Krönung hatte.[3]

Der Hintergrund dieser Szene lag in einem schon länger offenkundigen Konflikt zwischen Ludwig dem Bayern und dem Papst. Nach dem Tod Heinrichs VII. am 24. August 1313 war es im Jahr 1314 zu einer Doppelwahl für den deutschen König gekommen: Am 20. Oktober wurde der Habsburger Friedrich von Österreich, am 21. Oktober Ludwig der Bayer gewählt. In dieser Situation witterte der Machtpolitiker Johannes XXII. die Chance, aktiv zu werden. Im Anschluss an eine Dekretale Innozenz' III. hatte sich in der kanonistischen Diskussion die Theorie herausgebildet, dass zur rechtlichen Gültigkeit der Wahl eines römischen Königs die Approbation des Gewählten durch den Papst erforderlich sei.[4] Die Kaiserkrönung also sollte den Papst nicht allein als eine Art rituellen Vollzugsgehilfen der von ihm völlig unabhängigen Wahlentscheidung der deutschen geistlichen und weltlichen Fürsten erscheinen lassen, sondern der Papst selbst sollte in letzter Instanz über die Rechtmäßigkeit der Wahl zu entscheiden haben. Dieses Recht war seinerzeit im Zuge einer Doppelwahl – 1198 – entstanden und gewann nun durch die neuerliche Doppelwahl Aktualität. Sie gab dem Papst die Möglichkeit, seine faktische Abhängigkeit vom französischen König insofern nicht als politische Lähmung zu verstehen, als er wenigstens frei gegenüber dem alten Gegenüber, dem Kaiser, handeln konnte. Johannes XXII. also machte nun von diesem Recht Gebrauch – und verweigerte beiden Gewählten die Anerkennung –, wohl in der Hoffnung, ähnlich wie sein großer Vorgänger Innozenz III. beide Thronprätendenten gegeneinander ausspielen und so den größten Vorteil für sich selbst herausholen zu können. Diese Hoffnung war freilich schon anachronistisch, und der deutsche König war nicht mehr in dem Maße von der Approbation durch den Papst abhängig, wie dies noch ein Jahrhundert zuvor der Fall gewesen war.

Brisant wurde die Situation allerdings dadurch, dass Johannes den Anspruch auf Approbation mit einem anderen Rechtsanspruch verband. Im Frühjahr 1317, Johannes war erst wenige Monate Papst, erließ er die Konstitution „Si fratrum", die erklärte, dass dadurch, dass das Imperium vakant sei, alle Rechte des Kaisers nun an den Papst fielen.[5] Auch hier konnte er sich durchaus auf die kanonistische Diskussion stützen, die den

[3] Siehe zum Gesamten Becker, Kaisertum. Die frühere Annahme, in dieser Kaiserkrönung werde das Volk von Rom – entsprechend den Theorien des Marsilius – als handelnd vorgestellt, lässt sich heute nicht mehr halten; s. Thomas, Ludwig 206ff.

[4] Siehe hierzu Miethke, Sozialphilosophie 401 Anm. 218.

[5] Siehe hierzu ebd. 402.

Gedanken, dass bei Ausfall des weltlichen Richters subsidiär der geistliche Richter einspringe, auf Kaiser und Papst in der Weise angewandt hatte, dass dieser *vacante imperio* für den Kaiser zu handeln habe. Der weitere Hintergrund der Ansprüche des Papstes freilich, sosehr er sich auch solche wissenschaftlichen Diskussionen zunutze machen konnte, war die seit Bonifatius VIII. bestehende Vorstellung von der Gewalt des Papstes über beide Schwerter. Nur vor diesem Hintergrund war es plausibel, dass nun der Papst gleichsam das weltliche wieder in die Hand nahm, da es nach seiner Rechtsauffassung niemanden gab, der es legitimerweise hätte führen können. Und diese Konsequenz zog er nun in aller Schärfe: In *Si fratrum* erklärte er, dass alle Rechte, die der letzte Kaiser – also Heinrich VII. – verliehen habe, nur mit Erlaubnis des Papstes weiter auszuüben seien, machte sich also de facto zum obersten Herren über alle Regalien im Reich.

Und es blieb nicht bei den theoretisch formulierten Ansprüchen, sondern Johannes münzte die Theorie in politische Praxis um, und zwar vor allem in Reichsitalien. Dort setzte er Robert von Anjou zum Reichsvikar ein und strengte Inquisitionsprozesse gegen die ghibellinischen, also die kaisertreuen Signori Norditaliens an, etwa gegen die Visconti in Mailand oder die Este in Ferrara.[6] Das politische Geschick des Vorgehens ist unverkennbar: Italien war traditionell der Bereich der kaiserlichen Herrschaft, der besonders schwer kontrollierbar war. Die vorhandenen Spannungen und Spaltungen zwischen Ghibellinen und Guelfen gaben immer wieder die Gelegenheit, beide Parteien gegeneinander auszuspielen – und vor allem: Norditalien lag vor der Haustür des Papstsitzes in Avignon. Hier die Herrschaftsrechte des Papstes zu stärken, hätte bedeutet, den Weg nach dem entfernten angestammten Sitz in Rom leichter zu machen – und gar perspektivisch den italienischen Kirchenstaat und den südfranzösischen Quasi-Kirchenstaat miteinander zu verbinden. Die Vermutung ist nicht übertrieben, dass Johannes hier an der Schaffung einer politischen Großmacht im Raum Südfrankreich und Norditalien arbeitete. Freie Hand hierzu hatte er auch deswegen, weil die Doppelwahl ja nicht nur im Blick auf den Papst das Problem der Legitimität der Wahl mit sich gebracht hatte, sondern es auch intern zunächst zu Konflikten kam, die militärisch ausgeräumt werden mussten und daher die Kräfte im transalpinen Raum banden. Im September 1322 aber errang Ludwig in der Schlacht bei Mühldorf einen entscheidenden Sieg über die Habsburger und konnte sich nun Italien zuwenden.

In dieser Situation eröffnete Johannes XXII. am 8. Oktober 1323 einen Prozess gegen Ludwig, der auf Grundlage dreier Anklagepunkte dem bay-

[6] Siehe hierzu Otto, Politik; Bock, processi.

rischen Herzog – mehr war er aus Sicht der Kurie nicht – den Bann androhte.[7] In erster Linie warf der Papst dem Bayern natürlich vor, dass er sich den Titel des römischen Königs angemaßt habe, ohne vom Papst approbiert worden zu sein. Im Blick auf faktisches Regierungshandeln – etwa die Vergabe der Mark Brandenburg an Ludwigs Sohn – erklärte der Papst folgerichtig, dass es sich auch hierbei um Anmaßungen handele, da die Reichsrechte in der derzeitigen Vakanz dem Papst als Vikar zustünden. Und schließlich zog er die Folgerungen aus seinem eigenen Vorgehen in Italien und warf Ludwig vor, Ketzer wie etwa die Visconti zu unterstützen. Ludwig solle sich binnen drei Monaten von allen Regierungsgeschäften zurückziehen, bis der Papst die Rechtmäßigkeit seiner Wahl geprüft habe. Rein rechtlich drohte der Papst damit natürlich keine Absetzung an, denn Ludwig war ja in seinen Augen nie gewählt worden, konnte also auch nicht abgewählt werden. Aus dieser Tatsache resultierte denn auch der abschätzige Beiname „der Bayer" für Ludwig, den die Kurie wählte, um deutlich zu machen, dass Ludwig nie das Recht gehabt habe, höhere Ansprüche zu stellen als die auf sein Herzogtum bezogenen. Faktisch aber handelte es sich um eine Absetzung des vielleicht in umstrittener Wahl Gewählten, in jedem Falle aber militärisch zur Durchsetzung gekommenen römischen Königs.

Das Vorgehen der Kurie war ein juristisches, und so antwortete auch Ludwig, indem er Rechtsmittel einsetzte: Am 18. 12. 1323 appellierte er in Nürnberg erstmals vom Papst an den Apostolischen Stuhl.[8] Kerninhalt war dabei die Berufung auf das Reichsrecht, nach dem Ludwig legitimerweise durch die Kurfürsten gewählt sei. Der Anspruch auf die Notwendigkeit der Approbation durch den Papst wurde also schlankweg abgelehnt. Vor allem aber suchte Ludwig nach einem Mittel, um deutlich zu machen, dass er in der Tat von dem derzeitig regierenden Papst an eine andere Instanz appellieren konnte. Mochte der Streit um die Legitimität einer Königswahl auf reichsrechtlicher Ebene entscheidend sein – in keinem Falle konnte der Kaiser es dulden, dass ihm Häresie vorgeworfen wurde, da ihn dies auch unabhängig von der Frage des Wahlmodus unfähig zur Amtsführung als christlicher Kaiser machen müsste.

Also griff er zu der nahe liegenden Waffe, seinerseits dem Papst Häresie vorzuwerfen. Wie sehr er dabei nach bestimmten Argumenten suchte, zeigt sich an einem Punkt, der gerade für die Begegnung mit den Franziskanern von größtem Interesse ist. In zwei seiner insgesamt drei Appellationen nämlich thematisiert Ludwig im Kontext des Häresievorwurfs das Franziskanerproblem, freilich mit unterschiedlicher Ausrichtung: Die

[7] Siehe Miethke, Sozialphilosophie 403f.

[8] Siehe hierzu Thomas, Ludwig 159ff.

Nürnberger Appellation von 1323 erhob noch den Vorwurf, der Papst unternehme nichts gegen die Franziskaner, denen Verletzung des Beichtgeheimnisses vorgeworfen werde.

Dieser Vorwurf war wohl schwerlich haltbar, das sah Ludwig auch selbst ein, jedenfalls hat er ihn in der zweiten Appellation, die er nur wenige Wochen später, am 5. Januar 1324 in Frankfurt formulierte, schlicht fallen gelassen.[9] Zugleich präzisierte sich nun die Appellationsinstanz: Ludwig appellierte nicht mehr einfach an den Apostolischen Stuhl, den theoretisch vom aktuellen Papst zu trennen ohnehin ein rechtliches Konstrukt darstellte, sondern an ein künftiges Konzil.

Trotz der beiden Appellationen verfolgte Johannes unerbittlich den einmal eingeschlagenen Weg. Nach Feststellung des Ablaufs der Ludwig gesetzten Frist exkommunizierte er am 23. März 1324 Ludwig wegen Ungehorsams und Missachtung seines kirchlichen Richters und untersagte auch den Untertanen Gehorsam gegenüber Ludwig.[10] Noch einmal also wurde die wuchtige Waffe gezückt, die im Investiturstreit Heinrich IV. zum Canossa-Gang gezwungen hatte. Aber die Waffe war realpolitisch stumpfer geworden: Ludwig agierte weiterhin als König und formulierte am 22. Mai in der Kapelle des Deutschordenshauses in Sachsenhausen bei Frankfurt am Main seine dritte Appellation.[11] Diesmal richtete er sich an einen künftigen wahren Papst und ein künftiges Konzil: Schon in der Formulierung der Appellation war deutlich, dass Ludwig den Papst ebenso wenig als Papst anzuerkennen bereit war wie dieser ihn als König.

Wieder griff Ludwig nun ein franziskanisches Thema auf, um dem Papst Häresie vorzuwerfen, aber mit ganz anderer Stoßrichtung als seinerzeit in der Nürnberger Appellation. Nun warf er dem Papst nicht mehr zu große Nachgiebigkeit gegenüber den Minoriten vor, sondern er wendete den Vorwurf komplett um, indem er das Thema der Armut in franziskanischer Perspektive aufgriff. Ein knappes halbes Jahr nach dem Erlass von „Cum inter nonnullos“ wurde die Armutsfrage auf ein neues rechtliches Niveau der Auseinandersetzung gehoben. Hatte es sich ursprünglich um eine Auseinandersetzung innerhalb des Franzsikanerordens gehandelt, die sich zu einem Streit zwischen Dominikanern und Franziskanern, schließlich gar zum Streit zwischen der Ordensmehrheit der Franziskaner und dem Papst ausgeweitet hatte, so wurde die Armutsfrage nun zum Streitgegenstand zwischen römischem König und Papst.

Ob Ludwig und seine Berater bei der Abfassung dieser Appellation be-

[9] Siehe ebd. 163.

[10] Ebd.

[11] Siehe ebd. 164; Damiata, Ockham I 468ff.

reits wirklich unter minoritischem Einfluss standen oder sich lediglich der umlaufenden Nachrichten bedienten, ist nicht ganz sicher. Immerhin scheint man sich in der Argumentation auf umlaufende franziskanische Traktate – möglicherweise auch einen Text Olivis – gestützt zu haben. Ausdrücklich berief man sich natürlich auch auf das Manifest der Franziskaner von Perugia. Die Sachsenhäuser Appellation erklärt nun auch die neue Schärfe im Armutsstreit von Seiten des Papstes: Seine Bulle „Quia Quorundam", die nicht mehr besagte als eine Wiederholung der zuvor schon formulierten Ansichten, ist wohl als Reaktion auf die Appellation zu verstehen. Und die große Sorge, die er im Blick auf Michael von Cesena hatte, ist auch nur verständlich, wenn man bedenkt, dass der Papst – damals wohl noch zu Unrecht – hinter dem Franziskanergeneral stets auch den König vermuten musste. Letztlich datiert von diesen Ereignissen die fortan unaufgebbare Verknüpfung zwischen der Biografie Wilhelms von Ockham und den Geschicken Ludwigs des Bayern. Zwar war er zum Zeitpunkt der Sachsenhäuser Appellation noch in England, zwar hatte er offenkundig vom Armutsstreit noch wenig wahrgenommen – die Entwicklungslinien aber, die später, durch viele Zufälle hindurch, zu seiner Begegnung mit Ludwig dem Bayern führen sollten, nahmen spätestens hier ihren Anfang.

Wie gering die Wirkungen des päpstlichen Vorgehens realpolitisch waren, zeigen die weiteren Entwicklungen. Ludwig konnte die Lage in Deutschland so weit beruhigen, dass er im Jahr 1326 sogar zum Ausgleich mit den Habsburgern gelangte – und in diesem Zusammenhang ein äußerst riskantes Spiel anfangen konnte: Er erklärte am 7. Januar 1326, er werde auf seine Rechte als römischer König verzichten, wenn die Kurie bis zum 25. Juli Friedrich von Habsburg approbiere – zur Einlösung dieses Versprechens wurde er nicht gezwungen, da die Kurie sich hierauf nicht einließ.[12] Er selbst wandte sich nun Italien zu. Mit 600 Mann zog er im März 1327 über die Alpen und ließ sich am 31. 5. in Mailand zum König von Italien krönen. Wenig später, im Januar 1328 erfolgte die oben ausführlich beschriebene Kaiserkrönung in Rom. Mit diesem Akt war jede Möglichkeit des Friedens zwischen Papst und Kaiser unterbunden und entsprechend zog Ludwig auch in dieser Hinsicht seine Konsequenzen und erklärte am 18. April Johannes für abgesetzt. In der Begründung spielte dabei weniger die Frage der Häresie eine Rolle als die des Majestätsverbrechens, dass nämlich Johannes sich Herrschaftsrechte angemaßt habe, die ihm nicht zustanden. Folgerichtig ließ er sich auch einen Gegenpapst wählen, bezeichnenderweise einen Franziskaner: Peter von Corvaro, der unter dem Namen Nikolaus V. das Papstamt antrat.

[12] Siehe Thomas, Ludwig 173f.

Auch die Tatsache, dass Peter von Corvaro sich schon bald wieder dem avignonesischen Papst unterwarf, konnte daran nichts ändern: Eben in dem Jahr, in dem Michael von Cesena, Ockham und andere aus Avignon flohen, war die Christenheit Europas tief gespalten. Der Papst von Avignon hatte nicht mehr die gesamte Christenheit unter sich, in Deutschland regierte ein König und Kaiser, der sich darum nicht kümmerte, dass er aus der Perspektive des Papstes von Avignon seiner Ämter ledig und aus der Kirche ausgeschlossen war. Für Flüchtlinge vor dem Papst, die ihrerseits ebenfalls wegen ihrer Flucht mit der Exkommunikation rechnen mussten, konnte die Gelegenheit nicht günstiger sein: Sie hatten einen mächtigen Partner, in dessen Schutz sie sich begeben konnten.

Die Allianz entstand also nur zum Teil aus Überzeugung, zum Teil auch aus Notwendigkeit, jedenfalls wurden die Flüchtlinge von Ludwig mit größtem Wohlwollen aufgenommen. Die Tatsache, dass er sich von ihnen intellektuelle Unterstützung seiner antipäpstlichen Politik erhoffte, sie aber umgekehrt damit rechneten, von ihm machtpolitisch geschützt zu werden, wurde später in einer Legende verdichtet: „Kaiser, verteidige mich mit dem Schwert, so werde ich dich mit dem Wort verteidigen", soll Ockham in Pisa zu Ludwig dem Bayern gesagt haben[13] – so wird es seit dem späten 14. Jahrhundert erzählt, sicher falsch und doch treffend. Die politische und militärische Kraft auf der einen Seite, die publizistischen Fähigkeiten auf der anderen Seite schweißten die Gefährten später zusammen. Das war allerdings zu diesem Zeitpunkt noch keineswegs absehbar. Ockham war bislang noch nicht als Publizist hervorgetreten. Der da dem Kaiser gegenübertrat, war ein Gelehrter, der zwar um manche Erfahrung reicher geworden, dem aber noch nicht anzusehen war, dass er seinem umfangreichen akademischen Œuvre noch einmal ein fast ebenso umfangreiches politisches Werk an die Seite stellen würde.

Realistischerweise waren aus der Perspektive Ludwigs Michael von Cesena und Bonagratia von Bergamo viel interessanter als der Engländer Ockham, denn diese beiden hatten schon in der Armutsfrage, die Ludwig seit der Sachsenhäuser Appellation als ein gewichtiges Argument gegen den Papst zu verwenden gelernt hatte, dem Papst widerstanden, hatten gegen ihn argumentiert und würden nun gewiss in der Lage sein, dies weiter zu tun. Im Unterschied zu Ockham, dem nicht einmal promovierten Lehrer an einem Ordensstudium, hatten beide zudem schon durch gewichtige Funktionen in ihrem Orden eine Bekanntheit erreicht, deren Glanz auch auf den Kaiser fallen musste. Immerhin hatte er nun den bisherigen Generalminister Michael von Cesena an seiner Seite, auf dessen Wahl kei-

[13] „O Imperator, defende me gladio, et ego defendam te verbo"; vgl. Miethke, Sozialphilosophie 422.

nerlei äußere Zweifel fallen konnten – bis zu seiner Flucht aus Avignon hatte er diese Funktion innegehabt, und sie war sogar kurz vorher noch einmal bestätigt worden. Erst fast ein Jahr später, am 11. Juni 1329, hat ein Generalkapitel der Franziskaner, das gegen Michaels Willen in Paris zusammentrat, die Absetzung Michaels durch den Papst vom 6. Juni 1328[14] bestätigt und an seiner Statt Guiral Ot, einen Landsmann des Papstes, gewählt.[15] Zum Zeitpunkt des Zusammentreffens mit Ludwig aber konnte Michael sich selbst noch mit vollem Recht als Ordensgeneral fühlen.

Demgegenüber musste Ockham aus Sicht des Kaisers wenn nicht bedeutungslos, so doch zweitrangig erscheinen. Freilich wird man seinen Mangel an Kompetenz auch nicht überzeichnen dürfen: Ein akademischer Gelehrter des 14. Jahrhunderts wurde, auch wenn er Jahre und Jahrzehnte an der Universität zugebracht hatte, nicht einfach als Existenz aus dem Elfenbeinturm wahrgenommen: Der Akademiker – in der französischen Forschung wird sogar der Ausdruck des „Intellektuellen“ für diese Gelehrten des hohen und späten Mittelalters verwendet[16] – war prinzipiell durchaus in der Lage, sich in neue und seinem Fach gegenüber eigentlich fremde Gebiete einzuarbeiten. Klassisches Beispiel hierfür ist Marsilius von Padua, auf den gleich noch näher einzugehen sein wird und der, als Mediziner, eines der bedeutendsten Werke mittelalterlicher politischer Theorie verfasst hat. Für die Anwendung auf neue Wissensgebiete sollte die methodische Schulung ausreichen, die jemand an einem Studium, an einer Universität erfahren hatte. In dieser Hinsicht bestand also durchaus Grund zu der Hoffnung, dass Ockham in der Lage sein würde, den Kaiser mit dem Wort zu verteidigen – auch wenn die Kraft, Intensität und Ausdauer, mit der er dies dann tatsächlich getan hat, noch lange nicht absehbar war.

Im Übrigen hätte auch ein Hinweis auf die Verteidigung mit dem Schwert in der gegenwärtigen Situation des Zusammentreffens – wohl im September 1328 – in der Gefahr gestanden, zynisch zu wirken, da Ludwig momentan erheblich geschwächt war. Er hatte Rom nicht aus freien Stücken verlassen, sondern neue kriegerische Auseinandersetzungen in Norditalien und der eigene finanzielle Mangel, der die Ernährung des Heeres fast unmöglich machte, hatten ihn gezwungen, wieder in den Norden zu gehen – und in Pisa waren ihm auch noch tausend Söldner wegen der ausbleibenden Zahlungen fortgelaufen.[17]

Ludwig selbst befand sich also in einer äußerst angespannten Situation,

[14] Bullarium Franciscanum V 714.
[15] Miethke, Sozialphilosophie 425.
[16] LeGoff, Intellektuelle.
[17] Miethke, Sozialphilosophie 421.

als er den franziskanischen Flüchtlingen begegnete, ergriff aber sogleich die Gelegenheit, die sich ihm hier bot: Die Jahre zuvor in der Sachsenhäuser Appellation argumentativ geschlossene Koalition wurde nun *in persona* verwirklicht, der Schulterschluss zwischen den Kräften, die sich am Heftigsten mit dem avignonesischen Papst befehdeten, erfolgte umgehend. Am 26. September stellte Ludwig ein Privileg aus, in dem er alle seine Beamten zur Unterstützung des Kampfes des Ordensgenerals Michael gegen den Häretiker Jakob von Cahors – Cahors war der Geburtsort Johannes' XXII. – aufrief. Dieser Erfolg blieb aber zweischneidig, vor allem weil Michael und seinen Gefährten der eigentliche Triumph versagt blieb: Der Franziskanerorden verweigerte sich entgegen ihrer Hoffnung nicht dem Papst und dem von diesem protegierten neuen General, er spaltete sich nicht einmal. Der Wirkungskreis der renitenten Franziskaner blieb dadurch faktisch auf das Umfeld Ludwigs beschränkt. Die Hoffnung, weiter im Sinne des Franziskanerordens handeln zu können, musste nach und nach aufgegeben werden, es blieb der politische Kampf gegen den Papst, der immer mehr zu einem Kampf für den Kaiser wurde. Den größeren Gewinn von der geschlossenen Allianz hatte zweifellos der Kaiser.

2. Das Franziskanerkloster in München: ein Intellektuellenzentrum im Schatten der Residenz

Ein gutes Jahr nach diesen Ereignissen, Anfang 1330, kam Ockham in Begleitung von Michael von Cesena, Bonagratia von Bergamo und Franz von Marchia nach München. Eine neue Station in seinem Leben; er ist mittlerweile fünfundvierzig Jahre alt – kein junger Mann mehr nach Begriffen des späten Mittelalters, aber doch kräftig genug, um seinem Leben noch einmal eine neue Wende zu geben. Es würde – abgesehen von seiner Jugend, über die wir nichts Genaues wissen – die längste Phase seines Lebens sein, die er an einem Ort verbrachte: Siebzehn Jahre, bis zu seinem Tode im Jahr 1347, würde er in München bleiben – dort zwar frei und angesehen, darüber hinaus aber kaum in der Lage, sich zu bewegen. Wieder war es eine Gefangenschaft, nur subtiler als in Avignon: Exkommuniziert, im Unfrieden mit dem eigenen Orden, wurde der Schutz des Kaisers auch zur Grenze seines Bewegungsradius. Dort, wo der Kaiser ihn nicht würde schützen können, konnte und durfte er auch nicht hingehen. Ob er überhaupt auf Reisen gegangen ist? Belegt ist nichts dergleichen – außer in Begleitung des Kaisers. Wohin hätte er auch gehen können und sollen? Die klassische Unterkunft für einen reisenden Franziskaner war ja das Franziskanerkloster – und wo hätte er sich sicher sein können, dass die Brüder ihn aufgenommen hätten – und wenn sie ihn aufgenommen hätten: dass sie ihn nicht an den Papst auslieferten? Seinen Schriften der Zeit ist von dieser Bedrohung nichts anzumerken. Im Gegenteil: Sie atmen weiter den ruhigen Duktus eines Gelehrten.

Und genau das dürfte er gewesen sein: ein Gelehrter, der sich im Minoritenkloster in München hauptsächlich der denkerischen Verarbeitung der gegebenen Situation – und der Beratung des Kaisers widmete. Bei aller Fremdheit, die Ockham in der bayrischen Umgebung wohl auch empfunden haben mag: Das Fremdheitsgefühl dürfte geringer gewesen sein, als es die heutige Vorstellung von einem Engländer in München assoziieren lässt. Die Gelehrtensprache Latein ermöglichte im gesamten Mittelalter eine heute kaum mehr vorstellbare Mobilität. Ob nun ein Italiener aus Aosta wie Anselm sein Leben als Erzbischof von Canterbury beschließen würde oder ein Schotte wie Duns Scotus Karriere in Paris und Köln machte: Der Wechsel von einem Land in das andere, von einer Nation in die andere bedeutete keine wirkliche Grenzüberschreitung, solange man im selben sozialen Milieu blieb.

So dürfte auch München, die Stadt, die vor wenig mehr als eineinhalb Jahrhunderten Heinrich der Löwe gegründet hatte, bei aller Fremdheit für Ockham kein wirklich problematisches Umfeld gewesen sein. Wieder, wie schon in Avignon, nun freilich unter anderen Bedingungen, kam er in eine aufstrebende Stadt mittlerer Größe mit schätzungsweise 10000 Einwohnern.[18]

München hatte nach seiner Gründung zunächst noch im Schatten des alten, seit der Antike bestehenden Regensburg gestanden, das durch seine Doppelfunktion als Vorort des bayrischen Herzogtums und als Königsstadt zwar einerseits Spannungen zwischen beiden Herrschaftszentren hatte aushalten müssen, aber andererseits gerade aufgrund dieser Spannungen auch zu einer prosperierenden Stadt geworden war, deren Glanzzeit freilich nun auch schon um Jahrhunderte zurücklag. Seit etwa 1240 hatten die wittelsbachischen Herzöge die Stadt München in ihren Besitz gebracht. Damit hatten sie eine neue Bastion für ihre Machtausübung gewonnen, nachdem es der Bürgerschaft von Regensburg gelungen war, sich durch kaiserliche Privilegien in den Stand einer Reichsstadt zu setzen. Ab 1255 bauten die Wittelsbacher nun die Stadt an der Isar zu ihrer festen Residenz aus und errichteten hier 1266 eine Burg.[19] Für deutsche Verhältnisse war eine solche stabile Herrschaft von einem Ort aus, eine feste Residenz also vergleichsweise früh und modern. Systematisch ausgebaut wurde sie unter Ludwig: „Die stat München ist ... bey Kaiser Ludwigen von Bayrn am meisten aufkömen und die außer stat bey ihm von neuen

[18] Benker, Ludwig 206.
[19] Suckale, Hofkunst 22.

dingen gepaut worden, wann er hat große lieb zu der stat gehabt", schreibt ein Chronist des 15. Jahrhunderts.[20]

Und er baute sie natürlich nicht nur als herzogliche Residenz aus, sondern auch als kaiserliche. Wichtigstes Element war die Hofkapelle: 1321 wurde eine neue Hofkapelle unter dem Patronat der Margarete geweiht, doch schon drei Jahre später wurde sie erneut umgebaut oder erweitert. Der Hintergrund hierfür war, dass Ludwig nach der Schlacht von Mühldorf – und nach längeren Verhandlungen – die Reichskleinodien erhalten hatte. Sie wurden nun in der Hofkapelle unter Aufsicht von vier Zisterziensern aus dem von Ludwigs Vater gestifteten Kloster Fürstenfeld bewacht[21] und ausgestellt: „Alsbald strömten viele Tausende von Menschen herbei, um sie zu sehen, und betrachteten sie voll Freude und Andacht"[22], berichtete ein Chronist aus Fürstenfeld. Angesichts der auch sakralen Würde der Reichskleinodien bedeutete dies auch eine religiöse Rangsteigerung Münchens, die zwar mit der Grablege des heiligen Emmeram in Regensburg nicht konkurrieren konnte, aber doch eine eigene Würde für München garantierte. Gerade für den König und Kaiser, der im Konflikt mit dem Papst stand, war die Förderung der religiösen Aura politischer Macht von erheblicher Bedeutung. Sie zeigte sich auch an verschiedenen anderen symbolischen Repräsentationen Ludwigs – etwa an der Figurengruppe der Heiligen Drei Könige, die er in der Margaretenkapelle aufstellen ließ. In ihnen verband sich ein Doppeltes: Zum einen waren die drei Könige Repräsentanten der weltlichen Macht, die Christus verehrt und ihre Knie schon vor dem Kind gebeugt hatten. Sie drückten etwas von der Unmittelbarkeit des weltlichen Herrschers aus.[23] Und diese Symbolik war durchaus vertraut: Eben mit diesem Hintergrund hatte Rainald von Dassel, der Kanzler Kaiser Friedrich Barbarossas (1152–1190), seinerzeit die wieder entdeckten Gebeine der Drei Könige von Norditalien nach Köln gebracht, wo sie den Deutschen die Unmittelbarkeit biblischer Reliquien ermöglichten. Ludwig hat diese Drei Könige nun also wenigstens in Gestalt von Statuen nach München geholt – zumal der Weg nach Köln für ihn immer noch problematisch war, hatte doch der zur Königskrönung berechtigte Kölner Erzbischof seinerzeit den Habsburger Friedrich gekrönt, während Ludwig sich von dessen Konkurrenten, dem Mainzer Erzbischof Peter von Aspelt zum deutschen König hatte krönen lassen. Und auch das Stifterrelief der Margaretenkapelle drückte etwas von Ludwigs Drang nach Unabhängigkeit vom Papst und nach eigener geistlicher Würde aus:

[20] Münchner Saalbuch von 1444; zit. nach Suckale, Hofkunst 74.
[21] Suckale, Hofkunst 23.
[22] Zit. nach ebd.
[23] Ebd. 25.

Ludwig trägt auf diesem Relief eine kreuzweise über den Leib gebundene Stola.[24] Diese Gewandung war nicht von Ludwig erfunden, sondern Heinrich VII. hatte sie eingeführt, aber Ludwig baute sie nun in seiner Herrschaftssymbolik konsequent aus: Auf seinem Siegel ließ er sich nicht mit Herrschermantel darstellen, sondern mit einem geistlichen Pluviale, und die zur Kaiserkrone traditionell gehörende Mitra wird auf Darstellungen Ludwigs – wie übrigens auch schon seines Vorgängers Ottos IV. – gezielt hervorgehoben.[25] Im „Alten Hof" in München entstand ein Ensemble geistlichen Kaisertums.

Und in Steinwurfweite hiervon wurde das neue Franziskanerkloster errichtet, das für die kommenden Jahre Ockhams Heimat werden sollte. Der Neubau war notwendig geworden, weil am 14. Februar 1327 im Münchner Angerviertel ein Feuer ausgebrochen war, das auch Teile des Alten Hofes sowie das Franziskanerkloster niedergebrannt hatte. München musste neu aufgebaut werden: ein Prozess, der sich über Jahrzehnte hinzog und bei Ockhams Tod noch nicht beendet war. Die Residenzstadt wurde nun zu großen Teilen aus Stein wieder errichtet, um eine ähnliche Feuersbrunst zu verhindern, und zahlreiche Sicherheitsvorschriften sollten für die Zukunft das Feuer in der Stadt unter Kontrolle halten.[26] Das Franziskanerkloster entstand dort, wo sich heute der Münchner Opernplatz befindet. Abbildungen zeigen ein den Armutsforderungen entsprechendes niedriges Gebäude mit einem Dachreiter statt einem Turm: typische Bettelordensarchitektur.

In geographischer wie sozialer Hinsicht befand sich das Kloster an einer Schnittstelle zwischen Hof und Bürgertum. Letzteres hat man selten im Blick, wenn man an Ockham in München denkt, da es auf seine Theorie keinen nachweisbaren Einfluss genommen hat, und doch ist es reizvoll, sich die Lage des Klosters zu überlegen: mitten in der Stadt, nahe einer Christophoruskapelle und einem Hospital, und vor allem nur wenige Meter neben einem 1295 errichteten Gebäude des Dritten Ordens.[27] Der Dritte Orden der Franziskaner sammelte Bürger, die in ihrem Alltagsleben so weit als möglich religiös leben wollten, die also einerseits in das bürgerlich-handwerkliche oder kaufmännische Leben eingebunden blieben, andererseits aus asketischen Motiven auf Geschlechtsverkehr oder übermäßigen Reichtum verzichteten. Dem Franziskanerorden oblag die geistliche Betreuung solcher Tertiaren. Dies war sicherlich nicht Ockhams Aufgabe, doch wird man sich ebenso wenig vorstellen können, dass er von

[24] Siehe die Abbildung ebd. 24; vgl. ebd. 33.
[25] Ebd. 33f.
[26] Siehe hierzu Benker, Ludwig 206f.
[27] Ebd. 207.

Abb. 4: Das Franziskanerkloster in München, das im 19. Jahrhundert abgerissen wurde.

Foto: Münchner Stadtmuseum, Inventar-Nr. Z 705.

dem Leben um das Franziskanerkloster herum gar nichts mitbekommen hätte. War Oxford von gewissen Spannungen zwischen der Universität und wohl auch dem Bürgertum und den Bettelorden geprägt gewesen, so konnte Ockham nun die andere Seite erleben, die positive Verbindung mit den Menschen in der Stadt.

Es ist anzunehmen, dass er auch an der gottesdienstlichen Versorgung der Münchner beteiligt war. Als Mitglied des Franziskanerklosters dürfte er schwerlich von diesen Aufgaben freigestellt gewesen sein. Und diese Aufgabe gewann in dieser Zeit eine besondere Note: Jeder Gottesdienst, der gefeiert wurde, war in gewisser Weise ein Akt des Protestes – über München lag wie über allen Städten des Reiches, die sich dem päpstlichen Willen widersetzten und sich auf die Seite Ludwigs schlugen, das Interdikt, das Verbot sakramentaler Handlungen. Die geistliche Situation im Reich war desolat, wie man anderen Lebensläufen der Zeit entnehmen kann. So zog sich der Dominikanerkonvent aus Straßburg, dessen bedeutendstes Mitglied der Mystiker Johannes Tauler war, aus dem Elsass zurück und ging nach Basel, weil dort weiter ungestört Gottesdienst gefeiert werden konnte. In München scheint das normale gottesdienstliche Leben weiter stattgefunden zu haben – aber Normalität hieß hier: Es war ein gottesdienstliches Leben, das Priester leiteten, die sich allein schon durch die Tatsache, dass sie diese Gottesdienste durchführten, des Ungehorsams gegenüber dem Papst schuldig machten. Ockham hat sich, wie die folgenden Kapitel zeigen werden, viele Gedanken darüber gemacht, warum dennoch, trotz des Konfliktes mit dem Papst, sein eigenes Verhalten berechtigt war, warum er sich geradezu zu den letzten versprengten Resten der wahren Kirche zählen durfte. Ob und wie er und seine Gefährten dies der Münchner Bevölkerung erklärt haben, ist nicht überliefert. Am ehesten ist davon auszugehen, dass man einfach faktisch das Interdikt missachtet hat, ohne dies in irgendeiner Weise zu thematisieren. Die städtische Bevölkerung, die auf andere Seelsorger ja nicht ausweichen konnte, musste dies ohnehin hinnehmen.

Wichtiger als die Verbindung mit der Bevölkerung war für Ockham ohnehin die andere Achse: der nahe Alte Hof. Auch wenn er in den seltensten Fällen im direkten Auftrag Ludwigs gehandelt haben dürfte, wird doch mindestens an einem, weiter unten noch zu behandelnden Schriftstück, dem Gutachten zur Maultasch-Affaire deutlich, dass Ockham von Ludwig als Berater angesehen wurde, der ihm Hilfestellung in kirchenjuristischen Fragen geben konnte. Ob er oft gerufen wurde, regelmäßig oder nur bei Gelegenheit, lässt sich nicht erschließen. Ohnehin waren die Loyalitäten auch räumlich geklärt: Ockham wohnte nicht in der Burg, sondern eben im Franziskanerkloster, gemeinsam mit den anderen geflohenen Franziskanern. Über Jahre hinweg gingen aus diesem Kloster immer wieder Schriften gegen den Papst in Avignon und auch gegen seinen Nachfolger aus, zunächst insistierend auf den franziskanischen Problemen, später auch zu anderen Fragen Stellung nehmend. Die Texte weisen literarisch eine große Bandbreite auf – von solchen, die klar einem einzelnen Autor zuzuweisen sind, wie etwa Ockhams Brief an die Franziskaner von 1334, bis zu solchen, die ausdrücklich von mehreren Autoren abgefasst wurden, etwa die „Allegationes religiosorum virorum", in denen Ockham mit einigen anderen Franziskanern 1329 gegen die Wahl eines neuen Ordensgenerals protestierte.[28] Außerdem auch solche, von denen es ausdrücklich heißt, dass sie zwar ein einzelner Autor vorlegt, dieser sie aber zuvor habe redigieren lassen, wie in der Appellation Michaels von Cesena gegen die Bulle „Quia vir reprobus" des Papstes aus dem März 1330.[29] Angesichts dieses engen Ineinandergreifens der Tätigkeiten löst sich dann auch bei den unter einem einzelnen Autorennamen überlieferten Texten der klassische Autorbegriff auf. Die Traktate weisen oft eine so große inter-

[28] Siehe hierzu Junghans, Neuere Forschung 94.
[29] Siehe hierzu Miethke, Sozialphilosophie 78 Anm. 282.

textuelle Vernetzung auf, dass es schwer wird, sie gänzlich voneinander abzuheben oder ihnen einen eindeutigen Autor zuzuweisen. In heutiger Terminologie könnte man gelegentlich fast von Textbausteinen sprechen, die hin und her geschoben wurden, festen Argumentationstypen, die immer wiederkehrten und aus denen gemeinsam so etwas wie eine argumentative Front gegen den Papst geschaffen wurde – all dies im Franziskanerkloster und aus franziskanischer Perspektive. Dass es auch eine andere Möglichkeit gab, zeigt ein anderer großer Gelehrter, den Ockham und seine Gefährten schon in München antrafen, als sie dort ankamen: Marsilius von Padua.

Marsilius dürfte etwa Altersgenosse Ockhams gewesen sein, irgendwann vor 1290 in Padua geboren. Vielleicht hatte er hier auch sein Studium begonnen, jedenfalls hat er es in Paris fortgesetzt, dort als Lehrer an der *artes*-Fakultät gewirkt und gleichzeitig an der medizinischen Fakultät studiert. In Paris schloss er auch Freundschaft mit Johannes von Jandun (1285/9–1328), einem der herausragenden Aristoteleskenner seiner Zeit. Allerdings scheint die Freundschaft nicht so weit gegangen zu sein, wie es gleichzeitige und spätere Deuter vermuteten, dass beide den „Defensor pacis“ gemeinsam abgefasst hatten. Dieses bedeutendste Werk spätmittelalterlicher Staatstheorie, vollendet am 24. Juni 1324, stammt allein aus der Feder des Marsilius.[30]

In ihm verbindet sich der norditalienisch-republikanische Erfahrungshintergrund des Marsilius mit aristotelischen Staatsreflexionen. Auch wenn man moderne Theorien nicht ohne weiteres in ein Werk des 14. Jahrhunderts projizieren darf: Marsilius entwirft ein Staatsverständnis, dessen Grundlage im Kern eine Vertragstheorie ist – die Menschen haben sich nicht der Natur nach, sondern aufgrund eines willentlichen Entschlusses vergesellschaftet, um gemeinsam die äußere Not abzuwehren, die ein Einzelner gar nicht bestehen könnte.

Entsprechend nüchtern setzt seine Theorie fort: Die Gesetze, auf die die Menschen sich einigen, gewinnen ihre Gültigkeit nicht durch ihre Vernünftigkeit, sondern durch den mit ihnen gegebenen Zwangscharakter. Auch ein unvernünftiges Gesetz ist gültig, wenn es mit zwingender Bindekraft auferlegt ist. Und diese zwingende Gültigkeit wiederum hat einen einzigen wirklichen Grund: Zwingend ist ein Gesetz, wenn es vom zuständigen Gesetzgeber erlassen ist – sozusagen eine Legitimation durch Verfahren. Dieser zuständige Gesetzgeber aber ist „die Gesamtheit der Bürger oder ihr wichtigster Teil“[31]. Die Durchsetzung der Gesetze, die ihre

[30] Siehe zu ihm Miethke, Marsilius.

[31] „... universitatem civium aut eius valentiorem partem“ (Marsilius, Defensor Pacis 65).

Gültigkeit sichert, überträgt die Bürgerschaft der *pars principans*, also der leitenden Staatsgewalt. Allein durch dieses Verfahren kann der Frieden, von dem der Titel des Buches spricht, gesichert und verteidigt werden. Marsilius will also aufgrund der an der Universität zu erlebenden möglichen Strittigkeit der Wahrheit die Gesetze eben nicht von der Wahrheitsfrage abhängig machen, sondern das Fundament des Staates und damit des Friedens allein auf das Recht und die Möglichkeit zur Durchsetzung des Gesetzes aufrichten.

In diesem Rahmen nun hat er folgenreiche Erwägungen zur Stellung der Kirche getroffen. Geradezu in schroffer Antithese zu Aegidius Romanus und der von ihm inspirierten Bulle „Unam Sanctam" erklärte er, dass die Übereinstimmung von Rechtssätzen mit dem göttlichen Gebot für ihre Gültigkeit unwesentlich sei. Praktisch bedeutete dies, dass auch das Kirchenrecht nur insoweit Gültigkeit beanspruchen durfte, wie es durch den weltlichen Gesetzgeber erlassen worden ist. Hiernach war gerade nicht der Papst die entscheidende oberste Instanz für die ganze Welt, sondern im Gegenteil der weltliche Herrscher, wobei Marsilius zur Zeit der Abfassung des „Defensor pacis" noch keineswegs an den Kaiser dachte, sondern für jeden Staat und jede staatliche Einheit den eigenen Gesetzgeber sah. Gerade dies machte auch die Stärke seines Entwurfes aus. Er war auf die norditalienischen Stadtrepubliken ebenso anwendbar wie auf das große Römische Reich.

Die Aussagen über die Kirche aber brachten ihn natürlich in das Räderwerk kirchlicher Überprüfung. Gemeinsam mit Johannes von Jandun wurde er vor einen bischöflichen Inquisitor vorgeladen, entzog sich diesem aber durch Flucht zu Ludwig; im Sommer 1326 trafen sie bei ihm in München ein und konnten ruhig den weiteren Gang der kirchlichen Dinge abwarten. Dem auch bei Olivi, Eckhart und Ockham nachvollziehbaren Zeitgeist entsprechend, wurde das Verfahren als Lehrbeanstandungsverfahren nach Rom gezogen und am 23. Oktober 1327 – die Prozesse gegen Eckhart und Ockham liefen noch, Michael von Cesena war gerade auf dem Weg nach Avignon – erließ Johannes die Bulle „Licet iuxta doctrinam", die fünf Sätze des „Defensor pacis" verurteilte.[32]

Zu diesem Zeitpunkt war Marsilius schon in Italien; er und Johannes von Jandun hatten Ludwig auf seinem Italienzug begleitet. Während Johannes von Jandun in Italien blieb, um das Bistum von Ferrara zu übernehmen, was jedoch durch seinen frühen Tod nicht mehr möglich wurde, ging Marsilius mit Ludwig und den Franziskanern zurück nach München. Hier nahm Marsilius Wohnung in der Residenz des Königs – nicht zuletzt als dessen Hofarzt. Unverkennbar galt seine Loyalität vor allem dem Kai-

[32] DS 941–946.

ser, er war in keine Ordenszusammenhänge eingebunden, hat sich auch in der Folgezeit in den Fragen, die die Diskussion zwischen Kaiser und Papst bestimmen sollten, nur soweit geäußert, wie es um weltliche und rechtliche Aspekte ging. Die dogmatischen Fragen, die den Franziskanern von Bedeutung waren, hat er, der Philosoph und Mediziner, nicht berührt.

Dennoch muss das intellektuelle Milieu, das sich hier in München bildete, unter Einschluss seiner Person gesehen werden: Ein gutes Jahrzehnt wirkten hier auf engstem Raum Bonagratia von Bergamo (gest. 1340), Michael von Cesena (gest. 1342), Marsilius von Padua (gest. 1342/3) und Wilhelm von Ockham (gest. 1347). Ludwig hatte eine intellektuelle Elite um sich, die ihresgleichen suchte. Auch wenn das gelegentlich hierfür verwandte Wort von der „Hofakademie" zu Recht kritisiert worden ist, weil es einen institutionellen Charakter suggeriert, den diese intellektuelle Arbeitsgemeinschaft nicht besaß, bedeutete doch die Versammlung der Intellektuellen in München einen Einschnitt mindestens in zweifacher Hinsicht.

Zunächst, was den Begriff des „Intellektuellen" angeht: Mag man noch für die Universitätsgelehrten in Paris oder Oxford zweifeln, ob dieser Begriff in dem modernen, von Zola geprägten Sinne für Menschen, die einem bestimmten geistigen Programm folgten, angemessen anwendbar ist, so handelt es sich bei den Münchner Denkern um Gestalten, auf die der Begriff des Intellektuellen zwar natürlich auch nicht im Sinne des 19. Jahrhunderts anwendbar, aber doch unter Beachtung der Differenzen ohne Zögern zu übertragen ist. Es waren akademisch gebildete Persönlichkeiten, die ihr Wissen als Philosoph, Jurist oder Theologe in den Dienst einer Sache stellten, die nicht primär von ihrem Fach gegeben war, sondern sich aus allgemeinen politischen Gründen aufdrängte. Damit freilich ist ihre Intellektualität erst zum Teil umrissen. Der eigentliche, entscheidende Schritt ist, dass hier so etwas wie gezielte Publizistik entstand.

Dabei wird man freilich zunächst die Einschränkungen vornehmen müssen, die nötig sind, um eine allzu schnelle Modernisierung zu vermeiden: Wenn Publizistik so viel bedeutet wie die öffentliche Diskussion aktueller Streitfragen, so gilt für die Öffentlichkeit des 14. Jahrhunderts selbstverständlich, dass sie begrenzt , d.h. sozial beschränkt war. Nur die *litterati* konnten durch diese Schriften erreicht werden, und das waren nicht viele. Und sie war auch schon rein aus technischen Gründen beschränkt, denn was verbreitet werden sollte, musste handschriftlich abgeschrieben werden. Es wurde also nicht für einen offenen Markt produziert, wie es später beim Buchdruck der Fall war, in dem ein Drucker auf eine bestimmte Verkaufszahl spekulierte und die Auflage in entsprechender Höhe absetzte, sondern es wurde in der Regel auf Aufforderung hin, aus speziellen Interessen abgeschrieben. Und doch existierte spätestens seit dem Investiturstreit so etwas wie eine begrenzte Publizistik in dem Sinne, dass es hier – bei aller intendierten Grundsätzlichkeit – Texte gab, die ihren Sinn im aktuellen Verbrauch fanden. Sie sollten Stellung nehmen, Meinung beeinflussen. Und dies in vergleichsweise großer Zahl. Schon nach dem Kapitel von Perugia hatten die Franziskaner ihr Manifest in einer Auflage von etwa hundert Stück gestreut – nun wurden auch von München aus verschiedene Schriftstücke gezielt verbreitet und vervielfältigt. Der offizielle, rechtliche Kampf des Kaisers bekam so eine propagandistische Begleitung, der zwar nicht zuzutrauen ist, dass sie wirklich die Meinung vieler Menschen geändert hat, die aber doch die Anhängerschaft des Kaisers wenigstens stabilisiert haben mag. Auch wo die Gelehrten um Ludwig nicht einfach Auftragsarbeiten vorlegten, dienten sie doch mit ihrem Kampf gegen den Papst seinen Interessen und wurden von ihm entsprechend funktionalisiert.

Mit dieser Intellektualität verbindet sich aber ein zweiter Aspekt, der die bildungsgeschichtliche Bedeutung der Münchner Gelehrtengemeinschaft ausmacht. Sosehr diese Denker nämlich für die Publizistik arbeiteten, so sehr blieben sie doch auch ihrem bisherigen Argumentationsstil verhaftet. Sie blieben Scholastiker, die in scholastischer Manier argumentierten. Bei Ockham ist dies am stärksten in seinem monumentalen Hauptwerk, dem „Dialogus", zu merken, auch an den gelegentlich noch von ihm in München abgefassten logischen Schriften. Marsilius schrieb noch einen „Defensor minor", also offenkundig eine Ergänzung zu seinem großen „Defensor pacis". Auch wenn die literarischen Genera, deren man sich bediente, sich vervielfältigten: Die Argumentationstechnik blieb, wie man sie beherrschte. Aber die Basis hierfür hatte sich geändert. Nicht das Kloster, nicht die Universität bot nun die soziale Basis für solche denkerische Tätigkeit, sondern der Hof des Kaisers. Auch wenn die Franziskaner natürlich formal wieder in einem Kloster lebten, es war unübersehbar, dass ihre Existenz in jeder Hinsicht von Ludwig abhängig war. Und dem war dies in geradezu zynischer Weise bewusst: Als Ludwig sich 1331 in Ausgleichsverhandlungen mit Johannes befand, gab er seinen Gesandten die Anweisung mit: „umb die Parfuzzen (d.h.: die Barfüßer, also die Franziskaner) und umb Marsil sult ir sprechen, das wir die gern in unser richtigung wellen nehmen, und mit und bringen zehorsam dem stuel. Wollten sie des nicht volgen, so wellen wir uns ir entzauzzen und sie furbaz nicht mehr schirmen."[33] Die existenzielle Abhängigkeit der Franziskaner und des Marsilius von Ludwig also war hoch – im Notfall konnte Ludwig das Leben seiner Gelehrten um des politischen Vorteils willen aufs Spiel setzen.

[33] Gewold, Defensio Ludovici; zit. nach Miethke, Sozialphilosophie 423 Anm. 300.

Die positive Kehrseite aber war, dass Ludwig teils als Schutzherr, teils als Mäzen dieser Gelehrten agierte. Und er hatte um sich eine intellektuelle Potenz versammelt, um die ihn manche Universität hätte beneiden können. Es darf nicht außer Acht gelassen werden, dass es zu dieser Zeit ja in Deutschland noch keine Universität gab – die erste sollte erst Ludwigs Nachfolger Karl IV. in Prag gründen. Das einzige nennenswerte intellektuelle Zentrum in Deutschland war Köln, wo sich das dominikanische Generalstudium befand, das von Albertus Magnus gegründet worden war und im frühen 14. Jahrhundert immerhin – wenn auch jeweils nur kurz – so einen bedeutenden Gelehrten wie Meister Eckhart an sich ziehen konnte.

Ludwig ging nun nicht den Weg, ein eigenes Studium oder gar eine Universität zu gründen. Ohne päpstliches Privileg wäre eine solche Gründung ohnehin nicht möglich gewesen, und auch der Franziskanerorden war ja längst in seiner Mehrheit zur avignonesischen Obödienz zurückgekehrt: Der normale kirchliche Horizont für eine Bildungsstätte war nicht gegeben. So wurde notgedrungen und gezwungenermaßen der Münchner Hof Träger eines Intellektuellenzentrums.

Überhaupt handelte es sich ja um eine Art Notgemeinschaft: Was die Gelehrten in München vereinte, war, dass der Kaiser ihnen Schutz vor einer Kirche gewährleistete, die sie ihrerseits aus den verschiedensten Gründen ausgrenzte. Es war ein Gefüge aus Opposition zum Papst und Herrschaftsinteressen des Kaisers, das diese Intellektuellen zusammenschweißte. Damit wurde – und das entsprach den Ideen des Marsilius und, wie sich gleich zeigen wird, zunehmend auch denen Ockhams – Wissen in gewisser Weise laisiert. Die klerikale Institution der Universität bildete nicht mehr den Bezugsrahmen für die intellektuelle Tätigkeit, sondern die weltliche Herrschaft und ihr Beratungsbedarf.

Diese Laisierung des Wissens ist keineswegs mit Entchristlichung gleichzusetzen. Gerade an Ockhams Denken lässt sich nachvollziehen, wie tief seine Argumentationen in biblischen Begründungsmodellen verankert blieben; aber es entstand doch ein Klima, dessen Rahmenbedingungen neue Fragerichtungen hervorbrachten. Der Bruch in Ockhams Leben, den Avignon markiert, wurde dadurch, dass er in ein neues soziales Umfeld geriet, zu einer wirklich produktiven Wende. Eigentlich hätte ein Prozess, eine Verurteilung gar, einen negativen biografischen Knick bedeuten müssen. Auch wenn von einer Verurteilung in dem Lehrbeanstandungsverfahren, dem er unterzogen worden war, lediglich seine Aussagen, nicht seine Person betroffen gewesen wäre, hätte er zum Frieden mit der Kirche nur durch Widerruf seiner eigenen Sätze gelangen können. Er wählte die Alternative, auf der eigenen Lehre zu beharren.

Und doch war die Folge nicht ein Verlust der gesamten sozialen Integration, sondern lediglich eine Änderung des sozialen Koordinatensystems, in dem er sich bewegte. Er lebte in der äußerst merkwürdigen Situation, Ausgrenzung aus der Sicht der Kirche mit höchster Anerkennung von Seiten der kaiserlichen Macht verbinden zu können. Vergleiche machen das Merkwürdige seiner Situation deutlich: Die Beginen und Begarden um Petrus Johannis Olivi, denen Johannes XXII. Ockham so gerne zugerechnet hätte, lebten in absoluter sozialer Devianz. Ihre Existenz war fortwährend als abweichende Existenz erkennbar, sie mussten mit Bespitzelung von Seiten eines Umfeldes rechnen, das sie sozial nicht anerkannte. Ockham hingegen kam – als Exkommunizierter – in ein funktionierendes soziales Umfeld, in dem er als Berater der höchsten weltlichen Instanz selbst höchste Anerkennung genoss. Er war zwar zweifellos in gewisser Weise auch ein Gefangener des Kaisers, insofern er diese soziale Stabilität nur genießen konnte, weil und solange der Kaiser auf seine Dienste zählte und ihn darum schützte und unterstützte. Aber solange seine Interessen mit denen des Kaisers konform gingen, war er vor dem sozialen Abstieg sicher.

Gleichwohl musste er sich gegenüber der bisherigen Position sozial neu definieren. Er war nun nicht mehr der vorwiegend mit akademischen Problemen befasste Professor, der seinen Studenten das aufgegebene Lehrpensum beizubringen hatte. Insbesondere seine Vorlesungen, aber auch die Traktate, die meist der Erläuterung bestimmter Lehrpunkte aus seinen Vorlesungen oder der Verteidigung gegenüber externen Angriffen dienten, hatten ein relativ klares Adressatenprofil gehabt: den professionellen Theologen, der lern- oder auseinandersetzungswillig war. Die Situation, für die die Texte Ockhams bislang bis auf wenige Ausnahmen geschaffen worden waren, war mehr oder weniger die des Hörsaals gewesen. Selbst noch bei den Quodlibeta dringt durch, dass Ockham eben an dieser Ursprungssituation seines Denkens und Schreibens festhielt, notfalls in der Fiktion. Lediglich die Traktate zur Eucharistie und zur Prädestination sowie die „Summa Logicae“ kann man im eigentlichen Sinne als primär schriftliche Werke ansehen, alles andere ist eigentlich zunächst das gesprochene Wort Ockhams, das mit- und abgeschrieben wurde.

Der Hörsaal fiel in München fort. Ockham musste von Anfang an statt für eine Hörerschaft für eine Leserschaft schreiben. Das bedeutete auch: Anders als an der Universität war Ockham das Publikum, für das er seine Texte verfasste, nicht persönlich bekannt, ja selbst die Vorstellungen von dem möglichen Publikum mussten nicht unbedingt klar umrissen sein. War bislang der akademisch gebildete und interessierte Philosoph oder Theologe sein Adressat gewesen, so musste er nun für diejenigen schreiben, die Meinungen hatten, in ihren Meinungen beeinflussbar waren und auch andere in ihren Meinungen beeinflussen konnten. Allein darin konnte nun der Sinn seiner Tätigkeit bestehen: Werbung für eine Position im Meinungsstreit zu treiben. Auf Meinungsstreit war er prinzipiell durch seine gute scholastische Ausbildung vorbereitet, aber eben nur in dem schon oben skizzierten Sinn des Abwägens. Nun musste er die Meinungen gezielt auf eine Position hin zuspitzen. Diese Notwendigkeit war nicht ganz neu: An den Traktaten, die er im Zusammenhang seiner Vorladung vor das franziskanische Provinzialkapitel in England verfasst hatte, hatte er sich in einem solchen werbenden, auf Meinungsbildung zugespitzten Verfahren üben können. Er hatte dabei auch bemerkt, dass neben den Autoritäten der Theologie auch das Kirchenrecht von gewichtiger Bedeutung war. Nun experimentierte er mit verschiedenen literarischen Formen, um der neuen Situation gerecht zu werden. Neben durchgängige, kritische Glossierung von Texten traten gezielte Traktate oder Kompendien, in denen er alle Irrtümer der Päpste auflistete. Vielleicht am instruktivsten für seine Situation ist der große „Dialogus", in dem er im Gespräch zwischen Lehrer und Schüler noch einmal die Situation der Universität fingierte, sich noch einmal, wie schon in Avignon, eine virtuelle Universität schuf. Dieses Experimentieren in literarischen Formen aber diente zugleich dem Ringen um neue Inhalte und neue Positionen.

VIII. Neue Themen im Dienst des Kaisers

1. Armut und Reichtum

a) Das „Opus Nonaginta dierum"

Ockham ist nicht sofort zum politischen Streitschriftenautor geworden. Fünf Jahre vergingen seit seinem Wechsel nach München, ehe er aufs Neue als einzelner Autor zur Feder griff[1]: Sein „Opus Nonaginta dierum" dürfte im Jahr 1332 entstanden sein.[2] Der Titel – zu Deutsch: „Neunzigtagewerk" – geht auf eine Bemerkung Ockhams zurück, er habe diesen keineswegs knappen Traktat in nur neunzig Tagen niedergeschrieben.[3] Eine merkwürdige Auskunft: So viel Zeit lässt er sich, ehe er an die Niederschrift geht, um diese dann ruckartig zu vollenden.

Welch enormes Arbeitspensum Ockham zu vollbringen vermochte, davon lassen die früheren Werke eine gewisse Ahnung aufkommen. Auch die virtuelle Universität in Avignon, unter äußerstem Druck eingerichtet, hatte ja mehrere voluminöse Bände hervorgebracht. Und die Kommentare der Londoner Zeit füllen ebenso wie der in nur einem, höchstens zwei Jahren abgefasste Sentenzenkommentar hunderte von großformatigen Druckseiten. Ockham muss zeitweise wie ein Besessener gearbeitet haben: rund 560 moderne Druckseiten, lateinisch, in neunzig Tagen. Das sind, wenn Ockhams Angabe stimmen sollte – und bislang ist kein ernsthafter Zweifel daran geäußert worden –, immerhin mehr als sechs Seiten am Tag, sechs Seiten voller ausführlicher Argumentationen in Feldern, in denen Ockham bislang nicht zu Hause war, mit Argumentationsformen juristischer Art, die er bislang keineswegs souverän handhabte.

Das Staunen vor dieser Leistung lässt erst recht die Frage aufkommen: Was hat er zuvor getan? Was bedeuten seine stillen Jahre, fünf Jahre des Schweigens? Hat er sich in die neue Situation eingearbeitet? Das mag mitgeschwungen haben: Einmal erscheint er als Mitautor einer kleinen Schrift, in der er gemeinsam mit Franz von Marchia, Heinrich von Thal-

[1] John Knysh wies mich allerdings vor einiger Zeit ohne genauere Angaben darauf hin, dass er die älteste politische Streitschrift Ockhams entdeckt habe und diese zu edieren beabsichtige.

[2] Miethke, Sozialphilosophie 83.

[3] OPol II 857,459f.

heim und Bonagratia von Bergamo gegen die Wahl eines neuen Ordensgenerals in Paris am 11. Juni 1329 protestierte – es ist ein kurzer Text, die Anteile der Autoren sind kaum voneinander abzuheben.[4] Viel Arbeit dürfte Ockham nicht hineingesteckt haben. Möglicherweise ist er auch einer von denen, die die gleich noch zu erwähnende Appellation Michaels gegen die Bulle „Quia vir reprobus" redigiert haben[5], doch bleibt auch dies unsicher.

Was er sonst getan, geschrieben hat, ob er vornehmlich als Berater Ludwigs agierte oder sich ganz in den Franziskanerkonvent in München integrierte – all dies bleibt im Dunkeln. Sicher ist nur, dass es in der ganzen Vita Ockhams, seit er mit dem Sentenzenkommentar zum eigenständigen Autor gereift ist, keine derart „leere" Zeit gibt wie diese. Die Souveränität, mit der er sich später auch über juristische Fragen äußert, lässt vermuten, dass er noch einmal eine Art Studienzeit in München verbracht hat, ein Selbststudium, in dem er sich vor allem in juristische und politische Themen eingearbeitet hat.

Umso beeindruckender die eruptive Weise, in der er sich dann äußert, in einem Wurf von neunzig Tagen. Biografisch knüpft das Werk allerdings unmittelbar an die große Lebenswende an, die Ockham mittlerweile erfahren hatte. Es richtet sich gegen die Bulle „Quia vir reprobus", mit der Johannes XXII. seinerzeit am 16. November 1329 auf die Appellation reagierte, die Michael von Cesena und seine Gefährten an die Türen des Domes von Pisa geheftet hatten.[6]

Wiederum lässt zunächst eine chronologische Frage aufmerken: Mehr als zwei Jahre sind vergangen, seit die Bulle veröffentlicht worden ist, Jahre, in denen auch keineswegs geschwiegen wurde. Schon am 26. März 1330, wenige Monate nach Promulgierung der Bulle hatte Michael von Cesena, der unmittelbar Betroffene, den der Papst als *„vir reprobus"* bezeichnete, als „verworfenen Mann", selbst auf die Bulle geantwortet. Er tat es in der notwendigen doppelten Ausrichtung: einerseits als Appellation vom Papst an die allgemeine katholische Kirche, andererseits auch argumentativ, mit einer ausführlichen Widerlegung aller Irrtümer und Häresien, die er Johannes meinte vorwerfen zu können.[7] Und auch eine zweite Widerlegungsschrift war erschienen, geschrieben von Franz von Marchia[8], einem Mann, dem Ockham schon früh begegnet war: In seinem Sentenzenkommentar hatte er sich mit Thesen des Pariser Lehrers auseinander-

[4] Siehe hierzu Junghans, Neuere Forschung 94.
[5] Siehe Miethke, Sozialphilosophie 78 Anm. 282.
[6] Siehe ebd. 76f.
[7] Siehe ebd. 77f.
[8] Siehe ebd. 78f.

gesetzt. Nun waren seit der Zeit in Avignon ihre Wege miteinander verbunden. Und Marchia reagierte – wohl auch noch 1330 – ebenfalls auf die Bulle „Quia vir reprobus".

Die franziskanische Seite hatte also bereits geantwortet, die Münchner Konfratres hatten ihre Argumentation vorgetragen. Dann ein Schweigen von mehreren Monaten und schließlich Ockhams rasch geschriebene Schrift. Was mag ihn jetzt noch getrieben haben, noch einmal denselben Kampf aufzunehmen, noch einmal gegen dieselbe Bulle zu agieren? Man wird die Vorbemerkungen Ockhams ernst nehmen müssen: Es geht ihm um die Gründlichkeit der Argumentation.[9] Michael von Cesena und Franz von Marchia hatten sich deutlich knapper gehalten, als Ockham es dann tat. Es war wohl auch der akademische Geist in ihm, der ihn nötigte, nun noch einmal ausführlich die Materie zu traktieren, um die es ging. Aber man wird die Vermutung äußern dürfen, dass es ihm auch darum ging, für sich selbst eine ausführliche Klärung herbeizuführen. Sosehr das Neunzigtagewerk ein publizistisches Werk im strengen Sinne ist, das Meinung beeinflussen sollte, so sehr ist es doch auch lesbar als das Zeugnis, in dem Ockham sich selbst den Zugang zu einer neuen, für ihn bislang ganz unbekannten Materie erschloss.

Dafür eignete sich die Auseinandersetzung mit der Bulle des Johannes bestens, denn diese ist an sich schon bemerkenswert. Johannes, der sich gemeinhin nicht durch einen entschiedenen Willen zu theologischer Argumentation auszeichnete, hat sich hier in aller Ausführlichkeit auf seine Gegner eingelassen. Ziel der Bulle war ganz offenkundig nicht allein die definitive Entscheidung einer Streitfrage zugunsten des Papstes – hierzu hätte ein kurzer Text gereicht. Ziel war die Überzeugung eines gebildeten Publikums, dem Johannes offenbar – mit guten Gründen – zutraute, es möchte sich der Seite seiner Gegner zuwenden. Der Papst betritt damit ein für ihn ungewöhnliches Feld: das der Publizistik, des offenen Meinungskampfes.

Und Ockham antwortet auf eben diesem Feld – mit bemerkenswerter Gründlichkeit. Das gilt zum einen für die Fülle des Materials, das er verarbeitete. Sein Text bewegte sich hin und her zwischen den alten Konstitutionen, die im Armutsstreit eine Rolle spielten, der seinerzeitigen Appellation von Pisa, dem Text des Papstes, den kirchenrechtlichen und allgemeinrechtlichen Überlegungen, dem biblischen Text und schließlich seiner eigenen Position. Die Argumentation gewinnt dadurch eine Komplexität, wie sie unter seinen akademischen Texten allenfalls dem Sentenzenkommentar zuzusprechen ist.

Und doch hat Ockham diese Komplexität in dem Stil reduziert, den er

[9] OPol I 292f.

als Scholastiker gelernt hatte: Schon äußerlich erkennbar wird ein Pro und Contra vorgestellt – übrigens in einem Verfahren, das ihm Marchia vorgemacht hatte. Ockham nimmt die Bulle des Papstes gleichsam Stück für Stück auseinander, zerlegt sie in viele kleine Einzelteile und kommentiert diese. Die Art des Kommentars aber ist der zweite Aspekt, der den akademischen Charakter des Werkes ausmacht: Ockham bietet zunächst in aller Gründlichkeit und nicht zu bestreitender Redlichkeit eine inhaltliche Zusammenfassung der Argumentation des Papstes. Er muss dies schon allein deswegen fair tun, weil ja durch sein Verfahren jeder Leser den originalen Text vor Augen hatte und ihn mit der Ockham'schen Zusammenfassung vergleichen konnte. Erst dann folgt seine Widerlegung, die sich wiederum in zwei Schritten vollzieht: Zunächst wird allgemein-inhaltlich auf die Argumentation des Papstes eingegangen, dann „ad litteram" argumentiert, also gegen einzelne Formulierungen Stellung bezogen. Man erkennt hierin das Disputationsverfahren der mittelalterlichen Universität, in dem *opponens* und *respondens* miteinander ins Gespräch kamen. Die für die Opposition durch den Papst vorausgesetzte positive These findet sich so, bildlich gesprochen, in der Appellation von Pisa. Den respondierenden Part übernimmt gewissermaßen Ockham. Was fortfällt, und das macht den entscheidenden Unterschied zwischen der politischen Publizistik und der seinerzeitigen akademischen Fingerübung aus, ist die Determination durch einen autoritativ hierzu berechtigten Magister. Die Entscheidung bleibt beim virtuellen Magister, dem Publikum. So wie der Papst auf seine päpstliche Autorität zwar nicht verzichtet, aber durch die inhaltliche Argumentation doch den merkwürdigen Weg beschritten hatte, um das Publikum zu werben, machte nun der Wissenschaftler das Publikum zum impliziten Magister.

Freilich gehörte zu seiner Rolle in dem Spiel auch, dass er dem Publikum reichlich Material für seine Entscheidung an die Hand gab. Wiederum bleibt der akademische Stil in Ockhams Vorgehen unverkennbar. Zwar wird an Polemik nicht gespart, aber sie ist nicht Basis der Argumentation. Diese baut vielmehr auf der sauberen Unterscheidung der zur Rede stehenden Begriffe auf. Es sind neue Begriffe, die Ockham hier behandeln muss: Nicht mehr *species* und *genus* oder *res* und *conceptus* stehen zur Debatte, sondern Begriffe wie *dominium, usus* oder *proprietas*, die die Texte des Armutsstreites vorgaben. Der Akademiker Ockham hat damit sein neues Thema gefunden. Es wird ein neues Lebensthema werden: der Kampf um die franziskanische Identität – ein Kampf, der sich schon bald nicht mehr lösen lässt von dem Kampf um die christliche Identität.

b) Begriffsklärungen

Das wichtigste Instrument Ockhams zur scholastisch abgesicherten Auseinandersetzung mit der neuen Fragestellung ist die Klärung der Begriffe: Seit „Exiit qui seminat" war nicht einhellig geklärt, wie die jeweils verwandten Begriffe zu verstehen seien. Ockham unterzog sich nun der Mühe ausführlicher Begriffsunterscheidungen. Solche Begriffsunterscheidungen waren für den akademischen Gebrauch üblich und geradezu zwingend gewesen: Auch in seinen theologischen und philosophischen Schriften ist Ockham immer wieder durch den Gebrauch der Wörter hindurchgegangen, hat den weiteren vom engeren Gebrauch unterschieden und dergleichen.

Nun aber entwickelt er die sprachanalytischen Überlegungen seiner logischen Schriften auf eine ganz spezifische Weise weiter. Sie erinnert an die spätestens seit Abaelards *„Sic et Non"* bekannte Einsicht, dass ein Wort verschiedene Bedeutungen haben kann, die zunächst einmal als äquivok und gleichberechtigt zu betrachten sind, dass man allenfalls unterscheiden könne, der weiter verbreitete Gebrauch sei der eigentliche, der speziellere hingegen der uneigentliche.[10]

Hier kommt zu den alten sprachphilosophischen Überlegungen eine neue Dimension hinzu. Es liegt nahe, sie modernisierend als einen Vorgriff auf die Wittgenstein'sche Sprachspieltheorie zu begreifen, aber damit täte man wohl Wittgenstein ebenso Unrecht wie Ockham. Die neue sprachphilosophische Einsicht liegt vielmehr sehr unmittelbar in Ockhams neuen denkerischen Erfahrungen begründet: Die Fragestellungen haben ihn spätestens seit der Niederschrift seiner Eucharistietraktate, dann aber verstärkt im Zusammenhang der Streitigkeiten um die Armut gezwungen, sich auf neue Wissensgebiete voranzubewegen. Die Logik, der nach den wissenschaftstheoretischen Überlegungen der akademischen Zeit eine zentrale Stellung zukommen soll und mit der er sich jahrelang intensiv beschäftigt hat, dient zur Begriffsschärfung, aber nicht zur alleinigen Begriffsdefinition. So stellt Ockham etwa anlässlich einer Untersuchung der Begrifflichkeiten zum Eigentum fest, *proprietas* und die entsprechenden sprachlichen Derivate würden in der Logik anders verwendet, wo es um Eigenschaften geht, als in den Rechtswissenschaften, die sich mit diesen Begriffen auf Besitzverhältnisse beziehen.[11] Er reflektiert das Phänomen der divergierenden Fachsprachen, klopft bei allen begrifflichen Untersuchungen vorsichtig ab, in welchem Zusammenhang ein Wort wie verwendet wird, vom Alltagsgebrauch bis zu den verschiedenen Wissenschaf-

[10] OPol I 363,319–324.
[11] OPol I 309,433 ff.

ten. Das ändert gegenüber den älteren, ganz an der Suppositionslogik orientierten Fragestellungen ein wenig das sprachtheoretische Bezugssystem. Zwar erfolgt die Differenzierung nach verschiedenen Bedeutungen anhand des Bezuges auf jeweils gemeinte Bedeutungen, es wird also, in der Sprache seiner logischen Schriften gesprochen, in der Regel die personale Supposition vorausgesetzt. Aber die Differenzierung nach verschiedenen Suppositionsarten reicht nicht mehr aus, nötig ist die Differenzierung nach verschiedenen Systemen des Sprachgebrauchs, eben den Fachsprachen. Dabei ging es ihm insbesondere, da es sich ja um Rechtsfragen handelte, um die juristische Fachsprache, die er nur selten in eine Fachsprache des kanonischen und des bürgerlichen Rechts differenzierte. Seine Argumentationen sind damit auch Ausdruck dessen, wie weit sich mittlerweile die kirchenrechtliche Diskussion von theologischen Bezugnahmen gelöst hatte: Obwohl das „Decretum Gratiani" über weite Strecken lediglich aus Zitaten von Kirchenvätern und Konzilien bestand, hatte sich in der Fachdiskussion eine Sprache herausgebildet, die die römischrechtliche Sprache zwar nicht einfach kopierte, mit ihr aber doch eine so große Ähnlichkeit aufwies, dass sie ihrerseits von der theologischen Sprache sehr deutlich unterscheidbar war.

Auf dieser Basis einer klaren Analyse der Fachsprachen nun versucht Ockham, sich den entscheidenden Begriffen zu nähern. Umstritten war insbesondere die Bedeutung von *usus*, „Gebrauch", ging es doch seit „Exiit qui seminat" um die Frage der Möglichkeit eines Gebrauchs ohne Eigentum. Ockham legte nun in seinen Untersuchungen einen vierfachen Gebrauch von *usus* dar[12], und schon hier zeigt sich signifikant der gegenüber den akademischen Schriften geänderte Denkhorizont. Auch in seinem Sentenzenkommentar hatte Ockham sich mit der Bedeutung dieses Wortes – in der Verbform *uti* – befasst, gleich in der ersten Frage der ersten Distinktion, die danach fragte, ob ausschließlich alles andere als Gott zu gebrauchen sei.[13] Hintergrund war die augustinische Unterscheidung von *uti*, gebrauchen, und *frui*, genießen, die Augustin in die Theologie eingeführt und die der Lombarde eben in der ersten Distinktion in einem Zitat aus „De doctrina christiana" aufgenommen hatte:

> „Genießen aber bedeutet, irgendeiner Sache um ihrer selbst willen in Liebe anzuhangen; gebrauchen aber [bedeutet], das, was in Gebrauch gekommen sein mag, auf die Erlangung dessen zu beziehen, was man genießen soll."[14]

[12] OPol I 300, 80–302,154.

[13] OT I 371,5f.

[14] „Frui autem est amore inhaerere alicui rei propter se ipsam; uti vero, id quod in usum venerit referre ad obtinendum illud quo fruendum est" (Lombardus, Sentenzen I 56, 10ff.).

Diese Unterscheidung aufnehmend, hatte Ockham nun im Sentenzenkommentar verschiedene Möglichkeiten der Bedeutung von *usus* wenigstens in der Weise unterschieden, dass er, ehe er in die eigentliche Behandlung der Frage einstieg, klärte, welche Bedeutungen *nicht* zugrunde liegen sollten:

„Zunächst muss man wissen, dass die Frage nach dem Gebrauch sich nicht auf den Gebrauch bezieht, der die Anwendung irgendeines Vermögens ist – so wie ‘Gebrauch’ verstanden wird, wenn man sagt: ‘Wessen Gebrauch [gut ist, das selbst ist auch gut, und umgekehrt]’; auch nicht auf den Gebrauch, in dem wir, wie man sagt, die Vermögen gebrauchen, um einen Akt der Vermögen auszuwählen; auch nicht auf den Gebrauch, in dem wir, wie man sagt, die Habitus gebrauchen, wenn wir wollen; auch nicht auf den Gebrauch, in dem wir eben den Akt gebrauchen, wenn wir wollen; sondern auf den Gebrauch, in dem wir, wie man sagt, etwas als Objekt gebrauchen.“[15]

Dieser Begriffsanalyse, die Ockham seinerzeit im akademischen Kontext – es dürften seitdem immerhin etwa siebzehn Jahre vergangen sein – vorgetragen hatte, lag ein einheitliches Frageraster zugrunde. Gefragt wurde nach den psychologischen Bedingungen des Gebrauchs, nach Subjekt, Objekt und gegebenenfalls Medium des Gebrauchens. Der semantische Bezug des Wortes *usus* hat sich dabei zwar auch stets verschoben, aber doch innerhalb eines einheitlichen Verstehenskontextes.

Dies ändert sich nun im „Opus Nonaginta dierum“ völlig: Die augustinische Unterscheidung von *uti* und *frui* bildet nun nach Ockham die erste von insgesamt vier Möglichkeiten, die sich nicht einfach nach unterschiedlichen psychologischen Bedingungen unterscheiden, sondern jeweils unterschiedliche Wortfelder und Sprachkontexte betreffen. Und eben dieser augustinische Gebrauch wird aufgrund seiner anthropologischen Bezogenheit, wie Ockham sie im Sentenzenkommentar noch hatte voraussetzen müssen, von den anderen unterschieden, da es bei ihm, im Unterschied zu anderen Begriffsverwendungen, um ein inneres Verhältnis zu den Dingen oder Personen ging. Ockham drückte dies damit aus, dass es sich um Bestimmungen des Willens handle.

Unbrauchbar wird diese Begriffsverwendung für die aktuelle Diskussion, weil sie, wie Ockham konstatiert, in der Rechtswissenschaft, um die es ihm ja vornehmlich geht, fast nie begegnet. Hingegen sei in allen Fachgebieten – Ockham sagt, als befinde er sich noch an der Universität Ox-

[15] „Circa primum est sciendum quod non intelligitur quaestio de usu qui est operatio cuiuscumque potentiae, quo modo accipitur usus quando ciditur ‘cuius est’ etc.; nec de usu quo dicimur uti habitibus quando volumus; nec de usu quo dicimur uti habitibus quando volumus; nec de usu quo dicimur uti ipso actu cum volumus; sed de usu quo dicimur uti aliquo tamquam obiecto“ (OT I 373,13–19).

ford: *in omni facultate* – eine Verwendung von *usus* gängig, die den Umgang mit äußeren Dingen, also nicht wie in der augustinischen Definition einen inneren Bezug, bedeute. Dass es sich dabei keineswegs um einen nicht-theologischen oder nicht-biblischen Gebrauch handelt, belegt Ockham noch eigens durch ein Bibelzitat, Richter 19,19, in dem es heißt: „Wir haben Brot und Wein zu meinem Gebrauch und zu dem deiner Magd", wo *usus* also offenkundig in diesem Sinne des äußeren Gebrauchs verwendet wird. Ebenfalls der Bibel entstammt das Beispiel für die dritte Bedeutung, die man im Deutschen am ehesten mit „Brauch" wiedergeben könnte: In I Sam 17,39 erklärt David in voller Rüstung: „So kann ich nicht einhermarschieren, denn das entspricht nicht meinem üblichen Gebrauch" – und Ockham ergänzt hier wiederum, dass dieselbe Semantik auch an mehreren Stellen des Kirchenrechts festzustellen ist. Schließlich führt Ockham eine vierte Bedeutung an, die wiederum enger ist, insofern sie zwar in den Rechtswissenschaften zu finden ist – Ockham zitiert die „Glossa ordinaria" zu den Digesten, einem Teil des römischen Rechts –, aber nicht in der Theologie oder Philosophie. Hiernach wäre Gebrauch „ein bestimmtes Sonderrecht, aufgrund dessen 'jemand fremde Sachen unter Erhalt von deren Substanz gebrauchen kann'"[16]. Diese für Miet- und Leihverkehr relevante Definition führt Ockham ein, um die Argumentation des Papstes zu interpretieren, der darauf insistiert hatte, dass zumindest bei solchen Gütern, die durch den Gebrauch zugleich aufgebraucht werden, also vor allem Nahrung, Gebrauch und Eigentum gar nicht zu unterscheiden seien; eben diese Unterscheidung war ja auch die Grundlage der korrigierten Fassung von „Ad conditorem" gewesen, nach der Johannes nicht mehr allen Besitz an die Franziskaner zurückgegeben hatte, sondern nur noch den Besitz an solchen Verbrauchsgütern. Würde die letztgenannte Definition von *usus* zutreffen, so wäre in der Tat bei diesen ein Gebrauch vom Eigentum nicht zu unterscheiden, letztlich wäre ein Gebrauch im strengen Sinne gar nicht möglich.

Schon allein deswegen muss Ockham auf eine andere Lösung zusteuern, die freilich mit seinem eigenen Verständnis, nach dem der eigentliche Gebrauch der am weitesten verbreitete ist, völlig konsistent ist:

> „Vom faktischen Gebrauch sagen sie [die Gegner des Papstes], dass der faktische Gebrauch der Akt ist, mit dem irgendeine äußerliche Sache gebraucht wird, zum Beispiel: bewohnen, verzehren, trinken, reiten, ein Kleid tragen und dergleichen."[17]

[16] „pro quodam iure speciali, quo quis valet uti rebus alienis, salva rerum substantia" (OPol I 300,92f.).

[17] „De usu facti dicunt quod usus facti est actus utendi re aliqua exteriori, sicut inhabitare, comedere, bibere, equitare, vestem induere et huiusmodi" (OPol I 300,99f.).

Nicht zufällig reiht Ockham Tätigkeiten, die den gebrauchten Gegenstand aufbrauchen – Essen und Trinken –, mit solchen aneinander, die seine Substanz unversehrt lassen wie Bewohnen, Reiten oder ein Kleid Tragen. Denn mit diesem Satz hat er sein Ziel erreicht: Das, was Nikolaus III. den Franziskanern zugestanden hatte, war ja eben der faktische Gebrauch, der *usus simplex facti*. Damit hat Ockham also durch seine Begriffsanalyse immerhin darlegen können, dass die Definition des einfachen Gebrauchs, die die Gegner des Johannes vertreten, jedenfalls diejenige ist, die dem weitesten Gebrauch von *usus* entspricht.

Nötig aber bleibt die Klärung des Gegenbegriffs. Dies ist für Ockham nicht so sehr *proprietas*, Eigentum, sondern der Begriff, der daneben ebenfalls in „Exiit qui seminat" erscheint: *dominium* – ein etwas weiterer Begriff, den man etwa mit „Verfügungsgewalt" übersetzen könnte. Der genaueren Abgrenzung der Begriffe *proprietas* und *dominium* voneinander entzieht Ockham sich durch den Verweis, von wenigen Ausnahmen abgesehen würden sie in der Regel in juristischen Texten gleichbedeutend verwendet[18] – möglicherweise ist dies auch eine späte Folge des berühmten Rasiermessers, die es ihm ermöglicht, in dem Dickicht der Begriffe, das in den Streitigkeiten seit „Exiit" gewachsen war, Schneisen zu schlagen. Dazu unterscheidet Ockham für die Verwendung von *dominium* einen weiteren und einen engeren Begriff:

> „*Dominium* im allgemeineren oder weiteren Sinne definieren und umschreiben die Bestreiter [der päpstlichen Position] folgendermaßen: '*Dominium* ist die grundlegende menschliche Befugnis, irgendein weltliches Gut vor einem menschlichen Gericht für sich zu beanspruchen und zu verteidigen.' … Auf die allerengste Weise verstanden, definieren sie *dominium* folgendermaßen: '*dominium* ist die grundlegende menschliche Befugnis, eine weltliche Sache vor einem Gericht zu beanspruchen und sie auf jegliche Weise, die nicht vom natürlichen Recht verboten ist, zu behandeln.'"[19]

Wiederum ist deutlich, dass das *dominium*, was Kirchenleuten zugeschrieben werden kann, nur in der ersten, weiteren Bedeutung zu verstehen ist – und dass eben in diesem Sinne auch die Verfügungsgewalt der Kirche über die Gegenstände, die die Franziskaner gebrauchen, in „Exiit qui seminat" gemeint war.

[18] OPol I 309,436–439.

[19] „Dominium communiter sive large sumptum isti impugnatores tali modo diffiniunt vel describunt: 'Dominium est potestas humana principalis vendicandi et defendendi in humanon iudicio rem aliquam temporalem' … dominium strictissime sumptum tali modo diffiniunt: 'Dominium est potestas humana principalis rem temporalem in iudicio vendicandi et omni modo, qui non est a iure naturali prohibitus, pertractandi'" (OPol I 306,319–321; 308,390–392).

c) Die franziskanische Option

Der biografisch entscheidende Schritt, den Ockham mit diesem Werk tut, ist das öffentliche Bekenntnis zu seinem Franziskanertum. Alle vorherigen Bindungen an den Franziskanerorden bleiben in ihrem letzten Grund dunkel und sind mit den uns Heutigen zur Verfügung stehenden Mitteln nicht zu erhellen. Die Ereignisse in Avignon, die merkwürdige Tatsache, dass Ockham so lange von den Streitigkeiten um die franziskanische Armut nichts gehört haben will, sie sprachen ja eher für eine gewisse Distanz zu den Grundinhalten franziskanischer Existenz – soweit man zu etwas in Distanz stehen kann, das durch die eigene Profess das Leben permanent bestimmt.

Aber es gab bislang nichts in seinem Leben, was für ein besonderes franziskanisches Engagement gesprochen hätte. Während jemand wie Marchia sich neben der bescheidenen akademischen Laufbahn auch als Ordensprovinzial betätigt hatte, war Ockham ganz bei der akademischen Betätigung geblieben, ehe ihn der Prozess herausriss. Und auch seine akademische Tätigkeit hatte zwar spätestens in London einen klar konturierten franziskanischen Kontext erhalten, aber in seinen inhaltlichen Ausführungen spielte der franziskanische Charakter des Denkens allenfalls indirekt eine Rolle. Es mag sein, dass das Misstrauen der Franziskaner in die Möglichkeiten der menschlichen Vernunft stets größer gewesen ist als das der dominikanischen Kollegen. Und es mag sein, dass es unter Franziskanern eine besondere Neigung dazu gab, die personalen Elemente im Gottesbild, etwa die Rolle des Willens, stärker zu betonen, als die Mitglieder des Predigerordens es taten. All dies kann im Rahmen mentalitätsgeschichtlicher Erklärungsmuster deutlich machen, dass es keineswegs zufällig ist, dass Ockham die Lehren, die er vertrat, eben als Franziskaner vertrat. Aber eine bewusste, nicht nur nach innen, sondern auch nach außen gerichtete franziskanische Profilierung bedeutete das nicht. Sie war auch nie nötig, denn sie war eine Selbstverständlichkeit.

Eine solche hörte sie erst auf zu sein, als die Bewertung der Grundelemente franziskanischer Spiritualität zwischen Papst und – nach Ansicht der Münchner: legitimer – Ordensleitung, ja selbst innerhalb des Ordens auseinander driftete. Mit dem neuen Ordensgeneral von päpstlichen Gnaden, Guiral Ot, ist die Häresie in den Orden selbst eingedrungen, umso dringlicher wird es für den Franziskaner, gegen sie zu kämpfen.

Dabei argumentiert Ockham natürlich nicht existenziell, mit seiner eigenen Profess, seiner eigenen Zugehörigkeit zum Franziskanertum. Aber die permanente Voraussetzung seiner Argumentation ist, dass jenes Armutsverständnis, welches Michael von Cesena und vor dem Bruch mit dem Papst mit ihm die Mehrheit des Ordens vertreten hat, nicht nur das rechte franziskanische Verständnis war, sondern auch das rechte Verständnis von der Existenz Christi. Dargelegt wird also die ideelle Identität der franziskanischen Gemeinschaft mit der apostolischen Gemeinschaft um Jesus Christus. Eben dies war ja die Basis der Bulle „Exiit qui seminat" gewesen.

Und so argumentiert Ockham nun mit allen Mitteln der Logik für die alte franziskanische Behauptung, dass die Apostel tatsächlich arm gewesen sind, das heißt, dass sie sowohl einzeln, *in speciali*, als auch gemeinsam, *in communi*, ohne jedes Eigentum gewesen seien. Die in der akademischen Zeit entworfene Auffassung von Theologie, dass man auf Offenbarungssätze einen Syllogismus anwenden könne und müsse, wird nun Praxis in der aktuellen Auseinandersetzung:

„So wie die Apostel den Ratschlag Christi hinsichtlich der Keuschheit und des Gehorsams befolgten, so befolgten sie auch den Ratschlag Christi hinsichtlich der Armut. Aber Christus hat die Absage an allen eigenen zeitlichen Besitz gelehrt und geraten; also haben die Apostel diesen Ratschlag auch befolgt. Der Obersatz scheint offenkundig. Den Untersatz beweisen sie [die Gegner des Johannes, deren Positionen Ockham scheinbar distanzierend referiert] durch jenen Ratschlag, den Christus einem Jüngling gab, als er ihn fragte, was ihm fehle, da er die Gebote befolgt hatte (Mt 19,21): ‘Wenn du vollkommen sein willst, geh, verkauf deinen Besitz und gib das Geld den Armen; so wirst du einen Schatz im Himmel haben; dann komm und folge mir nach.' Aus diesen Worten lässt sich einsehen, dass Christus die Absage an allen zeitlichen Besitz geraten hat. Denn es steht fest, dass durch den Verkauf von allem und deren vollzogener Verschenkung an die Armen der Besitz aufgehoben wird. Es folgt also, dass die Apostel an keiner Sache eigenen Besitz hatten, weil jener Jüngling, wenn er vollkommen sein wollte, keinen eigenen Besitz an irgendeiner Sache haben sollte."[20]

Man könnte die ganze Argumentation auch in der üblichen Gestalt eines Syllogismus formalisieren:

[20] „Sicut Apostoli servabant consilium Christi de castitate et obedientia, ita etiam servabant consilium Christi de paupertate. Sed Christus docuit et consuluit abdicationem proprietatis omnium temporalium in speciali; ergo Apostoli servabant idem consilium. Maior videtur aperta; minorem probant per illud consilium, quod dedit Christus adolescenti quaerenti quid sibi deesset, ex quo mandata servaverat, Matthaei xix, dicens: Si vis perfectus esse, vade, et vende omnia quae habes, et da pauperibus, et habebis thesaurum in caelo: et veni, et sequere me. Ex quibus verbis datur intelligi quod Christus consuluit abdicationem proprietatis omnium temporalium. Quia per venditionem omnium et largitionem eorum factam pauperibus constat proprietatem auferri. Sequitur igitur quod Apostoli nullius rei proprietatem habebant in speciali, ex quo ille adolescens, si voluisset esse perfectus, nullius rei proprietatem in speciali habuisset" (OPol II 387,272–285).

Die Apostel befolgten Christi Ratschläge, auch hinsichtlich der Armut
Christus riet zu völliger individueller Besitzlosigkeit
Die Apostel lebten in völliger individueller Besitzlosigkeit

In dieser Weise geht Ockham weiter vor, reiht die einschlägigen biblischen Belegstellen aneinander und macht so deutlich: Vollkommene Armut ist das, was das apostolische Leben prägt. Damit ist natürlich auch ausgedrückt, dass die franziskanische Lebensweise der Lebensweise der Apostel entspricht. Ockham wird nicht müde, dies immer wieder auszuführen. Neben der klassischen Belegstelle Mt 19, auf deren Grundlage schon das Urbild der Mönche, Antonius (ca. 251–356), als Eremit in die ägyptische Wüste gegangen war, trägt eine weitere Belegstelle große Beweislast – Mt 8,20: „Die Füchse haben ihre Höhlen und die Vögel ihre Nester; der Menschensohn aber hat keinen Ort, wo er sein Haupt hinlegen kann.“[21] Das, was die Apostel an Verbrauchsgütern zur Verfügung hatten, so erklärt Ockham es, war ihnen gemeinsam – aber nicht in besitzrechtlicher Form, denn

> „gemeinschaftliche Dinge sind nicht irgendeinem oder mehreren aus der Gemeinschaft zu Eigen; aber jene Verbrauchsgüter waren allen Gläubigen gemeinsam. Also waren sie keinem Apostel und auch nicht dem ganzen Apostelkollegium eigen.“[22]

Diese merkwürdige Formulierung will auf eines hinaus, was sich später in den schöpfungstheologischen Reflexionen noch deutlicher zeigen wird: Der Umgang mit den Gütern in der Gemeinschaft, die Ockham vor Augen hat – den Aposteln zunächst, aber dann auch der Urgemeinde[23] –, ist ein gewissermaßen vor-rechtlicher, in dem über Gemeinsames anspruchsfrei verfügt wird, denn jene *proprietas*, die hier verneint wird, war ja nach den Ockham'schen Begriffsdefinitionen mit dem *dominium* gleichzusetzen, das sich seinerseits gerade durch einen justiziablen Anspruch auszeichnete.

Indem Ockham so die biblische, apostolische Grundlage für das franziskanische Armutsideal darlegt, wird nun aber, wie von Anfang an im Armutsstreit, auch mehr impliziert. Die klare Option für das Armutsideal des Franziskanerordens, die Ockham in seiner ersten Münchner Schrift formuliert, muss sich, da sie mit der Grundfigur von Kirche, der apostolischen Gemeinschaft, argumentiert, zu einer neuen Reflexion über das ausweiten, was Kirche ist und sein kann.

[21] OPol I 347,64f.; II 410,147f.

[22] „Quia res communes non sunt propriae alicui nec aliquibus de illa communitate; sed res illae usu consumptibiles fuerunt communes omnibus credentibus; ergo non fuerunt propriae Apostolo nec toti collegio Apostolorum“ (OPol I 357,118–121).

[23] OPol I 337,365ff.; II 393,487ff.

Für heutiges Verständnis ist es nicht ganz einfach zu begreifen, dass diese Fragen für Ockham relativ neu waren: Als akademischer Theologe hatte er sich – wie die meisten scholastischen Theologen – mit dem Thema „Kirche“, mit der Ekklesiologie, kaum befasst. Die Sentenzensammlung des Lombarden bot hierzu kaum Anlass – nicht aus Desinteresse, sondern aufgrund der Selbstverständlichkeit, mit der Kirche vorauszusetzen war. Implizit bedeutsam wurde sie dabei natürlich stets im vierten Buch der Sentenzenkommentare, da es klar und offenkundig war, dass die hier traktierten Heilsmittel durch die Kirche als Heilsanstalt vermittelt wurden. Die Frage aber, was die Kirche sei, schien durch das Glaubensbekenntnis mit einer solchen Eindeutigkeit beantwortet, dass diese Fragen gewissermaßen von außen an die akademische Theologie herangetragen werden mussten. Es waren Traktate wie „De ecclesiastica potestate“ des Aegidius Romanus (ca. 1243–1316) und die diesem Traktat weitgehend verpflichtete Bulle „Unam Sanctam“, die das Problem der Kirche neu angingen und damit auf den bislang durch die professionellen Verwalter theologischen Wissens nur unzureichend bewältigten Reflexionsbedarf hinwiesen.

Für Ockham stellte sich nun die Frage nach dem, was Kirche sei, schlicht aufgrund der tiefen Verunsicherung, dass er feststellen musste, dass der Papst selbst offenkundig Häresie lehrte. Auch wenn das Dogma von der Unfehlbarkeit des Papstes allenfalls in seinen Anfängen reflektiert wurde, war doch das hiermit verbundene Problem zumindest institutionentheoretisch offenkundig: Wer, wenn nicht der Papst, konnte eigentlich über die christliche Wahrheit noch entscheiden, zumal wenn „Unam Sanctam“ doch erklärte, dass der Papst von niemandem zu richten sei?

Ockham formuliert das hierdurch angestoßene Problem in aller Schärfe. Nach seinen Ausführungen ist es offenkundig, dass der Papst mit seinen Äußerungen der von seinem Vorgänger promulgierten Bulle „Exiit qui seminat“ widerspricht. Hierbei bezieht er sich auf die Aussage des Johannes, nach der die Apostel nicht nur gemeinsam, sondern sogar auch einzeln Eigentum besessen hätten, während „Exiit“ dekretiert hatte, dass der vollkommene Lebenswandel nach Jesus die Absage an alles weltliche Gut verlange.[24]

Aus diesem Widerspruch folgert Ockham eine Aussage von höchster Brisanz, dass nämlich dann, wenn überhaupt ein solcher Widerspruch zu einer älteren päpstlichen Verlautbarung bestehe, Johannes XXII. gar nicht Papst sein könne. Eine solche Folgerung zeigt, was in Ockham seit den ersten Auseinandersetzungen um seine Person vorgegangen ist: In den Eucharistietraktaten hatte er sich noch bereitwillig dem Urteil des Papstes unterworfen, der schon damals Johannes XXII. hieß und von ihm in kei-

[24] Zum Folgenden s. OPol II 383,120–385,192.

ner Weise als problematisch angesehen wurde. Nun ist eben dieser Mann nicht mehr Papst – und dies aufgrund einer höchst einfachen Überlegung:

„Entweder ist die Behauptung von Nikolaus III., dass die Apostel jedem Eigentum an weltlichem Gut entsagt haben, häretisch, oder die gegenteilige Behauptung dieses [unseres] Gegners [Johannes XXII.], dass die Apostel auch einzeln Eigentum hatten, ist häretisch."[25]

Damit ist nun nicht nur passiv, in der Verteidigung, der Punkt erreicht, an dem das akademische Gedankenexperiment das Gewicht der Frage nach der Grenze zwischen Glaube und Unglaube gewinnt, sondern Ockham kehrt die Überlegungen um zum aktiven Angriff auf den amtierenden Papst. Der in der Alternative aufgebaute Gedankengang hat klare Folgen: Wenn die Aussage des Johannes häretisch ist, dann kann er gar nicht Papst sein, weil kein Häretiker wahrer Papst sein kann. Aber das Umgekehrte hilft ihm auch nicht: Denn wenn Nikolaus III. seinerzeit Häretiker gewesen sein sollte, dann war er auch seinerzeit kein wahrer, legitimer Papst. Und das hat wiederum rechtliche Folgen: Keine unter ihm erfolgte Kardinalsberufung wäre dann als legitim anzusehen, also wäre das Kollegium der Kardinäle, das seinen Nachfolger gewählt hat, zu dieser Wahl gar nicht legitimiert gewesen. Der Gedanke lässt sich fortspinnen: Nachdem es einmal einen häretischen Papst gegeben hat, hätte es hinfort überhaupt keinen Papst mehr gegeben und geben können!

Ockham beschreibt durch diese Gedankenspiele eine einzigartige Notsituation der Kirche: Seit mindestens zehn Jahren, vielleicht aber schon seit mehreren Jahrzehnten war diese Kirche nach seinen Darlegungen ohne Papst! Schreibt da noch der Mann, der in seiner Zeit in Avignon die Macht Gottes anhand seiner Vorstellungen vom Papstamt konstruiert hatte? Er rettet sich durch den wiederholten Zusatz *verus papa*, wahrer Papst. Gerade der wahre Papst zeichnet sich dadurch aus, nicht häretisch zu sein – nur eben diesen wahren Papst erlebt seine Gegenwart nicht. Der Exkommunizierte in München, in dieser vom Papst misstrauisch beäugten, ja geradezu verfolgten Enklave rund um Ludwig den Bayern, skizziert in völlig undramatischem Ton, in streng formalisierten Überlegungen das Avignon seiner Zeit als einen gespenstischen Ort: Da ist ein Mann, der nur vortäuscht, Papst zu sein. Um ihn Männer, die glauben, Kardinäle zu sein. Sie ziehen Abgaben ein, Annaten, Servitien, alles, was man in Avignon gebrauchen kann, aber für ein Schauspiel, dessen theologische – und fast mehr noch: rechtliche – Substanz verloren gegangen ist.

[25] „Aut assertio Nicholai III quod Apostoli omnis rei temporalis proprietatem abdicaverunt est haeretica, aut assertio contraria istius impugnati, quod Apostoli habuerunt proprietatem etiam in speciali, est haeretica" (OPol II 384,143–146).

Wenn aber Avignon nur noch die Bühne für ein solches Schauspiel ist, drängt sich erst recht die Frage auf, wie denn Kirche überhaupt noch als reales Subjekt denkbar sein kann, da doch ihr Haupt weggebrochen ist. Sie kann dies, weil die in diesem Bild vom Haupt vorausgesetzte organologische Metapher – die Kirche als ein Leib mit vielen Gliedern und einem Haupt, Christus selbst beziehungsweise seinem Stellvertreter, dem Papst – für Ockham nicht mehr ohne weiteres gilt.

Hier findet sich einer der entscheidenden denkerischen Schritte im „Opus Nonaginta dierum", zugleich eine bemerkenswerte Verknüpfung von politischer Theorie und Philosophie. Ockham muss sich in dieser Schrift auch mit der Frage auseinander setzen, wie eine kollektive Einheit, die Gemeinschaft der Kirche, überhaupt in einer Weise gedacht werden könne, die sie als Subjekt versteht – für einen Denker, der es als seine erste große Entdeckung gefeiert hat, dass es außerhalb der Seele keine Allgemeinbegriffe gebe, eine nicht ganz einfache Aufgabe. Wenn der Allgemeinbegriff „Mensch" lediglich die vielen einzelnen Wesen „Mensch" bezeichnete und nicht eine „Menschheit" an sich: Was bezeichnete dann Kirche?

Ockham geht bei der Entwicklung seiner Gedanken hierzu von der Vorstellung einer *persona repraesentata*, einer juristischen Person, aus, die Johannes XXII. im Gefolge der kirchenrechtlichen Diskussion auf den Franziskanerorden angewandt hatte: Ein *usus facti* an Verbrauchsgütern sei diesem, so Johannes, gar nicht zuzusprechen, weil er gar keine reale Person darstelle, sondern eben nur eine juristische Person.[26] Ockham weitet nun diese Überlegungen ins Grundsätzliche aus, und eben dadurch gewinnen sie auch Relevanz für sein Kirchenverständnis[27]: Der Franziskanerorden könne gar nicht eine bloße juristische Person sein, von der Johannes selbst sagt, sie sei bloß *imaginaria*, ein bloßes Phantasiegebilde. Wäre dies nämlich so, so Ockham, dann wären alle solche Gemeinschaften, unter anderem auch die Kirche, als bloße Phantasiegebilde anzusehen, denen keine extramentale Realität zukommt[28] – das heißt auch: die nicht als echte Subjekte agieren können. Bezeichnenderweise argumentiert Ockham gegen diese Möglichkeit nicht mit dem Glaubensbekenntnis, sondern mit der Jurisdiktionsgewalt der Kirche. Wäre sie ein bloßes Phantasiegebilde, so hätte sie auch keinerlei Rechtsgewalt – eine solche Möglichkeit bezeichnet er als häretisch und blasphemisch (und kann hoffen, dass ihm der Papst, dessen Rechtsfähigkeit in der Kirche eben als Jurisdiktionsgewalt beschrieben wird, zustimmen muss).

26 OPol I 355,24ff.

27 Für das Folgende nach wie vor grundlegend: Miethke, Sozialphilosphie 502–516.

28 OPol II 568, 208–224.

Zur weiteren Klärung greift er nun in bezeichnender Weise auf Überlegungen aus seiner akademischen Tätigkeit zurück, die er freilich ausbaut. So wie er in seinem Sentenzenkommentar erklärt hatte: „Ein Volk ist Menschen“[29], also den Kollektivbegriff durch die Vielzahl der Einzelglieder erklärt hatte, so erklärt er nun auch – mit bezeichnendem Mut zur Anstößigkeit –, für den Franziskanerorden und die Gemeinschaft der Gläubigen gelte dasselbe wie für eine Schweineherde: Es handelt sich ganz präzise um Kollektivbegriffe, das heißt eben solche Begriffe, die eine Vielzahl von Gegenständen, Tieren oder eben Menschen bezeichnen.[30] Und solcher Ansammlung von Personen kommt natürlich die Möglichkeit zu, etwas faktisch zu gebrauchen, indem eben jeder einzelne und mithin die Summe aller es gebraucht. Allein als Vielzahl von Subjekten gewinnt die Kirche Subjekthaftigkeit.

Diese Einsichten scheinen banal, haben aber gewaltige Folgen, wenn man sie von der Diskussion um den Franziskanerorden und seinen faktischen Gebrauch an den Dingen löst. Wenn tatsächlich die Kirche zu jenen Kollektiven gehört, die ihre Realität in der Pluralität der von ihnen zusammengefassten Individuen besitzen und wenn diese Realität sich gerade an der Jurisdiktionsvollmacht festmacht, so bedeutet dies auch: Die primäre Grundlage der Zuschreibung einer Subjekthaftigkeit ist eben nicht der Papst oder die Kurie, das wie auch immer präzisierte „Haupt“, sondern es ist die Vielzahl der Christinnen und Christen auf der ganzen Welt: „Unser Glaube beruht nicht auf der Weisheit oder der Autorität irgendeines sterblichen Menschen.“[31]

Ockham bleibt nun aber nicht bei diesen philosophischen Überlegungen stehen, sondern bezieht sein neu gewonnenes juristisches Wissen mit ein. Er kommt implizit auf das Wesen der Kirche und das Verhältnis von Einzelnen und Gemeinschaft in ihr im Zusammenhang der Wahrheitsfindung zu sprechen: Eine päpstliche Erklärung, so führt er im Zusammenhang von „Exiit“ aus, ist nicht einfach durch einen juristischen Instanzenweg zu approbieren, sondern sie kann dann als approbiert gelten, wenn ihr kein katholischer Christ widersprochen hat.[32]

Hintergrund und Konsequenz dieser Aussagen zugleich ist, dass Ockham begann, sein Kirchenverständnis von einem in der kirchenrechtlichen Diskussion durchaus bedachten und akzeptierten Extremfall aus zu konstruieren. Im Zusammenhang der hier zunächst als rein hypothetisch be-

[29] „Populus est homines“ (OT IV 106,21).

[30] OPol I 366,446–455.

[31] „fides nostra non innititur sapientiae vel auctoritati hominis cuiuscunque mortalis“ (OPol II 852,268f.).

[32] OPol II 383,131–137; 506,268; vgl. hierzu Ryan, Church 15.

handelten Frage waren die kanonistischen Rechtsgelehrten zu dem theoretischen Konstrukt einer „Restkirche“ gelangt. Danach war es zwar möglich, dass die maßgeblichen Instanzen der Kirche irrten, aber gleichwohl blieb stets bis ans Ende der Welt ein Rest der Christenheit wahrhaft gläubig.[33] Ockham griff diese Überlegungen auf und spielte den Fall durch, dass alle Kleriker Häretiker wären. In diesem Fall, so seine implizierte Konsequenz, bestünde die Kirche nur noch aus Laien.[34] Die Laien sind also nicht nur Approbationsinstanz der päpstlichen Lehre, sondern sie können auch die einzigen Repräsentanten der in Dingen des Glaubens und der Sitte unfehlbaren[35] Kirche sein.

Damit entsteht aber ein ganz neues Bild von Kirche am Horizont: Es sind die vielen einzelnen, unabhängig von ihrem Stand, ja auch unabhängig von ihrer Bildung, die Kirche sind, nicht eine vorgegebene Institution, erst recht nicht eine abstrakt konstruierte zur Person hypostasierte Konstruktion. Diese Ekklesiologie ist in ihrer Stoßrichtung neu. Und zugleich ist sie eine überraschend konsequente Verbindung aus früheren philosophischen Einsichten Ockhams über das Verhältnis der vielen Einzelnen zum Allgemeinen und den neu hinzugewonnenen Rechtskenntnissen. In diesem, im „Opus Nonaginta dierum“ noch nur angedeuteten, später dann ganz erheblich ausgebauten Modell scheint Ockham in seiner neuen Rolle ganz angekommen.

d) Schöpfungstheologische Begründungen

Die Auseinandersetzungen um das Armutsverständnis der Franziskaner aber betreffen noch eine andere theologische Dimension – der Blick auf das Zentrum der Heilsgeschichte, Jesus Christus und die Apostel, ist nur das Eine. Von hier aus gewinnt Ockham die Grundlegung für die Behauptung des apostolischen Charakters der Franziskaner. Und er kann darauf dann die juristischen Überlegungen anwenden, die er sich neu angeeignet hat. Aber sein Anspruch geht in bemerkenswerter Weise weiter.

Die Definition des *dominium* geht über das oben Zitierte hinaus, bezieht theologische und rechtliche Ebene sehr unmittelbar aufeinander. Hiernach gibt es nämlich, redet man vom menschlichen *dominium*, zwei Arten:

„Manches nämlich kam dem Menschen im Stand der Unschuld nach natürlichem beziehungsweise göttlichem Recht zu. Davon ist im ersten Kapitel der Genesis

[33] Siehe hierzu Tierney, Foundations 44f.

[34] OPol II 852,268–853,273.

[35] OPol II 854,330f.; vgl. Ryan, Evasion 287f.

gegenüber den Ureltern die Rede: 'Herrscht (*Dominamini*) über die Fische des Meeres und das Geflügel des Himmels und alles Lebendige, was sich auf der Erde bewegt' (Gen 1, 28). Eine andere Verfügungsgewalt kommt den Menschen nach positivem Recht beziehungsweise aufgrund menschlicher Einsetzung zu. Und diese Verfügungsgewalt wird häufig im bürgerlichen und im kanonischen Recht erwähnt."[36]

In einer Mischung aus theologischer Überlegung und Stichwortassoziation also kommt Ockham von dem als Herrschaftsbefehl bekannt gewordenen Satz Gen 1,28 auf ein eigenes *dominium*-Verständnis, das sich zunächst rein formal von dem rechtlich definierbaren *dominium* unterscheidet. Es geht auf göttliche Einsetzung zurück, während die späteren Regelungen, nach dem bürgerlichen Recht, aber auch die für die Fragen des Ordensbesitzes maßgeblichen kanonischen Regelungen ein positiv gesetztes und damit von den Menschen her bestimmtes *dominium* voraussetzen.

Das *dominium* aber, das Gott den Ureltern vor dem Sündenfall zugestanden hatte, war auch inhaltlich ganz anders qualifiziert als alles, was später möglich wurde. Es klingt fast nach heutigen ökologischen Einsichten, wenn Ockham das *dominium* der Ureltern in dem Sinne erklärt, dass diesen der Auftrag zur widerstandslosen Leitung und Lenkung der anderen Geschöpfe gegeben worden sei.[37] Es ist eben diese Beauftragung und auch die damit verbundene Befähigung, die mit dem Sündenfall verloren ging[38], und doch blieb ein Rest der Urstandsverfassung erhalten: In Verbindung mit dem Herrschaftsauftrag[39] hatten die Menschen, freilich auch die anderen Lebewesen, die Befugnis erhalten, die Pflanzen des Paradieses zu nutzen (*potestas utendi*).[40] Schon im Moment der Menschenschöpfung findet Ockham die beiden Begriffe, die in der aktuellen Auseinandersetzung eine Rolle spielten, *dominium* und *usus/uti*, miteinander verklammert. Diese Befugnis bleibt für den Menschen auch nach dem Fall erhalten: Er darf sich auch nach der Vertreibung aus dem Paradies und nach den Verfluchungen von anderem Geschaffenen ernähren.[41]

In dieser Situation aber entstand eine neue Form des *dominium*, nicht mehr aufgrund der göttlichen Beauftragung, sondern aufgrund einer Fä-

[36] „Quoddam enim competebat hominibus in statu innocentiae ex iure naturali vel divino; de quo dicitur primis parentibus Genesis primo: 'Dominamini piscibus maris, et volatilibus caeli, et universis animantibus, quae moventur super terram'. Aliud competit hominibus ex iure positive vel ex institutione humana, et de isto dominio in iure civili et canonico saepe fit mentio" (OPol I 306,311–316).

[37] OPol II 432,73–77; vgl. ebd. 656,90–96.

[38] OPol II 434,181 f.; 436,238.

[39] OPol II 432,92; 433,121 ff.; vgl. Miethke, Sozialphilosophie 471.

[40] OPol II 432,101 f.

[41] OPol II 433,119 f.; 124 f.

higkeit, die den durch die Sünde verderbten Menschen prägt.[42] Er besitzt die Fähigkeit, sich einzelne Güter anzueignen.[43] Und indem er dies tut, entsteht aufs Neue Eigentum, das – in verschobener Bedeutung – ebenfalls *dominium* heißen kann, aber eben auch im strengen Sinne *proprietas*. Von diesen Überlegungen aus wird deutlich, warum Ockham einerseits *dominium* und *proprietas* hatte gleichsetzen können, andererseits aber doch den ersten Begriff bevorzugte. Gleichbedeutend sind sie im Zustand der sündigen Natur – aber das Wort *dominium* erinnert daran, dass Verfügungsgewalt auch mehr und anderes sein könnte als das, was die Menschen daraus gemacht haben. Beim *dominium* ist die Aufteilung – und damit die unterschiedliche Verteilung – der Güter noch nicht automatisch mitgedacht, während mit dem Eigentum von vornherein auf das je Eigene und damit die Verteilung der Güter verwiesen ist.

Diese Aufteilung der Güter findet Ockham nun auch biblisch beschrieben, in Gen 4,2–5.[44] Hier wird davon berichtet, dass das erste Kinderpaar nach dem Fall, Kain und Abel, verschiedene Berufe ergriff: Ackerbauer der eine, Schafhirt der andere, und dass beide Gott von dem, was sie jeweils erwirtschaftet haben, Opfer darbringen. Man mag dies in der Tat als erste Beschreibung einer funktionalen oder auch einer besitzrechtlichen Aufteilung innerhalb des Alten Testaments verstehen.

Ockhams entscheidendes Argument ist nun, dass an dieser Stelle von einer göttlichen Einsetzung nicht die Rede ist. Die neue Aufteilung der Güter geht zwar auf die selbstverständlich von Gott gegebene Grundausstattung des Menschen zurück, aber nicht auf unmittelbare göttliche Einsetzung.[45] Das, was nach dem Fall Eigentum, *dominium* und eben auch *proprietas* ist, ist menschlichen Ursprungs, unterliegt positiv-rechtlichen Regelungen. Die Feinheiten dieser Argumentation sind bemerkenswert: Eigentum wird keineswegs in Bausch und Bogen verurteilt, es wird auch nicht unmittelbar als Folge der Sünde bezeichnet – Adam und Eva leben ja zunächst noch ohne eine solche Eigentumsaufteilung. Aber es ist doch denkbar nur aufgrund der Sünde und existierte nicht, wenn es nicht die Sünde, die Ur- und Erbsünde, gäbe.

Durch diese Überlegungen wird für die Stellung der Franziskaner ein weiter Horizont eröffnet: Ihr Verständnis von Armut ist weit mehr als die Erfüllung und Übererfüllung göttlicher Gebote, sie ist in gewisser Weise die Rückkehr des Menschen zu seinem Naturzustand, der ein Naturzustand nach dem Fall ist und bleibt. Indem die Franziskaner auf das allein

[42] OPol II 435,201f.
[43] OPol II 435,188ff.
[44] OPol II 656,99ff.
[45] OPol II 656,99–108.

positiv-rechtlich begründete Eigentum verzichten[46], folgen sie zum einen Jesus und den Aposteln nach und gewinnen zum anderen einen neuen besitzrechtlichen Status. Begründung ihrer Ansprüche können nun nicht mehr die Rechtssätze des kanonischen und des weltlichen Rechts sein, die ja alle Folge dieser menschlichen Rechtssetzung sind, sondern Grundlage ihrer Ansprüche ist allein das Naturrecht.[47] Ockham verweist darauf, dass jeder Mensch in äußerster Not das Recht habe, Verbrauchsgüter zu nutzen – für die Franziskaner ist dieses Notrecht zur allgemeinen Grundlage geworden, bei der sie freilich in Abhängigkeit von der Kirche bleiben: Es ist die Kirche, die ihnen durch ihre Erlaubnis die Nutzung der eigentumsrechtlich ihr gehörenden Güter gestattet[48] – diese Erlaubnis aber ist letztlich das, was sich in „Exiit qui seminat" findet.

Die Theorie war also ohne Zweifel eine Hilfstheorie, die der weiteren Stützung der franziskanischen Position dienen sollte, aber sie ging über diese Funktion weit hinaus. Sie implizierte einen Gesamtentwurf von Geschichte, vom Verhältnis von Naturrecht und positivem Recht und schließlich auch ein Grundverständnis vom Menschen unter der Sünde. Was immer Ockham in den Jahren seines Schweigens getan haben sollte: Er hatte sie gut genutzt, um im Kampf gegen den Papst mehr bieten zu können als platte Polemik. Er wurde zu einem umfassenden Theoretiker der franziskanischen Armut, der philosophisch ältere Gedanken weiterführte, theologisch manches ausbaute und juristisch Neues für sich entdeckte.

2. Neue Gewissheit im Kampf gegen die Kirche

a) Vom Armutsstreit zum visio*-Streit*

Als Ockham das „Opus Nonaginta dierum" abschloss, hatte er schon von neuen Äußerungen des Papstes gehört[49], die ihn in seiner Auffassung, dass der gegenwärtige Papst Johannes XXII. ein Ketzer sei, bestätigen mussten. Diese Gewissheit gab ihm eine mindestens als ungeschickt einzustufende Äußerung des alternden Papstes Johannes, der sich am Allerheiligenfest des Jahres 1331 in einer Predigt auf ein theologisches Terrain vorgewagt hatte, das er bei weitem nicht mit der Souveränität beherrschte wie die Sachfragen aktueller Politik und Kirchenpolitik.

Im Anschluss an eine Äußerung Bernhards von Clairvaux (1090–1153)

[46] OPol II 562,140f.; 575,102–108; 579,243ff.
[47] OPol II 556,97–100; 561,123ff.; 577,197f.
[48] OPol II 561,100–115; 578,236–579,251.
[49] S. OPol II 852,249–258.

war Johannes zu dem Ergebnis gekommen, die Bibelstelle Apk 6,9 – „Als das Lamm das fünfte Siegel öffnete, sah ich unter dem Altar die Seelen aller, die hingeschlachtet worden waren wegen des Wortes Gottes und wegen des Zeugnisses, das sie abgelegt hatten" – sei so zu verstehen, dass die Märtyrer und die Heiligen, die man traditionell in dieser Bibelstelle angesprochen sah, bis zum Jüngsten Gericht unter einem besonderen Ort, eben dem Altar Gottes, und deswegen nicht im Himmel sein würden.[50] Entsprechend werde ihnen die Schau Gottes erst nach dem Jüngsten Gericht zuteil[51], bis dahin gelangten sie lediglich zum Anblick der Menschheit Jesu Christi[52].

Es ist nicht schwer, die Problematik solcher Aussagen in ihrer Zeit auszuführen, musste mit ihnen doch die gesamte mittelalterliche Heiligentheologie in Frage gestellt sein. Wenn die Heiligen nicht jetzt schon Anteil an der vollen Schau Gottes hatten – wie konnten sie dann die Fürbitte für die Menschen halten, die man doch von ihnen meinte erwarten zu dürfen? Der Ärger um diese Äußerungen zog weite Kreise, es entspann sich eine hitzige Debatte, in der die Kritik an Johannes fast einhellig war. Welche Gefährdungen Johannes mit seinen unvorsichtigen Äußerungen einging, zeigt sich daran, dass sogar der französische König, sonst die eigentliche Stütze des avignonesischen Papsttums, ein Gutachten der französischen Universität einholte[53] und sich auf dieser Grundlage gegen den Papst stellte.

Allerdings wird man Johannes XXII. zugute halten müssen, dass er mit seiner in späteren Predigten weiter ausgeführten Lehre durchaus ein Zentralproblem mittelalterlicher Eschatologie angesprochen hatte. Spätestens seit der Dogmatisierung des Fegefeuers auf dem Konzil von Lyon stand fest, dass die endgültige Entscheidung über das künftige Schicksal der Verstorbenen schon gleich nach ihrem Tod erfolgen sollte. Sie verteilten sich nun unmittelbar nach ihrem Tod auf Himmel, Hölle – und eben das Fegefeuer. Da Letzteres aber nichts anderes darstellte als den verlängerten, beschwerlichen Weg in die Seligkeit, war nach dieser Lehre mit der Todesstunde unveränderlich festgelegt, welches endgültige Schicksal die Verstorbenen ereilen würde.[54]

Das brachte aber ein von dem Juristen Johannes klar erfasstes Problem mit sich – die Frage nämlich, welche Bedeutung bei einer solch definitiven Vorentscheidung in der Stunde des Todes, im *iudicium particulare*, überhaupt noch das biblisch begründete Jüngste Gericht, das *iudicium univer-*

[50] Johannes, Sermons 94,1 f.
[51] Ebd. 96,12 f.
[52] Ebd. 96,4 ff.; ausgeführt wenig später, am 3. Advent: 113,5 ff.
[53] Chartularium II 429–433.
[54] Zum Gesamten s. LeGoff, Fegefeuer.

sale, haben könne.[55] Ihm ging es offenkundig darum, die Bedeutung des Jüngsten Gerichts aufzuwerten. Wie sehr ihm die weitergehenden Folgerungen seiner Überlegungen deutlich waren, ist nicht ganz klar.

Ohnehin war die Frage nach seinen Motiven[56] den Münchnern herzlich gleichgültig, denn hier hatte man nun endgültig die Gewissheit, dass der Papst ein Häretiker war. Nun war ja nicht mehr eine Frage betroffen, die man wie die Armutsfrage bei aller Grundsätzlichkeit, in der jemand wie Ockham sie behandelte, auch als ein Spezialproblem franziskanischer Spiritualität hätte abtun können, sondern hier ging es um eine Frage, die alle Glieder der Christenheit betraf und die sogar die Universität Paris in einem Sinn behandelte, der nicht der Auffassung des Papstes entsprach. Es liegt nahe, zu vermuten, dass die erneute Entfesselung der Ockham'schen Schreibwut mit dieser neuen Gewissheit zu tun hatte – auch wenn er selbst erklärt, schon in Avignon zur vollen Gewissheit über den Papst gelangt zu sein (s.o. S. 180f.). Er war natürlich auch nicht der Einzige aus dem Münchner Kreis, der sich mit der *visio*-Frage auseinandersetzte. Neben ihm ist hier insbesondere einmal wieder Bonagratia von Bergamo zu nennen, der eine ausführliche „Appellatio contra Johannis XXII errores de visione beatifica" abfasste.

Ockham selbst scheint zwei Traktate verfasst zu haben[57], die jetzt gemeinsam als zweiter Teil seiner politischen Hauptschrift, des „Dialogus", firmieren, wofür sie wohl nie konzipiert waren. Auch der zusammenfassend für beide gebrauchte Titel „De dogmatibus papae Johannis" dürfte sekundär sein und ist auch keineswegs zutreffend. Ockham hat hier nicht etwa – wie in anderen Zusammenhängen – einen kompendienartigen Überblick über seine Vorwürfe gegen den Papst vorgelegt, sondern zugespitzte Auseinandersetzungen mit ihm selbst in dem einen Traktat und mit den Verteidigern seiner These im anderen. Auch wenn Ockham sie nicht namentlich erwähnt, ist es doch bemerkenswert, welche alten Bekannten er hier trifft. Zu den wenigen Theologen von Rang, die sich bereit finden konnten, die Thesen des Johannes zur *visio*-Frage zu unterstützen, gehörten Walter von Chatton und – Johannes Lutterell: der Mitbruder aus Londoner Zeiten, mit dem ein sachlich deutlicher, aber im Umgang offenbar äußerst freundlicher Meinungsaustausch stattgefunden hatte, und der Mann, der Ockham vor das päpstliche Gericht gezerrt hatte.

[55] Sermons de Jean XXII (cf. n. 4) 184,9f.

[56] Siehe hierzu ausführlicher Leppin, Sinn.

[57] Die These zweier ursprünglich selbstständiger Traktate stammt von Annette Weissenrieder, die diese These in einer gemeinsam mit Jan Ballweg, Claudia Heidemann und mir geplanten Monographie zum *visio*-Streit weiter entfalten wird. Meine eigenen Ausführungen hierzu s. Leppin, Sinn.

Man wird deswegen keine persönlichen Töne bei Ockham mitschwingen hören müssen, aber in jedem Fall erinnern solche Berührungen daran, dass auch diese weitere „politische" Betätigung Ockhams nicht einfach in einen neuen, ganz anderen Kontext einzuordnen ist als seine bisherigen Schriften, sondern dass ähnlich wie im Falle des „Opus Nonaginta dierum" unter der Ebene der äußeren Veränderungen eine ganze Anzahl von Kontinuitäten festzustellen sein wird.

Die Änderungen sind offenkundig. Wieder ist es ein neues Thema, das Ockham hier anschlägt. Die Äußerungen zu eschatologischen Fragen in seinen akademischen Schriften sind quantitativ und auch inhaltlich marginal – wenn man einmal von dem ausführlich behandelten Problem der Prädestination absieht, das in den neuen Diskussionen freilich keine wirkliche Rolle mehr spielte. Dass es Hölle und Himmel und auch das Fegefeuer gebe, hat Ockham natürlich stets, wie es sich für einen frommen Christen und Theologen des 14. Jahrhunderts gehörte, vorausgesetzt – der ausführlicheren Behandlung aber hatte er es nicht für wert befunden, bis die äußeren Umstände ihn dazu zwangen. Dabei gehörte er wieder wie schon im Armutsstreit nicht zu den Ersten, die sich dazu äußerten. Beide Traktate setzen eine längere Diskussion voraus, bei dem ersten lässt sich diese sogar recht genau bestimmen. Ockham reagiert auf eine Erklärung, die Johannes XXII. am 3. Januar 1334 auf einer Konsistoriumssitzung abgegeben hatte. Er hatte dabei konditional widerrufen: Sollte er – entgegen seiner noch einmal befestigten Ansicht – etwas gelehrt haben, was gegen den rechten Glauben sei, so wolle er dies widerrufen.[58] Ockham verfährt hier nach der im „Opus Nonaginta dierum" bewährten Weise. Er nimmt sich den Text des Johannes vor und argumentiert Stück für Stück gegen ihn.

Abgesehen davon, dass er grundsätzlich einen nur konditionalen Widerruf nicht anzuerkennen bereit ist, der nur den Widerruf für solche Aussagen, die häretisch seien, erklärt, ohne festzulegen, welche Lehren hierunter material fallen, reagiert er auch inhaltlich auf die eigentliche Thematik. Seine Grundposition ist dabei klar und er hat sie schon bei seiner ersten, kurzen Berührung mit der Thematik im „Opus Nonaginta dierum" festgehalten: „Die selige Jungfrau und die Apostel, Märtyrer und anderen Heiligen schauen jetzt im Himmel Gott."[59] Diese Feststellung bleibt der Tenor seiner Auseinandersetzung mit Johannes XXII.[60] Inhalt dieser

[58] Zu den Vorgängen im Einzelnen s. die grundlegende Darstellung bei Ballweg, Ordensreform 153–220.

[59] „beata Virgo et Apostoli, martyres et alii sancti in caelo vident nunc Deum" (OPol II 852,249–254).

[60] Siehe z.B. Goldast 747,50f.: „visio divinae essentiae animabus ante universale iudicium est promissa".

Schau ist das Wesen Gottes.[61] So hatte er sich auch schon in seiner akademischen Zeit – als er entsprechend dem Stand der Diskussion ganz selbstverständlich die Möglichkeit vorausgesetzt hatte, dass Engel und Selige Gott schauten – geäußert.

Konkret brachte Ockham gegenüber der Frage des Papstes, wozu denn bei der gemeinhin vorausgesetzten Lehre noch ein Jüngstes Gericht nötig sei, da doch im *iudicium particulare* schon alles Entscheidende geschehen sei, zwei Gründe für die gleichwohl bestehende Bedeutung des Jüngsten Gerichtes vor: Zum einen werde erst hierdurch, nach der Auferstehung, Seele und Körper gemeinsam das zuteil, was bis dahin – also nach dem *iudicium particulare* – allein der Seele zugute gekommen sei.[62] Und zum anderen werde die Schau, obwohl sie für die Seelen vor dem Gericht schon klar ist, nach dem Gericht noch an Klarheit gewinnen.[63]

Man mag aus heutiger Sicht mit Fug und Recht die Überzeugungskraft dieser Argumente bezweifeln, doch im 14. Jahrhundert hatte Ockham hier den unschätzbaren Vorteil, anders als in Fragen der Armut, nicht mit einem abweisenden Publikum rechnen zu müssen, dem er erst mühsam seine eigene Position nahe bringen müsste, sondern letztlich auf einen Konsens rekurrieren zu können, den er auch derart notdürftig stützen konnte. Den intellektuellen Aufwand, den er dabei trieb, wird man freilich nicht unterschätzen dürfen – er zeigt sich auch und gerade daran, dass Ockham auf das Arsenal früherer Argumentationen zurückgriff.

So begegnet nun mit einem Mal im Konflikt mit Johannes XXII. wieder jene Lehre, um die sich allem Anschein nach beide seinerzeit in Avignon schon einmal auseinander gesetzt hatten (s. o. S. 162–164): die Lehre vom *raptus Pauli*. Ausführlich setzte Ockham sich mit der Auffassung des Papstes auseinander, dass die Seelen nicht schon jetzt zur Schau Gottes gelangen könnten, da dies die höchstmögliche Erhöhung sei und damit für das Jüngste Gericht keine Erhöhung mehr übrig bliebe. Paulus diente Ockham nun als Beispiel dafür, dass es durchaus möglich sei, bereits der Schau des Wesens Gottes teilhaftig zu werden und gleichwohl noch nicht in höchstmöglichem Maße erhöht zu sein.[64] Es scheint, als zöge sich hier eine Debatte durch die verschiedenen Lebensstadien Ockhams, die ihn von den ersten Stufen der gedanklichen Entwicklung in Oxford über Avignon bis nach München begleitet hatte.

Wichtiger aber als diese Frage im Einzelnen war die Gewissheit, dass dieser Weg nach München nicht falsch gewesen war, sondern dass der

[61] OPol III 136,9–12.
[62] Goldast 743,5 ff.; 745,35 ff.; 750,15 f.
[63] Ebd. 744,35 ff. 744,55 f.; 745,5ff; 750,15 f.
[64] Ebd. 742,11–26.

Papst selbst Ockham bestätigte, was dieser schon zuvor behauptet hatte: dass er nur ein angemaßter Papst war, ein Häretiker, der zwar auf den Stuhl von Rom, der sich gerade in Avignon befand, gelangt war, aber nicht befähigt und nicht berechtigt, Stellvertreter Christi auf Erden zu sein. In dieser Situation machte Ockham einen neuen, wohl den letzten Versuch, sich der Mehrheit seines Ordens wieder anzunähern.

b) Der Brief an die Franziskaner

Am Pfingstfest 1334 – es fiel in diesem Jahr auf den 15. Mai – hielten die Franziskaner ihr Generalkapitel in Assisi ab. Geleitet wurde es von Guiral Ot, jenem Generalminister, der auf Druck des Papstes an Stelle Michaels von Cesena in das Amt gewählt worden war. An dieses Generalkapitel richtete Ockham einen Brief, der als sein persönlichstes Dokument in allen Auseinandersetzungen gelten kann. Noch einmal stellte er die Gründe für sein Verhalten in den vergangenen Jahren dar, noch einmal machte er deutlich, warum er der Meinung war, er könne und müsse den gegenwärtig regierenden Papst für illegitim halten. Ob er wirklich damit gerechnet hat, dass die Ordensmehrheit sich wieder auf die Seite des früheren Generalministers und seiner Münchner Gefährten schlagen würde? Wenn überhaupt, dann war jetzt die Situation günstig, da der Papst von allen Seiten in der Kritik stand. Aber schon die Adresse, die Ockham wählte – er schrieb nicht an die Brüder, die im Begriff waren, sich in Assisi zu versammeln, sondern an die, die dort versammelt waren (*congregatis*)[65] –, lässt fragen, ob es sich hier wirklich um einen Brief handelte, der rechtzeitig genug im Vorfeld abgefasst war, um den Brüdern tatsächlich vorzuliegen – oder um eine Art offenen Brief, mit dem Ockham vor aller Welt sich selbst legitimieren wollte.

Jedenfalls setzt er mit einem kurzen Abriss seines Weges zu der Erkenntnis, dass der Papst Häretiker sei, ein – jener bekannten Stelle (s. o. S. 180), in der er beschreibt, wie ihm Michael die einschlägigen Bullen des Papstes vorlegte und er daraufhin erkannte, dass der Papst tatsächlich in Irrtum gefallen war.

Er beschränkt sich dabei fast ganz auf die franziskanische Frage: In drei Reihen listet er Irrtümer aus den einschlägigen Urkunden des Papstes – „Ad conditorem“, „Cum inter nonnullos“, „Quia quorundam“ und „Quia vir reprobus“ – auf. Erst danach kommen noch ein paar wenige Punkte, an denen Ockham über diesen Rahmen hinausgreift und die *visio*-Thematik, aber auch die *potentia*-Lehre anspricht. Er kehrt also im Wesentlichen zu

[65] Hierauf macht Offler in OPol III 4 aufmerksam.

den ersten Anfängen der Auseinandersetzung zurück, muss dies ja auch, wenn er seine Ordensbrüder überzeugen will. Was Johannes versucht, so Ockham, ist die „Zerstörung unserer Regel“[66]. Vieles, insbesondere in „Quia vir reprobus“, erscheint Ockham dabei so offenkundig falsch, dass er auf jede weitere Widerlegung verzichtet. An anderen Stellen schwankt er zwischen einer tatsächlichen Widerlegung mit Mitteln der Schrift, der Vernunft oder auch nur des gesunden Menschenverstandes. Die Behauptung, man könne bei Verbrauchsgütern gar nicht zwischen Gebrauch und Verfügungsgewalt trennen, wird mit dem ebenso knappen wie schlagenden Hinweis auf die Diebe, die durchaus ohne Verfügungsgewalt mancherlei verbrauchen können, widerlegt.[67] Dieser Gedanke war zwar auch im „Opus Nonaginta dierum“ begegnet[68], aber die Ausschließlichkeit, mit der er nun unter Verzicht auf alle feinen Begriffsdefinitionen erscheint, zeigt doch sehr deutlich, wie genau Ockham in seiner schriftstellerischen Tätigkeit zwischen der quasi-wissenschaftlichen Abhandlung und der scharfen, treffenden Polemik zu unterscheiden wusste.

Dies zeigt sich auch an den Stellen, an denen er die Franziskaner gegen den Papst aufwiegeln will. Er reiht nicht alle die Vorwürfe auf, die Johannes gegen die Franziskaner formuliert hatte, sondern beschränkt sich auf wenige Spitzensätze:

„... er sagt und versichert, dass die Brüder nach Erlass der Erklärung Nikolaus' III.[69] 'vor Gericht und auch sonst um den Erwerb und Erhalt der vorgenannten Güter' (die nämlich in der Erklärung genannt werden) 'nicht weniger besorgt waren als die anderen Angehörigen von Bettelorden, die etwas im gemeinsamen Besitz haben'. Man sieht, dass er mit dieser Aussage die Brüder des Übertretens der Regelerklärung und ihres Gelübdes bezichtigt.“[70]

So formuliert, muss allen Franziskanern deutlich werden, dass der Angriff des Johannes tatsächlich nicht nur einer abtrünnigen Gruppe inner-

[66] „destructionem regulae nostrae“ (OPol III, 23).

[67] OPol III 8,3f.

[68] OPol II 523,51f.

[69] Gemeint ist die Bulle „Exiit qui seminat“, mit der Nikolaus III. (1277–1280) am 14. August 1279 eine moderate Lösung der Armutsfrage ermöglicht hatte: Indem er Eigentumsrecht und einfachen Gebrauch unterschied, ermöglichte er es den Franziskanern, ihre Güter weiterhin zu gebrauchen, ohne dass man ihnen deswegen ein Eigentumsrecht hätte zusprechen müssen.

[70] „... dicens et asserens, quod fratres post declarationem Nicholai tertii non fuerunt in acquirendis ac conservandis bonis praedictis (de quibus scilicet in declaratione fit mentio) in iudicio et extra minus solliciti, quam sint religiosi mendicantes alii habentes aliqua in communi. In quo dicto fratres de transgressione declarationis regulae et voti sui notare videtur“ (OPol III 7,7–12).

halb des Franziskanerordens gilt, sondern dem gesamten Orden seit den Zeiten Nikolaus' III. Und die schärfste Spitze des Johannes zitiert Ockham unkommentiert: die Gleichsetzung mit den anderen Bettelorden, mit dem stets in Konkurrenz gesehenen Dominikanerorden, die dem Franziskanerorden den Anspruch auf seine Besonderheit nimmt.

c) Elia, Johannes und die Prophetie

Neben diesen argumentativen Aspekten, die Ockham als geschickten Polemiker zeigen, enthält der Brief aber auch noch eine Bemerkung, die so viel über das Selbstverständnis Ockhams in seiner Münchner Zeit aussagt wie wohl keine andere von ihm überlieferte Äußerung[71]:

„Bevor ich nämlich all die genannten Irrtümer [d.h. die Irrtümer der Päpste] für vereinbar mit dem Glauben hielte, wollte ich eher glauben, dass der ganze christliche Glaube und alle Verheißungen Christi vom Erhalt des katholischen Glaubens bis ans Ende der Welt wie auch die ganze Kirche Gottes in wenigen Menschen, ja in einem einzigen Bestand haben könnten; und ich wollte meinen, dass alle anderen Christen gegen den katholischen Glauben irrten. Ein Beispiel dafür ist der Prophet Elia; wiewohl er glaubte, dass er als einziger Gottesverehrer übrig geblieben war, hat er doch den wahren Glauben nicht im mindesten verlassen. Allerdings mag ich doch auch jetzt keinen Zweifel daran hegen, dass viele tausend Männer und Frauen in keiner Weise die Knie ihres Glaubens vor Baal gebeugt haben."[72]

Es ist die alttestamentliche Geschichte vom einsamen Propheten vor Gott, auf die Ockham hier anspielt. Elia, der einzige verbliebene Anhänger des Gottes Israels, hatte auf dem Berg Karmel eine Opferprobe gegen 450 Priester des kanaanäischen Gottes Baal bestanden. Während die Baalspriester ihren Gott vergeblich angerufen hatten, Feuer auf ihr fertig bereitetes Opfer zu senden, war ihm mit seinem Gott, dem Gott Israels, diese Probe sofort gelungen. Das Volk war daraufhin in Massen zum Gott Israels zurückgekehrt und hatte Elia dabei geholfen, die Baalspriester zu

[71] Vgl. zum Folgenden Leppin, Prophetie.

[72] „Ante enim quam omnes praedictos errores compossibiles fidei reputarem, totam fidem Christianam omnesque promissiones Christi de fide catholica usque ad finem saeculi duratura ac totam ecclesiam Dei in paucis, immo in uno, posse salvari putarem, et omnes alios Christianos contra fidem errare catholicam arbitrarer: ad instar Eliae prophetae, qui licet putasset se solum deicolam fuisse relictum, tamen fidem veram minime dereliquit; quamvis modo non ambigam multa milia virorum et mulierum genua fidei suae coram Baal nullatenus incurvasse" (OPol III 15,23–16,4).

lynchen (I Kön 18). Die Gattin des offenbar verunsicherten Königs Ahab aber, Isebel, hatte Elia Rache geschworen. Daraufhin war er an den Gottesberg Horeb geflohen, hatte seinem Herrn geklagt: „Mit Leidenschaft bin ich für den Herrn, den Gott der Heere, eingetreten, weil die Israeliten deinen Bund verlassen, deine Altäre zerstört und deine Propheten mit dem Schwert getötet haben. Ich allein bin übrig geblieben, und nun trachten sie auch mir nach dem Leben“ (I Kön 19,14), und hatte als Antwort die Verheißung erhalten, auf die Ockham nun anspielte: „Ich werde in Israel siebentausend übrig lassen, alle, deren Knie sich vor dem Baal nicht gebeugt und deren Mund ihn nicht geküsst hat“ (I Kön 19,18).

Ockham also findet sich in ein alttestamentliches Muster ein, das aussagekräftiger kaum sein könnte: Es ist der Kampf zwischen Baal und dem wahren Gott, zwischen Unglaube und Glaube, den er kämpft. Die Vokabel „Häresie“, die in seinem Schreiben immer wieder erscheint, gewinnt durch dieses Bild Leben: Wahrheit und Unwahrheit stehen einander gegenüber. Und er selbst vergleicht sich, wenn auch nur äußerst vorsichtig, mit dem Propheten. Es ist erstaunlich genug, dass Ockham zu einem solchen Bild greift, denn seine gesamte Argumentation zeigt, dass er gar nicht denkt, seine Gewissheit auf andere Kräfte als die des natürlichen Verstandes und der biblischen Autorität zu stützen.

Dabei hat ihn in dieser Zeit die Frage möglicher Prophetie durchaus beschäftigt. Im ersten Teil des „Dialogus“, an dem er zu dieser Zeit wohl schon arbeitet, nennt Ockham als mögliches Kriterium für eine katholische Wahrheit auch spezielle, durch ein Wunder beglaubigte Offenbarungen.[73] Doch er versichert zugleich, dass dergleichen noch nie geschehen sei, zumal das Wunder gerade darin besteht, dass alle Christen der Welt – also nach seinem neuen Kirchenverständnis die ganze Kirche – einmütig eine bestimmte Wahrheit glauben.[74]

In diesem Sinne also erscheint die Prophetie als besondere Mitteilung göttlicher Wahrheiten in seinem Denkhorizont, freilich nur sehr eingeschränkt. Und doch ist es wohl mehr als ein Zufall, dass er sich ausgerechnet einen alttestamentlichen Propheten als Identifikationsgestalt heraussucht, denn es gibt ein ähnliches Phänomen auch in wenig jüngeren Schriften:

Als er 1337, nach dem Tod des Johannes, in einem „Compendium“ dessen Irrtümer zusammenfasste, schrieb der mittlerweile wohl etwa Fünfzigjährige über seinen Exilsort München: „Durch diese [die Päpstlichen] bin ich zusammen mit anderen Verehrern Christi ungerechterweise nach Pat-

[73] Zur Autoritätenhierarchie nach Ockham s. Leppin, Wahrheit 204–221.
[74] Goldast 429,40 ff.

mos verschleppt worden."[75] Patmos: der Ort, an dem Johannes, der Seher der Apokalypse, seine Visionen empfangen haben will. Und nicht nur den Ort bestimmt Ockham in solchen eschatologischen Kategorien, sondern er deutet 1337 sogar auch einen apokalyptischen Zeithorizont an, wenn er von zwei Bibelstellen erklärt, sie seien nun erfüllt: II Tim 4,3–4 und Dan 13,5.

Die Stelle aus dem zweiten Timotheusbrief steht in einer Mahnung an Timotheus, standhaft das Evangelium zu predigen, und Ockham bezieht die Zeitansage und die Mahnung offenkundig auf sich selbst: Er ist derjenige, der die Zeit erlebt, in der die Wahrheit beiseite geschoben wird, der gleichsam ins Leere, in die Verstockung hinein zu predigen beauftragt ist.

Interessanter und zugleich komplexer ist die Erwähnung von Dan 13,5. Es handelt sich hier um eine der Stellen des Danielbuches, die nicht im hebräischen bzw. aramäischen Original des Buches auf uns gekommen sind, sondern lediglich in der griechischen Übersetzung – nach evangelischer Terminologie als apokryphe, nach katholischer Terminologie als deuterokanonische Schriften. Inhalt ist die Geschichte von Susanna im Bade, die von zwei angesehenen Richtern bedrängt und unschuldig verklagt wird. Ockham nun erklärt, der Vers 5 („Ungerechtigkeit ging von Babylon aus, von den Ältesten, von den Richtern, die als Leiter des Volkes galten") sei jetzt erfüllt, versteht diese Passagen also nicht als historischen Bericht, sondern im Sinne der mittelalterlichen allegorischen Exegese als Prophetie für seine Zeit.[76] Bei dieser Anwendung auf die Gegenwart Ockhams sind die Ältesten und Richter leicht auf die Kardinäle in Avignon zu deuten. Ist einmal dieser Weg zu einer prophetischen Deutung des novellesken Erzählstoffes aus Dan 13 beschritten, so zeigen sich noch zusätzliche Assoziationsräume: Babylon war bekanntlich schon im Neuen Testament eine Chiffre für das negativ gewertete Rom, zugleich aber – gerade in Gleichsetzung mit Rom – auch eine apokalyptische Größe (Apk 17–19). Ohnehin legt der Kontext des Danielbuches eine solche apokalyptische Konnotation nahe, die denn auch anderweitig auf Dan 13 angewandt worden ist.[77] Im Kontext der Patmos-Stelle und der Behauptung der Erfüllung von II Tim 4 bildet sich hier also ein zwar nicht im strengen Sinne apokalyptisches, aber doch mit apokalyptischem Material spielendes Szenario. Die biblischen Anspielungen tragen gewiss nicht die Behauptung, Ockham selbst habe sich am Ende der Zeiten gesehen, aber sie unterstreichen, dass

[75] „Per istos, inquam, indictus, sum cum aliis Christicolis cum iniuria in Patmos deportatus" (OPol IV 15,25f.).

[76] Ockham, Opera Politica IV 15,24f.

[77] Zur Verbindung der Susanna-Szene mit dem Weltgericht in einer Armenbibel s.H. Schlosser, Art. Susanna, in: Lexikon der christlichen Ikonographie. Bd. 4, Freiburg u.a. 1972, 228–231, 231.

Ockham sich bei seinem Hinweis auf den Apokalyptiker Johannes keineswegs zufällig und isoliert auf das Terrain prophetischer Texte bewegt, sondern dies bewusst getan hat, und dass entsprechend auch der wenig früher erfolgte Hinweis auf Elia mehr als eine elegante Anspielung ist.

Ockham, durch die *visio*-Debatte auf die eschatologische Thematik gebracht, fand im biblischen eschatologischen Material Assoziationsmuster, die ihm offenbar noch eine neue, bislang unbekannte Verstehensdimension für seine schwierige Lage eröffneten. Er musste die Trennung vom Papst nicht allein im Horizont der Antithese von christlicher Wahrheit und Häresie deuten, sondern er konnte biblische Gestalten finden, die in ihrer Zeit kaum weniger isoliert waren als er selbst in der seinen und die doch in der festen Gewissheit lebten, Gottes Wort weiterzutragen. Dabei war natürlich der gedankliche Hintergrund solcher Äußerungen bei ihm der oben dargelegte Gedanke einer Restkirche.

Ohne es ausdrücklich zu sagen, zählte Ockham sich zu diesem Rest – und erkannte doch offenbar zugleich in der aufflammenden Diskussion um die *visio*, dass er keineswegs so isoliert war, wie es bislang den Anschein gehabt hatte. Er kann wie Elia um die Wahrheit kämpfen, freilich mit anderen Mitteln. Sein Karmel ist die Schreibstube des Akademikers:

> „So werden mich auf Dauer keine Lügen, keine üble Nachrede, auch keinerlei Verfolgung, sofern sie meine Person nicht körperlich angreift, und auch keine noch so große Menge von Leuten, die [diesem Pseudo-Papst] glauben, ihn fördern oder auch verteidigen, von der Bekämpfung und Widerlegung seiner Irrtümer abhalten können, solange ich Hand, Pergament, Feder und Tinte zur Verfügung habe.“[78]

So bleiben die Gründe für seine Gewissheit auch die, auf die der Akademiker sich verlassen kann: Heilige Schrift und Vernunft.[79] Und doch hat seine Prophetisches zumindest assoziierende Selbstidentifikation auch eine gewisse Plausibilität – jedenfalls dann, wenn man bereit ist, sich mit Ockham das Wirken des Heiligen Geistes höchst unspektakulär vorzustellen. Zum Propheten wurde man für Ockham nicht deswegen, weil man in besonderer Weise vom Feuer des Geistes erfasst worden wäre. Nein, umgekehrt: Weil das normale Wirken des Geistes in allen Getauften ausgesetzt war, darum wurde der noch Verbliebene zum Prophet. Der Prophet ist der einsame Bote Gottes, weil niemand außer ihm mehr da ist, der sich zu Gott hält beziehungsweise den Gott in seiner Gnade hält.

[78] „ita quod nec mendacia nec falsae infamiae nec persecutio qualiscumque, quae personam meam corporaliter non attingit, nec multitudo quantacumque credentium sibi aut faventium vel etiam defendentium me ab impugnatione et reprobatione errorum ipsius, quamdiu manum, cartam, calamum et atramentum habuero, numquam in perpetuum poterunt cohibere“ (OPol III 15,18–23).

[79] Opera Politica III 16,5–10.

Ockham kann in christlicher Zeit zum Propheten werden, weil die Situation der vorchristlichen entspricht: Die Welt ist fast ganz von Christus verlassen, die äußere Kirche ist mit der wahren Kirche nicht mehr identisch. Wer nun von Gott und aus Gott redet, redet nicht mehr als Christ zu Christen, sondern er redet gegen eine außerchristliche, ja letztlich widerchristliche Welt. Dass er sich als Prophet dann auf objektive Kriterien berufen kann, steht nicht im Widerspruch zum Gestus der Prophetie, denn die heilsgeschichtliche Situation ist ja eine andere als die der klassischen Prophetie: Prophetie ist nicht mehr ein Ankündigen dessen, was allen noch verborgen ist, sondern ein Erinnern an das und an den, der längst bekannt ist oder sein sollte.

Sie wird damit zum Rückruf in die Normalität, in eine Normalität, die nach Ockhams tief sitzendem Bewusstsein gänzlich aus den Fugen geraten war.

d) Ein neuer Papst und alte Probleme: Benedikt XII.

Als Ockham sich in Patmos wähnte, war der alte Feind, Johannes XXII., bereits gestorben: am 4. Dezember des Jahres 1334. Er war etwa neunzig Jahre alt geworden, zwanzig Jahre lang war er ein überaus tatkräftiger Papst gewesen, trotz aller Problematik seines Pontifikates sicher eine der bedeutendsten Gestalten der Papstgeschichte, denn ohne ihn hätte das avignonesische Papsttum wohl nie die Stabilität erlangt, die es tatsächlich hatte. Umso mehr hing für die Münchner von dem Nachfolger ab: Würde er theologisch auf der Linie des Johannes bleiben, würde er auf der Auseinandersetzung mit dem Kaiser und mit den Franziskanern beharren? Ein personaler Wechsel kann auch immer einen Schwenk in der Politik mit sich bringen.

Es wäre wohl auch noch einmal ein persönlicher Bruch für Ockham gewesen. Kaum vorstellbar, dass er ohne äußeren Druck in München geblieben wäre, von der Heimat ebenso weit entfernt wie von der eigentlichen akademischen Betätigung. Die Frist seit seinem Fortgang aus London – etwa zehn Jahre – war noch eben kurz genug, dass an eine Rückkehr vielleicht zu denken gewesen wäre, auch wenn sich konkrete Pläne nicht nachvollziehen lassen. Sollte Ockham sie je gehegt haben, so zerschlugen sie sich rasch: Die Rede vom „Patmos" in München mag auch Ausdruck dessen sein, dass es eben nicht zur Heimkehr gekommen war, dass Ockham in der Fremde blieb. Denn der Nachfolger des Johannes, Benedikt XII.[80], brachte zwar eine größere Geschmeidigkeit und wohl auch

[80] Zu ihm und seiner Politik jetzt grundlegend Ballweg, Ordensreform.

glaubhafte Spiritualität mit ins Amt, aber er brachte keine wirklich grundlegende Wende in der Politik.

Einstweilen freilich gab auch Johannes XXII. selbst der Polemik noch genug Gelegenheit zur Betätigung. In seinem „theologischen Testament" kam es zu einer merkwürdigen Retraktation: Johannes erklärte, in allen seinen bisherigen Äußerungen habe er nichts erklären wollen, was der katholischen Lehre entgegenstehe, und stellte fest, dass die Seelen der Verstorbenen nach ihrer Reinigung Gott von Angesicht zu Angesicht schauen würden, und er fügte ausdrücklich hinzu, dass er widerrufe, wenn er irgendwo anders gelehrt haben sollte.[81]

In München kursierten offenbar Gerüchte, dass dieser Widerruf eine bloße Erfindung der Kardinäle sei, um Johannes postum reinzuwaschen.[82] Doch selbst unter dieser Voraussetzung galt sein Widerruf den Münchnern als unzureichend und es kommt nun zu einer jener im engsten Miteinander vorgehenden publizistischen Aktivitäten. Etwa gleichzeitig machen sich Bonagratia und Ockham in der ersten Hälfte des Jahres 1335 ans Werk, noch einmal gegen den verstorbenen Papst zu schreiben. Der Widerruf des Papstes, so erklärte er in dem Traktat „Contra Johannem"[83], sei unzureichend, weil viel zu allgemein. Es bestehe kein Zweifel, dass Johannes tatsächlich Häretiker war und auch durch den Widerruf nicht aus diesem Stand befreit werden konnte. Sein Nachfolger müsse ihn daher, wenn er als katholisch anerkannt werden wollte, verurteilen. Aus den bisherigen Streitigkeiten wird demnach ein Kriterium gemacht, an dem weitere Päpste zu messen sind. Das ist das vorläufig letzte Wort Ockhams zu Johannes. Später kommt er zwar immer wieder auf dessen Irrtümer zurück, aber sie werden ihm mehr und mehr zu einer Art von historischem Exempel der Irrtumsfähigkeit des Papstes. Johannes verschwindet mit seinem Tod auch als aktueller Gegner.

Bemerkenswert aber ist nun, dass wieder eine Pause in Ockhams Schaffen eintritt: Zwei Jahre lang wird keine Schrift aus seiner Feder hervorgehen. Da mag er auch an seinem großen Hauptwerk, dem „Dialogus" weitergearbeitet haben, aber vor allem lässt er dem Neuen, Jacques Fournier, der sich als Papst Benedikt XII. (1334/5–1342) nennt, Zeit. Viel Anlass, auf ihn zu hoffen, hatte er freilich nicht, denn er war ihm schon einmal begegnet: In Avignon, sechs Jahre zuvor, hatte Fournier während des Ockham-Prozesses ein Gutachten erstellt, das offenkundig negativ gegen den Angeklagten ausgefallen war.

In jedem Fall kam mit ihm eine ganz andere Persönlichkeit auf den

[81] DS 990 f.; vgl. Miethke, Sozialphilosophie 95.
[82] Siehe die Belege in OPol III 22 Anm. 4
[83] OPol III 29–164.

Papststuhl, als sie der bisherige Amtsinhaber darstellte. War Johannes ein höchst souveräner Jurist gewesen, dessen theologische Fähigkeiten mit Skepsis und geradezu Arroganz betrachtet werden konnten, so rückte nun ein Pariser Magister der Theologie in das Amt. Und damit eine Persönlichkeit, deren Frömmigkeit über jeden Zweifel erhaben war: Ehe Fournier 1317 Bischof von Pamiers und 1327 – mittlerweile als Bischof von Mirepoix – Kardinal geworden war, hatte er das Zisterzienserkloster von Frontfroide geleitet. Statt eines Verwaltungsfachmanns thronte nun also ein Mönch auf dem höchsten Bischofssitz der Christenheit, der nicht zufällig den Namen des Begründers des westlichen Mönchtums, Benedikt, zu seinem eigenen Papstnamen wählte.

Tatsächlich sticht Benedikt XII. in der Rückschau aus der Reihe der Avignoneser Päpste heraus. Obwohl er ganz erheblich zum Ausbau des Papstpalastes von Avignon beigetragen hat[84], liegt seine eigentliche Leistung doch nicht wie bei Johannes und den meisten anderen Avignoneser Päpsten in der weltlichen Herrschaft, sondern in seinen redlichen Reformanstößen. All die negativen Begleiterscheinungen des Avignoneser Papsttums – die dieses freilich nicht geschaffen, sondern aus Rom mitgebracht hatte – wollte er zurückdrängen: Den Nepotismus, die Vetternwirtschaft, die ihn, den Neffen Arnaud Nouvels, des einstigen Vizekanzlers unter Clemens V., selbst in seiner Karriere gefördert hatte, bekämpfte er ebenso wie die weit um sich greifende Korruption.[85] Und in einem Verhalten, das für die ihn umgebenden Verwaltungsbeamten an Selbstzerstörung grenzen musste, versuchte er das avignonesische Finanzierungssystem einzuschränken: Die verschiedenen Möglichkeiten, durch die sich sein Vorgänger das Recht auf Besetzung von Bischofsstühlen gesichert und durch die entsprechenden Kandidaten gut hatte bezahlen lassen, führte er so drastisch zurück, dass die Einkünfte der Kurie während seines Pontifikates auf ein Drittel des vorherigen Standes sackten.

Hintergrund war das Bemühen, von der Veräußerlichung zu einer Besinnung auf das Wesentliche des Christentums zurückzukehren – charakteristisch hierfür ist auch die Stärkung der Bußbehörde an der Kurie und die Einrichtung einer eigenen *capella intrinseca* für den liturgischen Dienst am Papsthof. Sein Hauptaugenmerk aber galt der Reform der Orden. Allen voran die Zisterzienser, aber auch die anderen Orden erhielten neue Konstitutionen, die nach allen Streitigkeiten einen Neuanfang signalisieren sollten und oft auch tatsächlich bedeuteten – für die Franziskaner etwa knüpfte Benedikt 1336 an die Regeln Nikolaus' III. an und ignorierte „Ad conditorem" einfach.[86]

[84] Vingtain, Avignon 87–179; vgl. Herde, Delegationsgerichtsbarkeit 28f.

[85] Ballweg, Ordensreform 221–227.

[86] Ebd. 293.

Sowenig dies schon in den ersten Monaten und Jahren absehbar war, so sehr wird man doch sagen können, dass das Pontifikat Benedikts weit weniger Angriffsflächen für Kritiker bot als das des Johannes. Gleichwohl dürfte die Ruhe, die Ockham ihm mit seinem zweijährigen Schweigen zunächst ließ, nicht so sehr auf einer positiveren Gesamteinschätzung des neuen Papstes beruht haben. Die Tatsache, dass in dieser Zeit nicht nur Ockham sich literarisch zurückhielt, sondern aus dem gesamten Münchner Kreis keine größeren Schriften erhalten sind[87], zeigt, dass alle Berater Ludwigs sich einer – wohl nicht erzwungenen, aber eben doch politisch nahe gelegten – Schweigsamkeit unterwarfen. Ludwig konnte in der durch den Papstwechsel entstandenen neuen Lage schwerlich daran gelegen sein, dass seine Berater weiter gegen den neuen Papst polemisierten – der Amtsantritt Benedikts bedeutete auch eine Wiederaufnahme der Versöhnungsgespräche mit Ludwig dem Bayern. Und trotz allem Beharrungswillen und aller Energie, mit der dieser sich in den vergangenen Jahren gegen Johannes behauptet hatte, kann doch gar kein Zweifel daran bestehen, dass sein Interesse, wieder zum Frieden mit dem Papst zu kommen, ausgeprägt sein musste. Schon 1335 begannen die Gespräche und erst 1337 wurde deutlich, dass diese Gespräche zum Scheitern verurteilt waren. Nicht weil der Papst und der Kaiser es an echtem Friedenswillen hätten fehlen lassen, sondern vor allem weil Philipp VI. von Frankreich diese Annäherung als gefährlich ansah. Der Ausbruch des Krieges mit England, der als der Hundertjährige in die Geschichtsbücher eingehen sollte, stand unmittelbar bevor, und damit verband sich die Problematik einer nicht ganz geklärten Thronfolgeregelung zwischen England und Frankreich. Wenn nun auch noch der Kaiser aus der Defensive herausgekommen wäre und seinen Makel, vom Papst nicht akzeptiert zu sein, verloren hätte, wäre Philipp rasch in der Gefahr gewesen, gleich zwei Mächten gegenüberzustehen. So nutzte er den immer noch starken Einfluss auf das Papsttum aus, um den Abbruch der Friedensverhandlungen herbeizuführen. Benedikt erklärte am 11. April 1337 in einem Konsistorium über Ludwig: „Wäre er wirklich bußfertig, würde er dies durch eine Wirkung zeigen, nämlich indem er die Lenkung des königlichen und des kaiserlichen Reiches niederlegte, und würde sich der Gnade des [römischen] Stuhls unterwerfen."[88] Dass Ludwig einer solchen Forderung zum jetzigen Zeitpunkt nicht mehr zu folgen bereit war, war offenkundig, zumal die bisherigen Verhandlungen mit dem Papst seine Stellung innerhalb des Reiches eher

[87] Siehe Miethke, Sozialphilosophie 105.

[88] „Si verus esset penitens, ostenderet per effectum, videlicet dimittendo gubernationem regni et imperii et sic submitteret se gratie sedis" (zit. nach ebd. 99f. Anm. 369).

gefestigt hatten. Der Verlauf der Gespräche zeigte allen Reichsständen, dass der eigentliche Schuldige am Scheitern nicht in München saß, sondern in Avignon.

Nach dem Abbruch der Verhandlungen regen sich auch wieder die intellektuellen Kombattanten des Kaisers. Im Jahre 1337 entstanden zwei Schriften Ockhams, das schon erwähnte „Compendium errorum", das noch einmal alle Irrtümer des Johannes zusammenfassen sollte, und eine eigene Schrift „Contra Benedictum". Beide Schriften zeigen an, dass das Verhältnis Benedikts zu Johannes keineswegs zur Zufriedenheit Ockhams und überhaupt der Münchner geklärt war – und dies, obwohl Benedikt bereits im Jahr 1336 mit der Bulle „Benedictus Deus" deutlich gemacht hatte, dass er wenigstens in der *visio*-Lehre nicht in den Spuren seines Vorgängers wandeln wollte. Mit umständlichen Formulierungen, die zeigen, dass er jene Missverständlichkeiten, die die abgekürzte Formulierung aus dem Testament des Johannes aufwies, in jedem Falle vermeiden wollte, erklärte er,

„dass nach der allgemeinen Anordnung Gottes die Seelen aller Heiligen, die vor dem Leiden unseres Herrn Jesus Christus von dieser Welt geschieden sind, und auch der heiligen Apostel, Märtyrer, Bekenner, Jungfrauen und anderer Gläubiger, die gestorben sind, nachdem sie die heilige Taufe Christi empfangen haben, in denen, als sie starben, nichts war, was noch hätte gereinigt werden müssen, noch sein wird, wenn sie auch zukünftig sterben, oder wenn sie – in dem Fall, dass zu diesem Zeitpunkt in ihnen irgendetwas war, was gereinigt werden musste – nach ihrem Tod gereinigt sein werden, und dass die Seelen der Kinder, die durch jene Taufe Christi wiedergeboren sind und getauft werden sollten, wenn sie getauft und vor dem Gebrauch ihres freien Willens gestorben sind, kurz nach ihrem Tod und – in dem Fall, dass sie einer solchen Reinigung bedurften – nach der eben erwähnten Reinigung, auch vor der Neuwerdung ihrer Leiber und dem Jüngsten Gericht und nach dem Aufstieg unseres Heilands und Herrn Jesus Christus in den Himmel im Himmel waren, sind und sein werden, versammelt im Reich der Himmel und im himmlischen Paradies mit Christus zusammen mit der Gemeinschaft der Engel, und dass sie nach Leiden und Tod unseres Herrn Jesus Christus das göttliche Wesen in intuitiver Schau und auch von Angesicht gesehen haben und sehen, ohne Vermittlung durch ein Geschöpf, das sich nach Art des gesehenen Objekts verhält, sondern indem das göttliche Wesen sich ihnen unmittelbar und bloß, klar und offen zeigt."[89]

[89] „quod secundum communem Dei ordinationem animae Sanctorum omnium, qui de hoc mundo ante Domini nostri Iesu Christi passionem decesserunt, nec non sanctorum Apostolorum, martyrum, confessorum, virginum et aliorum fidelium defunctorum post sacrum ab eis Christi baptisma susceptum, in quibus nihil purgabile fuit, quando decesserunt, nec erit, quando decedent etiam in futurum, vel si tunc fuerit aut erit aliquid purgabile in eisdem, cum post mortem suam fuerint purgatae, ac quod animae puerorum eodem Christi baptismate renaotrum et baptizandorum

Die Gewundenheit dieser Formulierungen konnte nicht den Blick dafür verstellen, dass hiermit ausdrücklich lehramtlich die Haltung des Johannes, die dieser nie lehramtlich fixiert, sondern lediglich in Predigten und verschiedenen Erklärungen behauptet hatte, widerrufen war.[90]

Doch gerade in dieser Gewundenheit wurde auch ein anderes deutlich: Benedikt vermied es, klar beim Namen zu nennen, dass nach dieser Lehre sein Vorgänger als Häretiker anzusehen sei. Vielmehr erklärte Benedikt nur, dass jeder, der „fortan" (*deinceps*) anders lehre, verurteilt sei.[91] Das aber war offenkundig ein unzureichender Versuch, den eigenen Vorgänger vom direkten Vorwurf der Häresie zu entlasten – und damit nach den seinerzeit von Ockham selbst vorgeführten Überlegungen über die Illegitimität des Nachfolgers eines illegitimen Papstes die eigene Legitimität zu sichern. Ockham hat diese Problematik denn auch sofort ausführlich benannt.[92] Schon allein deswegen war für ihn klar, dass Benedictus nicht der Sache, sondern allein dem Namen nach ein *bene dictus*, ein gut Beleumdeter war.[93]

Viel ärger wog allerdings, dass Benedikt keinerlei Anstalten machte, die verschiedenen lehramtlichen Verlautbarungen zur Franziskanerfrage ausdrücklich zurückzunehmen. Dies machte die von nun an das Werk Ockhams durchziehende beständige Repetition der alten Vorwürfe nötig. Doch gab es auch jetzt noch eine gedankliche Weiterentwicklung: Ockham, der sich zeitgleich in dem gleich noch ausführlicher zu behandelnden „Dialogus" in abstrakter Form mit ekklesiologischen Fragen befasst, geht im „Tractatus contra Benedictum" die Grundlagen der Lehre vom Papstamt seit Bonifatius VIII. an. Er bewegt sich also über die Kritik am jeweils aktuellen Papst hinaus weiter zu einer grundlegenden Kritik am Verständnis des Papstamtes überhaupt, wie sie nach seinem seit dem „Opus Nonaginta dierum" entwickelten korporativen Kirchenverständnis wohl auch nahe lag.

cum fuerint baptizati, ante usum liberi arbitrii decedentium, mox post mortem suam et purgationem praefatam in illis, qui purgatione huiusmodi indigebant, etiam ante resumptionem suorum corporum et iudicium generale post ascensionem Salvatoris Domini nostri Iesu Christi in coelum, fuerunt, sunt et erunt in coelo, coelorum regno et paradiso coelesti cum Christo, sanctorum Angelorum consortio aggregatae, ac post Domini Iesu Christi passionem et mortem viderunt et vident divinam essentiam visione intuitiva et etiam faciali, nulla mediante creatura in ratione obiecti visi se habente, sed divina essentia immediate se nude, clare et aperte eis ostendente" (DS 1000).

[90] Zur Einordnung von „*Benedictus Deus*" s. Ballweg, Ordensreform 198f.

[91] Zit. nach OPol III 222,11–15.

[92] Siehe insbesondere OPol III 222ff.

[93] OPol III 165,2f.

Der Lehrpunkt, an dem er nun Anstoß nahm, war der der *plenitudo potestatis*, die Lehre von der uneingeschränkten Machtfülle des Papstes.[94] Hier verschränkten sich sein eigener Lernprozess, der für ihn auch eine Lösung von seinem eigenen früheren Kirchenverständnis bedeutete, und seine historische Situation, in der er im Spannungsfeld zwischen Kaiser und Papst zu agieren gezwungen war. Erstmals nämlich berührte er eine Frage, die tief in diesen politischen Konflikt hineinreichte, die weit über den theologischen und ordenspolitischen Fragehorizont hinausreichte.

Der aus dem Kirchenrecht stammende Begriff der *plenitudo potestatis*[95] hatte sein Profil durch die Ausführungen des geistigen Vaters von „Unam Sanctam", Aegidius Romanus, erhalten: Im neunten Kapitel des dritten Buches seiner Schrift „De ecclesiastica potestate" hatte er erklärt, dass der Papst innerhalb der Kirche insofern über die *plenitudo potestatis* verfüge[96], als er die Macht habe, unmittelbar, ohne Sekundärursachen zu wirken.[97] Wenn irgendwo, dann war hier die Analogie zwischen der päpstlichen Macht und der von Ockham in Avignon anhand der päpstlichen Macht definierten göttlichen Allmacht gegeben. Auch Gottes Allmacht, alles zu tun, was keinen Widerspruch in sich schloss, hatte ja dazu geführt, dass Gott in der Lage war, das normalerweise gültige Kausalitätsprinzip außer Kraft zu setzen, und somit als Erstursache selbst unmittelbar das zu tun, was er sonst durch Zweitursachen tat. Schon längst hatte sich gezeigt, dass Ockham sein früheres Papstverständnis hatte revidieren müssen, nun war er an den für sein eigenes Denken zentralen Punkt gelangt, der sich mit seiner eigenen *potentia*-Lehre und der ihr ursprünglich vorgegebenen Sozialmetapher des Papstamtes berührte!

Für Aegidius hatte diese Machtfülle des Papstes bedeutet, dass sich die Macht des Papstes über alles erstrecke[98], „dass weltliche Macht ihr Recht unter der kirchlichen Macht habe"[99]. Und auf eben diesen Anspruch hatte sich auch Johannes XXII. in seinem Prozess gegen Ludwig den Bayern berufen.[100] Ockham erklärte nun, die Macht zur Ein- und Absetzung weltlicher Herrscher wäre dem Papst nur zuzugestehen, wenn die *plenitudo*

[94] Zum Folgenden s. Leppin, Freiheit; zur Bedeutung der Frage der *plenitudo potestatis* s. Domiata, Ockham II 46–59. 124–133.

[95] Siehe Corpus Iuris Canonici 469f.; 521; 606 (C. 2 q. 6 c. 11f.; C. 3 q. 6 c. 8; C. 9 q. 3 a.).

[96] Aegidius, De ecclesiastica potestate 191.

[97] Ebd. 190.

[98] Ebd. 196f.; 203.

[99] „ut potestas terrena sua iura haberet sub potestate ecclesiastica" (ebd. 201).

[100] Siehe MGH. Const 5, Hannover/Leipzig 1909–1913, 616ff. (Nr. 792), insbesondere 617,42, zitiert bei Ockham OPol III 288,4f.

potestatis so zu verstehen sei, dass dem Papst das Recht zu allem zuzugestehen sei, das weder dem göttlichen noch dem natürlichen Gesetz widerspreche.[101]

So hatte er die scheinbar rein kirchenrechtliche und politische Frage zu einer gewendet, die er als theologische behandeln konnte, und eben dies tat er, indem er Überlegungen anstellte, die weite Perspektiven für das Verständnis des Neuen Testamentes im Verhältnis zum Alten eröffneten. Denn seine Argumentation gegen die *plenitudo potestatis* beruhte auf Erwägungen zur evangelischen Freiheit. Wenn nämlich der Papst die weltlichen Herrscher ein- und absetzen könnte, verfügte er über sie wie ein weltlicher Herrscher über Sklaven.[102] Das aber würde eine Knechtschaft bedeuten, die größer wäre als die durch das Gesetz des Mose gegebene. Ockham argumentierte hier mit einer auch an anderen Stellen begegnenden Überbietungshermeneutik, die nicht einfach die Freiheit des Evangeliums einer Knechtschaft im Alten Bund entgegensetzte, sondern sie als eine Steigerungsform verstand.[103]

So gelang es Ockham, zwei Stränge seiner gedanklichen Arbeit eng aufeinander zu beziehen: Die ekklesiologischen Fragen, die mindestens implizit immer auch die Frage des Papstamtes tangiert hatten, waren bislang mit der Frage nach dem Stellenwert des Evangeliums eher zufällig verbunden gewesen, insofern sich die Häresie des Papstes Johannes an einer falschen Auslegung des Evangeliums festmachen ließ. Nun betraf der Zusammenhang zwischen der Kritik am Papsttum und dem Evangelium das Zentrum des Gedankens selbst. Die Konstruktion des Papstamtes, wie Ockham es in seiner Zeit erlebte, basierte auf Voraussetzungen, die letztlich durch die Bulle „Unam Sanctam" dogmatisiert waren und die in sich dem Grundsatz des Evangeliums, eben der Freiheit, widersprachen. Ockham war nun, als er 1335 den Kampf noch einmal neu aufnahm, viel weiter, als es ein erster vorläufiger Blick auf die Schriften dieses Jahres zeigt. Er hatte nicht einfach nur immer aufs Neue die alten Fehler gegeißelt, sondern er war im ursprünglichen Sinne des Wortes radikaler geworden: Er sah die Wurzel des Übels nicht mehr in irgendwelchen Einzelentscheidungen, sondern im Verständnis des Papstamtes und damit letztlich der Kirche selbst.

[101] Siehe OPol III 262,11–21.
[102] OPol III 262,21 ff.
[103] Siehe Leppin, Freiheit 402.

3. Noch einmal: die virtuelle Universität

a) Der Dialogus

Bei dieser zuspitzenden Argumentation konnte Ockham schon auf Überlegungen zurückgreifen, die er in einem anderen, umfangreichen Werk zu entfalten begonnen hatte: dem „Dialogus", der als Hauptwerk seiner politischen Publizistik gilt. Der Titel ist Programm: Ockham denkt daran, die grundlegenden Probleme, auf die er in seiner neuen Existenz gekommen war, nicht in Gestalt eines durchgehenden Traktates zu behandeln, wie es etwa das „Opus Nonaginta dierum" dargestellt hatte, sondern nach dem „Vorbild verehrungswürdiger Männer"[104]. Da Ockham wohl kaum die Dialoge Platos im Original kannte, ist bei dieser Anspielung weniger an diesen zu denken als an Cicero oder, vielleicht noch näher liegend, Anselm von Canterbury. Bei diesem nämlich findet sich – als Gespräch zwischen ihm selbst und Boso – der Schuldialog zwischen Lehrer und Schüler, der dann auch bei Ockham begegnet. Während allerdings bei Anselm die Rollen klar verteilt sind – Boso ist der lernbereite, ja gelegentlich durchaus anregende, letztlich aber deutlich unterlegene Schüler, der von dem erfahrenen Lehrer auf das richtige Geleise gebracht werden muss –, hat Ockham sich gegen eine solche Deutung seines eigenen Textes gewehrt: Ausdrücklich appelliert der Schüler im Prolog an den Lehrer, er solle ihm seine eigene Meinung nicht aufzeigen, sondern eine Vielzahl von Meinungen erwägen.[105] Das Werk ist nicht so zu lesen, als wäre der Dialog nur eine literarisch bemühte Einkleidung eines Textes, der eigentlich ein monologisierender Traktat sein könnte, sondern die magistrale Würde des Lehrers zeigt sich gerade darin, dass er nicht nur eine, sondern viele Meinungen zu begründen, zu erwägen und zu kritisieren versteht.

Das macht die Deutung des Textes ungeheuer schwierig: Nur selten gibt etwa eine betont lobende Reaktion des Schülers oder die Ähnlichkeit zu anderen Schriften einen Hinweis darauf, dass Ockham einmal nicht nur in einer angenommenen Rolle, sondern auch authentisch als er selbst spricht. Das Anliegen des Werkes ist darum auch ein ganz anderes als das der bislang begegnenden Schriften. So offenkundig es ist, dass Ockham hier aus der Erfahrung mit dem häretischen Papst heraus spricht, so sehr führt er dieses aktuelle Problem doch auf eine grundsätzliche Ebene weiter. Es scheint kein Zufall, dass es Schüler und Lehrer, *magister*, sind, die er sprechen lässt: Ockham kehrt noch einmal virtuell in die Räume der Univer-

[104] „Venerandorum virorum vestigia non relinquens" (Miethke, Politische Theorie 10).

[105] Ebd. 12f.

sität zurück, nicht um akademische Themen zu behandeln, sondern um die neuen, politischen Themen mit neuer Gründlichkeit aufzuarbeiten. Er spielt noch einmal die Gespräche nach, die das Umfeld seiner Oxforder und Londoner Lehrtätigkeit so befruchtet haben. Während sich das „Opus Nonaginta dierum" das seinerzeit gelernte Instrumentarium bloß zunutze gemacht hat, um, bei aller Sorgfalt, einseitig und eindeutig Partei zu nehmen, flüchtet Ockham scheinbar aus der Parteinahme wieder heraus, kehrt zurück zu jenem „Turnierbetrieb", den Courtenay in den Universitäten des 14. Jahrhunderts diagnostiziert hat.

Aber der Turnierbetrieb hatte nun doch an Schärfe gewonnen: Das Thema, um das sich alle Überlegungen rankten, war das der christlichen Wahrheit beziehungsweise ihres Gegenteils, der Häresie. Wiederum lag der Hintergrund hierfür in Ockhams eigener Sicht der Dinge. Während seine franziskanischen Gefährten ganz bei der Frage des Armutsstreites blieben, hatte Ockham schon im Brief an die Franziskaner deutlich gezeigt, dass dieser Streit auf ein grundlegenderes Problem hinführt, nämlich auf die Frage, was geschieht, wenn ein Papst Häretiker ist. Der Auslotung dieses Problems galt das ganze Unternehmen – ein Unternehmen, das nie ein Ende fand. Im Prolog kündigte Ockham an, er wolle das Werk in insgesamt drei Teile teilen: einen über „Die Ketzer", einen zweiten über „Die Lehren Johannes' XXII." und einen dritten über „Die Geschichte derer, die um den rechten Glauben streiten".[106] Fertig wurde nur der erste Teil, wohl noch zu Lebzeiten Johannes' XXII., denn dass sein Tod vorausgesetzt würde, ist keiner Zeile anzumerken. Der zweite Teil ist wohl nie auch nur angefangen worden – jedenfalls fehlt unter all den Texten, die sich mit Johannes befassen, bis hin zu dem „Compendium" ein Text, der die Probleme seines Pontifikates dialogisch angegangen hätte. An seiner Stelle stehen jetzt die beiden Traktate zum *visio*-Streit, die oben (S. 226–229) behandelt wurden. Ob Ockham selbst sie hierhin gestellt hat, ist fraglich – jedenfalls waren sie von Anfang an in der handschriftlichen Überlieferung mit dem „Dialogus" verbunden. Und vor allem: Ockham selbst hatte den zweiten Teil übersprungen – was angesichts des noch 1337 verfassten „Compendium errorum" nicht einfach darauf zurückzuführen ist, dass der Papst als direktes Gegenüber einer solchen Irrtümersammlung mittlerweile verstorben war – und sich an den dritten Teil gemacht. Neun Traktate sollten hier entstehen. Wären sie vollendet worden, so hätten wir ein einzigartiges Zeugnis seiner Zeit und vor allem seiner selbst in Händen. Nach zwei grundsätzlichen Traktaten über die Kompetenzen des Papstes und des Klerus und über die Rechte weltlicher Herrscher sollten in den folgenden Traktaten nacheinander alle wichtigen Gestalten seiner

[106] Ebd. 13.

Zeit behandelt werden: Johannes XXII. und Ludwig der Bayer, Benedikt XII., Michael von Cesena und Guiralt Ot – und die achte Abhandlung „handelt über das, was Bruder Wilhelm Ockham getan hat"[107], die neunte dann von anderen Christen der Zeit. Ockham ist zu diesen konkreten Ausführungen nicht mehr gekommen: Vollendet wurde nur der erste Traktat, der zweite bricht im Text ab. Die verbleibenden sieben Stücke schrieb Ockham nicht mehr. Darüber zu spekulieren, was ihn hieran hemmte – ob eine zunehmende Distanz zu den aktuellen Streitfragen, ob ein erneutes Bemühen um Stillhalten nach dem Tod Benedikts XII. 1342 –, ist müßig. Es ist ebenso unsicher wie die Frage, ob Ockham nicht doch auch nach Benedikts Tod weiter am „Dialogus" geschrieben hat und erst durch seinen eigenen Tod daran gehindert wurde.

Jedenfalls blieb sein politisches Hauptwerk insgesamt ein Torso – ein Torso von ungeheuerlichen Ausmaßen. Der „Dialogus" dürfte alleine drei bis vier eng gedruckte Bände der noch immer im Entstehen begriffenen Ausgabe von Ockhams „Opera Politica" umfassen. Auch ein vielfach benutzter Torso: Als im 15. Jahrhundert die Frage brennender wurde, wie die Kirche ihr Schicksal nötigenfalls auch ohne den Papst würde in die Hand nehmen können, hat man viel und gerne zu Ockhams Text gegriffen, da man kaum irgendwo die Grundprobleme der Ekklesiologie in einer solchen Fülle aufbereitet fand.[108]

Das leitende Problem, das den Hauptinhalt des einzig vollendeten ersten Teils ausmacht, ist die Frage, wie die Kirche mit der Situation umzugehen habe, dass der Papst ein Häretiker geworden ist. Schon im „Opus Nonaginta dierum" hatte Ockham diese Frage in kirchenrechtlicher Hinsicht umgetrieben, als er ausführte, wenn Nikolaus III. Häretiker gewesen sei, könne sein Nachfolger Johannes in keinem Falle als legitimer Papst angesehen werden. Nun stellt sich die Frage ganz grundlegend theologisch. Hinter der Überschrift „Die Ketzer", „De haereticis" für den ersten Teil verbirgt sich unter ganz anderen Voraussetzungen die Frage des Prologes des Sentenzenkommentars: Wie kann überhaupt christliche Wahrheit bestimmt werden – und dies, wenn alle Mechanismen zur Wahrheitsfindung versagten?

Für solche Überlegungen waren seine früheren Ausführungen zu Fragen der theologischen Erkenntnis und Wissenschaftstheorie nur noch begrenzt hilfreich. Man kann sich die vollzogene Änderung unschwer deutlich machen: Im Sentenzenkommentar war das Gegenüber, von dem Ockham sich mit seinem Theologieverständnis abzusetzen hatte, noch die philosophische Wahrheitstheorie gewesen. Sein Anliegen als Apologet der

107 Ebd. 79.

108 Siehe hierzu Miethke, Bedeutung.

Theologie bestand darin, zu zeigen, dass die Theologie, auch wenn sie nicht als Wissenschaft im strengen Sinne gelten konnte, ebenso wahre Aussagen produzieren konnte wie die anderen Wissenschaften auch. Nun hatte sich das Gegenüber verändert: Es ging nicht mehr um andere Formen der Wahrheitserkenntnis, sondern um den Gegensatz von Wahrheit und Unwahrheit. Und das hieß: Ockham musste aufs Neue durchdenken, wie eine theologische Aussage in ihrer Wahrheit erweisbar sein sollte. Denn so viel war für seine Argumentation von Anfang an klar: Abgesehen von dem Kriterium der *pertinacia*, dem hartnäckigen Festhalten an einer Behauptung, das die Häresie vom bloßen Irrtum unterscheidet[109], hatte Ockham nicht die in der kanonistischen Diskussion auch diskutierten und bejahten außerdogmatischen Elemente von Häresie wie Exkommunikation oder Simonie[110] in sein Verständnis von Häresie aufgenommen, sondern sein Häresieverständnis ganz auf Inhaltliches bezogen. Das entsprach seinen eigenen theologischen Interessen, freilich auch der kanonistischen Diskussion, die selbst die disziplinarischen Gesichtspunkte gegenüber den lehrhaften hintanstellte: „Im strengen Sinne wird 'Häretiker' jemand genannt, der in Glaubensartikeln eine andere Position einnimmt als die römische Kirche", heißt es bei dem angesehenen Kirchenrechtsgelehrten des 13. Jahrhunderts Heinrich von Segusio, Kardinal von Ostia (ca. 1200–1271) kurz und knapp.[111] Und damit hatte er nur ausgelegt, was sich bereits im „Decretum Gratiani" fand, das Häresie als „verkehrte Lehre", *„perversum dogma"* verstand.[112]

Dass Ockham sich bei diesen Reflexionen über Häresie neben kirchenrechtlicher Literatur auch seiner früheren Überlegungen bedient hat, ist offenkundig (immerhin dürfte er ja zumindest die Exemplare seines Sentenzenkommentars, die er im Prozess in Avignon vorgelegt hatte, nach München mitgebracht haben, ebenso auch die erst dort verfassten „Quodlibeta"). Einen fernen Widerhall findet man an einer Stelle im „Dialogus" I 5,3, an der Ockham erklärt, es gebe viele katholische Wahrheiten, die weder selbstevident noch durch Erfahrung bekannt, noch auch beweisbar seien.[113] Da spielt noch einmal Aristoteles die entscheidende Rolle als Gesprächspartner, ebenso bei Ockhams Festhalten an der mangelnden Evi-

109 Siehe hierzu insbesondere Dial I 4 (Goldast 445–467); vgl. im *Decretum Gratiani* C. 24 q. 3 c. 31 (CIC I 998).

110 Siehe die Liste verschiedener Tatbestände von Häresie bei Hostiensis, Summa f. 237^{r}b–^{v}a.

111 „stricto modo dicitur haereticus qui aliter sentit articulis fidei quam romana ecclesia" (ebd.).

112 C. 24 q. 3 c. 26 (CIC I 998).

113 Goldast 470,50 ff.

denz theologischer Wahrheiten und der damit verbundenen Sonderstellung der Theologie im Kreise der Wissenschaften.[114]

Doch führen ihn solche Überlegungen in Auseinandersetzung mit dem Aristotelismus nicht wirklich weiter, wenn er sich mit seinen neuen Gegnern auseinander setzt. Denn auch diese beanspruchen ja für sich, Theologen zu sein, ihnen muss er also in ähnlicher Weise zugestehen, dass ihre Aussagen nicht evident beweisbar sind. Wie aber ist dann eine auf den Glauben gegründete Aussage überhaupt noch als so wahr erweisbar, dass ihr Gegenteil eindeutig Unwahrheit und Irrglaube bedeutet? Auch wenn Ockham trotz seiner Betonung des Glaubens in Fragen der Theologie nie zu Irrationalismus geneigt hat, drängt sich nun doch die Frage auf, wie man Irrationalität und Beliebigkeit in der Theologie vermeidet – und dennoch ihren Sondercharakter nicht aufgibt.

Das, was Ockham seinerzeit in seinen akademischen Schriften als Autoritäten für die Theologen angegeben hatte: Schrift, Heilige und kirchliche Lehrfestlegung[115], wurde ja von seinen Gegnern ebenso akzeptiert. Das galt nicht nur für den Kontext des Armutsstreites[116], sondern Ockham hatte es schon zuvor am eigenen Leib erfahren müssen: Von seinen inkriminierten Artikeln galten der 6. und der 28. als der Schrift, die Nummern 25 und 28 als den Heiligen und der 19., 20. und 40. als der Kirchenlehre widersprechend.[117] Auf diese Grundlagen allein zu rekurrieren, konnte also nicht mehr ausreichen, die schon in der akademischen Zeit durchaus differenziert geführte Diskussion um die Autoritätenfrage musste noch weiter ausgefeilt werden.

Anfänge zu einer geschärften Wahrnehmung hatten sich schon im „Opus Nonaginta dierum" gezeigt, wo Ockhams Argumentationen mit den Heiligen als Autoritäten auffällig zugunsten der Schrift und der kirchlichen Lehrfestlegung zurücktreten. So heißt die Definition von Häresie im „Opus Nonaginta dierum" explizit:

> „Jeder Irrtum, der offensichtlich der göttlichen Schrift oder der von der allgemeinen Kirche approbierten Lehrfestlegung widerspricht."[118]

Damit hatte sich die Zahl der für die Theologie relevanten Kriterien unter dem Gesichtspunkt, wie Häresie festzustellen sei, auf zwei reduziert: Heilige Schrift und kirchliche Lehrfestlegung. Aus der breiten, akademisch-theologischen Definition war eine wenigstens ansatzweise auch ju

[114] Ebd. 663,25–30.

[115] Siehe hierzu Leppin, Wahrheit 204–221.

[116] Siehe hierzu ebd. 292 Anm. 203.

[117] Koch, Aktenstücke [8] 89,20; 177,11f. 26f.; 80,11f.; 183,11f.; 188,8.

[118] „omnis error, qui contradicit aperte scripturae divinae vel determinationi ab universali ecclesia approbatae" (OPol II 849,128f.).

ristisch operationalisierbare geworden, die in der Tat auch den Bestimmungen des „Decretum Gratiani“ entsprach: In seiner Stellungnahme nach C. 2 q. 7 c. 26, also einer der wenigen Stellen, an denen er sich selbst zu Worte meldete, hatte Gratian erklärt, Häresie sei die Abweichung von der Glaubensregel, der *regula fidei* – und dies wiederum definierte er als die durch die Kirche gedeutete Schrift (d. 4 c. 153).[119]

Freilich konnte Ockham nach allem theologischen Aufwand, den er in seinen früheren akademischen Jahren getrieben hatte, mit einer solchen, bloß die juristischen Bestimmungen rezipierenden Definition schwerlich zufrieden sein, und so hat er denn auch im „Dialogus“ noch einmal eine neue, ausführlichere Liste von möglichen Grundlagen theologischer Wahrheit zusammengestellt, die nun aber ganz deutliche Differenzierungen aufweist[120]:

1. Die Heilige Schrift steht – obwohl Ockham zu keinem Zeitpunkt das gelehrt hat, was die Reformatoren später als „Sola Scriptura“ kämpferisch vertreten haben[121] – wie im gesamten Mittelalter unhinterfragt an erster Stelle der theologischen Autoritäten. Sie ist eine Offenbarungsquelle ersten Ranges und enthält die Wahrheiten, die vorrangig heilsrelevant sind.

2. Daneben kennt Ockham den Gedanken der apostolischen Tradition: Sie überliefert außerhalb der Bibel, das heißt sowohl durch die Amtssukzession der Bischöfe als auch durch außerbiblische Schriften ebenfalls katholische Wahrheiten, die auch Heilsrelevanz besitzen, freilich nur sekundäre.

3. Neben solchen eher dogmatischen Quellen kennt Ockham auch eine Gruppe von Quellen, die deswegen Bedeutung besitzen, weil sie etwas vom Wirken Gottes in der Geschichte sagen: Heiligenviten und Kirchenchroniken. Hier findet sich die bedeutsamste Änderung in Ockhams theologischer Kriterienlehre: An die Stelle der Aussagen der Heiligen selbst, von denen Ockham zunehmend gesehen hat, dass sie aufgrund ihrer Menge und ihrer Widersprüchlichkeit durchaus zu verschiedenen Zwecken verwendbar sind, treten die Berichte über sie. Die Heiligen sind also gewissermaßen nicht Sprachrohre Gottes, wohl aber Exempel, an denen Gottes Handeln zu sehen ist. Die in solchen Berichten enthaltenen Wahrheiten sind entsprechend auch als katholisch anzusehen, aber sie sind, da es sich um Ereignisse in der Zeit handelt, nicht ewig gültig und daher auch nicht von demselben Rang wie die anderen Wahrheiten.

4. Schließlich gibt es noch die speziellen Offenbarungen, die schon oben im Zusammenhang der Prophetie angesprochen worden sind. Für sie gibt

[119] CIC I 489. 1412.
[120] Goldast 415,60–416,25; vgl. ebd. 429,10–35.
[121] Siehe hierzu Leppin, Wahrheit 309–312.

es zwar bislang kein Beispiel, aber die Möglichkeit einer solchen universalen Offenbarung will der Denker der *potentia absoluta* doch wenigstens nicht ausschließen.

Mit dieser Differenzierung der Autoritäten aber ist noch nicht alles getan. Die Feststellung und Entfaltung von bestimmten Autoritäten mochte für den akademischen Theologen reichen, wenn er seine Lehre darlegen wollte. In der akuten Streitsituation, in der verschiedene theologische Standpunkte einander als ausschließende Gegensätze, als christliche Wahrheit einerseits, als Häresie andererseits, gegenüberstehen, stellte sich eine ganz andere Frage, die Ockham in seiner akademischen Zeit gar nicht in den Sinn gekommen war: die Frage nämlich, wer über Wahrheit und Häresie zu entscheiden hatte. Solange die Wahrheit am Katheder zu verhandeln war, reichte die abgewogene magistrale Entscheidung, deren Wirkung auf den Hörsaal beschränkt blieb. Als sie aber strittig wurde, musste Ockham sich auch dazu äußern – und sein Ergebnis entsprach dem, was aufgrund seines Verständnisses von Kirche zu erahnen war: Letztlich scheitern in seinen Augen alle Institutionen an dem Anspruch, christliche Wahrheit zu bestimmen.

Dabei zeichnet es seine Überlegungen hier wie auch an anderen Stellen aus, dass er nicht einfach Utopien entwirft, sondern versucht, in der Situation der Krise, die er mit dem Pontifikat Johannes' XXII. eingetreten sieht, zur Normalität von Kirche zurückzukehren, wie sie in seinen Augen spätestens bis zu Clemens V. bestanden hat – und doch in seine Beschreibung von Kirche die Negativerfahrungen zu integrieren, die er und seine Zeitgenossen machen mussten. Nur so konnte er zu einem Modell gelangen, das künftig solchen krisenhaften Entwicklungen würde vorbeugen können.

Bezeichnend ist dabei die Formulierung, mit der Ockham schon im „Opus Nonaginta dierum" die herausgehobene Stellung des Papstes anerkennt: Niemand, der unter dem Papst steht, darf über neue Häresien entscheiden[122], das heißt über solche, die, weil sie noch nicht verurteilt sind, noch nicht als „notorisch" gelten.

Im „Dialogus" wiederholt Ockham diese grundsätzliche Auffassung und führt unter Betonung, dass dies natürlich nur für den *verus papa*, den wahren Papst, gelte, auch positiv aus, dass zu einer solchen Feststellung allein Papst und Generalkonzil befugt seien.[123] Zwei Instanzen also sind es, um deren Zuordnung nun gerangelt werden muss, und es ist kein Zufall, dass Ockham dieses Thema in einer Schrift anspricht, die zum größten Teil dem Jahre 1334 entstammen dürfte: In dieser Zeit verdichteten sich die Hoff-

[122] OPol II 847,64–848,68.
[123] Goldast 399,35 ff.; 403,25–40; 425,5–25.

nungen, man könne ein Generalkonzil zur Klärung der aufgehäuften Probleme – vom Streit um den Kaiser über den Streit um die Armut bis hin zum Streit über die *visio beatifica* – einberufen. An ein solches Konzil hatte Michael von Cesena wiederholt appelliert, und auch Bonagratia von Bergamo hatte sich 1334 für ein Konzil gegen die Häresien des Papstes ausgesprochen.[124] Nun aber, im Jahre 1334, scheint es – wohl unter dem Eindruck der verheerenden Wirkung, die die Äußerungen des Papstes zur *visio*-Frage hervorgerufen hatten – auch an der Kurie selbst eine maßgebliche Partei gegeben zu haben, die bereit war, sich auf ein solches Wagnis einzulassen[125]: Kardinal Napoleon Orsini (1263–1342), einer der wenigen verbliebenen Italiener an der Kurie, stand im Austausch mit Ludwig. Die Vorabsprachen für ein Konzil versandeten allerdings rasch – vermutlich weil der Tod des Johannes der Opposition in Gestalt der *visio*-Thematik die am eindeutigsten erkennbare Zielscheibe nahm. Als Ockham sich jedoch seine Gedanken über Papst und Konzil machte, handelte es sich bei aller Grundsätzlichkeit seiner Behandlung um eine Frage von höchster Aktualität und Brisanz.

Umso frappierender ist es, dass Ockham die Gelegenheit nicht nutzte, die Bedeutung des Konzils unverhältnismäßig aufzuwerten. Die theoretischen Möglichkeiten hierfür waren in seinem Umfeld durchaus gegeben: Marsilius von Padua hatte dem Konzil gar Unfehlbarkeit zugesprochen[126] – eine These, die im gegenwärtigen Zusammenhang äußerst hilfreich gewesen wäre. Ockham aber beschränkte sich zunächst darauf, innerhalb der Hierarchie der Institutionen festzuhalten, dass das Konzil diejenige Instanz war, die befugt war, eine Häresie des Papstes festzustellen.[127] Mit dieser Behauptung bewegte er sich im Rahmen dessen, was zwar nicht allgemeine[128], aber doch vertretbare kanonistische Lehre war: „Wo es um den Glauben geht, da steht das Konzil über dem Papst" – so erklärte die Glosse zum „Decretum Gratiani" d. 19 c. 9[129]. Es sind solche Überlegungen, auf die sich spätere Konziliaristen gerne stützten, wenn sie Ockham für ihre Zwecke benutzten.

Doch Ockhams Überlegungen gehen weiter: Wenn denn seine Gedanken zur Restkirche nicht ganz fehlgehen, so besteht ja die Möglichkeit,

[124] Miethke, Sozialphilosophie 86.

[125] Willemsen, Orsini 121–129.

[126] Marsilius, Defensor Pacis 386 (II c. 19 § 3), führt die Entscheidungen des Konzils direkt auf den Heiligen Geist, nicht auf menschliche Autorität zurück und spricht ihnen ebd. 385 (§ 2) ebensolche Autorität wie der Bibel zu.

[127] Goldast 572 ff.; 974,25 ff.

[128] Siehe Tierney, Foundations 55 unter Verweis auf den Dekretisten Huguccio (ca. 1140–1210).

[129] Decretum (Glossa) 87.

dass auch alle Kleriker irren – das bedeutet in der Konsequenz, dass auch ein solches Konzil denkbar sein muss, das allein von Laien einberufen und beschickt wird.[130] Und es ist nur konsequent, wenn auch für dieses Konzil gilt, dass es fehlbar ist: Ockham listet eine ganze Reihe von Irrtümern von Konzilien auf.[131] So kann auch die Institution des Konzils die Reinheit und Wahrheit der katholischen Lehre, bei aller Bedeutung, die ihm im Normalfall, das heißt beim normalen Funktionieren der Institutionen zukommt, nicht wirklich garantieren. Es gibt auch keine andere Instanz, die diese Aufgabe übernehmen könnte. Blickt man auf die Auflistung der Kriterien für Theologie und ihren Hintergrund in Ockhams eigener früherer akademischer Tätigkeit, so liegt es nahe, zu erwägen, ob nicht die Theologen eine besondere Funktion haben müssten, da es doch ihnen in erster Linie obliegt, die Schrift auszulegen. In der Tat spricht Ockham den Theologen eine besondere Rolle als Spezialisten für die Erkenntnis von Häresie zu.[132] Wieder würde sich hier eine glatte, einfache Lösung in dem Sinne, die Theologen sollten eben allein über Wahrheitsfragen entscheiden, nahe legen, würde doch eine solche Lösung eben der realen Situation entsprechen, in der Ockham sich befand. Er selbst verwendet bei seiner Argumentation mit den theologischen *doctores* sogar eine Hilfskonstruktion, die die eigene biografische Situation – des an der Promotion durch widrige Umstände Gehinderten – durchscheinen lässt: Ein *doctor* kann nach Ockham ausdrücklich auch ein Schüler sein[133], der *doctor*-Status ist also keineswegs an bestimmte erreichte Abschlüsse gebunden, sondern es geht im ganz weiten Sinne um Menschen, die über die Kompetenz zur Schrift- bzw. Autoritätenauslegung verfügen[134] – was natürlich im Blick auf den benötigten Bildungsstand voraussetzt, dass es sich um Kleriker handelt. War es also in biblischer Perspektive der vereinsamte Prophet, der Ockham zur Identifikation Anlass gab, so ist im Rahmen seiner Theorie sein Ort klar erkennbar der des Theologen.

Doch das bringt ihn wiederum nicht dazu, die Kompetenz dieser so weit und offen definierten Gruppe zu überschätzen: Selbstverständlich unterstehen die Theologen wie alle anderen Kleriker und Laien auch der Bedingung der Fehlbarkeit.[135] Kompetenz schützt nicht vor Irrtum.

Der einfache Christ wird also durch keine in irgendeiner Weise übergeordnete Instanz davor geschützt, in Irrtum zu fallen, es gibt keine Instanz,

[130] Goldast 603, 50ff.
[131] Ebd. 495f.
[132] Ebd. 403,25–40.
[133] Ebd. 455,25–45.
[134] Ebd. 455,30ff.
[135] Ebd. 432,1–5.

die in der Gegenwart definitiv über die Wahrheit entscheiden kann. Sicherheit ist nur auf eine Weise zu erreichen: Wenn niemand, kein Christ in der ganzen Welt einem kirchlichen Beschluss widerspräche, dann wäre er in der Tat approbiert – und es wäre ein Zeichen, dass nicht nur die äußere Kirche, sondern in jedem Falle auch jene wahre Kirche, die in Notsituationen nur noch als Restkirche existiert, zugestimmt hätte. Solange es Uneinigkeit über eine neue Lehre gibt – bei notorischen Häresien, deren Verurteilung schon einmal approbiert war, ist dies etwas anderes –, muss stets mindestens theoretisch dem Gegner unterstellt werden, er könnte Recht haben. Das heißt, der Streit muss fortgesetzt und mit Mitteln der akademischen Diskussion durchgeführt werden.

Freilich weiß auch Ockham, in München, am Kaiserhof zumal, dass nicht immer nur auf eine solche friedliche Umsetzung zu bauen ist, und so gibt es noch eine weitere Möglichkeit, den Frieden wiederherzustellen, wenn die Kirche selbst beziehungsweise ihre Spitze sich als reformunfähig erweist: Ein weltlicher Herr, und das heißt in der Situation Ockhams natürlich konkret der Kaiser, kann berufen sein, die Kirche auf den rechten Weg zurückzuführen:

> „Deshalb kommt es jetzt christlichen Kaisern und Königen zu, dass sie Nachfolger der heidnischen Kaiser und Könige sind, Nachfolger nicht im Heidentum, sondern im kaiserlichen und königlichen Amt, einen ketzerischen Papst, wenn es die Kleriker nicht wollen oder können, zu strafen und zurechtzuweisen."[136]

Diese Zurechtweisung soll, daran lassen die Überlegungen zu einem Laienkonzil keinen Zweifel, zunächst auf dem konziliaren Wege erfolgen, doch stehen auch weitere Möglichkeiten des Einsatzes von Machtmitteln offen. Und die Gründe, die den weltlichen Herrscher in diese Verantwortung drängen, sind zweierlei: Zum einen ist es die Tatsache, dass er selbst Christ ist und damit, wie alle Christen, berufen, sich an der Approbation oder Nicht-Approbation kirchlicher Lehre zu beteiligen. Und zum anderen geht es darum, dass er, wie es im obigen Zitat heißt, Nachfolger der heidnischen Herrscher der Antike ist. Hier deutet sich schon das letzte große Thema Ockhams an: die grundsätzliche Frage nach dem Verhältnis von geistlicher und weltlicher Gewalt. Ihm sollte er sich noch einmal in einer weiteren großen Schrift, dem *Breviloquium* zuwenden. Doch Ockham hat seine virtuelle Universität in München auch über den Bereich der Politiktheorie hinaus ausgebaut.

[136] Ebd. 634; Miethke, Dialogus 68f.

b) Späte Logik-Traktate der „politischen" Zeit

Es falle ihm schwer, seine anderen Tätigkeiten zu unterbrechen, doch er habe sich vorgenommen, ein Lehrbuch für die Knaben, die die Anfangsgründe der Logik erlernen wollten, zu schreiben.[137] Was man vom Ockham der Londoner Jahre hätte erwarten können, was in Avignon nicht erstaunt hätte: Es geschieht in München, Anfang der Vierzigerjahre.[138] Ockham zieht sich zeitweise aus den sonstigen Beschäftigungen zurück, schreibt noch einmal zu den Themen, die ihn seit Jahrzehnten fasziniert haben: zur Suppositionslogik, zur Lehre von den Syllogismen. Zu den Universalien auffälligerweise nichts – dies ist einer der Gründe, warum an der Authentizität dieser Arbeiten gezweifelt wird, ohne dass diese allerdings durchschlagend bestritten werden könnte.

Will man Ockhams Hinweis auf die sonstigen Beschäftigungen, eine Anspielung auf Nachtarbeit[139], zu der er genötigt ist, nicht ganz als bloße Rhetorik abtun, so wird deutlich: Es ist nicht Ruhe im politischen Alltagsgeschäft, die ihm die Zeit gibt, sich noch einmal der alten Leidenschaft zu widmen. Er lässt den „Dialogus" als Fragment liegen, schreibt lieber kleine Büchlein zur Logik. Man wird auch nicht sagen können, dass diese der gedanklichen Weiterentwicklung gedient hätten. Die Äußerungen sind knapper als in der Summe der Logik, nicht wirklich prägnanter. Neue Ideen sind nicht erkennbar.

All dies macht die beiden Schriften – der „Tractatus minor Logicae" und das „Elementarium Logicae" – zu einem merkwürdigen, aber doch gerade deswegen auch biografisch höchst bemerkenswerten Dokument: Dass Ockham sich in seinen politischen Schriften weiterhin früherer Überlegungen bedient hat, dass er Gebrauch macht von den Fertigkeiten in Logik, die er erworben hat, reicht ihm nun nicht mehr aus. Seine virtuelle Universität in München soll ihm mehr sein als die bloße Anwendung von Regeln auf eine neue Materie. Er will noch einmal zu diesen Regeln zurückkehren, suggeriert sich noch einmal, dass er der Akademiker geblieben ist, der er stets war. Er geht auf die sechzig zu, an eine Rückkehr in den Hörsaal ist nicht zu denken. Vielleicht hat er davon gehört, dass seine philosophischen Gedanken längst ihre Wirkung in Oxford entfaltet haben, und auch in Paris. Aber umso merkwürdiger: An den artifiziellen Diskussionen, die sich hier entwickeln – und die in der Tat auch nicht nur auf seinen Einfluss zurückzuführen sind (s. u. S. 274–276) –, nimmt er nicht mehr teil. Ob er über-

[137] OP 62,2–6.

[138] Zur Datierung s. OP VII 11*; ebd. 7*–11* zu den berechtigten, aber nicht zwingenden Zweifeln an Ockhams Verfasserschaft.

[139] OP VII 62,3.

haupt weiß, dass man in Paris am 25. September 1339 die Lektüre seiner Schriften verboten hat?[140] Die Texte lassen nichts davon erkennen. Gegenüber der hitzigen Pariser Atmosphäre atmen sie eine bemerkenswerte Ruhe, freilich auch eine bedenkliche Rückständigkeit. An den Pariser Diskussionen hätte Ockham wohl nicht mehr wirklich als Kombattant teilnehmen können: Die Probleme waren, sosehr man von seiner Summe der Logik Gebrauch machte, andere geworden. Entsprechend wirkungslos blieben seine kleinen logischen Texte aus dieser Münchner Spätzeit, sie waren sogar über Jahrhunderte – bis ins 20. Jahrhundert – völlig vergessen.

Der alternde Mann: Er will zu seiner Vergangenheit als Akademiker zurückkehren, aber er kann es nicht mehr. Ihm fehlt nicht nur die Zeit, ihm fehlt auch der selbstverständliche wissenschaftliche Austausch, wie er zwischen den großen Universitäten Europas besteht. Die virtuelle Universität, die in Avignon noch zu den lebendigsten Äußerungen in den „Quodlibeta" hatte führen können, sie hat ihre Zeit gehabt, sie ist in dieser Form in München nicht mehr wiederzubeleben. Ockham muss bei dem bleiben, was ihm längst zu seinem zweiten Lebensinhalt geworden ist: bei den Fragen von Kirche und Politik.

4. Weltliche Mächte und der Papst

a) „Dialogus III" und „Breviloquium": die naturrechtliche Legitimation weltlicher Macht

Ockham ist schon fast zehn Jahre in München, ehe er zu einem Thema Stellung nimmt, das dort schon längst höchstes Interesse hervorgerufen und insbesondere auch seinen Mitstreiter Marsilius von Padua bewegt hatte. Es geht um die Frage nach der Stellung des Kaisers im Verhältnis zu Kirche und Papst. Dies ist ein auffälliges Indiz für die Freiheit, die er in München genoss. So wichtig die Franziskaner dem Kaiser waren: Er hat sie offenkundig nicht einfach dafür eingespannt, ihm genehme Theorien zu vertreten. Die bisherigen Arbeiten Ockhams waren nicht Auftragsarbeiten im Dienste des Kaisers, sondern die Arbeiten eines Mannes, der sich im Schutze des Kaisers befand, der auch von diesem unzweifelhaft abhängig war, sich aber darum nicht seine geistige Freiheit nehmen ließ. Es waren seine Themen gewesen, die er behandelte: der Streit um die Armut, die Frage der Häresie des Papstes. Themen, die dem Kaiser mehr als nützlich waren, zu deren Behandlung Ockham aber die Nähe zum Kaiser nicht brauchte. Und auch für das Thema der weltlichen Herrschaft gilt, dass es

[140] Siehe Paqué, Nominalistenstatut 306–309.

sich nicht einfach aus der aktuellen Situation Ockhams ergeben hat. Vielmehr entsteht die neue Frage auch aus seiner Theorie. Es hatte sich oben schon angedeutet, dass die Frage nach der Zurechtweisung eines häretischen Papstes am Ende auf den Kaiser geführt hatte. Dieses Problem behandelt nun Ockham im dritten Teil des „Dialogus“, den er in den späten Dreißigerjahren verfasst hat, in ähnlich offen abwägender Art in den „Octo Quaestiones de potestate papae“, die etwa zeitgleich entstanden sein dürften, und vor allem in einer Schrift, die gezielter, thetischer zusammenfasst, worum es ihm in diesen Fragen geht: dem „Breviloquium de principatu tyrannico“, das auch etwa in diese Zeit, möglicherweise erst in die frühen Vierzigerjahre fällt.[141]

Neben der geistigen Unabhängigkeit vom Kaiser existierte eine weitere: Wie schon in der Frage der Konzilien zeigte sich, dass Ockham auch hier relativ unabhängig von Marsilius bleibt, sich von dem großen Ansehen, das dieser als Theoretiker der Politik erworben hatte, nicht einschüchtern ließ, sondern konsequent seinen Weg ging. Das bedeutete, dass er für die Begründung weltlicher Herrschaft nicht etwa neue Überlegungen anstellte, sondern das Modell der Heilsgeschichte, wie er es anhand der Armutsfrage entwickelt hatte, wurde nun fast schematisch auf die Frage der Herrschaft übertragen.

Allerdings gibt es einen markanten Unterschied: Während in der eigentumsrechtlichen Verfügungsgewalt des *dominium*, die sich auf alle Geschöpfe außer dem Menschen erstreckt, ein Rest des Urstandes fortlebt, setzt jede Form der Herrschaft von Menschen über Menschen erst nach dem Fall ein. Ihren Anfang nämlich nimmt sie in Gen 3,16, dem Fluch über Eva: „Du hast Verlangen nach deinem Mann; er aber wird über dich herrschen.“ Da es sich hier um einen Ausspruch Gottes handelt, ist diese Art der Herrschaft göttlichen beziehungsweise natürlichen Rechts[142] und insofern nicht einfach das Urbild aller anderen Herrschaftsformen, wohl aber Ausdruck dessen, dass Herrschaft erst zur sündigen Natur gehört.

Weltliche Herrschaft in größeren sozialen Einheiten hingegen ist nicht im Naturrecht begründet, sondern beruht wie das weltliche *dominium* auf positiv-rechtlichen Regelungen.[143] Auch hierfür gibt es eine anthropologische Grundlage, nämlich die gottgegebene Befugnis, Herrscher einzusetzen.[144] Hierbei handelt es sich um eine spätere vertragsrechtliche Theorien

[141] Miethke, Sozialphilosophie 16; die lange Zeit maßgebliche Edition von Scholz (Brev) ist mittlerweile durch die Aufnahme des Breviloquiums in die OPol IV ersetzt.

[142] Breviloquium III, 11,14–18 (OPol IV 184).

[143] Ebd. III, 11,18ff. (OPol IV 184).

[144] Ebd. III, 8,1ff. (OPol IV 180).

fast vorwegnehmende Art von Machtübertragung. Ursprünglich nämlich kommt die Gewalt der Rechtsetzung nach Ockham dem ganzen Volk zu, das diese dann aber auf einzelne Personen übertragen kann.[145] Hier blitzt in allgemeiner Form der Gedanke auf, den Marsilius und Johannes von Jandun für das römische Kaisertum vertreten hatten – dass es seine Legitimität vom römischen Volk her gewonnen habe. Und Ockham stellt diese Überlegungen in den Rahmen einer allgemeinen Theorie: Jede Herrschaft unter Menschen ist Folge eines solchen Übertragungsaktes, der für das Volk auch einen echten Verzicht bedeutet. Der Herrscher bleibt nicht fortdauernd kontrolliert durch das Volk oder in irgendeiner Weise an dieses rückgebunden, sondern kann als freier Souverän über das Volk herrschen.[146]

Diese allgemeine Theorie von weltlicher Herrschaft hat Folgen für die gegenwärtige Lage. So wie der gesamte heilsgeschichtliche Aufriss der Eigentumsfrage sich in der Gegenwart des Franziskanerordens fokussierte, so hat auch das Modell zur Erklärung der Herrschaft natürlich seinen Fokus in den Fragen der Gegenwart. Und hier war es unausweichlich, Stellung zu dem Problem zu nehmen, das überhaupt erst den Konflikt zwischen Papst und Kaiser herbeigeführt hatte, nämlich zu der Frage, ob der Papst über die Kaiserkrone verfügen dürfe oder nicht.

Die Anwendung des Modells also trat unter bemerkenswert andere Vorzeichen, als es in der Armutsfrage der Fall gewesen war. Hatte Ockham die heilsgeschichtliche Theorie des Eigentums gerade dazu aufgebaut, um eine Absage an das Eigentum zu begründen, so konnte er nun gewissermaßen den Spieß wenden: Bei aller Problematik, die weltlicher Herrschaft nach seinem Modell eignete, da sie klar und eindeutig als Merkmal der sündigen Welt gekennzeichnet war, war doch ebenso deutlich, dass sie innerhalb dieser sündigen Welt ihr eigenes Recht besaß, das jedenfalls kein kirchlich bedingtes war. Gerade weil weltliche Herrschaft auf anthropologisch allgemeinen Grundlagen aufruhte, gerade weil es Herrschaft nicht nur im Christentum gab, war deutlich, dass weltliche Herrschaft nicht vom Papst gestiftet war, sondern eben von den Beherrschten selbst.

Dies gilt erst recht für das römische Imperium. Hier kam der Ockham'schen Theorie das historische Faktum zugute, dass das Römische Reich, in dessen Tradition sich die deutschen Herrscher sahen, eindeutig heidnischen Ursprungs war, dass also die Kontinuität zur Antike es leicht machte, den vor- und außerchristlichen Ursprung dieser Herrschaft plausibel zu

145 Ebd. III, 14,4–11 (OPol IV 189).
146 OPol I (1. Aufl.) 86,6ff.

machen. Und so gilt denn auch für das römische Volk wie für alle Völker, dass es seine Gewalt zur Rechtsetzung dem Kaiser übertragen hat.[147]

Diese Herrschaft ist nicht etwa, weil es eine heidnische war, als illegitim anzusehen: Christus selbst und die Apostel haben sich dieser Macht gebeugt.[148] Wiederum zeigt sich hier, wie sich die Argumentationsspitzen sachte vom Zusammenhang der Armutsfrage unterscheiden, obwohl mit ganz ähnlichem Material gearbeitet wird: Christus und die Apostel hatten in Armutsdingen natürlich auch als Vorbild gedient – aber eben weil sie zum naturrechtlichen Zustand zurückgekehrt waren, zu der völligen Eigentumslosigkeit. Im Blick auf die Herrschaftsfrage aber werden sie als Beispiel dafür herangezogen, dass sie das positive Recht akzeptiert haben.

Ockham aber treibt die Überlegungen noch weiter. Der historische Nachweis der Unabhängigkeit vom Papst allein reicht ihm nicht aus. Er will die Unabhängigkeit des Kaisers vom Papst nicht nur negativ durch den Nachweis ihrer Entstehung ohne den Papst erreichen, sondern auch durch den Nachweis einer Unmittelbarkeit zu Gott, die das Kaisertum allein auszeichnet und es nicht nur faktisch unabhängig vom Papst macht, sondern auch strukturell. Der Gedanke, über den er dies herleitet, ist der der Weltherrschaft: Schon die heidnischen Herrscher Roms haben ihre Macht über die ganze Welt ausgedehnt.[149] Damit aber gilt, dass schon lange vor Konstantin – das heißt: in heidnischer Zeit – der Kaiser der höchste aller Menschen war und allein noch Gott über sich hatte.[150] Durch diese unmittelbare Stellung unter Gott hing der Kaiser zwar nach wie vor *casualiter*, hinsichtlich seiner Entstehung, von Menschen ab. *Regulariter* aber, hinsichtlich seiner Stellung in der Welt, hinge er allein noch von Gott ab.[151] Der theoretisch allgemeine Gedanke also, dass die Übertragung von Souveränität des Volkes auf einen Einzelnen diesen nicht in dauernder Abhängigkeit vom Volk behält, sondern ihn dem Volk gegenüber in Herrschaft und Freiheit setzt, gewinnt bei diesem Einzelfall des Kaisers höchste Brisanz: Während bei jedem anderen Herrscher noch die Möglichkeit besteht, ihn in Abhängigkeit von einem anderen Herrscher zu sehen, hat der Kaiser Gott allein über sich. Der Subtext dieser Aussagen ist unverkennbar: Es ist die Bulle „Unam Sanctam" mit ihrer Aussage, dass „jede menschliche Kreatur bei Verlust ihrer ewigen Seligkeit dem römischen Papst untertan sein" müsse (s. o. S. 126). Die darin behauptete, sich auf Welt-

[147] Breviloquium IV, 6,5–9 (OPol IV 203); IV, 8,1–7 (OPol IV 153f.).

[148] Ebd. IV, 10,42–50 (OPol IV 213f.).

[149] Ebd. IV, 9,1ff. (OPol IV 211).

[150] Ebd. IV, 8,5–17 (OPol IV 206).

[151] Ebd. IV, 6,9–15 (OPol IV 203); OPol I (2. Aufl.) 73,32f.

liches erstreckende Singularität des Papstes wird von Ockham vehement bestritten: Nicht der Papst steht über dem Kaiser, sondern allein Gott.

Dass dieses Ergebnis im Sinne Ludwigs war, ist offenkundig. Hier verquicken sich die verschiedenen Motivationen, die Ockham umgetrieben haben mögen, auf erhellende Weise: Das vorgestellte Modell kann gar keinen Zweifel daran lassen, dass es sich authentisch in das bisherige Denken Ockhams einpasst. Gerade auch die ineinander verwobene Darstellung von *dominium* und *iurisdictio*, die Ockham im „Breviloquium" bietet, illustriert, wie eng beide Gedankengänge aufeinander bezogen sind, wie sehr sich Armutsfrage und die Frage der weltlichen Mächte hier ineinander verweben.

Und doch ist das Ergebnis eben das, was Ludwig brauchte: die völlige Absage an die päpstliche Kaiserpolitik seiner Zeit. Ludwig, so konnte Ockham ihm versichern, war ein Herrscher aus eigenem Recht, allein Gott, nicht aber dem Papst verantwortlich. Sowenig man davon sprechen kann, dass sich Ockhams Ideen unmittelbar in Politik umsetzten, so bemerkenswert ist es doch, wie eng seine Überlegungen mit der aktuellen Politik ineinander griffen: Am 16. Juli 1338 versammelten sich die deutschen Kurfürsten in Rhens am Rhein, um zwei Gefahren abzuwehren. Die eine war die, dass der Papst allzu sehr in die innerdeutschen Belange eingriff, die andere freilich die, dass der Kaiser sich allzu sehr von dem Einfluss der Kurfürsten lösen könnte. Es war also nicht einfach eine Versammlung von Anhängern Ludwigs, die einen Text beschloss, dessen für Ludwig entscheidende Sätze lauteten[152]:

„Nach Recht und altem anerkanntem Herkommen des Reiches gilt Folgendes: Sobald jemand von den Kurfürsten des Reiches oder von der zahlenmäßigen Mehrheit dieser Fürsten – auch im Zwiespalt – zum Römischen König gewählt ist, bedarf er keiner Benennung, Anerkennung, Bestätigung, Zustimmung oder Ermächtigung von Seiten des Apostolischen Stuhles zur Aufnahme der Verwaltung der Güter und Rechte des Reiches oder zur Annahme des Königstitels; ferner: Deretwegen muss sich der Erwählte nicht mit Notwendigkeit an den genannten Stuhl wenden; vielmehr ist es seit den Zeiten, an deren Beginn es kein Erinnern mehr gibt, wie folgt gehalten, bewahrt und beachtet worden: Die von den Kurfürsten des Reiches einstimmig oder im oben genannten Sinn mehrheitlich Erwählten haben sich den Königstitel beigelegt und die Güter und Rechte des Reiches verwaltet; sie konnten dies nach Recht und Herkommen erlaubterweise tun und werden es auch künftig tun können, ohne eine Anerkennung oder Erlaubnis des besagten Apostolischen Stuhles dafür erlangt oder erhalten zu haben."[153]

Damit hatte Ludwig auf reichsrechtlicher Ebene eine Bestätigung seiner Position: Eben das, was die Kurfürsten hier erklärten, war ja das, was

[152] Zur Wertung des Kurvereins von Rhens s. Thomas, Ludwig 309f.
[153] Weinrich, Verfassungsgeschichte 288f. (Nr. 88).

er dem Papst gegenüber jederzeit behauptet hatte. So war seine Macht einerseits an die Kurfürsten rückgebunden, andererseits in eine völlige Freiheit vom Papst gestellt. Nie in seiner gesamten Regierungszeit konnte er so frei schalten wie zu dieser Zeit.

Die im Kurverein zu Rhens zu fassende indirekte Wirkung der Münchner Opposition ist, obwohl ihre Theorien keineswegs unmittelbar übernommen wurden, wichtiger als die Texte, in denen Ockham möglicherweise unmittelbar in das politische Geschehen eingriff: die Traktate „Licet iuris" und „Fidem catholicam", in denen Ludwig wenige Tage später, am 6. August, in Sachsenhausen noch einmal seine Position erklärte, wonach der Kaiser unabhängig vom Papst das Imperium besitze.

b) Rückblick in die Heimat: „An princeps ..."

Es fällt auf, dass Ockham eigentlich erst jetzt, nachdem er sich theoretisch über das Verhältnis von weltlicher und geistlicher Gewalt Klarheit verschafft hat, auch konkret als Politikberater zu greifen ist. Ob und inwiefern er zuvor schon entsprechend tätig geworden ist, lässt sich jedenfalls schriftlich nicht nachweisen, und es liegt nahe, dass Ludwig zunächst auf den näheren und in politischen Dingen erfahreneren Marsilius zurückgegriffen hat. So ist auch die erste Schrift Ockhams, die als politisches Gutachten im eigentlichen Sinne angesprochen werden kann, nicht an den Kaiser gerichtet, sondern an Eduard III., den König von England.

Als dieser 1327 den Thron bestiegen hatte, war Ockham schon in Avignon. Es war der Vater, Eduard II., gewesen, der seinerzeit Lutterell die Erlaubnis zur Reise auf den Kontinent und damit zur Anklage gegen Ockham vor dem Papsthof gegeben hatte – so hatte Ockhams Leben bislang keinerlei Berührung mit dem jetzigen Herrscher Englands gehabt. Aber durch die Bündnispolitik Ludwigs kam England neu in den Gesichtskreis Ockhams.

Dass es Philipp VI. von Frankreich gewesen war, der die Einigungsverhandlungen zwischen Benedikt XII. und Ludwig hintertrieben hatte, hatte Ludwig noch einmal die Gefahren gezeigt, die für ihn von einem starken Frankreich ausgehen mussten. Das bedeutete, dass für Ludwig jeder Konflikt, den Frankreich mit einer anderen Macht auszutragen hatte, potenziell Vorteile bieten konnte: Ein geschwächtes Frankreich würde auch eine Schwächung des Papsttums bedeuten und damit umgekehrt eine Stärkung des vom Papst nicht anerkannten Kaisers. Den willkommenen Anlass hierfür boten die Anfänge dessen, was als Hundertjähriger Krieg in die Geschichtsbücher eingegangen ist: die von 1337 bis 1453 währenden Auseinandersetzungen zwischen England und Frankreich.

Den Anlass hierfür hatte Philipp VI. von Frankreich selbst gegeben, als er unter dem Vorwurf, der englische König verletze seine Vasallenpflicht gegenüber der französischen Krone, am 24. Mai 1337 den Befehl gab, die Gascogne zu konfiszieren, die den letzten, nach dem Frieden von Paris 1259 verbliebenen Rest der englischen Kontinentalherrschaft bildete. Doch gab es neben diesem äußeren Anlass für die Konflikte einen sehr gewichtigen Hintergrund: Mit dem Tod Karls IV. war im Jahr 1328 das Haus der Kapetinger in der männlichen Linie erloschen. Die Großen Frankreichs hatten einen Neffen Philipps IV. und Enkel Philipps III. (1270–1285), der seinerseits wiederum den Namen Philipp trug, zum König bestimmt, was einen Wechsel zur Dynastie der Valois bedeutete. Eduard aber, dessen Mutter Isabella die Tochter Philipps IV. des Schönen von Frankreich gewesen sei, proklamierte für sich den Anspruch auf den französischen Thron, da er als Enkel in direkter Linie von Philipp IV., dem Schönen abstamme, während Philipp VI. als Neffe des zuletzt regierenden Königs in der Thronfolge nachgeordnet sei. Demgegenüber berief Philipp sich auf das „salische Gesetz" für die Thronfolge, das allein die männliche Linie berücksichtigte.

Der Konflikt aufgrund unterschiedlicher Rechtsvorstellungen war also unvermeidlich und musste militärisch ausgetragen werden. Hierfür suchte und fand Eduard Verbündete: Nur wenige Wochen nach dem Übergriff Frankreichs auf die Gascogne, im Juni 1337, traf der Bischof von Lincoln in Frankfurt ein, wo Ludwig Hof hielt.[154] Die Optionen waren dabei noch offen: Ob man gemeinsam Krieg führen sollte, schien ebenso wenig sicher wie die Antwort auf die Frage, ob man sich nicht gleich gegen die Kurie wenden sollte. Hierfür hätte Eduard zwar nicht persönlich zur Verfügung gestanden, aber doch finanzielle Unterstützung bereitgestellt. Die von Ockham anvisierte Möglichkeit, dass der Kaiser die Christenheit von ihrem falschen Papst befreite, schien zum Greifen nahe.

Und noch mehr schien möglich: Die Pläne Eduards gaben Ludwig auch Gelegenheit, dem von Ockham formulierten Anspruch des Kaisers, im eigentlichen Sinne Weltherrscher zu sein, den er auch gegenüber seinen Kurfürsten wiederholt hatte[155], sichtbaren Ausdruck zu geben. Im Zuge der Bündnisverhandlungen und der Kriegsvorbereitungen reiste Eduard selbst nach Koblenz, um sich dort im September 1338 mit Ludwig zu treffen. Ludwig ernannte ihn nun zu seinem Generalvikar in Gallien und Deutschland – nicht England, aber der englische König war zum Glied des Reiches geworden. Neben der Ehre gab es auch handfeste Absprachen: Gegen entsprechende Subsidienzahlungen sollte der Kaiser dem eng-

[154] Hierzu und zum Folgenden s. Thomas, Ludwig 303–307, 315–323.
[155] Siehe hierzu insbesondere ebd. 311 ff.

lischen König militärische Hilfe gewähren. Weder sind die Zahlungen im vollen Maße eingetroffen, noch hat der Kaiser die versprochene militärische Hilfe geleistet. Doch begann Eduard mit ersten kriegerischen Aktionen und ließ sich 1340 sogar von den Ständen von Flandern als König von Frankreich huldigen.

Diese Ereignisse bilden den Hintergrund für Ockhams Schrift „An princeps pro suo succursu, scilicet guerrae, possit recipere bona ecclesiarum etiam invito papa" („Ob ein Fürst zu seiner Unterstützung, nämlich der des Krieges, Kirchengüter einziehen kann, auch wenn der Papst nicht zustimmt"). Eduard hatte zum Zeitpunkt der Abfassung dieser Schrift schon sein Bündnis mit Ludwig geschlossen. Und die damit verbundenen erheblichen finanziellen Lasten waren Teil des Problems, das Ockham zu behandeln hatte, denn seit 1336 griff Eduard wiederholt auf die Kirchengüter zurück, um seine eigenen Kriegslasten zu finanzieren. Die Frage, ob er dies tun dürfe, war wiederum nicht ohne Hintergrund in der jüngsten Papstgeschichte: Der Konflikt zwischen Philipp IV. von Frankreich und Bonifatius hatte sich ja unter anderem auch an der Frage entzündet, ob Philipp die Kleriker seines Landes besteuern dürfe.

Da der eigentliche Feind Eduards nicht die Kurie war, sondern Frankreich, musste dieser Aspekt, wenn denn gutachterliche Schützenhilfe aus München kommen sollte, mit großem Fingerspitzengefühl behandelt werden. Hierfür war zweifellos Ockham der richtige Mann, denn wie auch bei anderen Problemstellungen hat er seine eigenen Überlegungen nicht einfach von der aktuellen Situation, wie sie sich ihm darstellte, bestimmen lassen, sondern holte zu grundsätzlicheren Überlegungen aus. Das zeigt sich zunächst an der Aufgabenstellung, die er eingangs formuliert. Ausdrücklich geht es um die Frage, ob der König auch dann auf die Kirchengüter zugreifen könne, wenn ihm dies der „wahre" Papst untersagt.[156] Ockham geht nicht den denkerisch einfachen, für den prinzipiell papsttreuen Eduard aber im Zweifelsfall nicht hilfreichen Weg, die Illegitimität von Papst Benedikt XII. zu erweisen. Obwohl Ockham ja schon seinerzeit im „Opus Nonaginta dierum" die Auffassung vertreten hatte, dass Johannes XXII., wenn er sich überhaupt in Widerspruch zu seinem Vorgänger Nikolaus III. stellte, in keinem Falle legitimer Papst sein könne, selbst wenn man seinen Auffassungen zustimmen wollte, vertraute er nun nicht auf diesen argumentativen Zugang, sondern wählte den Weg der grundsätzlichen theoretischen Erwägung über das Papstamt: Ausführlich legte er seine Überlegungen zur *plenitudo potestatis* dar, wie sie sich ihm zu dieser Zeit darstellte. Auf dieser Basis macht er sich dann anheischig, den konkreten Fall zu bearbeiten: Im zwölften Kapitel des Gutachtens oder

[156] OPol I 28,16.

Traktates kommt er darauf zu sprechen, ob ein Spruch des Papstes, der Eduard den Einzug kirchlicher Güter untersagen soll, bindende Wirkung haben könne – und bricht seine Arbeit im dreizehnten Kapitel ab.

Wieder ist ein Werk Fragment geblieben, wieder sind die Gründe hierfür nicht offenkundig. Möglicherweise hatte sich die Weiterführung des Werkes erübrigt, weil sich das Bündnis zwischen Kaiser und König gelockert hatte. Ludwig vollzog einen Schwenk in seiner Bündnispolitik: Im Januar 1341 bot er Philipp VI. ein Bündnis an, und dieser akzeptierte. Seine merkwürdige Kehrtwende vollzog Ludwig wohl, weil er sich von Philipp Hilfe bei der Kurie erhoffte – dieser mögliche Nutzen des neuen Bündnisses für ihn liegt ebenso auf der Hand wie der für Philipp, der sich auf diese Weise eines lästigen Unterstützers seines Kriegsgegners entledigen konnte.[157]

Sollte tatsächlich dieser neuerliche Bündniswechsel der Grund für den Abbruch von Ockhams Traktat sein, verschärfte dies noch einen Eindruck, der sich auch ohnedies aufdrängt: Ockham ist in gewisser Weise benutzbar geworden. Benutzbar bedeutet nicht korrumpierbar. Aber es ist doch offenkundig, dass seine Themen nicht mehr einfach nur indirekt die Anliegen des Kaisers unterstützten, sondern sich immer direkter auf dessen Politik bezogen. Schon die Entwicklung einer Theorie weltlicher Herrschaft seit 1337 war nur zum Teil konsistente Fortentwicklung des eigenen Gedankengebäudes gewesen. Sie stellte auch eine durchschaubare offenkundige Legitimation der Position Ludwigs in den Auseinandersetzungen seiner Zeit dar. Nun war Ockham noch einen Schritt weiter gegangen: Er hatte direkt Stellung zu Anliegen eines Bündnispartners Ludwigs genommen, offenkundig aus dem einzigen Grunde, dass dieser ein Bündnispartner war. Wieder kann kein Zweifel bestehen, dass er seine Theorie nicht verraten, ja auch nicht umgebogen hat, um in dieser Weise Ludwig dienlich zu sein. Aber er hat doch Anliegen bearbeitet, die nicht wirklich von ihm selbst und aus seiner franziskanischen Existenz stammten, sondern die von außen, durch die politische Situation an ihn herangetragen worden sind. Der franziskanische Impetus, der ihn in seine Münchner Situation gebracht hat, ist es nicht mehr, der ihn trägt, sondern es sind die neuen Rahmenbedingungen, die ihn bestimmen.

Dies hat wohl auch damit zu tun, dass im Grunde schon seit der *visio*-Debatte das Anliegen der Franziskaner, die Armutsfrage, zunehmend in den Hintergrund getreten war: Von päpstlicher Seite wurden die Lehren des Johannes zwar nicht widerrufen, aber doch auch nicht auf ihnen beharrt. Insbesondere hatte die Reform der Franziskaner, die Benedikt durchgeführt hat, den Franziskanern den Wind aus den Segeln genom-

[157] Thomas, Ludwig 340.

men. Die Angriffsfläche war hier also fortgefallen, in der *visio*-Frage ohnehin.

Wie wenig plausibel das Insistieren der Münchner Franziskaner auf der Fehlerhaftigkeit des avignonesischen Papsttums zunehmend geworden war, zeigen so einfache Tatsachen wie die, dass Ludwig sich in seinem Kampf nicht mehr des Vorwurfs der Häresie gegen den Papst bediente und dass auch gegenüber Eduard offenbar mit diesem Argument nicht hantiert werden konnte. So eindeutig die Lage seit den *visio*-Predigten unter Johannes XXII. gewesen war, so sehr hatte sich langfristig das Blatt durch Benedikt XII. und sein nicht immer geschicktes, insgesamt aber doch unzweifelhaft redliches Pontifikat gewendet. Nicht zufällig verstummten die Gefährten Ockhams aus Avignoneser Tagen, Michael und Bonagratia, zusehends. Ihre Existenz im Münchner Franziskanerkloster musste mittlerweile nicht nur aus Perspektive des Papstes problematisch erscheinen, sondern auch aus ihrer eigenen Sicht. Bei realistischer Betrachtung der Dinge konnte man zu dem Schluss kommen, dass ein Kompromiss in Glaubenssachen mit Benedikt wohl erreichbar gewesen wäre – wäre er nicht an der politischen Lage gescheitert. Es war zunehmend spürbar, dass die Folgen der politischen Lage, insbesondere das auf München lastende Interdikt, die Münchner Franziskaner fortdauernd in Distanz zum Papst halten musste, nicht aber der einmal ausgetragene und nicht beendete, aber doch mehr oder minder versandete Streit um die Armut.

So gibt es gute äußere Gründe dafür, dass Ockham sich nun ganz auf die Politik einließ. Ein persönliches Motiv mag auch mitgespielt haben: Er schickte sich an, Marsilius von Padua aus der Position des erstrangigen Politikberaters Ludwigs zu verdrängen. Jedenfalls tragen dessen Schriften in diesen Jahren zunehmend Züge eines konkurrenzhaften Verhältnisses gegenüber Ockham.[158] Dies galt besonders, als beide mit Gutachten zu derselben Problematik beauftragt wurden.

c) Das Maultasch-Gutachten: konsistente Theorie oder taktische Anpassung?

Am 25. April 1342 starb Benedikt XII. Sein Nachfolger wurde der Erzbischof von Rouen, Petrus Rogerii, der als Clemens VI. regierte. Er war der letzte Papst, den Ockham erleben sollte: Sein Pontifikat endete 1352, fünf Jahre nach Ockhams Tod. Gegenüber den oppositionellen Franziskanern machte er eine generöse Geste: Indem er Guiral Ot auf den dem Titel nach ansehnlichen, faktisch aber einflusslosen Patriarchenstuhl von

[158] S. Miethke, Marsilius.

Antiochia hob, machte er den Weg frei für einen neuen Generalminister, Wilhelm Fortanerius. Doch seine Ansprüche gegenüber dem Reich blieben unerbittlich.

Und diesmal bedurfte Ludwig keines Feindes, um auch den letzten Keim von Hoffnung, es möchte sich durch den Pontifikatswechsel auch etwas zu seinen Gunsten entwickeln, zu ersticken. Der Eheskandal um Margarete Maultasch und Ludwigs Verhalten – zu dem er zwei Gutachter, Marsilius und Ockham befragt hatte – brachten den Kaiser in einen solchen Misskredit, dass alle Erfolge, die er in den vergangenen Jahren hatte einbringen können, rasch zunichte wurden.[159]

Hintergrund dieser Affäre war die Konkurrenz zu dem mächtigen Herrscherhaus der Luxemburger, die die letzten Regierungsjahre Ludwigs überschatten sollte. Zwar war es Ludwig noch 1339 gelungen, mit dem aus dem Hause Luxemburg stammenden König Johann von Böhmen (1310–1346) sowie mit dessen Onkel Balduin von Trier Frieden zu schließen[160], doch Johanns Sohn Karl von Mähren war nicht bereit, sich diese Aussöhnung zu Eigen zu machen.

Zum eigentlichen Eklat kam es in dem Territorium, über das Karls Bruder Johann Heinrich herrschte: Tirol. Johann Heinrich hatte Ansprüche auf dieses Territorium allein aus seiner Ehe mit der Herzogin Margarete Maultasch, da er es nach dem Ausgleich der Luxemburger mit den Wittelsbachern versäumt hatte, eigens dem Kaiser für seine Lehen zu huldigen.[161]

Diese Situation nutzte Ludwig unter Hilfe Margaretes und der Tiroler Landstände zu seinen Gunsten. Fast burlesk mutet es an, dass Johann Heinrich am 2. November 1341 von einem Jagdausflug heimkehrte – und die Türen seines Schlosses verschlossen vorfand. Margarete hatte beschlossen, sich des böhmischen Einflusses zu entledigen, und erklärte, ihre Ehe sei nie vollzogen worden und daher nach kanonischem Recht nichtig. Ihr Ziel und das Ludwigs war es, auf Grundlage einer solchen Nichtigkeitserklärung eine neue Ehe – vielmehr, kirchenrechtlich streng gesprochen: überhaupt erstmals rechtsgültig eine Ehe – einzugehen, und zwar mit Markgraf Ludwig von Brandenburg, dem Sohn Ludwigs: Der Bayer wollte ausgerechnet auf Kosten des unliebsamen Konkurrenten seinen eigenen Einflussbereich ganz erheblich erweitern.

Allerdings stellten sich dem zwei Probleme entgegen: Zum einen reichte die Erklärung der Frau über die Impotenz ihres Mannes allein noch nicht für die Ungültigkeit der Ehe aus, sondern dafür bedurfte es eines kirchlichen Feststellungsverfahrens. Dieses Problem wäre, da zu solchen

[159] Zu diesen Vorgängen s. jetzt Nehlsen, Rolle.
[160] Thomas, Ludwig 325.
[161] S. zum Ganzen ebd. 325–337.

Aufgaben der Papst nicht benötigt worden wäre, noch einfach zu bewältigen gewesen –, hätte nicht der Zufall einen Strich durch die Rechnung gemacht: Ludwig von Chamstein, der Bischof von Freising, war offenkundig bereit, die Ehe für nichtig zu erklären – brach sich aber auf dem Weg nach Tirol bei dem ungeschickten Versuch, sein Pferd zu besteigen, das Genick. Dies als Gotteszeichen zu werten, lag für die Zeitgenossen nahe, und so fanden sich auch Ludwigs Begleiter, die Bischöfe von Regensburg und Augsburg, nicht bereit, an seiner Stelle die Scheidung und die neue Verheiratung vorzunehmen. Noch schwerer wog ein zweiter Punkt: Margarete und Ludwig waren nach kanonischem Recht im dritten Grad miteinander verwandt – für ihre Verheiratung wäre ein päpstlicher Dispens nötig gewesen. Noch aber lebte Benedikt XII. Ihn um einen Dispens für den Sohn des exkommunizierten Kaisers anzugehen, wäre ein aussichtsloses Unterfangen gewesen.

Zum ersten Mal ist nun in dieser Situation eine Auftragsarbeit Ockhams für Ludwig nachweisbar, noch dazu eine Parallelarbeit zu einer Arbeit des Marsilius: Beide erhielten offenbar von Ludwig im Winter 1341/2 den Auftrag, die Frage zu klären, welches Recht der Kaiser selbst in Ehedingen besitzen könne. Offenkundig hatte Ludwig beschlossen, aufgrund des Ausfalls der kirchlichen Instanzen die Dinge selbst in die Hand zu nehmen, und fragte nun seine beiden kompetentesten Berater, auf welcher rechtlichen Grundlage dies anzustellen sei.

Von einer wirklich freien Gutachtertätigkeit, die nicht nur das Wie, sondern auch das Ob der Berechtigung des Kaisers zu beurteilen gehabt hätte, ist angesichts der realen Situation kaum auszugehen. Dennoch zeigen die Gutachten, dass die Individualität ihrer jeweiligen Autoren in ihnen voll zum Zuge kommt. Marsilius wählte die klare und radikale Lösung des Theoretikers des „Defensor pacis“: Dem Kaiser kam die volle Rechtsgewalt in Ehefragen zu – Ehe wurde so ganz grundsätzlich zu einer rein weltlichen Angelegenheit.

Ockham hingegen äußerte sich vorsichtiger[162] – und dabei wiederum ganz im Rahmen seiner Theorie von weltlicher Macht: Grundsätzlich ist es auszuschließen, dass die Befugnisse des christlichen Herrschers geringer seien als die seiner heidnischen Vorgänger – sofern nicht göttliches Recht hier irgendwelche Einschränkung vorsieht. Die einzige göttliche Vorschrift aber, die im anstehenden Fall tangiert sein könnte, wäre das Verbot der Wiederverheiratung. Hier drückte Ockham sich elegant um die Frage einer kirchenrechtlich exakten Feststellung des Nichtvollzugs der Ehe, sondern setzte einfach voraus, dass in der Tat die Ehe zwischen Margarete

[162] S. das Gutachten in OPol I 278–286 sowie die vielschichtige Deutung bei Damiata, Ockham II 315–320.

und Johann Heinrich niemals eine „wahre Ehe“[163] gewesen sei. Dann aber bleibt als einziges Problem der Verwandtschaftsgrad. Bei solchen Regelungen handelt es sich zwar um kirchliches Recht, aber eben doch, insofern die Kirche menschliche Institution ist, auch um menschliches, das heißt: nicht göttliches Recht. Und in diesem Falle dürfe der Kaiser „aufgrund drängender Notwendigkeit und auch offenkundigen Nutzens“[164] gegen dieses Recht vorgehen. Für diesen Fall gilt eine *epieikeia*, ein Sonderrecht, auf das der Kaiser zurückgreifen kann.[165]

Diese notrechtliche Argumentation passt zweifellos in die Wahrnehmung der Zeit, die auch sonst bei Ockham zu beobachten ist, und in dem ganzen Traktat findet sich nichts, was seinen sonst geäußerten Überlegungen in irgendeiner Weise zuwiderliefe. Dennoch hinterlässt der Traktat einen schalen Beigeschmack: Hätte Ockham sich wirklich ebenso geäußert, wenn er nicht in München gesessen, wenn Ludwig ihm nicht Notwendigkeit und Nutzen deutlich vor Augen gestellt hätte? Das Gutachten beschreitet einen schmalen Grat – der Fünfundfünzigjährige ist erstmals in seinem Leben in Gefahr, seine stupende intellektuelle Begabung schlicht einem vorgegebenen Zweck seines Schutzherrn dienstbar zu machen. Jedenfalls bleibt das Gutachten unzureichend interpretiert, wenn man es nur als Anwendungsfall einer vorher entwickelten Theorie wahrnimmt.[166] Es ist in noch deutlicherer Weise als das Gutachten für Eduard ein Schritt hinaus aus der Theorie in das Spannungsfeld einer politischen Praxis, in dem es die Neutralität der theoretischen Aussage, die Ockham in Texten wie dem „Dialogus“ so weit wie irgend möglich gewahrt hatte, nicht mehr gibt. Was schon nach dem Eduard-Gutachten galt, gilt nun erst recht: Ockham ist benutzbar.

Er ist sogar besser benutzbar als Marsilius: Ludwig folgte nicht dem Rat des Marsilius, grundsätzlich die Rechte in Ehefragen für sich zu behaupten, sondern er beließ es bei dem Einzelfall der Ehe seines Sohnes. Ockham hatte Marsilius als wichtigsten Berater verdrängt – aber ob er selbst noch das Gesetz des Handelns in der Hand hatte, bleibt fraglich.

[163] „verum matrimonium“ (OPol I 281,122).

[164] „urgenti necessitate ac etiam evidenti utilitate“ (OPol I 280,75).

[165] OPol I 28,112.

[166] So Miethke, Sozialphilosophie 130.

IX. Letzte Lebensjahre

Die Tiroler Eheaffäre bedeutete gewissermaßen die Peripetie von Ludwigs Kaisertum.[1] Noch einmal hatte der Wittelsbacher die Oberhand über die konkurrierenden Luxemburger behalten, hatte seine Hausmacht weit in den Süden, über die Alpen bis fast vor die Tore Trients ausgedehnt. Aber die Umstände, unter denen dies gelungen war, verstörten nicht nur die Untertanen im Reich: Clemens VI. gaben sie – neben dem fortdauernden Beharren auf dem Standpunkt, Ludwig habe sich das Kaisertum unrechtmäßig angemaßt – einen weiteren Anlass, die wieder aufgenommenen Verhandlungen 1343 für gescheitert zu erklären, und auch die dennoch wieder aufgenommenen Verhandlungen um eine Aussöhnung Ludwigs mit der Kirche hat Clemens nicht wirklich mit dem Ziel eines Erfolges geführt. Gleichwohl blieb Ludwigs Lage im Reich noch einige Zeit stabil, vor allem weil die Luxemburger sich selbst in eine gefährliche Lage brachten. Durch Kriegführung gegen Polen und Ungarn verschafften sie sich neben dem mächtigen Feind im Westen auch noch Feinde im Osten und schienen am Ende isoliert.

Doch steuerte der neue Papst unerbittlich auf eine Verschärfung des Konfliktes zu: Am 13. April 1346, dem Gründonnerstag, sprach Clemens VI. erneut den Bann über Ludwig aus und rief göttliche Blitze gegen ihn und seine Söhne herbei. Zugleich forderte er die deutschen Kurfürsten auf, einen neuen König zu wählen. Dies konnte, da der einzige mögliche Habsburgererbe noch minderjährig war, trotz seiner prekären außenpolitischen Lage nur Karl von Mähren, der künftige Erbe Böhmens, sein. Entsprechend trat der Papst in Verhandlungen mit ihm ein. Zur Schlüsselgestalt wurde nun wieder einmal eine Persönlichkeit, die ein doppeltes Interesse hatte: Balduin von Trier (ca. 1285–1354). Als mächtiger geistlicher Kurfürst beharrte er auf der Selbstständigkeit der Kurfürsten und damit auch auf dem eigenen Recht ihrer Königswahl – er war maßgeblich am Kurverein von Rhens beteiligt gewesen. Aber dynastisch war er als Luxemburger Karl von Mähren, dem potenziellen neuen König, verbunden. Und selbst ohne diese familiären Bande musste einem nüchternen Betrachter der Szenerie deutlich werden, dass für den über sechzigjährigen Ludwig noch seine Leistungen aus der Vergangenheit sprechen mochten, für den dynamischen, freilich auch äußerst eigenwilligen und widerborsti-

[1] Zu Ludwigs letzten Jahren siehe Thomas, Ludwig 338–383.

gen Karl mit seinen dreißig Jahren hingegen die Zukunft. Vor diesem Hintergrund vollzog Balduin seinen Frontwechsel:

„Dem hochgeborenen Herrn Ludwig von Bayern entbieten Wir, Balduin, von Gottes Gnaden Erzbischof von Trier: Herr, Ihr sollt wissen, dass uns von unserem Herrn, dem Papst, jüngst so harte und ernstliche Botschaft gekommen ist, dass Wir leider gegenwärtig nicht Euer Bestes zu werben vermögen. Und darum ist es, dass Wir wider Euch zu handeln haben. So wollen Wir uns mit diesem Brief gegen Euch verwahrt haben.“[2]

Mit diesem Schreiben war Ludwigs politisches Schicksal praktisch entschieden: Am 11. Juli 1346 wurde Karl von Mähren zum König gewählt.

Dass das auf diese vom avignonesischen Papsttum entscheidend protegierte Wahl bezogene und noch heute gelegentlich gern zitierte Wort von Karl als einem „Pfaffenkönig“, *rex clericorum*, von Ockham stamme, wie lange Zeit angenommen[3], wird man heute nicht mehr behaupten können. Es steht in einer Schrift über die Wahl Karls, „de electione Caroli Quarti“, die nur aus ihrer Widerlegung durch Konrad von Megenburg bekannt ist und die das Ziel hat, die Legitimität von Karls Königtum grundsätzlich zu bestreiten.[4] Konrad berichtet 1354, man habe ihm versichert, dieser Traktat stamme von Wilhelm von Ockham. Dieser Nachricht hat man lange Zeit geglaubt. Da allerdings der Traktat nicht vor dem Jahre 1348 entstanden sein kann, musste man hierzu eine entscheidende Voraussetzung machen, nämlich die, dass die Münchner Nachricht über Ockhams Todesjahr falsch sei: Der Grabstein – er ist 1802 bei der Säkularisierung des Klosters zerstört worden – verzeichnete den 10. April 1347 als Todesdatum.

Zu Zweifeln an der Korrektheit dieser Angabe gab es allerhand Gründe[5]: Der Grabstein war erst 1380 angefertigt worden, und die damaligen Bauherren scheinen über die Ereignisse eine Generation zuvor nur noch sehr ungenau informiert gewesen zu sein. Auch Bonagratia, der Anfang der Vierzigerjahre gestorben sein musste, erhielt das Todesjahr 1347 zugewiesen. Vor allem aber hat man den Briefwechsel zwischen Clemens VI. und dem Generalkapitel der Franziskaner als Zeugen herbeigezogen, der einen Tod Ockhams schon im Jahr 1347 unwahrscheinlich, ja unmöglich macht.

Der Papst hatte das in Verona tagende Generalkapitel am 25. Mai 1348 aufgefordert, für eine Rekonziliation der renitenten Franziskaner – in München, aber auch anderswo – zu sorgen. Und vom 8. Juni des kommenden Jahres ist die Nachricht erhalten, dass diese Bemühungen tatsächlich

[2] Zit. nach ebd. 367.

[3] Siehe OPol IV 480,94; vgl. Damiata, Ockham II 374–379; Thomas, Ludwig 370.

[4] Text in OPol IV.

[5] Aufgelistet bei Junghans, Neuere Forschung 36–41.

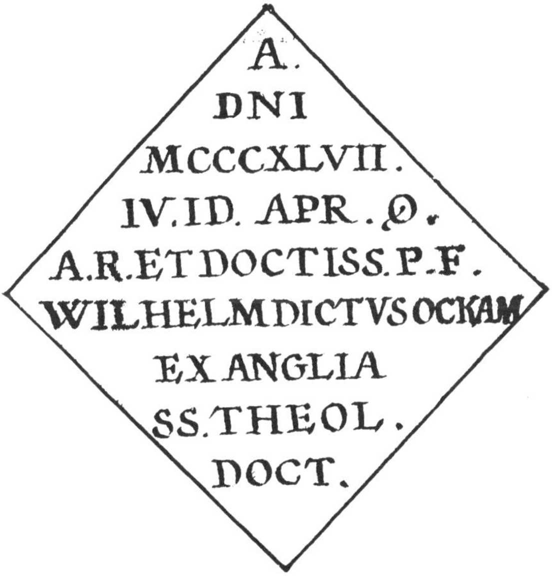

Abb. 5: Ockhams Grabstein gibt als Todesjahr 1347 an.
Nach längeren Zweifeln hat sich dieses Jahr inzwischen bestätigt.
Foto: Bayerische Akademie der Wissenschaften,
Kommission für die Herausgabe der deutschen Inschriften des Mittelalters
und der frühen Neuzeit, CLM 1753
(Bildrechte: Bayerische Staatsbibliothek).

Erfolg gehabt hätten, dass die Anhänger Michaels in München nun bereit seien, sich zu unterwerfen – unter ihnen auch Wilhelm aus England.

Damit schien alles klar: Wenn Ockham nach dem 25. Mai 1348 seine Bereitschaft erklärt haben sollte, sich dem Papst zu unterwerfen, so wäre ein Todesjahr 1347 auszuschließen. Alle weiteren Überlegungen sind dann bloße Spekulation: Die 1348 bis 1350 in München grassierende Pest hätte auch Ockham dahingerafft. Vor allem aber: Ockham wäre 1349 versöhnt mit seiner Kirche oder wenigstens versöhnungsbereit gestorben.[6] Für die Franziskaner des zwanzigsten Jahrhunderts, die eine kirchliche Rehabilitierung eines ihrer größten Ordensmitglieder anstrebten, war diese Datierung höchst willkommen.

Doch es war ein Franziskaner, der diese schöne Konstruktion zerstörte: Gedeon Gál, einer der Editoren der Werke Ockhams, hat jenen Brief wieder entdeckt, in dem der Generalminister der Franziskaner dem Papst mit-

[6] Siehe hierzu ebd. 40 unter Verweis auf Höhn, München 152.

teilte, welche Brüder bereit seien, sich ihm zu unterwerfen.[7] Tatsächlich ist darin von einem Wilhelm aus England die Rede, aber dieser wird genauer bestimmt als *„socius fratris Guillelmi Ockham“*. Es gab also – angesichts der Häufigkeit des Vornamens im England jener Zeit durchaus plausibel – zwei Franziskaner aus England mit Namen Wilhelm in München.

Alle Gründe, an dem Todesjahr 1347 zu zweifeln, sind damit obsolet. Ockham dürfte am 10. April oder – nach anderen, wahrscheinlicheren Überlieferungen – am 9. April 1347 gestorben sein. Sein Tod hatte mit der Pest nichts zu tun. Es war der natürliche Tod eines entkräfteten Mannes Anfang sechzig, der in den letzten Jahren seines Lebens gesehen hatte, wie ihm seine engsten Gefährten in den Tod vorausgegangen waren: Michael war 1342 gestorben, wahrscheinlich etwas früher Bonagratia, Marsilius wohl auch in diesen Jahren.

Einige Jahre hat er sich schweigend zurückgezogen, vielleicht noch mit der Fortführung des dritten Teils des „Dialogus“ beschäftigt. Doch ist nicht einmal dies sicher. Wahrscheinlich hat er die frühen Vierzigerjahre in einem Zustand mangelnder Produktivität in München verbracht. Dann, nach der Wahl Karls, greift er noch einmal zur Feder, nicht in jener ihm zugeschriebenen Schrift über die Wahl Karls, die ja erst nach seinem Tod verfasst sein kann, aber in einem kleinen, letzten Traktat: „de imperatorum et pontificum potestate“. Die Wahl Karls ist schon vollzogen, und entsprechend schwer ist das Vokabular, dessen Ockham sich nun zur Beschreibung seiner Situation bedient. Er rechnet sich selbst in apokalyptischem Vokabular unter die Söhne des Lichts[8], deutet so klar an, dass er seine Gegner unter die verworfenen Söhne der Finsternis rechnet, die dem Unheil ausgeliefert sind. Das Spiel mit apokalyptischem Material, das er seinerzeit schon im *„Compendium errorum“* getrieben hat, es hat neue Untertöne bekommen, und tatsächlich ist sein Patmos, sein Rückzugsort nicht mehr ungefährdet:

> „Der Verfolgung also setze ich mich wissentlich aus und beabsichtige nicht, vor ihr zu fliehen (obwohl ich vielleicht, wenn es notwendig wäre und es mir eines Tages förderlich erschiene, um imstande zu sein, sie leichter zu tragen, Gebrauch von der Erlaubnis Christi machen könnte, der allen seinen Jüngern für den Fall, dass sie Verfolgung um der Gerechtigkeit willen erlitten, sagte: ‘Wenn man euch in der einen Stadt verfolgt, so flieht in eine andere’ [Mt 10,23]), und ich bekenne offen, dass man mir wahrhaft vorwerfen kann, dass ich mich aus dem Gehorsam der avignonesischen Kirche und aus der Gemeinschaft der Menge der Minderbrüder fern halte.“[9]

[7] Gál, Ockham Dies.

[8] OPol IV 280,16.

[9] „Persecutioni igitur scienter me ingerens et eam fugere non intendens (quamvis forte, si esset necesse vel aliquando michi videretur expediens, ut ipsam levius

Verfolgungen. Ein Bekenntnis einer Schuld hinsichtlich disziplinarischer Fragen: Offenkundig erwartet Ockham, obwohl Ludwig sich in dieser Zeit noch in Bayern halten kann, dass man ihm, dem Sechzigjährigen, bald den Prozess machen wird. Es ist der verzweifelte Mut dessen, der keine Alternative mehr hat, der aus diesen Zeilen spricht: Wenn München in die Hände der Gegner fällt, dann gibt es keine Stadt mehr, in die er fliehen könnte, standhaftes Aushalten ist seine einzige realistische Handlungsmöglichkeit.

Und zugleich spricht aus diesen Zeilen auch noch einmal die verschärfte Wahrnehmung der Situation, in der Ockham sich befindet. Zwar werden noch einmal auch in dieser Schrift die Irrtümer des Johannes aufgelistet, aber der personale Kampf hat sich längst zu einem Kampf gegen ein System, die avignonesische Kirche, verdichtet, der die wahre Römische Kirche gegenübersteht. Ockham bleibt zurückhaltend, spricht die Folgerung nicht aus, die sich doch im Assoziationsraum solcher Äußerungen nahe legt: Der Endkampf ist angebrochen. Seine Gegner sind weniger vorsichtig – wenige Jahre nach seinem Tod wird Konrad von Megenburg Ockham als den Drachen aus Apk 12 bezeichnen, der gegen Maria, Christus und die Kirche kämpft.[10] So weit geht Ockham nicht. Es würde zu dem sachlichen Stil nicht passen, den er auch in seinem letzten Traktat beibehält, der noch einmal die alten Fragen nach *plenitudo potestatis* und nach dem Anrecht der Kirche auf weltliche Macht und weltlichen Besitz behandelt.

Der Traktat kann kaum mehr auf Leser hoffen, höchstens auf diejenigen, auf die Ockham mit seinem Bekenntnis anzuspielen scheint – potenzielle Ankläger, denen Ockham noch einmal entgegenhält: Der, der anzuklagen wäre, ist nicht er, sind nicht die Franziskaner in München, sondern ist der Papst allein, Clemens VI. ebenso wie seine Vorgänger. Düstere Zeitdiagnose und ungebeugter Trotz mischen sich in diesen Äußerungen. Ockham hat zeitlebens die Überzeugung nicht aufgegeben, im Recht zu sein, auch gegen den Papst und nun auch gegen die drückende politische Übermacht, die seinen eigenen Herrn in Bedrängnis bringt.

Dessen Tod hat er nicht mehr erlebt: Der Kaiser starb wenige Monate nach seinem wichtigsten Berater, am 11. Oktober 1347. Aber der Niedergang seiner Macht war schon zu Lebzeiten Ockhams offenkundig gewe-

ferre valerem, uterer licentia Christi dicentis suis discipulis omnibus persecutionem patientibus propter iustitiam: Cum vos persequntur in civitate illa, fugite in aliam), fateor plane quod michi veraciter potest imponi quod ab oboedientia ecclesiae Avinionicae et a societate multitudinis fratrum Minorum me subtraho“ (OPol IV 280,36–281,42).

[10] OPol IV 466,34f.

sen: Eine letzte, große Lebensenttäuschung für Ockham, dass der Kaiser, dem er seinerzeit zugetraut hatte, die Christenheit zu retten, nun kaum mehr die Macht hatte, sich selbst zu retten. Worum Ockham gekämpft hatte, es war, legt man eine äußere Sicht der Dinge zugrunde, gescheitert: Der Franziskanerorden hatte sich längst wieder in ein ruhiges Geleise bewegt, das avignonesische Papsttum war stabilisiert, der Kaiser, der ihn geschützt hatte, war mit einem übermächtigen Gegner konfrontiert. Ockham hatte dies registriert, aber er machte diese äußere Sicht der Dinge nicht zur letztentscheidenden.

Immerhin hat er die letzte Demütigung, in die Hände der Feinde zu geraten, nicht mehr erfahren. Im Tod dürfte er einsam gewesen sein. Als letzter Gefährte war ihm sein *socius* Wilhelm, immerhin ein Landsmann, geblieben. Aber die Einsamkeit war nicht nur eine biografische, sie war ebenso eine theologische: Er war und blieb der einsame Repräsentant der Restkirche, der Elia, dessen Knie sich nicht beugten, auch als sich die äußeren Entwicklungen gegen ihn wandten. Er wusste sich geborgen in der Gnade Gottes, der bei seiner Kirche, der wahren Kirche von Rom blieb und nicht bei der falschen Kirche, der von Avignon, bei den Kindern der Finsternis. Seine letzte Ruhe fand er in der Münchner Franziskanerkirche, vor dem Altar des Chores.

Als das Franziskanerkloster 1802 im Zuge der Säkularisierungsmaßnahmen abgerissen wurde, hat man dort in einer Schachtel seine sterblichen Überreste gefunden.[11] Diese Schachtel ist verschollen. Mit jenem Bruder Wilhelm von Ockham, dessen Grab man hier gefunden hatte, wusste das frühe 19. Jahrhundert nicht viel anzufangen – seine geistige Wiederentdeckung folgte erst Jahrzehnte später. Sorgfältig verzeichneten die Arbeiter, was sie fanden, aber sorglos ist man darüber weggegangen: Die neue Zeit brauchte das Kloster nicht mehr, man brauchte einen repräsentativen Platz, mitten in der Stadt, nahe der Residenz. So fehlt von Wilhelm von Ockham heute, bald sieben Jahrhunderte nach seinem Tod jede materielle Spur. Geblieben sind seine Schriften.

[11] Höhn, München 153–155.

X. Wirkungen

1. Ockhams Wirkung in der Spätscholastik

Die Rede von der „Ungleichzeitigkeit des Gleichzeitigen", so abgenutzt sie ist, besitzt doch im Blick auf Ockham ein besonderes Recht. Noch zu seinen eigenen Lebzeiten wurde er zu einer Chiffre für bestimmte akademische Lehren – und dies obwohl er sich selbst zu diesem Zeitpunkt schon lange, gezwungenermaßen, aus dem akademischen Milieu verabschiedet hatte. Als man 1339 in Paris die Lektüre seiner Schriften verbot, meinte man mehr als nur ihn. Man wollte eine ganze Anzahl unabhängiger Denker treffen, die mit großer Freiheit aus sprachphilosophischen Überlegungen zu einer Kritik an Autoritäten kamen. Wenn sie sich überhaupt auf Ockham stützten, so auf die Schriften, die er vor seiner Flucht aus Avignon verfasst hatte: den Sentenzenkommentar, vielleicht auch die Summe der Logik. Dass dieser Denker noch lebte – und längst andere Themen hatte –, besaß für sie keine Bedeutung.

Mit den Ereignissen in Paris ist freilich schon ein erster Gipfelpunkt der Ockham-Rezeption im späten Mittelalter erreicht, deren erste Anfänge naheliegenderweise in England zu suchen sind.[1] Dabei ist die Wirkung Ockhams gleichermaßen positiv wie negativ: Sein Kritiker Walter von Chatton, der 1329/30 Magister in Oxford war, stand ebenso im Bann der von Ockham vorgetragenen Problemstellungen wie Ockhams früherer Schüler und Sekretär Adam von Wodeham, der 1340 als Oxforder Magister regens geführt wird, oder auch die Dominikaner Wilhelm Crathorn und Robert Holcot. Was Ockham für England erreicht hat, ist, dass nun endgültig nicht mehr nur die kontinentalen Geistesgrößen als intellektuelle Gesprächspartner bei der Entwicklung von Ideen herhalten müssen, sondern dass der permanente, herausragende Gesprächspartner direkt oder indirekt Wilhelm von Ockham ist, insbesondere in der Erkenntnislehre, der Universalien- und der Gnadenlehre.

Dass er mit seinem wichtigsten Anliegen in England besonderen Erfolg hatte, mit der Betonung der zentralen Rolle der Logik auch für die theologische Erkenntnis, bezeugt ausgerechnet sein alter Feind Johannes Lutterell und dies auch noch in seinem Traktat über die *visio*, mit dem er die Thesen von Johannes XXII. intellektuell untermauern wollte. Im Zu-

[1] Siehe Etzkorn, Merton 284; Hoffmann, Ockham-Rezeption.

sammenhang einer aristotelischen Argumentation führt er potenzielle Gegner ein:

„Aber ihr entgegnet mir, dass sie uns Engländern hier oft entgegnen: 'Sieh, du hast der Logik nach geantwortet. Lass das, lass das! Antworte der Theologie nach!' Also nimmt bei den Theologen die Logik überhand."[2]

Das muss kein Reflex auf die Wirkung Ockhams sein, könnte aber so verstanden werden. Jedenfalls kann gar kein Zweifel bestehen, dass in der Zeit nach Ockham die theologischen Fakultäten Englands in einer Weise von logischen Diskussionen bestimmt waren, die das intellektuelle Milieu Englands deutlich von dem des Kontinents abhoben.

Gleichwohl ist die entscheidende Wirkung Ockhams wiederum in Paris festzumachen, angezeigt eben durch jenes Verbot seiner Schriften, das 1339 dort erlassen wurde. Hier hatte man weniger die Theologische Fakultät im Auge als die *artes*-Fakultät, an der in den Dreißigerjahren ein sprachanalytisches Denken im Stil des Petrus Hispanus und anderer Denker im Schwange war. Ockham selbst war hier zwar nicht ganz bedeutungslos, aber doch gewiss nicht die einzige Persönlichkeit, auf deren Œuvre man sich bezog, wenn man das Verhältnis zwischen Begriffen und Dingen immer stärker problematisierte.

Als der bekannteste Vertreter dieser Richtung ist er den Pariser Zensoren dennoch zu einer Art von Chiffre geworden, die für all das moderne Denken stehen sollte, das man ablehnte. Am 25. September 1339 erklärte der Rektor der Pariser Universität daher:

„Da nun von unseren Vorgängern aus nicht unvernünftigen Gründen eine bestimmte Anordnung hinsichtlich der bei uns öffentlich oder heimlich zu lesenden Bücher vorliegt, die wir geschworen haben zu befolgen, und da wir danach einige von ihnen nicht zugelassene oder auf andere Weise übliche Bücher nicht lesen dürfen, heutzutage aber manche die Lehre Wilhelms genannt Ockham (obwohl sie nicht von jenen Urhebern der Anordnung zugelassen oder sonstwie üblich und auch nicht von uns oder anderen zuständigen Stellen geprüft war, weswegen sie offenbar nicht über allen Verdacht erhaben ist) öffentlich und mit Versammlungen an privaten Orten auch heimlich zu lehren sich anmaßen, bestimmen wir hiermit eingedenk unseres Heils und angesichts des von uns geleisteten Schwurs über die Befolgung der genannten Anordnung, dass sich niemand künftig anmaßen soll, die oben genannte Lehre als Hörer oder in eigener Vorlesung öffentlich oder heimlich zu verteidigen oder Versammlungen zur Diskussion der genannten Lehre zu veran-

[2] „Sed mihi opponitis quod nobis Anglicis frequenter hic opponunt: Ecce, secundum logicam respondisti. Tolle, tolle! Secundum theologiam responde! Ergo apud theologos superfluit logica" (Hoffmann, Lutterell 117,11–13); vgl. ganz ähnlich Richard, Philobiblion 106.

stalten oder sich in der Vorlesung oder bei den Disputationen auf ihn [i.e. Ockham] zu berufen."[3]

Worin die Befürchtungen, die man hier so überdeutlich mit dem Namen Ockhams verband, begründet lagen, macht das so genannte 'Nominalistenstatut' deutlich, das gut ein Jahr später, am 29. Dezember 1340, erlassen wurde.[4] Dass dabei ein Verständnis von Wissenschaft und Sprache kritisiert wird, das mit dem Ockham'schen verwandt ist, ist offenkundig, wenn etwa verboten wird:

„Desgleichen soll niemand behaupten, es gäbe kein Wissen von den Dingen, sondern immer nur von den Zeichen, d.h. von den Begriffen und Ausdrücken, denn in den Wissenschaften benutzen wir die Begriffe für die Dinge, die wir nicht zu unseren Disputationen tragen können."

Es lag nahe, diese sprachkritischen Ansätze mit Ockham zu verbinden, doch wird es gerade an dieser Stelle schwierig, zu entscheiden, wie weit Ockham tatsächlich diese Bewegung angestoßen hatte oder eben doch nur ihr besonders reger Vertreter und vielleicht Katalysator gewesen war. Wie weit solche Überlegungen sich verbreitet hatten, sieht man bei einer genauen Lektüre der ersten Geschichte des Decamerone von Boccaccio, die auch von dem problematischen Verhältnis zwischen den Wörtern und den Dingen handelt, ohne doch gleich von Ockham abhängig sein zu müssen.[5]

In Paris sind seinerzeit zwei andere relevante Vertreter ansässig, die sich mit solchen sprachphilosophischen Überlegungen beschäftigten: Johannes Buridan und Nikolaus von Autrecourt. Insbesondere Nikolaus zeigte – noch zu Lebzeiten Ockhams –, zu welchen radikalen Folgerungen man gelangen konnte, wenn man erkenntnistheoretische Ansätze, wie sie sich bei Ockham fanden[6], konsequent weiterdachte: In frappierender Weise scheint er Gedanken David Humes vorwegzunehmen, wenn er die Denknotwendigkeit der Kausalität bestreitet. Der Ausgangspunkt dieser Überlegungen ist die strenge Betonung des Satzes vom ausgeschlossenen Widerspruch[7], der allein evidente Erkenntnis begründen könne.[8] Die Ver-

[3] Paqué, Nominalistenstatut 306f.

[4] Abgedruckt mit Übersetzung bei ebd. 8–13; hier sind die folgenden Übersetzungen entnommen. Dass die auf Ockhamisten bezogene Überschrift aller Wahrscheinlichkeit nach sekundär ist, hat überzeugend Courtenay, Registers 44–49, gegen Paqué und Thijssen, Once again, nachgewiesen.

[5] Mit dieser Deutung geht Flasch, Boccaccio, wohl zu weit. Aber es ist sein Verdienst, auf diesen philosophischen Hintergrund des Decamerone hingewiesen zu haben.

[6] Zu Autrecourts Unabhängigkeit von Ockham s. Kaluza, Histoire littéraire 84; Tachau, Vision and Certitude 340–352.

[7] Autrecourt, Correspondence 58 (2,2).

[8] Ebd. 60 (5,2f.).

wandtschaft mit der Betonung des Satzes vom ausgeschlossenen Widerspruch bei Ockham aufgrund der *potentia*-Lehre liegt auf der Hand. Die radikalen Konsequenzen, die Autrecourt hieraus zog, indem er erklärte, dass aufgrund dieses Prinzips nicht mit Sicherheit von der Existenz einer Sache auf die einer anderen Sache – von der Wirkung auf die Ursache, vom Sinneseindruck auf eine zugrunde liegende Sache – geschlossen werden könne, brauchen hier nicht zu interessieren.[9] Bedeutsam ist, dass noch zur Zeit Ockhams ein Denken, das dem seinen verwandt war, zu Konsequenzen kommen konnte, die an klassische Formen des Skeptizismus erinnern – ein Skeptizismus, der auch vor Glaubensinhalten nicht Halt machte, wenn Autrecourt etwa zu der Aussage kommt, dass nicht einmal die Apostel gewiss sein konnten, dass Christus am Kreuz gestorben und von den Toten auferstanden sei.[10]

Gemessen an diesen Aussagen wirkt Ockham geradezu harmlos. Umso deutlicher wird man sich klar machen müssen, dass seine Wirkung auf die Philosophie- und Theologiegeschichte um Vieles geringer war, als man früher gerne angenommen hat. Die Rede von einem „Ockhamismus" des späten Mittelalters kann heute als wissenschaftlich überholt gelten.[11] Eine Wirkungsgeschichte im Sinne der Schulbildung hat Ockham nicht entfaltet, auch wenn umgekehrt richtig ist, dass sich Spätere gerne auf ihn als eine Art Schulhaupt berufen haben.

Realistischerweise wird man wohl das Denken Ockhams als einen starken Strang innerhalb der Geistesgeschichte des späten Mittelalters betrachten können, der von der auch außerhalb einer direkten oder indirekten Schülerschaft greifbaren Zunahme sprachphilosophischer und logischer Überlegungen nicht zu trennen ist. Diese Bewegung ist in etwa das, was Zeitgenossen zunehmend technisch als *moderni* bezeichnet haben. Ein solcher Begriff ist erstmals im Zusammenhang der Pariser Streitigkeiten um 1340 im technischen Sinne festzumachen[12] und meint zunächst – natürlich im negativen Sinne – diejenigen Denker, die sich stärker mit den jüngeren Autoren als mit den alten, hergebrachten Autoritäten auseinander setzten.[13]

Diese modernen Denkansätze wiederum haben sich je nach intellektuellem Milieu sehr verschieden entwickelt. Während in England, wie oben erwähnt, die Dominanz dieses sprachphilosophischen Denkens schon rasch erreicht war, hatte es in Paris lange Zeit mit Verboten zu

[9] S. hierzu Leppin, moderni.

[10] Autrecourt, Correspondence 54 (14,13–15).

[11] S. hierzu Leff/Leppin, Ockham/Ockhamismus 16–18.

[12] S. Courtenay, Antiqui and Moderni 6–10.

[13] Gössmann, Antiqui und Moderni 111; vgl. Ritter, Spätscholastik II 33,39.

kämpfen: Noch 1474 und 1481 erließ der König Verbote des Nominalismus. Wieder anders entwickelte sich die Lage in Deutschland: Hier verfestigten sich die unterschiedlichen philosophischen Richtungen auch institutionell. Man unterschied die *Via antiqua*, die weitgehend Thomas von Aquin folgte, von der *Via moderna*, die stärker an den sprachphilosophischen Ansätzen Ockhams und anderer ausgerichtet war. Die meisten Universitäten schrieben an ihren *artes*-Fakultäten vor, welcher Richtung der jeweilige Lehrstuhl zu folgen habe. So herrschte in Köln die *Via antiqua* – freilich im philosophischen Gewand nicht des Thomas, sondern seines in Köln im 13. Jahrhundert tätigen Lehrers Alberts des Großen –, in Heidelberg hingegen die *Via moderna*, neben der erst 1452 auch die *Via antiqua* zugelassen wurde; diesem Beispiel der Zulassung beider Wege folgte später die Universität Tübingen, die seit ihrer Gründung 1477 beide Wege zuließ. Wie schroff die Streitigkeiten werden konnten, zeigt das Beispiel der Universität Ingolstadt, wo man Ende des 15. Jahrhunderts gar die Teilung der Universität erwog, weil sich die Vertreter der jeweiligen Wege nicht einigen konnten.

So gab es, vermittelt durch die entsprechenden institutionellen Absicherungen, eine Nachwirkung Ockhams, die in großer Kontinuität bis in das sechzehnte Jahrhundert hineinreichte. Der letzte große Vertreter einer eindeutig auf Ockham bezogenen theologischen Position war Gabriel Biel, der ab 1484 den auf die *Via moderna* ausgerichteten Tübinger Lehrstuhl innehatte und in dieser Zeit einen Sentenzenkommentar abfasste, der letztlich eine vergröbernde Kurzfassung Ockhams darstellte. Immerhin konnte man – auch dies ein Indiz des großen Interesses – bereits im späten 15. Jahrhundert sowohl auf die Drucke einzelner Werke Ockhams zurückgreifen als auch auf eine kleine Werkausgabe, die von 1494–1498 bei Trechsel in Lyon erschienen war.

2. Ockham als Hilfe im Streit um den Konziliarismus

Weit schwerer als im akademischen Bereich ist die Wirkung Ockhams im kirchenpolitischen zu fassen. Dass er hier eine große Wirkung entfaltet hatte, belegt schon allein die hohe Auflagenzahl seiner politischen Werke: Die Handschriften des „Dialogus" stehen hinter denen des „Defensor pacis" zahlenmäßig kaum zurück. Aber gerade darin liegt nun wiederum ein Indiz für die Art der Wirkung Ockhams. Er wirkte gerade durch eine Schrift, der seine eigene Auffassung nur äußerst schwer zu entnehmen war. Das bedeutet auch, dass seine Wirkung mehr in der profunden Auslotung der Probleme lag als in einer deutlich akzentuierten Stellungnahme.

Das gilt auch und insbesondere für die Zeit, in der seine Schriften noch einmal auf großes Interesse stießen: Als 1386 Pierre d'Ailly (1350–1430) seinen „Epylogus" schrieb, eine Abbreviatur des gesamten „Dialogus"[14], hatten sich die politischen Probleme in Europa fundamental gewandelt: 1377/78 war Gregor XI. nach Rom zurückgekehrt, doch wurde nach seinem Tod 1378 eine Doppelwahl für seinen Nachfolger durchgeführt. Es kam zum Großen Schisma, mit einem Papst in Rom und einem in Avignon.

Auf neue, ganz andere Weise gewannen damit die von Ockham bearbeiteten Probleme, was zu tun sei, wenn die Kirche ohne legitimen Papst war, neue Brisanz. Pierre d'Ailly gehörte zu jenen, die in dieser Situation sehr früh die Überzeugung vertraten, dass allein ein Konzil der Kirche zu einer „Reform an Haupt und Gliedern" verhelfen könne, wie sie nun nötig schien. Er hat selbst als Akteur auch noch zwei der wichtigsten Konzilien erlebt: das Konzil von Pisa 1409, das mit seinem Versuch, die beiden amtierenden Päpste durch einen dritten zu ersetzen, nur erreichte, dass nun die ganze Christenheit in drei Obödienzen zerfiel, und das Konzil von Konstanz 1414–1418, das die Beendigung des Schismas zum Ergebnis hatte.

Für das Vertrauen auf das Konzil, die Haltung des Konziliarismus, bediente man sich Ockhams als eines hilfreichen Ratgebers – und blieb dabei nur begrenzt bei seinen Intentionen: Ihm war es ja nicht um die Regelung einer disziplinären Streitfrage gegangen, sondern um die Frage der Häresie. Allein in dieser Hinsicht hatte er den Papst eindeutig dem Konzil unterstellt. Und doch waren seine Überlegungen offenbar weit reichend genug, um auch für diese geänderte Situation noch hilfreich zu sein.

3. Anknüpfung und Kritik in der Reformation

Der Reformator Martin Luther hat immer wieder darauf hingewiesen, dass er eigentlich ein Schüler Ockhams sei. Tatsächlich waren seine Erfurter Lehrer Vertreter der *Via moderna*, und das entscheidende Lehrbuch, anhand dessen Luther seine eigene theologische Position entwickelt hat, war das „Collectorium" des Gabriel Biel. Gerade aufgrund dieser Nähe zu Biel ist es auch nicht verwunderlich, dass die Thesenreihe gegen die scholastische Theologie, die Luther noch vor seinen berühmten Ablassthesen vom 31. Oktober 1517 veröffentlichte, sich weitgehend als Angriff auf die Theologie dieses Tübinger Ockhamisten lesen lässt.[15] So wie man hier

[14] I. Murdoch (Hrsg.), Critical Edition of Pierre d'Ailly's „Abbreviatio Dyalogi Okan", Diss. Phil. Melbourne 1981 (masch.).

[15] Siehe hierzu Grane, Contra Gabrielem.

einerseits den radikalen Bruch mit der Vergangenheit betonen kann, hat es umgekehrt nicht an Versuchen gefehlt, die Reformation Luthers als weitgehend aus der spätmittelalterlichen *Via moderna* hervorgewachsen zu erklären, freilich in der Variante der *Via Gregorii*, der auf Gregor von Rimini fußenden theologischen Richtung, die Luthers schroffe Betonung der Gnade vorwegzunehmen schien.[16]

Sicher liegt eine solche Erklärung allein schon aufgrund des Bildungsweges Luthers nahe, und es gibt auch inhaltliche Gründe, in geänderter, gebrochener Form in Luthers Denken einen Widerschein Ockham'scher Denkstrukturen zu finden. Am deutlichsten ist dies vielleicht bei den Spekulationen Ockhams über die Allmacht Gottes, die den verborgenen Hintergrund für das göttliche Gnadenhandeln bilden. Es liegt nahe, in Luthers Unterscheidung zwischen einem unserem rationalen Verstehen entzogenen *Deus absconditus*, der für das Leiden in der Welt verantwortlich ist, und dem in Christus offenbar gewordenen *Deus revelatus* einen fernen Reflex solcher Spekulationen zu sehen, auch wenn sich in Luthers Theologie unmittelbar eine stärker biblisch gesättigte Sprache zeigt.

Am auffälligsten wird das Ockham'sche Erbe ausgerechnet in den innerprotestantischen Streitigkeiten um die Abendmahlslehre, die Heiko Augustinus Oberman geradezu als eine Fortwirkung der spätmittelalterlichen Wegestreitigkeiten interpretiert hat[17]: Der Zürcher Reformator Huldrych Zwingli argumentierte mit seinem Beharren darauf, dass es der menschlichen Natur Christi widerspreche, zugleich im Himmel und in den Abendmahlselementen zu sein, im Stil thomistischer Wesensargumentationen. Luther dagegen insistierte immer wieder darauf, dass Gott in seiner Allmacht zu weit mehr in der Lage sei, als der menschliche Verstand ihm zuzugeben bereit sei. Ein ferner Nachklang Ockham'schen Denkens mag dies sein – freilich mehr wohl auch nicht. Alles, was in Luthers Denken von Ockham beeinflusst geblieben sein mag, ist durch einen Filter gegangen, den die reformatorische Grundlehre von der Rechtfertigung allein aus dem Glauben darstellte.

Für eine weitere Wirkung im Protestantismus waren die Zeichen dann auch nicht sehr günstig, und Gleiches galt für den Katholizismus, wie er sich unter den Vorzeichen der Konfessionalisierung zu formieren begann: Bei den Verhandlungen des Tridentinischen Konzils (1546–1563) konnte ein exkommunizierter Theologe kaum hilfreich sein, man konzentrierte sich auf Thomas und Duns Scotus, wobei der Dominikaner bedeutend größeres Gewicht erhielt als der Franziskaner.

Diesem Abbruch des theologischen Traditionsstroms scheint ein ent-

[16] Oberman, Werden und Wertung.

[17] Oberman, Via.

sprechender Abbruch in der Philosophiegeschichte parallel gegangen zu sein. Zwar gibt es in den folgenden Jahrhunderten noch gelegentlich Hinweise auf Ockham, aber schwerlich eine originäre Ockhamkenntnis. Und auch Parallelen, die man zwischen seinem Denken und dem späterer Philosophen meint herstellen zu können[18], helfen bei der Frage nach Wirkungen nicht weiter. Sie geben zwar Hinweise auf strukturelle Gemeinsamkeiten, aber nicht auf historische Verlaufslinien. Im Großen und Ganzen wird man sagen dürfen, dass Ockham vom 16. bis zum 19. Jahrhundert eine, von wenigen Spezialisten abgesehen, vergessene Größe der Vergangenheit war. Die bedenkenlose Beseitigung seines Grabes in München ist nur ein Symptom für die Vergessenheit, in die er geraten war.

4. Die Ockham-Renaissance in der modernen Philosophie

Zu einer Wiederentdeckung Ockhams kam es erst, als sich die Philosophie zunehmend logischen und sprachkritischen Fragen zuwandte. So ist es kaum erstaunlich, dass man den Beginn einer Ockham-Renaissance bei Charles Sanders Peirce (1839–1914), einem der Gründerväter der modernen Semiotik, ansetzen kann. Sein Satz, dass „die gesamte moderne Philosophie auf dem Ockhamismus" gründe[19], wird von Ockhamforschern oft und gerne zitiert, und er ist in der Tat signifikant für die Art von Wirkung, die Ockham in der modernen Philosophie entfaltet hat. Sowenig bestritten werden kann, dass Peirce ein stupender Kenner der mittelalterlichen philosophischen Texte – insbesondere auch der scotistischen Tradition – war, so sehr war doch sein Ockhambild eines, das sich den Venerabilis Inceptor für neue systematische Ansätze zunutze machte. Ein historischer Ockham wurde nicht gesucht und musste im Rahmen eines solchen philosophischen Programms auch nicht gesucht werden.

Das gilt dann erst recht für die weitere Rolle Ockhams in der modernen Sprachphilosophie, die eher als „Benutzung" denn als „Wirkung" seines Werkes anzusehen ist – etwa auch bei Ludwig Wittgenstein, mit dem Ockham gerne verglichen wird. Beiden ist ohne Zweifel der Zugang zur Wirklichkeit über die Sprache gemeinsam, dennoch trennen den mittelalterlichen und den modernen Denker der Sprache, den jungen wie den späten Wittgenstein, Welten: Welten, die vor allem in den Voraussetzungen liegen. Die Selbstverständlichkeit, mit der Ockham sich innerhalb eines philosophischen Systemrahmens, dem Aristotelismus, bewegen konnte, ist für die modernen Denker nicht mehr gegeben. Die Sprachphilosophie bedeutet

[18] Siehe insbesondere zum Verhältnis zu Kant Martin, Ockham.

[19] Peirce, Papers 5,61.

bei Wittgenstein auch die Suche nach einem neuen eigenständigen Referenzrahmen für das Verstehen von Welt überhaupt, für Ockham war sie die präziseste Form, den tradierten Referenzrahmen auszudrücken. Die Nähe, die solche modernen Philosophen zu Ockham empfinden, bleibt gleichwohl verständlich, scheint doch Ockhams Philosophie in mancher Hinsicht den „linguistic turn" der modernen Philosophie vorwegzunehmen.

Das philosophische Interesse an Ockham hat daher auch die moderne Forschung weitgehend bestimmt: Ein Blick in die 1990 erschienene Bibliografie seiner Werke zeigt, welch erdrückendes Übergewicht philosophische Fragen bei der Bearbeitung seines Werkes haben. Oft finden sich hierunter dann auch Aufsätze, in denen zwischen der historischen Frage nach dem, was Ockham eigentlich gelehrt hat, und der aktuellen Frage, wie man ihn in das gegenwärtige Gespräch hineinziehen und ihn darin nutzen könne, kaum mehr zu unterscheiden ist. So sind diese Beiträge selbst noch Teil jener mit Peirce einsetzenden philosophischen Wirkungsgeschichte, die Ockham überhaupt erst wieder zu einer einigermaßen bekannten Persönlichkeit gemacht hat. Sie bilden den Hintergrund und die ständigen Begleiter für das, was im Folgenden als historisch rekonstruierende Bilder Ockhams notiert werden soll.

5. Ockhambilder in der Forschung

a) Der Ketzer

Ebenfalls im 19. Jahrhundert, freilich um einiges früher, begann man sich in der katholischen Theologie neu auf die Scholastik zu besinnen. In einem durchaus bewussten Gegensatz zur idealistischen Philosophie kehrte man zur lehrhaften Darstellung der Theologie zurück, wie man sie insbesondere bei Thomas als dem entscheidenden Lehrer der Kirche lernen konnte. Diese Epoche der Neuscholastik brachte daher fast automatisch eine negative Bewertung Ockhams mit sich. Man schleifte die Urteile, wie sie der Thomist Lutterell formuliert hatte, gewissermaßen mit, sah in Ockham, um nur die ärgsten Anschuldigungen zu nennen, einen Agnostiker und Moralpositivisten. Aus dem Zusammenhang gerissene Zitate mussten zur Bestätigung solcher Verdikte herhalten. Für Ockham und den mit ihm in eins gesehenen Nominalismus hatte man Urteile wie die, sie seien „stets radikaler und destruktiver" geworden oder sie seien von einem „ungesunden, übertriebenen Drängen nach Neuem und Eigenem" geprägt gewesen.[20]

[20] Siehe hierzu Junghans, Neuere Forschungen 23.

War in dieser katholischen Wahrnehmung Thomas der Maßstab, an dem Ockham gemessen und zu leicht befunden wurde, blickte zur selben Zeit die protestantische Theologie durch die Brille Luthers auf das Mittelalter und sah alle mittelalterlichen Theologen – Thomas und Ockham traut vereint – als Pelagianer, die den echten Paulinismus und Augustinismus verrieten: „Bei Occam ist vollends alles aufgelöst“, liest man in der Dogmengeschichte Adolf von Harnacks[21], und noch in der 1960 neu bearbeiteten zwölften Auflage des kirchenhistorischen Kompendiums des Jenaer Kirchenhistorikers Karl Heussi, das Generationen evangelischer Theologen zur Examensvorbereitung diente, las man von einem „Dualismus von Theologie und Philosophie“ und einem scharfen Auseinandertreten von Glauben und Wissen bei Ockham[22]: tradierte Urteile, die von einer realistischen Wahrnehmung Ockhams weit entfernt, angesichts des seinerzeitigen Forschungsstandes allerdings auch kaum anders möglich waren.

b) Der harmlose Franziskaner

Dass diese Situation sich geändert hat, ist im Wesentlichen auf Philotheus Boehner zurückzuführen (1901–1955). Sein Anliegen ist dabei ein höchst apologetisches: Selbst Franziskaner, wollte er den großen Ordensbruder von den kritischen Vorurteilen befreien, die auf ihm lasteten und seine Rezeption hinderten. Zwar ist eine Monographie über Ockham aus seiner Feder nicht erhalten, aber er hat in mehreren Aufsätzen sein Programm entfaltet.[23] Daraus lässt sich ersehen, dass Ockham weit weniger radikal war, als die spätere Rezeption behauptet hat. Ockham erscheint als ein zwar nicht unorigineller, aber doch gemäßigter Denker, dem wiederholt durch Zeitgenossen und Spätere Unrecht widerfahren ist.

Das dabei entstandene Bild zeichnet Ockham viel stärker in den geistigen Rahmen seiner Zeit ein, als dies bislang geschehen war. Allerdings teilt Boehner das normative Bild von Philosophie, das auch seine Gegner vertraten. Ihm geht es darum, zu zeigen, dass Ockham auch am Maßstab einer thomistisch geprägten Neuscholastik gemessen bestehen kann. Signifikant hierfür sind die beiden bleibenden Erkenntnisse, die er der Ockhamforschung gebracht hat: der Nachweis, dass Ockham durchaus nicht auf alle Möglichkeiten einer metaphysischen Gotteslehre verzichtet, sondern einen Gottesbeweis vorgelegt hat, und der Aufweis einer Entwicklung in seiner Universalienlehre von der *intellectio*- zur *fictio*-Theorie.

[21] Harnack, Dogmengeschichte 420.
[22] Heussi, Kompendium 242.
[23] Boehner, Articles.

Gerade diese Einsicht wäre Boehner wohl kaum ohne eine profunde Kenntnis der Manuskripte möglich gewesen. Dies verweist auf seine wichtigste Leistung für die spätere Forschung: Dass es heute eine umfassende kritische Ausgabe der akademischen Werke Ockhams gibt, ist auf die Initiative Boehners zurückzuführen. Er selbst konnte zwar zu Lebzeiten nur einen Teil der Werke edieren, hat aber das Programm der späteren Gesamtausgabe – einschließlich ihrer problematischen, neuscholastischen Geist atmenden Trennung von Philosophie und Theologie – und die Methode der Edition mit Hilfe einer gestrafften Kollationierung maßgeblich geprägt. 1967 konnte der erste Band dieser Ausgabe erscheinen, und nur zwei Jahrzehnte später, im Jahr 1988 war sie abgeschlossen. Die hierin steckende Leistung kann man ermessen, wenn man bedenkt, dass die Opera Politica, die schon 1940 begonnen wurden, heute noch nicht zum Abschluss gekommen sind: Der vierte Band konnte zwar 1997 erscheinen, aber der „Dialogus", der Löwenanteil des Unternehmens, steht bislang noch aus – erste vorkritische Texte sind ins Internet gestellt[24] und werden von einem internationalen Editorenteam unter Leitung von John Kilcullen, Australien, für den Druck vorbereitet.

c) Im Schatten der Reformation

Durch die Forschungen von Boehner war erstmals der Versuch gemacht worden, ein neues, positives Bild von Ockham zu zeichnen, das auch jenseits katholischer Kreise positive Aufnahme fand.[25] Freilich bedeutete es nicht, dass Ockham sofort von allen theologischen Vorurteilen befreit worden wäre. Deren Charakter aber änderte sich: Die zunehmend offene ökumenische Situation der Fünfzigerjahre des 20. Jahrhunderts im Vorfeld des Zweiten Vatikanischen Konzils hatte auch Einflüsse auf die kirchen- und theologiehistorische Forschung, insofern nun das Verhältnis zwischen Spätmittelalter und Reformation aufs Neue untersucht wurde.

Auf katholischer Seite haben dabei die Theologen Joseph Lortz und Erwin Iserloh maßgeblichen Anteil an einer Neubewertung der Reformation gehabt, freilich auf Kosten des Mittelalters. Der Grundgedanke, mit dem sie eine Öffnung für ein positiveres Reformationsverständnis erreichen wollten, war der, dass die Kirche, gegen die Luther gekämpft habe, eigentlich im Vollsinne gar nicht katholisch gewesen sei. Die Reformation wurde also historisch legitimiert, zugleich aber die Legitimität der Fortdauer evangelischer Kirchen angesichts der offenkundig geänderten, wieder „katholischer" gewordenen Kirche von Rom neu bezweifelt.

[24] http://britac3.britac.ac.uk/pubs/dialogus/ockdial.html.

[25] Junghans, Neuere Forschung.

In das Räderwerk dieser groß angelegten Konstruktion geriet auch Wilhelm von Ockham: Erwin Iserlohs Habilitationsschrift, entstanden unter Anleitung von Lortz, war der Frage nach der Eucharistielehre Ockhams gewidmet, und das Vorwort gibt in erfrischender Offenheit an, was das Anliegen dieser Studie war: „Es mussten die Wurzeln einer theologischen Haltung freigelegt werden, die einerseits zur Ablehnung der Messe führte, andererseits zu ihrer gültigen Verteidigung nicht fähig war.“[26] Iserloh spielte noch einmal die Rolle des Inquisitors: Ockhams Ausführungen wurden in großer Gründlichkeit dargelegt, dann aber auf ihre Stichhaltigkeit angesichts der Lehrfestlegungen des Konzils von Trient – das etwa zweihundert Jahre nach seinem Tode einberufen wurde – untersucht. Das Ergebnis war nicht einfach vernichtend, aber in seiner Subtilität infam: Der eigentliche Fehler Ockhams lag im Verlust der theologischen Substanz.[27] Die eitle Lust des Engländers an der Logik hatte ihn seine eigentliche Aufgabe, die Offenbarung zu verkündigen, vergessen lassen. Ockham wurde damit verantwortlich gemacht für eine allmähliche Aushöhlung der katholischen Position, die schließlich in die Kirchenspaltung des 16. Jahrhunderts mündete.

Dieser erneuerten katholischen Negativbewertung, die der positiven Bewertung im Franziskanerorden schroff entgegenstand, lief der umgekehrte Vorgang in der evangelischen Kirchengeschichtsschreibung entgegen: Kirchenhistoriker wie Bernd Moeller und Heiko Augustinus Oberman bemühten sich in den frühen Sechzigerjahren um eine positive Würdigung des Spätmittelalters, der eine auf sozialhistorischem, der andere auf geistesgeschichtlichem Gebiet. Die Thesen Obermans, die sich kaum direkt auf Ockham beziehen, sondern eher auf dessen späten Erben Gabriel Biel, wurden oben schon erwähnt. Sie laufen darauf hinaus, dass nun, ganz im Gegensatz zu Iserloh, Ockham und seine Erben aus der negativen Wertung herausgenommen werden, gerade weil sie die Reformation mit vorbereiteten.

d) Der Sozialphilosoph

Ebenfalls noch in den Sechzigerjahren kam es auch im Blick auf Ockhams politisches Denken zu einer Neubewertung, die sich durch die oben erwähnte kritische Neuausgabe der politischen Werke bereits vorbereitet hatte. Bislang hatte man das politische Œuvre Ockhams unter theoreti-

[26] Iserloh, Gnade V.

[27] Siehe zusammenfassend zu Iserloh: Junghans, Neuere Forschung 314, mit Belegen.

schen Gesichtspunkten wenig beachtet und in diesen Schriften einen völligen Neuansatz Ockhams, fern von aller bislang gepflegten Theorie finden wollen. Diese Sicht der Dinge änderte sich fundamental durch die Dissertation von Jürgen Miethke: „Ockhams Weg zur Sozialphilosophie". Zum ersten Mal wurden tatsächlich akademische Schriften und politische Schriften in ihrem Zusammenhang gesehen, wurde das politische Œuvre in seinem theoretischen Gewicht ernst genommen. Diese Forschungswende hat auch insofern ein neues Bild von Ockham gezeichnet, als nun deutlich wurde, dass mit Avignon zwar ein unleugbarer, tiefer Bruch in seinem Leben erfolgt war, es trotz dieses Bruchs aber auch eine Kontinuität im Denken gab, die es erlaubt, Ockham als eine durch das ganze Leben hindurch sich konsistent entwickelnde Persönlichkeit zu sehen.

e) Der Moderne im Mittelalter

Dass diese mit Miethkes Buch eingeleitete Neubesinnung die Ockhamforschung nicht in ihrer ganzen Breite erfasst hat, liegt daran, dass etwa zeitgleich die seit dem 19. Jahrhundert wahrgenommene philosophische Bedeutung Ockhams ihre Folgen auch in der historischen Arbeit zeitigte.

Den Auftakt hierzu bildete allerdings eigentlich ein geschichtsphilosophischer Entwurf: Hans Blumenbergs „Legitimität der Neuzeit". Dabei hat Blumenberg Ockham gerade nicht als Modernen gekennzeichnet, aber doch als jemanden, dessen Denken geradezu zwingend die Kräfte der Moderne freisetzte. Der in Blumenbergs Deutung von Ockham und der *Via moderna* vertretene „Willkürgott" war nach Blumenberg Ausdruck eines „theologischen Absolutismus". Uneingeschränkt konnte dieser Gott über alles verfügen und setzte alle metaphysischen Regularitäten außer Kraft. In der Welt, wie sie von Ockham beschrieben wurde, gab es nichts Verlässliches mehr – das führte nun nach Blumenbergs Deutung in der Umkehr dazu, dass der so von Gott in die Unsicherheit gesetzte Mensch selbst zur Gestaltung der Welt aufgerufen war. Noch freilich misslang dieser Versuch, und erst die Neuzeit hat ihn dann erfolgreich durchgeführt – und darin ihre Legitimität gewonnen.

Für die Ockhamforschung bedeutete dies, dass tatsächlich der theologische Impetus Ockhams ernst genommen wurde, und letztlich auch, dass der weite Abstand zur Gegenwart nicht durch vorschnelle Aktualisierungen überbrückt wird. Das Bild allerdings, das er dabei von Ockhams Lehren zeichnet, scheint überzogen, bestimmt durch den Drang, im Einzelnen grundsätzliche epochale Entwicklungen zu entdecken.

Gerade im Gegensatz zu diesem dialektischen Bezug Ockhams auf die Moderne, wie ihn der geniale Wurf Blumenbergs zeigte, hat dann vor allem in den Achtzigerjahren des 20. Jahrhunderts, basierend auf einer Fülle von sprachphilosophisch inspirierten Arbeiten, eine Bewertung Ockhams als „modern“ eingesetzt, die sich in Buchtiteln wie „Das Risiko modern zu denken“[28] oder „Die Gegenwart Ockhams“[29] niederschlug. Die unreflektierte philosophische Aneignung, die sich in der modernen Sprachphilosophie den mittelalterlichen Denker einfach zu Eigen machte, ohne die zwischen ihm und unserer Gegenwart liegenden Gräben hermeneutisch ausreichend zu berücksichtigen, wurde gewissermaßen historisch legitimiert, indem man nun erklärte, Ockham sei eben schon innerhalb des Mittelalters ein Moderner gewesen. Den literarischen oder vielleicht auch populärwissenschaftlichen Höhepunkt dieser Entwicklung bildete Umberto Ecos Roman „Der Name der Rose“, der 1980 in Mailand erschien. Damit war Ockham wieder dort beheimatet, wo man ihn für die Moderne entdeckt hatte: in der Semiotik. In seinen Aufzeichnungen zu diesem Buch hat Eco vermerkt, er habe sogar daran gedacht, die Hauptgestalt dieses Kriminalromans Wilhelm von Ockham zu nennen.[30] In der Ausführung hat er sich dann darauf beschränkt, Wilhelm von Baskerville zu einem guten Freund Ockhams zu machen.[31] Gleichwohl trägt auch dieser Wilhelm unverkennbar Züge Ockhams, jedenfalls so wie Eco ihn sieht: Wie dieser ist er nach einer bemerkenswerten akademischen Tätigkeit in das Räderwerk der Auseinandersetzungen zwischen Kaiser und Papst geraten, wie dieser hat er sich eine Philosophie zu Eigen gemacht, die die Zeichenhaftigkeit in den Mittelpunkt ihrer Welterklärung stellt. Am Ende wird der ganze Roman denn auch zu einem Paradestück der unterschiedlichen Deutbarkeit von Zeichen: Dasselbe Geschehen ist einmal als Zeichen eines Verbrechens lesbar, ein andermal als Zeichen der apokalyptischen Katastrophe. Die Deuter, zumal die mediävistischen, stimmen darin überein, dass man es hier eigentlich nicht mit einem „Mittelalterroman“ im strengen Sinne zu tun hat. Gleichwohl ist dieser Roman auch Ausdruck der dominierenden Forschungstendenz der Achtzigerjahre, die in Ockham vornehmlich den seiner Zeit weit vorausreichenden Analytiker und Sprachphilosophen gesehen hat. Dass Sean Connery ihm in der Verfilmung das Gesicht gab, das man bis dahin mit James Bond verbunden hatte, ist eine merkwürdige Pointe dieser Aktualisierung.

Jedenfalls hat dieser Roman dazu geführt, dass der Name Wilhelms von Ockham mit einem Male weit über die akademischen Hörsäle hinaus bekannt wurde – der Protest der Fachgelehrten gegen das dabei vermittelte

[28] Aicher, Ockham.

[29] Vossenkuhl/Schönberger, Gegenwart.

[30] Eco, Nachschrift 35.

[31] Zum Einzelnen s. Miethke, Detektiv.

Ockhambild[32] hat diese Popularisierungswirkung nicht in Abrede stellen wollen. In den Hörsälen selbst hat sich ohnehin längst eine neue Forschungsrichtung etabliert, die eine Folge von Miethkes Neuansatz ist: Indem hier ein Historiker von den politischen Schriften Ockhams aus gefragt und geforscht hatte, gewannen historische Fragestellungen auch für die Behandlung des akademischen Ockham neue Plausibilität. Neben Jürgen Miethke verbindet sich dieser Neuansatz in der Forschung mit Namen wie William J. Courtenay und Katherine H. Tachau.

Auch das vorliegende Buch versteht sich als ein Beitrag zu dieser neuen, historischen Bewertung Ockhams, der bei allen Unterschieden im Einzelnen eines gemeinsam ist: Ockham wird nur noch zum Teil unter der Perspektive gesehen, was eigentlich „neu", „modern" oder „vorwärts weisend" an ihm war. Er wird vor allem, schon als Akademiker, als Zeitgenosse wahrgenommen, der ein bestimmtes akademisches Milieu repräsentierte. Er soll seiner Zeit gelassen werden: Als Mensch des 14. Jahrhunderts tritt er uns fremd und doch auch anregend entgegen.

[32] Siehe insbesondere ebd.

Quellen- und Literaturverzeichnis

Ein umfassendes Verzeichnis findet sich bei Jan P. Beckmann (Hrsg.), Ockham-Bibliographie 1900–1990, Hamburg 1992.

1. Quellen

Aegidius, De ecclesiastica potestate: Aegidius Romanus, De ecclesiastica potestate. Hrsg. v. R. Scholz, Aalen 1961 (= Weimar 1929).

Aristoteles Latinus: Aristoteles Latinus. Hrsg. v. L. Minio-Paluello (u. B. G. Dodd) bzw. G. Verbeke. Bd. 1ff., Brügge u. a. 1961 ff.

Aureoli, Scriptum I/II: Peter Aureoli, Scriptum super Primum Sententiarum. 2 Bde. Hrsg. v. E. M. Buytaert, St. Bonaventure, N.Y. u. a. 1952. 1956 (= FIP.T 3).

Autrecourt, Correspondence: Nicholas of Autrecourt, His Correspondence with Master Giles and Bernard of Arezzo. A Critical Edition from the two Parisian Manuscripts with an Introduction, English Translation, Explanatory Notes and Indexes. Hrsg. v. L. M. de Rijk, Leiden u. a. 1994 (= Studien und Texte zur Geistesgeschichte des Mittelalters 42).

Baluzi, Miscellanea II: Stephani Baluzii Tutelensis Miscellanea novo ordine digesta et non paucis ineditis monumentis opportunisque animadversionibus aucta opera ac studio Joannis Dominici Mansi Lucensis. Bd. 2, Lucca 1761.

Brev = Scholz, Breviloquium 39–207 (Text).

Bullarium Franciscanum V: Bullarium Franciscanum sive Romanorum Pontificum Constitutiones, Epistolae, Diplomata tribus ordinibus Minorum, Clarissarum, Poenitentium a seraphico Patriarcha sancto Francisco Institutis ab eorum originibus ad nostra usque tempora concessa. Bd. 5: Benedicti XI, Clementis V, Ioannis XXII Monumenta. Hrsg. v. C. Eubel, Rom 1918.

Chartularium I/II: Chartularium Universitatis Parisiensis. Hrsg. v. H. Denifle u. A. Chatelain. Bd. 1 u. 2, Paris 1889 (= Brüssel 1964).

Corpus Iuris Canonici: Corpus Iuris Canonici. Hrsg. v. Ae. Friedberg. Pars 1, Leipzig 1879. Pars 2, Leipzig 1881 (= Graz 1955).

Cowton, Sentenzenkommentar: H. Theissing, Glaube und Theologie bei Robert Cowton OFM, Münster 1970 (= BGPhMA 42/3), 257–330.

Decretum (Glossa): Decretum Gratiani. Una cum glossis Gregorii XIII Pont. Max. iussu editum. Editio ultima, Lyon 1613.

Deutsche Geschichte in Quellen: Deutsche Geschichte in Quellen und Darstellung. Bd. 2: Spätmittelalter 1250–1495, hrsg. v. J.-M. Moeglin und R. A. Müller, Stuttgart 2000.

DS: H. Denzinger, Enchiridion symbolorum definitionum et declarationum de rebus fidei et morum. Kompendium der Glaubensbekenntnisse und kirchlichen Lehrentscheidungen, hrsg. v. P. Hünermann, Freiburg ^{39}2001.

Duns, Opera (Paris): Ioannis Duns Scoti Opera Omnia. Editio Nova. Juxta Editionem Waddingi XII Tomos Continentem a Patribus Franciscanis de Observantia accurate recognita. 26 Bde. Paris 1891–1895.

Duns, Opera (Vaticana): Doctoris Subtilis et Mariani Ioannis Duns Scoti Ordinis Fratrum Minorum Opera Omnia. Hrsg. v. P. c. Balić, Vatikan 1950ff.

Etzkorn, Chapter: G. Etzkorn, Ockham at a Provincial Chapter: 1323. A Prelude to Avignon, in: AFH 83 (1990) 557–567.

Flasch, Aufklärung: Aufklärung im Mittelalter? Die Verurteilung von 1277. Das Dokument des Bischofs v. Paris eingeleitet, übers. u. erkl. v. K. Flasch, Mainz 1989 (= ExCl 6).

Fransicus, Opuscula: Die Opuscula des Hl. Franziskus von Assisi, hrsg. v. K. Esser, neu bearb. v. E. Grau, Grottaferrata ²1989 (SpecBon XIII).

Friars Preachers: The Friars Preachers vs. the University. Hrsg. v. H. Rashdall, in: Collectanea 2. Hrsg. v. M. Burrows, Oxford 1890, 193–273.

Goldast: M. Goldast, Monarchia S. Romani Imperii. Bd. 2, Frankfurt 1614, 392–974 (= Turin 1959 [= Monumenta Politica Rariora ex optimis editionibus phototypice expressa I/1]).

Gui, Manuel: Bernard Gui, Manuel de l'inquisiteur. Hrsg. u. übersetzt v. G. Mollat. Bd. 1, Paris 1926 (= Les classiques de l'histoire de France au Moyen Age 8).

Heinrich, Summa: Summae Quaestionum Ordinariarum Theologi recepto preconio Solennis Henrici A Gandavo, cum duplici repertorio, Paris 1520 (= St. Bonaventure, N.Y. u. a. 1953).

Hostiensis, Summa: Henricus de Segusio Cardinalis Hostiensis, Summa una cum summariis et adnotationibus Nicolai Superantii, Lyon 1537 (= Aalen 1962).

Imbach, Erkenntnis: Wilhelm von Ockham. Texte zur Theorie der Erkenntnis und der Wissenschaft. Lateinisch/Deutsch. Hrsg. v. R. Imbach, Stuttgart 1984.

Johannes, Sermons: Les sermons de Jean XXII sur la vision béatifique. Hrsg. v. M. Dykmans, Rom 1973 (= MHP 34).

KThGQ II: A. M. Ritter, B. Lohse, V. Leppin (Hrsg.), Kirchen- und Theologiegeschichte in Quellen II: Mittelalter, Neukirchen-Vluyn 2001.

Koch, Aktenstücke: J. Koch, Neue Aktenstücke zu dem gegen Wilhelm Ockham in Avignon geführten Prozeß, in: RThAM 7 (1935) 353–380; 8 (1936) 79–93. 168–197.

Langlois, Formulaires: Ch.-V. Langlois, Formulaires des lettres du XIIe du XIIIe et du XIVe siècle. II: Notice et extraits du Ms. No. 8 de la Bibliothèque Municipale de Soissons, in: Notices et Extraits des Manuscrits de la Bibliothèque Nationale et autres Bibliothèques, publiés par l'Institut National de la France 34,1 (1891) 305–322.

Leppin/Müller, Theologie und Ethik: Wilhelm von Ockham, Texte zur Theologie und Ethik, ausgewählt, übersetzt und hrsg. v. V. Leppin und S. Müller, Stuttgart 2000.

Little, Collectanea I: A. G. Little u. a. (Hrsg.), Collectanea Franciscana. Bd. 1, Aberdeen 1914 (British Society of Franciscan Studies 5).

Lombardus, Sentenzen I/II: Magistri Petri Lombardi Sententiae in IV libris distinctae. 2 Bde., Grottaferrata (Rom) 1971. 1981 (= SpicBon 4).

Marsilius, Defensor Pacis: Marsilius von Padua, Defensor Pacis. Hrsg. v. R. Scholz, Hannover 1932 (= MGH.F 7).
Miethke, Dialogus: Wilhelm von Ockham, Dialogus. Auszüge zur politischen Theorie. Hrsg. v. J. Miethke, Darmstadt 1992.
Miethke, Politische Theorie: Wilhelm von Ockham, Texte zur politischen Theorie. Exzerpte aus dem Dialogus. Ausgewählt, übers. u. hrsg. v. J. Miethke, Stuttgart 1995.
OP I–VII: Guillelmi de Ockham Opera Philosophica. Hrsg. v. P. J. Lalor u. a. Bd. 1–7, St. Bonaventure, N.Y. 1974–1988.
OPol I–III: Guillelmi de Ockham Opera Politica. Bd. 1. Hrsg. v. H. S. Offler, Manchester [2]1974. Bd. 2 u. 3. Hrsg. v. R. F. Bennett/H. S. Offler, Manchester 1963. 1956.
OT I–X: Guillelmi de Ockham Opera Theologica. Hrsg. v. P. J. Lalor u. a. Bd. 1–10, St. Bonaventure, N.Y. 1967–1986.
Peirce, Papers: Ch. S. Peirce, Collected papers, hrsg. v. Ch. Hartshorne u. P. Weiss, Cambridge/Mass. [4]1974.
Petrus Hispanus, Tractatus: Peter of Spain (Petrus Hispanus Portugalensis), Tractatus called afterwards Summule Logicales. Hrsg. v. L. M. de Rijk, Assen 1972.
Richard, Philobiblion: Richard de Bury, Philobiblion. Text u. engl. Übers. v. E. C. Thomas. Hrsg. v. M. Maclagan, Oxford 1960.
Salter, Formularies: Formularies which Bear on the History of Oxford c. 1204–1420. 2 Bde. Hrsg. v. H. E. Salter u. a., Oxford 1942 (= POHS. N.S. 4–5).
Scholz, Streitschriften II: Unbekannte kirchenpolitische Streitschriften aus der Zeit Ludwigs des Bayern (1327–1354). Hrsg. v. R. Scholz. Bd. 2: Texte, Rom 1914 (= BPHIR 10).
Sherwood, Logik: William of Sherwood, 'Introductiones in Logicam'. Hrsg. v. C. H. Lohr u. a., in: Tr. 39 (1983) 219–299.
Statuta: Statuta Antiqua Universitatis Oxoniensis. Hrsg. v. S. Gibson, Oxford 1931.
Thomas-Ausgabe I: Die deutsche Thomas-Ausgabe. Bd. 1: Gottes Dasein und Wesen, Salzburg 1933.
Villani, Cronica II: Giovanni Villani, Nuova Cronica, hrsg. v. G. Porta. Bd. 2, Parma 1991.
Wadding, Scriptores: L. Wadding, Scriptores Ordinis Minorum, Rom 1650 (= Frankfurt 1967).
Weinrich, Verfassungsgeschichte: L. Weinrich (Hrsg.), Quellen zur Verfassungsgeschichte des römisch-deutschen Reiches im Spätmittelalter (1250–1500), Darmstadt 1983.

2. Literatur

a) zu Ockham

Adams, William Ockham: M. M. Adams, William Ockham. 2 Bde., Notre Dame/Indiana 1987 (= PMS 26).
Aicher, Ockham: O. Aicher u. a. (Hrsg.), Wilhelm von Ockham. Das Risiko modern zu denken, München 1986.

Alféri, Singulier: P. Alféri, Guillaume d'Ockham le Singulier, Paris 1989.
Bannach, Macht: K. Bannach, Die Lehre von der doppelten Macht Gottes bei Wilhelm von Ockham. Problemgeschichtliche Voraussetzungen und Bedeutung, Wiesbaden 1975 (= VIEG 75).
Baudry, Lexique: L. Baudry, Lexique philosophique de Guillaume d'Ockham. Étude des notions fondamentales, Paris 1958.
Baudry, Philosophe: Ders., Le philosophe et le politique dans Guillaume d'Occam, in: AHDL 12 (1939) 209–230.
Baudry, Vie: Ders., Guillaume d'Occam. Sa vie, ses œuvres, ses idées sociales et politiques. Tome 1: L'homme et les œuvres, Paris 1949 (= EPhM 39).
Beckmann, Anspruch: J. P. Beckmann, Wilhelm von Ockham: Die Philosophie unter dem Anspruch strenger Wissenschaftlichkeit, in: Thomas von Aquin im philosophischen Gespräch. Hrsg. v. W. Kluxen, Freiburg/München 1975, 245–255.
Beckmann, Maxime: Ders., Ontologisches Prinzip oder methodologische Maxime? Ockham und der Ökonomiegedanke einst und jetzt, in: Die Gegenwart Ockhams. Hrsg. v. W. Vossenkuhl u. R. Schönberger, Weinheim 1990, 191–207.
Beckmann, Ockham: Ders., Wilhelm von Ockham, München 1995.
Beckmann, scientia: Ders., 'scientia proprie dicta': Zur wissenschaftstheoretischen Grundlegung der Philosophie bei Wilhelm von Ockham, in: Sprache und Erkenntnis im Mittelalter. Akten des VI. Internationalen Kongresses für mittelalterliche Philosophie der Société internationale pour l'étude de la philosophie médiévale 29. August – 3. September 1977 in Bonn. Hrsg. v. W. Kluxen u.a. 2. Halbbd., Berlin/New York 1981, 637–647.
Beckmann, Weltkontingenz: Ders., Weltkontingenz und menschliche Vernunft bei Wilhelm von Ockham, in: L'homme et son univers au Moyen âge. Actes du septième congrès international de philosophie médiévale (30 août – 4 septembre 1982). Hrsg. v. C. Wenin, Louvain-la-Neuve 1986, 445–457.
Biard, Ockham: J. Biard, Guillaume d'Ockham et la théologie, Paris 1999.
Boehner, Articles: P. Boehner, Collected Articles on Ockham. Hrsg. v. E. M. Buytaert (= FIP.P 12), St. Bonaventure, N.Y. u. a. 1958 (= 1992), 399–420.
Bos, Ideeën: E. P. Bos, Willem van Ockham: 'De ideeën in de geest Gods zijn niets'. Plato's Ideeënleer en christelijk scheppingsbegrip, in: Wijsgerig Perspectief op maatschappij en witenschap 25 (1984/5) 146–151.
Brampton, Summulae: C. K. Brampton, Ockham and His Authorship of the *Summulae in libros physicorum*, in: Isis 55(1964) 418–426.
Brown, Treatise: S. F. Brown, Walter Burleigh's Treatise *De Suppositionibus* and its Influence on William of Ockham, in: FrS 32 (1972) 15–64.
Buescher, Eucharistic Teaching: G. Buescher, The Eucharistic Teaching of William Ockham, St. Bonaventure, N.Y./Löwen 1950 (= FIP.T 1).
Carter, Ecclesiology: K. L. Carter, The Ecclesiology of William Ockham: Reforming the Church from the Franciscan Ideal, Diss. Ann Arbor/Atlanta 1987.
Cazzola Palazzo, Osservazioni: L. Cazzola Palazzo, Osservazioni critiche sull'agnosticismo teologico di Guglielmo di Ockham. Atti dell'Academia delle Scienze di Torino. II: Classe di Scienze morali, storiche e filologiche 95 (1960/1), 300–324.
Courtenay, Academic Worlds: W. J. Courtenay, The Academic and Intellectual Worlds of Ockham, in: Spade, Companion 17–30.

Courtenay, Capacity: Ders., Capacity and Volition. A History of the Distinction of Absolute and Ordained Power, Bergamo 1990 (= Quodlibeta 8).
Courtenay, Dialectic: Ders., The Dialectic of Omnipotence in the High and Late Middle Ages, in: Divine Omniscience and Omnipotence in Medieval Philosophy. Islamic, Jewish and Christian Perspectives. Hrsg. v. T. Rudavsky, Dordrecht/Lancaster 1985 (= SyHL 25), 243–269.
Courtenay, London Studium: Ders., Ockham, Chatton, and the London Studium. Observations on Recent Changes in Ockham's Biography, in: W. Vossenkuhl/R. Schöfberger (Hrsg.), Die Gegenwart Ockhams, Weinheim 1990, 327–337.
Damiata, Ockham: M. Damiata, Guglielmo d'Ockham: Povertà l potere. 2 Bde., Florenz 1978f.
Davis, Zeitgeist: C. T. Davis, Ockham and the Zeitgeist, in: The Pursuit of Holiness in Late Medieval and Renaissance Religion. Papers from the University of Michigan Conference. Hrsg. v. C. Trinkaus u. H. A. Oberman, Leiden 1974, 59–65.
Dolcini, Eger: C. Dolcini, „Eger cui lenia" (1245/46): Innocenzo IV, Tolomeo da Lucca, Guglielmo d'Ockham, in: RSCI 29 (1975) 127–148.
Eco, Nachschrift: U. Eco, Nachschrift zum „Namen der Rose", übers. v. B. Kroeber, München 1984.
Edidin, Prophecy: A. Edidin, Ockham on Prophecy, in: IJPR 13 (1982) 179–189.
Emden, Register: A. B. Emden (Hrsg.), A Biographical Register of the University of Oxford to A.D. 1500. Bd. 2, Oxford 1958.
Etzkorn, Manuscripts: G. J. Etzkorn, Ockham Manuscripts Discovered since the Completion of the Critical Edition, in: Man. 32 (1988) 36–49.
Etzkorn, Merton 284: Ders., Codex Merton 284: Evidence of Ockham's Early Influence in Oxford, in: From Ockham to Wyclif. Hrsg. v. A. Hudson u. M. Wilks, Oxford/New York 1987 (= SCH [L]. Subsidia 5), 31–42.
Gál, Ockham Dies: G. Gál, William of Ockham Dies *impenitent* in April 1347, in: FSt 42 (1987), 90–95.
Ghisalberti, Dio: A. Ghisalberti, Il Dio dei filosofi secondo Guglielmo di Occam, in: RFNS 62 (1970) 272–290.
Ghisalberti, Ockham: Ders., Guglielmo di Ockham. Vita e pensiero, Mailand 1972.
Grabmann, Methode I/II: M. Grabmann, Die Geschichte der scholastischen Methode. Nach den gedruckten und ungedruckten Quellen. 2 Bde., Freiburg im Breisgau 1909. 1911.
Guelluy, Philosophie: R. Guelluy, Philosophie et Théologie chez Guillaume d'Ockham, Löwen/Paris 1947 (= Universitas Catholica Lovaniensis: Dissertationes ad gradum magistri in Facultate Theologica vel in Facultate Iuris Canonici consequendum conscriptae. Ser. II. Tomus 39).
Hamman, Doctrine: A. Hamman, La doctrine de l'église et de l'état chez Occam. Étude sur le „Breviloquium", Paris 1942 (= ESR 1).
Hochstetter, Studien: E. Hochstetter, Studien zur Metaphysik und Erkenntnislehre Wilhelms von Ockham, Berlin/Leipzig 1927.
Höhn, München: R. Höhn, Wilhelm Ockham in München, in: FS 32 (1950) 142–155.
Imbach, Eucharistie: R. Imbach, Philosophie und Eucharistie bei Wilhelm von Ockham. Ein vorläufiger Entwurf, in: Ockham and Ockhamists. Acts of the Sympo-

sium Organized by the Dutch Society for Medieval Philosophy *Medium Aevum* on the Occasion of its 10th Anniversary (Leiden, 10–12 September 1986). Hrsg. v. E. P. Bos u. H. A. Krop, Nijmegen 1987, 43–51.

Imbach, Ockham: Ders., Wilhelm Ockham (um 1280–ca. 1349), in: Klassiker der Philosophie. Hrsg. v. O. Höffe. 1. Bd., München 1981, 220–244.

Iserloh, Gnade: E. Iserloh, Gnade und Eucharistie in der philosophischen Theologie des Wilhelm von Ockham. Ihre Bedeutung für die Ursachen der Reformation, Wiesbaden 1956 (= VIEG 8).

Jacob, Political Thinker: E. F. Jacob, Some Notes on Occam as a Political Thinker, in: BJRL 20 (1936) 332–353.

Junghans, Neuere Forschung: H. Junghans, Ockham im Lichte der neueren Forschung, Berlin/Hamburg 1968 (= AGTL 21).

Kaufmann, Begriffe: M. Kaufmann, Begriffe, Sätze, Dinge. Referenz und Wahrheit bei Wilhelm von Ockham, Leiden u. a. 1994 (= STGMA 40).

Kaye, Ockham: S. M. Kaye, On Ockham, Belmont 2001.

Kelley, Avignon: F. E. Kelley, Ockham: Avignon, before and after, in: From Ockham to Wyclif. Hrsg. v. A. Hudson u. M. Wilks, Oxford/New York 1987, 1–18.

Kelley, Fictum Theory: Ders., Some Observations on the „Fictum" Theory in Ockham and its Relation to Hervaeus Natalis, in: FrS 38 (1978) 260–282.

Kilcullen, Infallibility: J. Kilcullen, Ockham and Infallibility, in: JRH 16 (1991) 387–409.

Knysh, Perspectives: G. Knysh, Ockham Perspectives, Winnipeg 1994.

Knysh, Rectifications: Ders., Biographical Rectifications Concerning Ockham's Avignon Period, in: FrS 46 (1986) 61–91.

Kölmel, Ockham: W. Kölmel, Wilhelm von Ockham und seine kirchenpolitischen Schriften, Essen 1962.

Lagarde, Naissance V: G. de Lagarde, La naissance de l'esprit laïque au déclin du Moyen âge. Bd. 5: Guillaume d'Ockham. Critique des structures ecclésiales, Löwen/Paris 1963.

Lambertini, Povertà pensatta: R. Lambertini, La povertà pensata. Evoluzione storica della definizione dell'identità minoritica da Bonaventura ad Ockham, Modena 2000.

Larre, Filosofía natural: O. L. Larre, La filosofía natural de Ockham como fenomenología del individo, Pamplona 2000.

Leff, Ockham: G. Leff, William of Ockham. The Metamorphosis of Scholastic Discourse, Manchester 1975.

Leff/Leppin, Ockham/Ockhamismus: G. Leff u. V. Leppin, Art. Ockham/Ockhamismus, in: TRE 25, Berlin/New York 1995, 6–18.

Leffler, Ockham: O. Leffler, Wilhelm von Ockham: Die sprachphilosophischen Grundlagen seines Denkens, Werl/Westf. 1995 (Franziskanische Forschungen 40).

Leibold, Authentizität: G. Leibold, Zur Authentizität der Quaestiones in libros Physicorum Wilhelms von Ockham, in: V. Richter/G. Leibold, Unterwegs zum historischen Ockham, Innsbruck 1998 (Mediaevalia Oenipontana 1), 77–96.

Leibold, Wissenschaft: Ders., Zum Begriff der Wissenschaft bei Wilhelm von Ockham, in: ZKTh 101 (1979) 434–442.

Leinsle, Einheit: U. G. Leinsle, Die Einheit der Wissenschaft nach Wilhelm von Ockham, in: WiWei 43 (1980) 107–129.

Leppin, Freiheit: V. Leppin, Mit der Freiheit des Evangeliums gegen den Papst. Wilhelm von Ockham als streitbarer Theologe, in: FZPhTh 42 (1995) 397–405.

Leppin, Lehrverurteilung: Ders., Die Folgen der Pariser Lehrverurteilung von 1277 für das Selbstverständnis der Theologie, in: J. Aertsen u. A. Speer (Hrsg.), Geistesleben im Mittelalter – Neue Perspektiven, Berlin/New York 2000 (MM 27), 283–294.

Leppin, Ockham's Concept: Ders., Does Ockham's Concept of Divine Power Threaten Man's Certainty in His Knowledge of the World?, in: FrS 55 (1998) 169–180.

Leppin, Prophetie: Ders., Ockham und die Prophetie. Beobachtungen zur Selbstwahrnehmung eines philosophischen Theologen, in: FZPhTh 48 (2001) 470–476.

Leppin, Sinn: Vom Sinn des Jüngsten Gerichts. Beobachtungen zur Lehre von der *visio* bei Johannes XXII. und Ockham, in: Jan. A. Aertsen u. M. Pickavé (Hrsg.), Ende und Vollendung. Eschatologische Perspektiven im Mittelalter (MM 29), im Druck.

Leppin, Wahrheit: Ders., Geglaubte Wahrheit. Das Theologieverständnis Wilhelms von Ockham, Göttingen 1995 (FKDG 63).

Marmo, Controversia: C. Marmo, Guglielmo di Ockham e la controversia *de fide catholica*: Presupposti gnoseologici ed epistemologici. Tesi di Laurea (masch.), Bologna 1981/82.

Martin, Ockham: G. Martin, Wilhelm von Ockham. Untersuchungen zur Ontologie der Ordnungen, Berlin [2]1949.

McGrade, Thought: A. S. McGrade, The Political Thought of William of Ockham. Personal and Institutional Principles, Cambridge 1974 (= CSMLT 3/7).

McGrath, Homo: A. E. McGrath, Homo assumptus? A Study in the Christology of the Via moderna with Particular Reference to William of Ockham, in: ETL 60 (1984), 283–297.

Miethke, Bedeutung: J. Miethke, Zur Bedeutung von Ockhams politischer Philosophie für Zeitgenossen und Nachwelt, in: Die Gegenwart Ockhams. Hrsg. v. W. Vossenkuhl u. R. Schönberger, Weinheim 1990, 305–324.

Miethke, Institutionen: Ders., Wilhelm von Ockham und die Institutionen des späten Mittelalters, in: Ockham and Ockhamists. Acts of the Symposium Organized by the Dutch Society for Medieval Philosophy *Medium Aevum* on the Occasion of its 10th Anniversary (Leiden, 10–12 September 1986). Hrsg. v. E. P. Bos u. H. A. Krop, Nijmegen 1987, 127–144.

Miethke, Ockhams Summulae: Ders., Ockhams „Summulae in libros Physicorum“ – eine nicht-authentische Schrift?, in: AFH 60 (1967) 55–78.

Miethke, De potestate papae: Ders., De potestate papae, Tübingen 2000 (Spätmittelalter und Reformation. Neue Reihe 16).

Miethke, Detektiv: Ders., *Der Philosoph als Detektiv*. William von Baskerville, Zeichendeuter und Spurensucher, und sein ‘alter Freund’ Wilhelm von Ockham in Umberto Ecos Roman „Der Name der Rose“, in: „… eine finstere und fast unglaubliche Geschichte“? Mediävistische Notizen zu Umberto Ecos Mönchsroman „Der Name der Rose“. Hrsg. v. M. Kerner, Darmstadt 1987, 115–127.

Miethke, Selbstzeugnis: Ders., Ein neues Selbstzeugnis Ockhams zu seinem *Dialogus*, in: From Ockham to Wyclif. Hrsg. v. A. Hudson u. M. Wilks, Oxford/New York 1987 (= SCH [L]. Subsidia 5), 19–30.

Miethke, Sozialphilosophie: Ders., Ockhams Weg zur Sozialphilosophie, Berlin 1969.

Miethke/Bühler, Kaiser und Papst: Ders. u. Arnold Bühler, Kaiser und Papst im Konflikt. Zum Verhältnis von Staat und Kirche im späten Mittelalter, Düsseldorf 1988 (Historisches Seminar 8).

Müller, Handeln: S. Müller, Handeln in einer kontingenten Welt. Zu Begriff und Bedeutung der rechten Vernunft (recta ratio) bei Wilhelm von Ockham, Tübingen/Basel 2000 (Tübinger Studien zu Theologie und Philosophie 18).

Nehlsen, Rolle: H. Nehlsen, Die Rolle Ludwigs des Bayern und seiner Berater Marsilius von Padua und Wilhelm von Ockham im tiroler Ehekonflikt, in: ders. u. H.-G. Hermann (Hrsg.), Kaiser Ludwig der Bayer. Konflikte, Weichenstellungen und Wahrnehmungen seiner Herrschaft, Paderborn 2002, 285–328.

Perler, Prädestination: D. Perler, Prädestination, Zeit und Kontingenz. Philosophisch-historische Untersuchungen zu Wilhelm von Ockhams *Tractatus de praedestinatione et de praescientia Dei respectu futurorum contingentium*, Amsterdam 1988 (= BSPh 12).

Pernoud, Innovation: M. A. Pernoud, Innovation in William of Ockham's References to the „*Potentia Dei*", in: Anton. 45 (1970) 65–97.

Randi, Power: E. Randi, Ockham, John XXII and the Absolute Power of God, in: FrS 46 (1986) 205–216.

Randi, Rasoio: Ders., Il rasoio contro Ockham? Un sermone inedito de Giovanni XXII, in: Medioevo (Padua) 9 (1983), 179–198.

Randi, Scotist Way: Ders., A Scotist Way of Distinguishing between God's Absolute and Ordained Powers, in: From Ockham to Wyclif. Hrsg. v. A. Hudson u. M. Wilks, Oxford/New York 1987, 43–50.

Richter, Entwicklung: V. Richter, Zu Ockhams Entwicklung in der Universalienfrage, in: ders./G. Leibold, Unterwegs zum historischen Ockham, Innsbruck 1998 (Mediaevalia Oenipontana 1), 105–121.

Richter, Expositor: Ders., Wilhelm von Ockham als Expositor der aristotelischen Physik, in: ders./G. Leibold, Unterwegs zum historischen Ockham, Innsbruck 1998 (Mediaevalia Oenipontana 1), 71–75.

Richter, Metaphysik: Ders., Zu Ockhams Metaphysik, in: ZKTh 101 (1979) 427–433.

Richter, Search: Ders., In Search of the Historical Ockham: Historical Literary Remarks on the Authenticity of Ockham's Writings, in: FrS 46 (1986) 93–105.

Richter, Universalienfrage: Ders., Zu Ockhams Entwicklung in der Universalienfrage. Bemerkungen im Zusammenhang mit dem Problem der Chronologie, Abfassungszeit und Authentizität von Ockhams nichtpolitischen Schriften, in: ders./G. Leibold, Unterwegs zum historischen Ockham, Innsbruck 1998 (Mediaevalia Oenipontana 1), 105–117.

Richter, Unterwegs: Ders., Unterwegs zum historischen Ockham. Historisch-literarische Bemerkungen zur Authentizität von Ockhams Schriften, in: ders./G. Leibold, Unterwegs zum historischen Ockham, Innsbruck 1998 (Mediaevalia Oenipontana 1), 137–153.

Rijk, Antimetaphysiker: L. M. de Rijk, War Ockham ein Antimetaphysiker? Eine semantische Betrachtung, in: Philosophie im Mittelalter. Entwicklungslinien und Paradigmen. FS Kluxen. Hrsg. v. J. P. Beckmann u. a., Hamburg 1987, 314–328.

Rijk, Demonstration: Ders., Ockham's Theory of Demonstration. His Use of Aristotle's kath'holou and kath'hauto Requirements, in: Die Gegenwart Ockhams, Weinheim 1990. Hrsg. v. W. Vossenkuhl u. R. Schönberger, 232–240.

Rijk, Logic and Ontology: Ders., Logic and Ontology in Ockham. Some Notes on his View of the Categories of Being and the Nature of Its Basic Principles, in: Ockham and Ockhamists. Acts of the Dutch Society for Medieval Philosophy *Medium Aevum* in the Occasion of its 10th Anniversary (Leiden, 10–12 September 1986). Hrsg. v. E. P. Bos u. H. A. Krop, Nijmegen 1987, 25–39.

Ryan, Church: J. J. Ryan, The Nature, Structure and Function of the Church in William of Ockham, Missoula/Montana 1979 (= AARSR 16).

Ryan, Dilemma: Ders., Ockham's Dilemma: Tierney's Ambiguous Infallibility and Ockham's Ambiguous Church, in: JES 13 (1976) 37–50.

Ryan, Evasion: Ders., Evasion and Ambiguity: Ockham and Tierney's Ockham, in: FrS 46 (1986) 285–294.

Saranyana, Fe: J. I. Saranyana, Fe infusa fe adquirida y teología, según Guillermo de Ockham, in: ScrTh 17 (1985) 863–879.

Schlageter, Glaube: J. Schlageter, Glaube und Kirche nach Wilhelm von Ockham. Eine fundamentaltheologische Analyse seiner kirchenpolitischen Schriften, Münster 1975 (= Diss. München 1970).

Schlageter, Hermeneutik: Ders., Hermeneutik der Heiligen Schrift bei Wilhelm von Ockham, in: FS 57 (1975) 230–283.

Schlageter, Konflikt: Ders., Im Konflikt mit der empirischen Kirche. Die Suche nach Kriterien von Kirche bei Petrus Johannis Olivi und Wilhelm von Ockham, in: FS 69 (1987) 88–105.

Schlageter, Unfehlbarkeitsdoktrin: Ders., Zur Genese der Unfehlbarkeitsdoktrin. Stellungnahmen zur päpstlichen Lehrautorität von Bonaventura bis Ockham, in: Bonaventura. Studien zu seiner Wirkungsgeschichte. Hrsg. v. I. Vanderheyden, Werl, Westfalen 1976 (= FrFor 28) 113–135.

Scholz, Breviloquium: R. Scholz, Wilhelm von Ockham als politischer Denker und sein Breviloquium de principatu tyrannico, Stuttgart 1952 (= Leipzig 1944) (= MGH. SRI 8).

Schulthess, Sein: P. Schulthess, Sein, Signifikation und Erkenntnis bei Wilhelm von Ockham, Berlin 1992.

Spade, Companion: P. V. Spade (Hrsg.), The Cambridge Companion to Ockham, Cambridge 1999.

Tierney, Ambiguous Infallibility: B. Tierney, Ockham's Ambiguous Infallibility, in: JES 14 (1977) 102–105.

Tierney, Foundations: Ders., Foundations of the Conciliar Theory. The Contribution of the Medieval Canonists from Gratian to the Great Schism, Cambridge 1955 (= ebd. 1968).

Tierney, Infallibility: Ders., Ockham's Infallibility and Ryan's Infallibility, in: FrS 46 (1986) 295–300.

Tierney, Konziliare Theorie: Ders., Ockham, die konziliare Theorie und die Kanonisten. Übers. v. H. Jürgens, in: Die Entwicklung des Konziliarismus. Hrsg. v. R. Bäumer, Darmstadt 1976 (= WdF 279), 113–155.

Tierney, Origins: Ders., Origins of Papal Infallibility 1150–1350. A Study on the Concepts of Infallibility, Sovereignity and Tradition on the Middle Ages, Leiden 1972 (= SHCT 6).

Tierney, Papal Infallibility: Ders., Origins of Papal Infallibility, in: JES 8 (1971) 841–864.

Vossenkuhl/Schönberger, Gegenwart: W. Vossenkuhl u. R. Schönberger (Hrsg.), Die Gegenwart Ockhams, Weinheim 1990.

Zuidema, Philosophie: S. U. Zuidema, De Philosophie van Occam in zijn Commentaar op de Sententiën, Hilversum 1936.

b) zum Umfeld

Ballweg, Ordensreform: J. Ballweg, Konziliare oder päpstliche Ordensreform. Benedikt XII. und die Reformdiskussion im frühen 14. Jahrhundert, Tübingen 2001 (Spätmittelalter und Reformation. Neue Reihe 17).

Bazan, quaestio: B. C. Bazan, La *quaestio disputata*, in: Les genres littéraires dans les sources théologiques et philosophiques médiévales. Définition, critique et exploitation. Actes du Colloque international de Louvain-la-Neuve 25–27 mai 1981, Louvain-la-Neuve 1982, 31–49.

Becker, Kaisertum: H.-J. Becker, Das Kaisertum Ludwigs des Bayern, in: H. Nehlsen u. H.-G. Hermann (Hrsg.), Kaiser Ludwig der Bayer. Konflikte, Weichenstellungen und Wahrnehmungen seiner Herrschaft, Paderborn 2002, 119–138.

Benker, Ludwig: G. Benker, Ludwig der Bayer. Ein Wittelsbacher auf dem Kaiserthron, München 1997.

Berg, Armut: D. Berg, Armut und Wissenschaft. Beiträge zur Geschichte des Studienwesens der Bettelorden im 13. Jahrhundert, Düsseldorf 1977 (= GuG 15).

Bianchi, Captivare: L. Bianchi, „Captivare intellectum in obsequium Christi", in: RCSF 38 (1983) 81–87.

Blumenberg, Säkularisierung: H. Blumenberg, Säkularisierung und Selbstbehauptung. Erweiterte und überarbeitete Neuausgabe von „Die Legitimität der Neuzeit", erster und zweiter Teil, Frankfurt [2]1983.

Bock, processi: F. Bock, I processi di Giovanni XXII contro i Ghibellini Italiani, Arch. D. R. Deput. Rom. 63 (1940) 129–140.

Bottin, Scienza: F. Bottin, La scienza degli Occamisti. La scienza tardo-medievale dalle origini del paradigma nominalista alla rivoluzione scientifica, Rimini 1982 (= Studi di filosofia e storia della filosofia 4).

Brampton, Scotus: C. K. Brampton, Duns Scotus at Oxford, 1288–1301, in: Franciscan Studies 24 (1964) 5–20.

Brecht, Luther I: M. Brecht, Martin Luther. Bd. 1: Sein Weg zur Reformation 1483–1521, Stuttgart [3]1990.

Brun, Avignon: R. Brun, Avignon au temps des Papes. Les monuments – les artistes – la société, Paris 1928 (= Brionne 1983).

Catto, History: The History of the University of Oxford. Hrsg. v. T. H. Aston. Bd. 1: The Early Oxford Schools. Hrsg.v. J. I. Catto, Oxford 1984.

Conrad, Armut: S. Conrad, Franziskanische Armut als Heilsgarantie. Das Zusammenspiel von *vita evangelica* und Apokalyptik im Verständnis von Petrus Johannis Olivi, Münster u. a. 2001 (Vita regularis 13), 89–99.

Courtenay, Antiqui and moderni: William J. Courtenay, Antiqui and Moderni in Late Medieval Thought, in: Journal of the History of Ideas 48 (1987) 3–10.

Courtenay, Freedom: Ders., Inquiry and Inquisition: Academic Freedom in Medieval Universities, in: ChH 58 (1989) 168–181.

Courtenay, Nominalism: Ders., Nominalism and Late Medieval Religion, in: The Pursuit of Holiness in Late Medieval and Renaissance Religion. Papers from the University of Michigan Conference. Hrsg. v. C. Trinkaus u. H. A. Oberman, Leiden 1974, 26–59.

Courtenay, Registers: Ders., The Registers of the university of Paris and the Statutes against the Scientia Occamica, in: Vivarium 29 (1991) 13–49.

Courtenay, Schools: Ders., Schools and Scholars in Fourteenth-Century England, Princeton 1987.

Courtenay, Wodeham: Ders., Adam Wodeham: An Introduction to his Life and Writings, Leiden 1978 (= SMRT 21).

Cowdrey, Oxford: H. E. J. Cowdrey, Art. Oxford, in: TRE 25, Berlin/New York 1995, 568–575.

Daly, University: L. J. Daly, The Medieval University 1200–1400, New York 1961.

Dempf, Eckhart: A. Dempf, Meister Eckhart. Eine Einführung in sein Werk, Leipzig 1934.

Desharnais, Distinction: R. P. Desharnais, The History of the Distinction between God's Absolute and Ordained Power and Its Influence on Martin Luther, Diss. Washington, D.C. 1966.

Douie, John XXII: D. Douie, John XXII and the Beatific Vision, in: DomSt 3 (1950) 154–174.

Feld, Franziskus: H. Feld, Franziskus von Assisi und seine Bewegung, Darmstadt 1994.

Flasch, Boccaccio: G. Boccaccio, Poesie nach der Pest. Der Anfang des *Decameron*. Italienisch-Deutsch. Übers. u. erklärt v. K. Flasch, Mainz 1992 (= ExCl 10).

Flasch, Denken: K. Flasch, Das philosophische Denken im Mittelalter. Von Augustin zu Machiavelli, Stuttgart ^{2}2000.

Flasch, Einführung: Ders., Einführung in die Philosophie des Mittelalters, Darmstadt ^{3}1994.

Flasch, Intention: Kurt Flasch, Die Intention Meister Eckharts, in: Sprache und Begriff. FS Bruno Liebrucks, Meisenheim am Glan 1974, 292–318.

Gauthier, Notes: R. A. Gauthier, Notes sur Siger de Brabant: RSPhTh 67 (1983) 201–232. 68 (1984) 3–49.

Gilson, Duns Scotus: E. Gilson, Johannes Duns Scotus. Einführung in die Grundlagen seiner Lehre. Übers. v. W. Dettloff, Düsseldorf 1959.

Glorieux, littérature quodlibétique: P. Glorieux, La littérature quodlibétique de 1260 à 1320. 2 Bde., Le Saulchoir 1925; Paris 1931 (Bibliothèque thomiste 5. 21).

Gössmann, Antiqui und Moderni: E. Gössmann, Antiqui und Moderni im Mittelalter. Eine geschichtliche Standortbestimmung, München u. a. 1974 (Veröffentlichungen des Grabmann-Instituts. N.F. 23).

Gössmann, Metaphysik und Heilsgeschichte: Dies., Metaphysik und Heilsgeschichte. Eine theologische Untersuchung der Summa Halensis (Alexander von Hales), München 1964 (Mitteilungen des Grabmann-Institutes der Universität München. Sonderbd.).

Grane, Contra Gabrielem: L. Grane, Contra Gabrielem. Luthers Auseinandersetzung mit Gabriel Biel in der Disputatio contra scholasticam theologiam 1517, übers. v. E. Pump, Kopenhagen 1962.

Guillemain, Cour: Bernard Guillemain, La cour pontificale d'Avignon 1309–1376, Paris 1966.

Guillemain, Papes: B. Guillemain, Les papes d'Avignon 1309–1376, Paris 2000.

Harnack, Dogmengeschichte: Adolf von Harnack, Dogmengeschichte, Tübingen ^{8}1991 (= ^{6}1922).

Heinzmann, Philosophie: R. Heinzmann, Philosophie des Mittelalters, Stuttgart u. a. 1992 (= Grundkurs Philosophie Bd. 7).

Herde, Delegationsgerichtsbarkeit: P. Herde, Zur päpstlichen Delegationsgerichtsbarkeit im Mittelalter und in der frühen Neuzeit, in: Zeitschrift der Savigny-Stiftung für Rechtsgeschichte. Kanonistische Abteilung 119 (2002) 20–43.

Heussi, Kompendium: Karl Heussi, Kompendium der Kirchengeschichte, Tübingen ^{16}1981.

Hissette, Enquête: R. Hissette, Enquête sur les 219 articles condamnés à Paris le 7 mars 1277, Löwen/Paris 1977 (= PhMed 22).

Hödl, „… sie reden als ob": L. Hödl, „… sie reden als ob es zwei gegensätzliche Wahrheiten gäbe". Legende und Wirklichkeit der mittelalterlichen Theorie von der doppelten Wahrheit, in: Philosophie im Mittelalter. Entwicklungslinien und Paradigmen. FS Kluxen. Hrsg. v. J. P. Beckmann u. a., Hamburg 1987, 225–243.

Hoffmann, Lutterell: F. Hoffmann, Die Schriften des Oxforder Kanzlers Iohannes Lutterell. Texte zur Theologie des vierzehnten Jahrhunderts, Leipzig 1959 (= EThS 6).

Hoffmann, Ockham-Rezeption: Ders., Ockham-Rezeption und Ockham-Kritik im Jahrzehnt nach Wilhelm von Ockham in Oxford 1322–1332, Münster 1998 (BGPhTh 50).

Hoffmann, Schau: G. Hoffmann, Der Streit über die selige Schau Gottes (1331–1338), Leipzig 1917.

Horst, Armut: U. Horst, Evangelische Armut und päpstliches Lehramt. Minoritentheologen im Konflikt mit Papst Johannes XXII. (1316–34), Stuttgart u. a. 1996 (Münchener Kirchenhistorische Studien 8).

Hübener, Nominalismus-Legende: Ders., Die Nominalismus-Legende. Über das Mißverhältnis zwischen Dichtung und Wahrheit in der Deutung der Wirkungsgeschichte des Ockhamismus, in: Spiegel und Gleichnis. FS Taubes. Hrsg. v. W. Bolz u. W. Hübener, Würzburg 1983, 87–111.

Kaluza, Histoire littéraire: Z. Kaluza, Nicolaus d'Autrecourt, in: Histoire littéraire de la France 42, fasc. 1, Paris 1995.

Kluxen, Scotus: W. Kluxen, Johannes Duns Scotus, in: G. Floistad (Hrsg.), Contemporary Philosophy. A New Survey. Bd. 6: Philosophy and Science in the Middle Ages. Hrsg. v. R. Klibansky, Dordrecht u. a. 1990, 387–397.

Köpf, Wissenschaftstheorie: U. Köpf, Die Anfänge der theologischen Wissenschaftstheorie im 13. Jahrhundert, Tübingen 1974.

Lakner, Eschatologie: F. Lakner, Zur Eschatologie bei Johannes XXII., in: ZKTh 72 (1950) 326–332.

Lambert, Häresie: M. Lambert, Häresie im Mittelalter. Von den Katharern bis zu den Hussiten, Darmstadt 2001.

Langer, Erfahrung: Otto Langer, Mystische Erfahrung und spirituelle Theologie. Zu Meister Eckharts Auseinandersetzung mit der Frauenfrömmigkeit seiner Zeit, München 1987 (= Münchener Texte und Untersuchungen zur deutschen Literatur des Mittelalters 91).

Leff, Heresy: G. Leff, Heresy in the Later Middle Ages. The Relation of Heterodoxy to Dissent c. 1250–c. 1450. Bd. 1, Manchester/New York 1967.

LeGoff, Fegefeuer: J. LeGoff, Die Geburt des Fegefeuers. Vom Wandel des Weltbildes im Mittelalter. Übers. v. A. Forkel, München [2]1991.

LeGoff, Intellektuelle: Ders., Die Intellektuellen im Mittelalter. Übers. v. C. Kayser, Stuttgart 1987.

Leppin, Chiliasmus: V. Leppin, Art. Chiliasmus III./2: Mittelalter; 3.: Reformation und Neuzeit, in: RGG 42, Tübingen 1999, 139f.

Leppin, Komposition: Ders., Die Komposition von Meister Eckharts Maria-Martha-Predigt, in: ZThK 94 (1997) 69–83.

Leppin, moderni: Ders., Die spätmittelalterlichen *moderni*: ein erster Emanzipationsversuch der Philosophie von der Theologie?, in: Mariano Delgado u. a. (Hrsg.), Glaube und Vernunft, Fribourg, im Druck.

Leppin, Mystische Frömmigkeit: Ders., Mystische Frömmigkeit und sakramentale Heilsvermittlung im späten Mittelalter, in: ZKG 112 (2001) 189–204.

Leppin, Omnem vitam: Ders., *„omnem vitam fidelium penitentiam esse voluit“*. Zur Aufnahme mystischer Traditionen in Luthers erster Ablaßthese, in: ARG 93 (2002) 7–25.

Lerner, Joachim: R. E. Lerner, Art. Joachim von Fiore, in: TRE 17, Berlin/New York 1988, 84–88.

Libera, Penser: A. de Libera, Penser au Moyen Âge, Paris 1991.

Little/Pelster, Oxford: A. G. Little u. F. Pelster, Oxford Theology and Theologians. C.A.D. 1282–1302, Oxford 1934 (= POHS 96).

Lückerath, Johannes XXII.: C. A. Lückerath, Art. Johannes XXII., in: TRE 17, Berlin/New York 1988, 109–112.

Maier, Visio-Streit: A. Maier, Eine unbeachtete Quaestio aus dem Visio-Streit unter Johann XXII., in: dies., Ausgehendes Mittelalter. Gesammelte Aufsätze zur Geistesgeschichte des 14. Jahrhunderts. Bd. 3. Hrsg. v. A. P. Bagliani, Rom 1977, 505–542.

Manselli, Lectura: R. Manselli, La „Lectura super Apocalipsim“ di Pietro di Giovanni Olivi. Ricerche sull'escatologismo medioevale, Rom 1955 (= StStor Fasc. 19–21).

Maurer, Geschichte: M. Maurer, Geschichte Englands, Stuttgart 2000.

McEvoy, Grosseteste: J. McEvoy, Robert Grosseteste, Oxford u. a. 2000.

Mews, Nominalism: C. J. Mews, Nominalism and Theology Before Abaelard. New Light on Roscelinus of Compiègne, in: Vivarium 30 (1992) 4–33.

Mieth, Einheit: D. Mieth, Die Einheit von vita activa und vita contemplativa in den deutschen Predigten und Traktaten Meister Eckharts und bei Johannes Tauler. Untersuchungen zur Struktur des christlichen Lebens, Regensburg 1969 (SGKMT 15).

Miethke, Cesena: J. Miethke, Art. Michael von Cesena, in: NDB 17, Berlin 1994, 419–421.

Miethke, Marsilius: Ders., Art. Marsilius von Padua, in: TRE 2, Berlin/New York 1992, 183–190.

Miethke, Zukunftshoffnung: Ders., Zukunftshoffnung, Zukunftserwartung, Zukunftsbeschreibung im 12. und 13. Jahrhundert. Der Dritte Status des Joachim von Fiore im Kontext, in: J. Aertsen u. A. Speer (Hrsg.), Geistesleben im Mittelalter – Neue Perspektiven, Berlin/New York 2000 (MM 27), 504–524.

Mollat/Vauchez, Zerreißproben: Die Zeit der Zerreißproben (1274–1449). Hrsg. v. M. Mollat du Jourdin u. A. Vauchez. Dt. Ausg. bearb. u. hrsg. v. B. Schimmelpfennig, Freiburg u. a. 1991 (= Die Geschichte des Christentums 6).

Müller, Vienne: E. Müller, Das Konzil von Vienne 1311–1312. Seine Quellen und seine Geschichte, Münster in Westf. 1934 [VRF 12].

Neumann, Beginenwesen: E. G. Neumann, Rheinisches Beginen- und Begardenwesen, Meisenheim am Glan 1961.

Oberman, Via: H. A. Oberman, Via Antiqua and Via moderna: Late Medieval Prolegomena to Early Reformation Thought, in: From Ockham to Wyclif, Oxford/New York 1987. Hrsg. v. A. Hudson u. M. Wilks, 445–463.

Oberman, Werden und Wertung: Ders., Werden und Wertung der Reformation. Vom Wegestreit zum Glaubenskampf (= ders., Spätmittelalter und Reformation 2), Tübingen ^{2}1979.

Orme, Schools: N. Orme, English Schools in the Middle Ages, London 1973.

Otto, Politik: H. Otto, Zur italienischen Politik Johannes' XXII. , QfiAB 14 (1911) 140–265.

Paqué, Nominalistenstatut: R. Paqué, Das Pariser Nominalistenstatut. Zur Entstehung des Realitätsbegriffs der neuzeitlichen Naturwissenschaft (Occam, Buridan und Petrus Hispanus, Nikolaus von Autrecourt und Gregor von Rimini), Berlin 1970 (= Quellen und Studien zur Geschichte der Philosophie 14).

Pásztor, Polemiche: E. Pásztor, Le polemiche sulla „Lectura super Apocalipsim" di Pietro di Giovanni Olivi fino alla sua condanna, in: BISI 70 (1958) 365–424.

Pesch, Thomas: O. H. Pesch, Art. Thomas von Aquino/Thomismus/Neuthomismus, in: TRE 33, Berlin/New York 2002, 433–474.

Riezler, Widersacher: S. Riezler, Die Literarischen Widersacher der Päpste zur Zeit Ludwig des Baiers. Ein Beitrag zur Geschichte der Kämpfe zwischen Staat und Kirche, Leipzig 1874.

Ritter, Spätscholastik II: G. Ritter, Studien zur Spätscholastik II. Via antiqua und Via moderna auf den deutschen Universitäten des XV. Jahrhunderts, Heidelberg 1922 (Sitzungsberichte der Heidelberger Akademie der Wissenschaften. Philosophisch-historische Klasse. Jg. 1922, 7. Abt.).

Ruh, Eckhart: K. Ruh, Meister Eckhart – Theologe, Prediger, Mystiker, München [2]1989.

Schmidt-Lauber, Römerbrief: G. Schmidt-Lauber, Luthers Vorlesung über den Römerbrief 1515/6, Köln u. a. 1994 (AWA 6).

Schütz, Kampf Ludwigs: A. Schütz, Der Kampf Ludwigs des Bayern gegen Papst Johannes XXII. und die Rolle der Gelehrten am Münchner Hof, in: Wittelsbach und Bayern. Hrsg. v. H. Glaser. Bd. 1/1: Die Zeit der frühen Herzöge. Von Otto I. zu Ludwig dem Bayern, München/Zürich 1980, 388–397.

Schulthess/Imbach, Philosophie: P. Schulthess/R. Imbach, Die Philosophie im lateinischen Mittelalter. Ein Handbuch mit einem bio-bibliographischen Repertorium, Zürich/Düsseldorf 1996.

Southern, Anselm: R. W. Southern. Saint Anselm. A Portrait in a Landscape, Cambridge 1990.

Southern, Grosseteste: Ders., Robert Grosseteste. The Growth of an English Mind in Medieval Europe, Oxford [2]1992.

Steenberghen, Légende tenace: F. v. Steenberghen, Une légende tenace: La théorie de la double vérité, in: Académie royale de Belgique: Bulletin de la classe des lettres et des sciences morales et politiques. 5e série 56 (1970) 179–196.

Steinmetz, Luther in Context: D. C. Steinmetz, Luther in Context, Grand Rapids, Michigan, 1995.

Sturlese, Deutsche Philosophie: L. Sturlese, Die deutsche Philosophie im Mittelalter. Von Bonifatius bis zu Albert dem Großen (748–1280), München 1993.

Suckale, Hofkunst: R. Suckale, Die Hofkunst Kaiser Ludwigs des Bayern, Stuttgart 1993.

Tachau, Vision: K. H. Tachau, Vision and Certitude in the Age of Ockham. Optics, Epistemology and the Foundations of Semantics 1250–1345, Leiden u. a. 1988 (= STGMA 22).

Tarrant, Decrees: J. Tarrant, The Clementine Decrees on the Beguines: Conciliar and Papal Versions, in: AHP 12 (1974) 300–308.

Thijssen, Once again: J. M. M. H. Thijssen, Once again the Ockhamist Statutes of 1339 and 1340: Some new perspectives, in: Vivarium 28 (1990) 136–167.

Thomas, Ludwig: H. Thomas, Ludwig der Bayer (1282–1347). Kaiser und Ketzer, Regensburg 1993.

Track, Analogie: J. Track, Art. Analogie, in: TRE 2, Berlin/New York 1978, 625–650.

Trusen, Prozess: W. Trusen, Der Prozeß gegen Meister Eckhart. Vorgeschichte, Verlauf und Folgen, Paderborn u. a. 1988 (= RSWV N.F. 54).

Turley, John XXII: T. Turley, John XXII and the Franciscans: A Reappraisal, in: Popes, Teachers and Canon Law in the Middle Ages. Hrsg. v. J. R. Sweeney u. S. Chodorow, Ithaca/London 1989, 74–88.

Valois, Duèse: N. Valois, Art. Jacques Duèse (Pape Jean XXII), in: HLF 34, Paris 1914, 391–630.

Vingtain, Avignon: D. Vingtain, Avignon. Le palais des papes, [Saint-Léger-Vauban 1998].

Weisheipl, Curriculum: J. A. Weisheipl, Curriculum of the Faculty of Arts at Oxford in the Early Fourteenth Century, in: MS 26 (1964) 143–185.

Weisheipl, Developments: Ders., Developments in the Arts Curriculum at Oxford in the Early Fourteenth Century, in: MS 28 (1966) 151–175.

Weisheipl, Mertonians: Ders., Ockham and some Mertonians, in: MS 30 (1968) 163–213.

White, Ockham and Wodeham: G. White, William of Ockham and Adam Wodeham, in: HeyJ 34 (1993) 296–302.

Willemsen, Orsini: C. A. Willemsen, Kardinal Napoleon Orsini, Berlin 1927 (Historische Studien 172).

Zimmermann, Dante: Albert Zimmermann, Dante hatte doch recht. Neue Ergebnisse der Forschung über Siger v. Brabant, in: PhJ 75 (1967/68) 206–217.

Register

1. Personen

2. Sachen